I0395118

www.ingramcontent.com/pod-product-compliance
Lightning Source LLC
Chambersburg PA
CBHW070641120526
44590CB00013BA/816
9781912699070

درآمدی بر

تاریخ کلیسا

جلد اول: از ۶ ق.م. تا دورهٔ اصلاحات کلیسا

ISBN 978-1-912699-07-0
90000
9 781912 699070

ویراست چهارم

درآمدی بر تاریخ کلیسا

جلد اول: از ۶ ق.م. تا دورهٔ اصلاحات کلیسا

بروس ال. شِلی

ویراستهٔ ر. ل. هَچِت

ترجمه: م. کاوه

حروف‌چینی و صفحه‌آرایی: نادر فرد
طرح جلد: مؤسسهٔ رنگین‌کمان

انتشارات پارس ۲۰۲۳
کلیهٔ حقوق برای ناشر محفوظ است

شابک جلد کاغذی: ۰-۰۷-۹۱۲۶۹۹-۱-۹۷۸
شابک ای‌بوک: ۴-۳۸-۹۱۲۶۹۹-۱-۹۷۸

Church History
In Plain Language

(1st Volume, From 6 b.c. to Reformation)

Updated 4th Edition

Bruce L. Shelley

Revised by R. L . Hatchett

Published by arrangement with Thomas Nelson,
a division of HarperCollins Christian Publishing, Inc.

Persian Translation © 2020 Pars Publications

Reprint: 2023

Translated into Persian by: M. Kāveh

Typesetting: Nader Fard
Cover: Rainbow Graphics

Persian Translation Published by:
Multimedia Theological Training Limited
P. O. Box 66099, London, W4 9FE, UK

publications@parstheology.com
www.parsonlineshop.com

Paperback ISBN 978-1-912699-07-0
Ebook ISBN 978-1-912699-38-4

تقدیم به دانشجویانم در کلاس‌های تاریخ کلیسا
که از اهمیت موضوعات پرسیدند.

بروس ال. شِلی

فهرست مطالب

پیشگفتار ۹

دیباچه ۱۱

دورهٔ عیسی و رسولان

فصل اول: پادشاه را بر دار کن! ۱۷

نهضت عیسی

فصل دوم: مَشْک‌ها: کهنه و نو ۲۹

انجیل برای غیریهودیان

دورهٔ مسیحیت کاتولیک

فصل سوم: فقط افراد بی‌مقدار ۴۳

مسیحیت کاتولیک

فصل چهارم: اگر تیبِر طغیان کند ۵۵

جفا بر مسیحیان

فصل پنجم: بحث‌وجدل دربارهٔ واقعه ۶۵

برآمدنِ ارتودوکسی

فصل ششم: قاعدهٔ کتاب‌ها ۸۱

شکل‌گیری کتاب‌مقدس

فصل هفتم: مدرسه‌ای برای گناهکاران ۹۳

قدرت اسقفان

فصل هشتم: رسولانی برای اندیشمندان ۱۰۳

عالِمان اسکندریه

دورهٔ امپراتوری روم مسیحی

فصل نهم: عصای سلطنتی‌اش فرو نهاد ۱۱۷

گرائیدن امپراتور به مسیحیت

فصل دهم: موشکافی‌های مهم ۱۲۷

آموزهٔ تثلیث

فصل یازدهم: عمانوئیل ۱۳۹
مسیح در اعتقادنامه‌ها

فصل دوازدهم: تبعیدشدگان از زندگی ۱۴۹
پیدایش رهبانیت

فصل سیزدهم: فرزانهٔ دوران ۱۵۹
آگوستین

فصل چهاردهم: پطرس در مقام «کاهن اعظم» ۱۶۹
سرآغاز نظام پاپی

فصل پانزدهم: جایی میان آسمان و زمین ۱۷۹
کلیسای ارتودوکس شرقی

فصل شانزدهم: واداشتن فاتحان به سر فرود آوردن ۱۹۱
بشارت در میان بربرها

قرون وسطای مسیحی

فصل هفدهم: ایلچی خدا ۲۰۳
گرِگوری کبیر

فصل هجدهم: تلاش برای اتحاد ۲۱۳
شارلمانی و مسیحیت

فصل نوزدهم: در صعودِ عرفانی ۲۲۵
پاپ و جنگجوی صلیبی

فصل بیستم: شهْدِ یادگیری ۲۳۹
فلسفهٔ مَدْرَسی

فصل بیست‌ویکم: سرودی برای بانوی فقر ۲۵۱
زندگی به شیوهٔ رسولان

فصل بیست‌ودوم: خوابیدگان و قانون ضرورت ۲۶۳
افول قدرت پاپ

فصل بیست‌وسوم: قضاوتِ زمان ۲۷۳
ویکلیف و هوس

یادداشت‌ها ۲۸۳

پیشگفتار

این کتاب در خدمت هدفی شریف بوده است: هدایت خوانندگان انجیلی[1] برای التفات به داستان خود و رویارویی با دنیای وسیع‌تر مسیحیت. توفیق این کتاب مرهون شخص بروس شِلی است که عطایای متعدد خود را در این پروژه به‌کار آورده است؛ از جمله، شخصیت نازنین و دغدغه‌اش برای کلیسا، آموخته‌ها و نگاهش در مقام مورخ، نثر تپنده‌اش هم برای گفتگو و هم روایت، و سال‌ها تجربه‌ای که از تدریس در کلاس اندوخته است.

اگر از این کتاب استقبال گرم و گسترده‌ای به‌عمل آمده، به‌سبب انضباط اوست. شِلی مخاطب عام را در نظر داشته و زبان صریح و روشنی را که وعده‌اش را داده حفظ کرده است. او مجبور بوده در بیان مطالب دست به گزینش بزند، کاری که برای شخصی با دانش تاریخی شِلی قطعاً زجرآور بوده. او به دنبال هدفی جامع نبوده، بلکه روایاتی نمونه‌وار ذکر کرده که کماکان درک تصویری بزرگ‌تر را برای خواننده ممکن ساخته است. اغلب روایات این کتاب را می‌توان به‌طور مجزا خواند. شِلی ذهن خواننده را با ارجاعات متعدد منحرف نکرده است. خوانندگان یا دانشجویان کنجکاو می‌توانند ارجاعات را در یادداشت‌های پایانی هر فصل بیابند. همچنین، منابعی که برای مطالعات بیشتر در پایان هر فصل آمده نشان از دِین کلی نویسنده به منابع مذکور دارد. من از سبک غیررسمی نویسنده پیروی کرده و یادداشت‌های پایانی و توصیه‌های خود را در مورد منابع با درج علامت ستاره نشان داده‌ام.

روزآمدکردن این کتاب را افتخار خود می‌دانم. تغییراتی جزئی در کل کار ایجاد کرده‌ام، لیکن میل داشتم رد و اثر شخصی شِلی در تمام صفحات باقی بماند. آنچه من افزوده‌ام عبارت است از: اطلاعاتی دربارهٔ گنوستی‌سیزم[2] و اهمیت جاری آن، الاهیات کلیسای اولیه و دورهٔ اصلاحات[3] و مبسوط‌تر از همه، گسترش سریع جهانی و تحول مسیحیت از سال ۱۹۰۰ (در سه فصل). تاریخ متأخر همواره آزارنده است، ولی من کوشیده‌ام شرایط شگفتی‌آور مسیحیت را هم در غرب و هم در جهان جنوب[4] مورد بحث قرار دهم. برای بحث دربارهٔ

---

1. Evangelical; 2. Gnosticism; 3. Reformation; 4. Global South

شکل جدید مسیحیت هم باید توضیح داد و هم داستان‌های متعدد مربوط به آن را روایت کرد.

لازم است توضیحی دربارهٔ آمار و ارقام و نامگذاری‌ها بدهم که شاید برای خواننده از همه مهم‌تر باشد. توصیفاتی مانند «جهان جنوب» و «جهان اکثریت» به‌طور حتم مشکل‌ساز است. بی‌آنکه قصد توهین یا منظور خاصی داشته باشم، من هم از اصطلاحات رایج ولی نابسنده استفاده کرده‌ام، چون هنوز اصطلاحات بهتری که مورد قبول عموم باشد جایگزین آنها نشده. بنابراین، منظور از «غرب»، آمریکای شمالی، انگلستان، و اروپای غربی است. اصطلاح «جهان جنوب» به کشورهای جهان سوم از جمله امریکای جنوبی، آفریقا، و آسیا اشاره دارد و شامل کشورهایی همچون چین است که بالاتر از خط استوا قرار دارند. مشکلی مشابه با اصطلاحاتی مانند «خاور دور» و «خاورمیانه» وجود دارد که برای وضع آنها، غرب مبدأ فرض شده است. شاید دانشجوی نکته‌سنج راه‌حلی برای این مشکلات پیدا کند. با این همه، امیدوارم هیچ خواننده‌ای از این نکته غافل نشود که انجیلی‌های آمریکا اگر می‌خواهند در خدمت به کار عظیم و شکوفای پادشاهی خدا در جهان امروز سهمی داشته باشند، باید چارچوب ارجاع وسیع‌تری برای این اصطلاحات در نظر بگیرند. من معمولاً آمار و ارقام را با استناد به منابع معتبر و با حفظ جانب اعتدال ذکر می‌کنم، لیکن معتقدم که گزارش این منابع نوعاً پایین‌تر از واقع است. خاطرم هست که دوستم، شادروان والتر لامپکین[1] سعی داشت آماری از کلیساهای غیرفرقه‌ای در هیوستونِ تگزاس ارائه کند. بنا بر تجربه می‌دانستم که کلیساهای سنتی پروتستان[2] از لحاظ آماری در وضعیت خوبی هستند، ولی ما از مهم‌ترین افرادی که باید در آمارهای خود بگنجانیم، غافل می‌شویم.

جا دارد از دانشجویان متعددی که در حروفچینی یا تحقیق مساعدت کرده‌اند، تشکر کنم: جیمی پارکز، اَشلی اَشکْرَفت، کارل راسل، و جوئل بوردو. جیم دِنیسون، دانیل وِستال، پیت سانچِز، و رَندی ریچاردز، دوستان دنیادیده‌ای هستند که گفتگو با آنها دربارهٔ این پروژه مفید بود. همچنین از دیوید کِیپز و هیتر مک‌مرای در انتشارات توماس نِلسون که از من برای این پروژه دعوت به همکاری کردند و از مالئا بِل که صبورانه تا مراحل پایانی کار همراهی کرد، تشکر می‌کنم. از همه بیشتر سپاسگزار همسرم دِبی هستم که بخشی از حروفچینی کار را انجام داد و با نظرهای خوب و نگاه تیزبین خود به یاری آمد. هر کاری که خوب انجام می‌دهم، او در آن سهیم است.

ر. ل. هَچِت

استاد الاهیات و فلسفه در دانشگاه باپتیست هیوستون

---

1. Walter Lumpkin

۲. Mainline Churches عجالتاً در توضیح معنی این اصطلاح باید گفت که منظور آن‌عده از کلیساهای پروتستان سنتی آمریکاست که از نظر تاریخچه و آداب اعتقادی و عبادی با فرقه‌های پروتستان انجیلی، بنیادگرا و کاریزماتیک تفاوت دارند. (مترجم)

دیباچه

کاریکاتوری بر در دفترم نصب کرده بودم که تا چندین سال اغلب دانشجویانی که آن را می‌خواندند، لبخندزنان داخل می‌آمدند. این کاریکاتور که از یک مجلهٔ مصور فکاهی بود، باعث می‌شد سر صحبت بازشود. موضوع آن هم این بود که دخترکی به‌نام سالی، خواهر کوچک چارلی براون، دربارهٔ موضوع «تاریخ کلیسا» برای مدرسه انشا می‌نوشت. چارلی که کنار او نشسته بود، متوجه می‌شود که سالی در مقدمه نوشته است: «وقتی دربارهٔ تاریخ کلیسا می‌نویسیم باید همه‌چیز را از اول تعریف کنیم. کشیش ما در سال ۱۹۳۰ متولد شد.» چارلی چشمانش را که از تعجب گرده شده متوجهٔ سقف می‌کند!

امروزه بسیاری از مسیحیان دچار فراموشی تاریخی هستند، به‌طوری که گویی یک خلأ بزرگ بین دورهٔ رسولان و روزگار آنها واقع شده. چنین چیزی با اهداف خدا سازگار نیست. عهدعتیق مملو از نشانه‌های علاقه‌مندی خدا به زمان است. هنگامی که او عید پِسَخ را برای بنی‌اسرائیل مقرر کرد، به آنها گفت: «در آن روز به پسرت بگو ... و این همچون نشانی ... خواهد بود از اینکه خداوند با دست توانای خویش ما را از مصر به درآورد» (خروج ۱۳:۸ و ۱۶). هنگامی هم که خدا نان مَنّا را در بیابان فراهم ساخت، به موسی دستور داد تا خمره‌ای از آن «برای نسل‌های آینده»[1] نگاه دارد (خروج ۱۶:۳۳).

در نتیجهٔ همین ناآگاهی از تاریخ مسیحیت، مسیحیان در برابر جاذبهٔ عقاید فرقه‌های بدعت‌کار آسیب‌پذیرند. در این موارد، شکل تحریف‌شده‌ای از مسیحیت به‌جای واقعیت آن گرفته می‌شود. در همین حال، مسیحیانی هم هستند که استعداد تکان‌دهنده‌ای برای تکبر روحانی، به‌عبارتی خودبینی، از خود بروز می‌دهند. آنها بدون داشتن مبنای بسنده‌ای برای مقایسه، فوراً راه خود را بهترین راه و فرقهٔ خود را برترین فرقه می‌دانند. نکتهٔ آخر اینکه، بسیاری از مسیحیان وارد شکلی از خدمت می‌شوند بی‌آنکه از مزیت چارچوب گسترده‌تری

---

۱. در ترجمهٔ آیات عموماً از ترجمهٔ هزارهٔ نو استفاده شده، مگر زمانی که مترجم بنا به دلایلی، همچون در مورد این آیه، لازم دانسته است ترجمهٔ مورد نظر خود را بیاورد. (مترجم)

برای مساعی خود برخوردار باشند. آنها هنگامی که می‌خواهند بهترین استفاده را از وقت و تلاش‌های خود به‌عمل آورند، هیچ اساسی برای قضاوت درست ندارند.

البته ادعا نداریم که با همین یک کتاب که گذشتهٔ مسیحی ما را بررسی می‌کند، همهٔ خطاها را اصلاح و خواننده را به قدیس فروتن تبدیل خواهیم کرد و طرح و راهبردی برای خدمت مؤثر ارائه خواهیم داد. ولی هر کتابی در زمینهٔ معرفی تاریخ مسیحیت، تلاش دارد امور موقت را از امور پایدار، و حواشی را از امور اساسی تفکیک کند. امیدوارم کتاب من چنین هدفی را برای خوانندگانش محقق سازد.

این کتاب برای خوانندگان غیرمتخصص نوشته شده. همه می‌دانیم که جنس لفظ از موم است و می‌توان آن را مطابق ذائقه شکل داد. پس از چهار دهه تدریس به دانشجویان سال اول، به این نتیجه رسیده‌ام که فارغ‌التحصیلانی که وارد خدمت می‌شوند و مهندس یا فروشنده‌ای که سالانه فقط پنج کتاب می‌خواند، هر دو به طیف واحدی از خوانندگان تعلق دارند. از لحاظ اهداف من در این کتاب، هر دو *خوانندهٔ غیرحرفه‌ای* هستند.

یک استاد زمانی که خود را برای تدریس آماده می‌کند، صدها کتاب می‌خواند و هزاران نقل‌قول جمع‌آوری می‌کند. در این کتاب، من آزادانه از ایده‌ها و توصیفات دیگران بهره گرفته‌ام و در همه حال یک هدف ساده را دنبال کرده‌ام: ترتیبی بدهم داستان ادامه داشته باشد. من کوشیده‌ام تمام این منابع را گردآوری کنم و فهرستی از مفیدترین کتاب‌ها را در پایان هر فصل و مآخذ نقل‌قول‌های عمدهٔ خود را نیز در پایان کتاب آورده‌ام.

همچنین، پس از سال‌ها تدریس به این نتیجه رسیده‌ام که وضوح مطلب اولین شرط یادگیری است. بنابراین، همهٔ تقسیمات موضوع را آورده‌ام. به این تقسیمات دوره یا عصر می‌گوییم، چون شرایط حیات کلیسا تغییر می‌کند. تا آنجا که من می‌دانم، دوره‌های مهم مانند ستارهٔ دنباله‌دار گمنامی که همین‌طور ناگهانی در آسمان ظاهر شود، نیستند. در هر دوره‌ای بقایای گذشته و نطفه‌های آینده را می‌توان یافت. ولی خواننده اگر می‌خواهد پِیرنگ[1] داستان را دریابد، فقط باید همت کند و پاراگراف‌هایی را که در صفحات عنوان مربوط به تقسیمات عمدهٔ کتاب آمده، بخواند.

من این روش را برای حفظ انسجام بحث مفید یافتم، چون مطالب هر فصل به‌نحو خاصی تنظیم شده. در هر فصل فقط به موضوع واحدی پرداخته شده که خواننده در قالب یک سؤال با آن مواجه می‌شود. این سؤال در پایان مقدمه‌ای که بر آن فصل نوشته شده، آمده است. مقدمه هم معمولاً شامل حکایتی از روزگار مورد بحث است. این بدان معناست که هر فصل از کتاب تقریباً مستقل است و می‌توان آن را جداگانه خواند، و از این حیث شبیه مدخلی مستقل در دایرة‌المعارف راجع‌به موضوع مورد بحث است.

مسلماً این روش که بر موضوعات متمرکز است، شکاف‌های فراوانی در روایت به‌جا می‌گذارد. برخی خوانندگان ممکن است کنجکاو شوند که به چه دلیل برخی از افراد و

---

۱. این اصطلاح را در مقابل Plot آورده‌ایم که به معنای طرح داستان و به‌بیان دقیق‌تر، ارتباط و توالی بین رویدادها و مضامین داستان و منطق حاکم بر آنهاست که در مجموع روایت را پدید می‌آورد. (مترجم)

رویدادهـــای مهم از قلم افتاده‌اند. ولی روش ما این مزیت را دارد که به خوانندهٔ غیرحرفه‌ای اهمیت تاریخ کلیســا را برای دورهٔ معاصر نشـــان می‌دهد. بسیاری از موضوعات امروز تازه نیست و با گذشته پیوند دارد.

و نکتهٔ آخر اینکه، برای برخی از خوانندگان ممکن اســت ســؤال پیش آید که این‌همه جزئیات زندگی‌نامه‌ای چه لزومی دارد و این‌همه داســتان‌های شخصی برای چیست؟ پاسخ دوباره به لزوم ارتباط برمی‌گردد. من بدون اینکه اندیشه‌های افراد را از قلم بیندازم، کوشیده‌ام تا این اندیشـــه‌ها را در قالب شخصیت‌های واقعی ارائه کنم، چون فرض من بر این است که اکثر خوانندگان به ملاقات با افراد دیگر علاقه‌مند هستند.

مورخان تاریخ کلیسا اغلب می‌پرسند: «آیا کلیسا نهضت است یا نهاد؟» در صفحات این کتاب خواهید دید که به اعتقاد من، کلیســا هر دو است. بنابراین، هم دربارهٔ گسترش کلیسا در نتیجهٔ بشارت سخن گفته‌ام و هم دربارهٔ سیاست‌های پاپ‌ها. متخصصان این حوزه شاید از اینکه من تعریف دقیقی از کلمهٔ *کلیســا* ارائه نداده و حـــوزهٔ دلالت آن را تعیین نکرده‌ام، ناخرسند باشـــند. ولی علت این ابهام آن اســت که به اعتقاد من، زندگی قوم خدا در تاریخ گرفتار تنشـــی است میان یک واقعیت آرمانی - یعنی شراکت همهٔ مقدسین - و یک واقعیت عینی مشـــتمل بر انســـان‌های واقعی در محدودهٔ زمان و مکان معین. رسالت کلیسا در جایی مقتضی ایجاد نهادهای مشخص است: یعنی وضع قوانین خاص، تعیین رهبران و مکان‌های ویـــژه. لیکن زمانی که این نهادها به‌جای ترویج پیام انجیل، مانع از گســـترش آن می‌شـــود، نهضت‌هایی برای تجدید حیات کلیســـا به هدف بازگشت آن به رسالت اساسی‌اش در جهان پا می‌گیرد. در این کتاب توضیح خواهیم داد که این اتفاق چه به‌کَرات افتاده است.

در ویراست سوم این کتاب، من از یاری دوستانی برخوردار بوده‌ام. دانیل هالوک، دانشجو و دوســـت من که ضمناً اســـتاد مبرز شبکهٔ جهانی اینترنت اســـت، تحقیق من و به‌خصوص مطالـــب فصل ۴۹ را با ده‌ها مقالهٔ برگرفته از اینترنت، این ســـاحت پررمز و راز، تکمیل کرد. همکارم، دیوید بوشـــارت، نویسندهٔ کتاب بررسی ســـنت‌های پروتستان، علاوه بر گفتگوی ســـودمندی که دربارهٔ نهضت موسوم به کلیســـاهای در حال ظهور[1] داشتیم، به فهرست‌های روزآمدشـــدهٔ منابعی که برای مطالعات بیشتر پیشنهاد کرده‌ایم، عناوین کثیری اضافه کرد. در آخر نیز از اسکات وِنیگ، همکار و جانشین‌ام، برای سه چیز متشکرم: افزودن منابع جدید به فهرســـت کتاب‌های پیشنهادی برای مطالعه، مباحثه پرشور و پیشگفتاری که بر این ویراست نوشته است.[2]

بروس ال. شِلی

---

۱. The Emerging Churches اجمـــالاً باید گفت کـــه این نهضت در رویکرد خود به موضوعـــات ایمانی و روش‌های خدمت، از مبانی و مضامین پست‌مدرنیسم بهره می‌گیرد. (مترجم)

۲. در ترجمهٔ این کتاب از آخرین ویراســـت آن، یعنی ویراســـت چهارم استفاده شـــده و ظاهراً پیشگفتار این شخص از ویراست حاضر حذف شده است. (مترجم)

دورهٔ عیسی و رسولان

۶ ق.م. - ۷۰م.

ریشه‌های مسیحیت به تاریخ یهود و به مدت‌ها پیش از تولد عیسای مسیح بازمی‌گردد. با این همه، این عیسای ناصری بود که به یهودیت مستقر حمله کرد و در اوایل قرن اول میلادی نوعی نهضت تجدید حیات روحانی در صحنهٔ تاریخ پدیدار ساخت. پس از اینکه عیسی در زمان پنتیوس پیلاتُس، صاحب‌منصب رومی، مصلوب شد، تعالیم او در سراسر حوزهٔ مدیترانه گسترش یافت. یکی از رسولان به نام پولس، نقش ویژه‌ای در گسترش تعالیم مسیح داشت. او بر این مسئله تأکید کرد که نجات هدیهٔ خدا برای تمام انسان‌هاست و بدین‌ترتیب مسیحیت که در بستر یهودیت فلسطینی زاده شده بود، به همت پولس به دینی جهانی تبدیل شد.

دورهٔ عیسی و رسولان

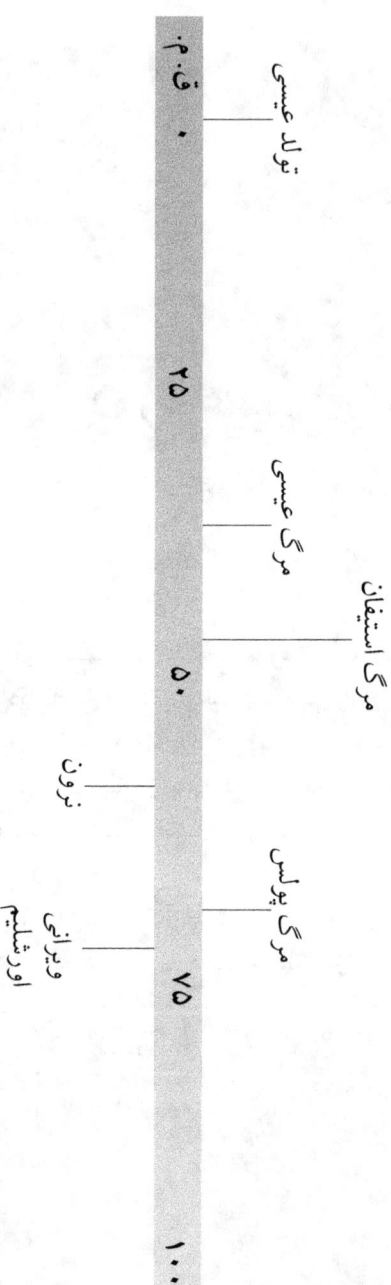

فصل اول

پادشاه را بر دار کن!

نهضت عیسی

مسیحیت یگانه دین مهم جهان است که مهم‌ترین رخداد آن، خوارشدنِ خدای آن است.

ایمانداران می‌خوانند «ای برهٔ عزیز قربانی،
خون گرانبهای تو،
قدرتش هرگز زایل نشود،
تا آنگه که کلیسای فدیه‌دادهٔ خدا به‌تمامی،
نجات یابد و دیگر گناه نکند.»

صلیب مُردن به مرگی خشن بود که برای آشوبگران، راهزنان و بردگان در نظر گرفته شده بود. شـــریعت یهود هرکسی را که «بر درخت آویخته شـــود» لعنت می‌کرد و هشدار یکی از دولتمردان رومی به نام سیسرو[1] چنین بود: «نام صلیب نه تنها از تن شهروند رومی، بلکه حتی از افکار و چشمان و گوش‌های او دور باد.»

بخشـــی از تنبیه قربانی این بود که تازیانه بخورد و سپس تیرک سنگین صلیب را خود به قتل گاهش حمل کند. هنگامی که صلیب برافراشته می‌شـــد، تقصیرنامه‌ای شامل نام و جرم

---
1. Cicero

متهم به آن کوبیده می‌شد. در مورد عیسی بر این تقصیرنامه نوشته بودند: INRI مخففِ *Iesus Nazarenus Rex Iudaeorum* (یعنی عیسای ناصری، پادشاه یهودیان).

پُنتیوس پیلاتُس، قاضی رومی که محاکمهٔ عیسی را بر عهده داشت، ظاهراً با این کار خود می‌خواست آخرین زهرش را بر یهودیان بریزد، لیکن پیروان عیسی در این پیام نیز، همچون در صلیب، معنایی خاص یافتند.

عیسی و کلیسا

عیسی یهودی بود. به خانواده‌ای یهودی تعلق داشت. کتاب‌مقدس یهودیان را می‌آموخت و به احکام دین یهود عمل می‌کرد. مطالعات جدی دربارهٔ زندگی عیسی به‌اندازه‌ای این نکته را روشن می‌سازد که برای بسیاری سؤال پیش آمده که آیا عیسی هرگز در فکر تشکیل حلقهٔ پیروانی که ما کلیسا می‌خوانیم، بوده است یا نه. آلبرت شوایتزر[1] مبشر معروفی که به آفریقا رفت، ایمان داشت که عیسی چنان فکر و ذهنش در تسخیر رویای پایان زودهنگام جهان بود که از جان خود نیز گذشت تا این رویا تحقق پیدا کند. رودولف بولتمان[2] الاهیدان بانفوذ آلمانی، تعلیم می‌داد که عیسی نبی‌ای بود که مردم را به این تصمیم بنیادین برمی‌انگیخت که با خدا یا علیه خدا باشند. مسیحیان دیگری نیز گفته‌اند که پادشاهی عیسی در واقع نوعی حلقهٔ برادری بر پایهٔ محبت و بخشایش بود، و اگر برفرض جماعتی از یاران نیز تشکیل داد، این جماعت فاقد مظاهر عینی بود و ماهیت اخلاقی و روحانی داشت، و به‌هر حال، نهادی با شعائر و اعتقادنامه‌ها نبود.

نظر به گستردگی این تعبیرِ نهادستیزانه از مسیحیت، بهتر است مستقیماً به این پرسش بپردازیم که آیا عیسی ارتباطی با تشکیل کلیسای مسیحی داشت؟ و اگر داشت، چگونه به سرشت خاص آن شکل داد؟

نویسندگان انجیل‌ها عیسی را در حالی تصویر می‌کنند که راهِ رفتهٔ قوم اسرائیل را دوباره می‌پیماید. عیسی به‌شیوه‌ای یادآورِ بنی اسرائیل، مدت‌زمانی در مصر ماند، وارد رود اُردن شد (در زمان تعمید)، در بیابان وسوسه شد، دوازده رسول را به پیروی از خود خواند (همانند دوازده طایفهٔ بنی اسرائیل)، کلام خدا را مانند موسی بیان کرد (در موعظهٔ بالای کوه)، در انجیل متی پنج موعظه از او ثبت شده (همانند پنج کتاب تورات)، اعمال عظیم رهایی‌بخش انجام داد (نشانه‌ها، عجایب، اخراج ارواح ناپاک)، و در برابر قدرت‌های امپراتوری ایستاد. با این حال، در هر مورد که قوم اسرائیل بی‌اطاعتی کرده بود، عیسی پسر وفادار خدا باقی ماند. از آن پس، پیروانش می‌بایست به این وظیفه عمل کنند که قوم خدمتگزار خدا باشند. عیسی به گروه وفاداری از شاگردان آموزش داد، دربارهٔ زندگی در آنچه او «پادشاهی خدا» می‌خواند به آنها آموخت، و عهد جدید را به آنها معرفی کرد که آنها را در بخشایش و محبت به یکدیگر پیوند می‌داد.

---

1. Albert Schweitzer; 2. Rudolf Bultmann

بی‌تردید، این حلقهٔ سادهٔ یاران فاقد بسیاری از قوانین، مقامات، رسوم، و عقاید آتی جهان مسیحیت بود، ولی در هر حال، جماعتی متمایز بود. عیسی به‌طور مستمر از ویژگی‌های زندگی خاصی سخن می‌گفت که موجب تمایز پادشاهی خدا از قدرت‌های رقیب آن در عالم انسان می‌شد. به‌تدریج، شاگردان عیسی دریافتند که پیروی از او به معنای نَه‌گفتن به صداهای دیگری است که از آنها وفاداری می‌طلبند. به یک معنا، تولد نهضت عیسی چنین رقم خورد؛ و لااقل، به همین معنا نیز می‌توان گفت که عیسی کلیسا را «تأسیس» کرد.

فلسطین در روزگار عیسی

در روزگار عیسی، در فلسطین وفاداران به دین کم نبودند. این سرزمین حکم تلاقی‌گاه فرهنگ‌ها و مردم گوناگون را داشت و بالغ بر دو میلیون جمعیتی که در آن زیر نگین روم زندگی می‌کرد، بر اساس تعلقات منطقه‌ای، دینی و سیاسی تمایز می‌یافت. «در عرض یک روز انسان می‌توانست از دهکده‌های روستایی که کشاورزان با ابزار ابتدایی خود زمین را شخم می‌زدند به شهرهای شلوغی برسد که ساکنانش از آسودگی‌های تمدن رومی لذت می‌بردند. در شهر مقدس اورشلیم، کاهنان یهودی برای خداوند اسرائیل قربانی می‌گذرانیدند، و در همان حال در سباسته که فقط سی مایل دورتر بود، کاهنانِ آیین شرک برای ادای احترام به ژوپیتر، ایزد رومی، مراسم اجرا می‌کردند.»

یهودیان که فقط نیمی از جمعیت این سرزمین را تشکیل می‌دادند چشم دیدن حاکمان بیگانهٔ خود را نداشتند و از نشانه‌های فرهنگ شرک در سرزمین کهن خود بیزار بودند. رومیان صرفاً فاتحی در میان شمار کثیرِ فاتحان این سرزمین نبودند، بلکه نمایندهٔ شیوهٔ منفوری از زندگی محسوب می‌شدند. امپراتوری آنها فرهنگ هِلِنی (یونان‌مآبی) را به فلسطین آورد که سوری‌ها بیش از یک قرن پیش به ضرب‌وزور خواسته بودند آن را به خورد یهودیان بدهند. تمام فرزندان ابراهیم از حاکمان خود بیزار بودند؛ فقط بر سر روش مقاومت در برابر آنها اختلاف داشتند.

قرن‌ها پیش انبیای اسرائیل وعدهٔ روزی را داده بودند که خداوند قوم خود را از دست حکمرانان بت‌پرست رهایی می‌داد و پادشاهی خود را بر سراسر زمین استوار می‌ساخت. آنها می‌گفتند که در این روز، او فرمانروای مَسح‌شده‌اش، یعنی مسیحا را می‌فرستاد تا به دنیای فاسد حاضر پایان بخشد و بهشت ابدی را جانشین آن سازد. او مردگان را زنده می‌ساخت و اعمالی را که در این جهان انجام داده بودند، داوری می‌کرد. شریران به سزای کارهای خویش می‌رسیدند، و پارسایان از پاداش حیات ابدی در پادشاهی خدا بهره‌مند می‌شدند.

بر طبق کتاب دانیال و برخی دیگر از نوشته‌های رایج یهودی، پادشاهی خدا فقط پس از یک درگیری نهایی و جهانگیر میان قوای شر به رهبری شیطان و قوای خیر به رهبری خداوند برقرار می‌شد. این نبرد با انهدام نظام حاضر جهانی و برقراری پادشاهی ابدی خدا به پایان

می‌رسید (دانیال ۷:۱۳-۲۲). این باور، همراه با عقایدی دربارهٔ رستاخیز مردگان و داوری نهایی، بخشی اساسی از باورهای رایج یهودیان در روزگار عیسی بود.

نتیجهٔ بی‌رغبتی یهودیان به زندگی تحت حاکمیت رومیان، ایجاد احزابی در میان آنها بود که هریک به‌نحو متفاوتی بحران موجود را تفسیر می‌کرد. نهضت عیسی نیز یکی از آنها بود.

یک گروه به‌نام *فریسیان* بر آن‌دسته از سنت‌ها و آداب یهودیان تأکید داشت که وجه تمایز آنها از فرهنگ مشرکان بود.[1] نام این گروه به معنی *جداشدگان* است و آنها به رعایت سفت‌وسخت تمام جزئیات شریعت یهود می‌بالیدند و به نابردباری مفرط خود در قبال کسانی که به‌لحاظ احکام شرعی نجس‌شان می‌دانستند، مباهات می‌کردند. این پرهیزکاری و وطن‌دوستی موجب عزت و احترام آنها در میان مردم شده بود.

از سوی دیگر، برای برخی از یهودیان، حاکمیت روم امتیازات خاصی به‌همراه داشت. در میان این گروه، اعضای طبقهٔ اشراف اورشلیم قرار داشت. از گروه کوچک این خانواده‌های ثروتمند و اصل‌ونسب‌دار، کاهن اعظم و مقامات پایین‌تر کاهنان برخاسته بودند که سرپرستی معبد را بر عهده داشتند. بسیاری از آنها از شئون و آداب پر زرق‌وبرق فرهنگ یونانی-رومی بهره می‌بردند و برخی حتی نام یونانی اختیار کرده بودند. نمایندهٔ منافع آنها گروه سیاسی محافظه‌کاری بود که به *صدوقیان* شهرت داشت. در زمان عیسی، این افراد هنوز متولی شورای عالی یهود موسوم به سَنْهِدْرین بودند، لیکن نفوذ چندانی در میان مردم عادی نداشتند. حزب دیگر، یعنی *غیوران*، معتقد به مقاومت مسلحانه در برابر تمام رومیان حاضر در سرزمین‌شان بودند. آنها به الگوی دو قرن پیش نظر داشتند، به روزهای پرشکوه مکابیّان که غیرت مذهبی و شمشیر آخته‌شان آمادهٔ به‌زیرکشیدنِ حکمرانان بت‌پرست یونانی بود. بنابراین، تپه‌های جلیل اغلب صحنهٔ اختفای شبه‌نظامیانی بود که آمادهٔ شعله‌ور ساختنِ شورش یا انهدامِ نمادی از اقتدار رومیان در فلسطین بودند.

و بالاخره باید به *اِسِن‌ها* اشاره کرد که اصولاً به سیاست و جنگ کم‌علاقه یا بی‌علاقه بودند، و به نشانهٔ اعتراض در بیابان یهودیه اعتکاف کرده بودند، چون عقیده داشتند که معبد یهود تباه شده و امیدی به آن نیست. آنها در جوامع رهبانی منزوی خود به مطالعهٔ کتاب‌مقدس می‌پرداختند و خود را برای پادشاهی خداوند که هر لحظه در انتظار ظهورش بودند، آماده می‌کردند.

پژوهشگران معمولاً اِسِن‌ها را همان ساکنان جامعهٔ قُمران[2] می‌دانند که از متون کهن کتاب‌مقدس نسخه‌برداری می‌کردند و تفسیرهایی بر آن می‌نوشتند. این اسناد که به طومارهای دریای مرده معروف است در ۱۹۴۶ کشف شد.

---

۱. مشرک و بت‌پرست را به‌ناگزیر معادل Pagan و کافرکیش را برای Heathen به‌کار برده‌ایم. ریشهٔ لاتین کلمهٔ نخست، یعنی Paganus در اصل به‌معنای روستایی است که بعدها در محافل مسیحیان غرب برای اشاره به کسانی استفاده شد که با وجود تبدیل دین رسمی امپراتوری روم به مسیحیت، به حفظ اعتقادات مذهبی کهن روم اصرار داشتند. این افراد عمدتاً ساکن روستا بودند. (مترجم)

۲. در متن اصلی این کتاب قُمران Qumran به‌اشتباه Quran که به معنی قرآن است، ضبط شده. در ترجمهٔ فارسی اصلاح شد. (مترجم)

عیسی می‌خواست پیروانش به او وفادار باشـــند، بی‌آنکه هدف رسالت او با اهداف این احزاب یهودی اشتباه شود، و البته این کار سخت بود.

یهودیت امروز و دیروز

تعبیر خاصی که فریســـیان از یهودیت قرن اول داشتند، امروزه به‌صورت یهودیت رَبّنی تکوین یافته اســـت. انهدام معبد در ۷۰ میلادی مختصات یهودیت را تغییر داد. تصمیم روم به برچیدن بساط نهضت‌های انقلابی، در عمل موجب انحلال فرقهٔ غیوران و اِسِن‌ها شـــد که گروه اول، معترضانی در پی انقلاب سیاســـی بودند و گروه دوم، معترضانی در جستجوی پاکی و صفا.
صدوقیان اشرافِ کارگزارِ قدرت بودند که معبد را اداره می‌کردند و با انهدام معبد، تصویر آنها از یهودیت نیز دود شد و به هوا خاست. به این ترتیب، سرنوشت یهودیت در دستان «جماعت اهل کتاب» (یعنی فریســـیان) قرار گرفت که تلاش داشتند کل زندگی خود را با توجه به رهنمودهای کتاب‌مقدس عبرانی ســـامان دهند. تعبیر کتاب‌مدارانهٔ فریسیان از یهودیت با وجود انهدام معبد و سرکوب انقلابیون به‌دست رومیان، برقرار ماند.

خدمت عیسی

عیســـی خدمت خود را با به‌رســـمیت شـــناختن نهضت جدیدی که در بیابان یهودیه به رهبری نبی‌ای به‌نام یحییٰ آغاز شده بود، شـــروع کرد. محدودهٔ رود اُردن، درست در شمال دریای مرده، یکی از شلوغ‌ترین بخش‌های کل منطقه بود و به این ترتیب یحییٰ به جماعتی که می‌خواســـت سخنانش را بشنوند دسترسی داشت. لباسی از پشم شتر در بَر، با نگاه شعله‌ور، ایســـتاده بر کرانهٔ رود، او به همهٔ رهگذران هشـــدار می‌داد که از گناهانشـــان توبه کنند و با تعمیدیافتن در رود اردن، خود را برای روز داوری آماده کنند. اســـرائیل اول‌بار با گذشتن از رود اُردن وارد این سرزمین شد؛ عیسی نیز خدمت خود را در همین منطقهٔ کلیدی آغاز کرد.

بسیاری فکر می‌کردند که یحییٰ مسیحای موعود است، ولی او به‌شدت منکر چنین نقشی شـــد، و در توضیح رسالت خود، با استفاده از کلمات اشعیای نبی گفت: «ندای آنکه در بیابان فریاد برمی‌آورد: "راه را برای خداوند آماده کنید! مســـیر او را هموار ســـازید"» (متی ۳:۳). او ادعا می‌کرد که خدمتش جز مقدمه‌ای بر ظهور مســـیحا نیســـت: «من شما را با آب تعمید می‌دهم ... اما او شما را با روح‌القدس و آتش تعمید خواهد داد» (لوقا ۳:۱۶).

دعوت یحییٰ به توبه و پارســـایی، عیســـی را به اُردن آورد، زیرا او در پیام یحییٰ حقیقت خدا را یافت، و برای آنکه «پارسایی را به کمال تحقق بخشد» به تعمید یحییٰ تن داد و مدت کوتاهی بعد از آن، با آغاز رســـالت خود اعلام داشت: «زمان به کمال رسیده و پادشاهی خدا نزدیک شده است. توبه کنید و به این بشارت ایمان آورید» (مرقس ۱:۱۵).

۲۲ فصل اول

با این حال، عیسی به‌جای ماندن در بیابان، بر آن شد تا خدمت خود را در جلیل، سرزمینِ تپه‌های هموار و دره‌های گرم و سرسبز، آغاز کند. در هفته‌ها و ماه‌های نخست، او در سراسر جلیل از روستایی به روستای دیگر می‌رفت، و عصرها و در روز شَبّات در کنیسه‌ها موعظه می‌کرد. او با بُقچه‌ای محتوی نان، یک مَشک و چوبدستی، راه‌های غبارآلود را طی می‌کرد، و چه بسا که مانند مسافران دیگر، قبای کتانی زبر و بالاپوشی سنگین‌تر به رنگ قرمز یا آبی در بر داشت.

در یک روز عادی، عیسی سپیدهٔ صبح راه می‌افتاد و پس از طی چندین کیلومتر، حوالی غروب به روستایی می‌رسید و به کنیسه‌اش می‌رفت. همان‌طور که در یک منبع تاریخی معروف ذکر شده: «در آنجا احتمالاً روستائیان استقبال گرمی از او می‌کردند، چون اغلب معلم دینی مقیم نداشتند و منتظر می‌ماندند تا معلمی سَیّار مانند عیسی گذرش به آنجا بیفتد. چراغ‌ها که روشن می‌شد و اهالی سر جای خود قرار می‌گرفتند، عیسی بر سکویی که کمی بالاتر ساخته شده بود می‌نشست» و بخشی از کتاب‌مقدس را می‌خواند و با صدای رسا و محکم، تحقق نبوتی را اعلام می‌کرد یا حکایتی بازمی‌گفت.

موضوع اصلی تعلیم عیسی عبارت از پادشاهی خدا بود. ولی منظور او از این عبارت چه بود؟ آیا عقیده داشت که خدا به‌نحوی بارز در تاریخ جهان مداخله خواهد کرد؟ و یا بر آن بود که پادشاهی خدا از هم‌اکنون به معنایی در جهان حضور دارد؟ احتمالاً به هر دو معنی نظر داشت. این دو معنی با هم سازگارند مشروط بر اینکه این عبارت را نه به معنای جغرافیایی و مکانی، بلکه به معنای حاکمیت مطلق خدایی تعبیر کنیم که دارای شخصیت و پر از فیض است.

عیسی تعلیم می‌داد که حاکمیت خدا از هم‌اکنون در قدرت نجات‌بخش وجود او حاضر است، و البته شواهد آن را هم ارائه می‌کرد. معجزات او در زمینهٔ شفا، فقط اعمالی شگفت نبود؛ بلکه حکم *نشانه* را داشت و مظهر قدرت‌های متعلق به عصر آیندهٔ الاهی بود که خود را در عصر حاضر نمودار می‌ساختند. «اما اگر من به انگشت خدا دیوها را بیرون می‌رانم، یقین بدانید که پادشاهی خدا به شما رسیده است» (لوقا ۱۱:۲۰). با این حال، عیسی بیم آن داشت که مبادا از شفاهایی که به‌دست او صورت می‌گیرد، سوءتعبیر شود و مردم او را نیز یکی دیگر از جادوگران بدانند. بنابراین، اغلب به کسانی که شفا می‌یافتند توصیه می‌کرد حرفی به کسی نزنند.

البته، خبر این شفاها پخش شد، و دیری نپائید که مردم در همهٔ شهرها و روستاهای جلیل با شور و هیجان از معجزه‌گر جدید حرف می‌زدند که برای شفای نابینایان و لنگان و بیماران کافی بود سخنی بگوید یا با دستانِ قوی‌اش که دستان یک نجّار بود، آنها را لمس کند. طولی نکشید که هرجا سخن می‌گفت، جماعت کثیری گرد می‌آمد.

محبوبیت فزایندهٔ عیسی واکنش ایجاد کرد، به‌خصوص در میان فریسیان که خوش نداشتند مردم دنبال کسی که هرگز در مکتب علمای آنها حاضر نشده بود، راه بیفتند. به همین سبب هم آشکارا اعتبار عیسی را به پرسش گرفتند.

پیام عیسی

عیسی از این آزمون استقبال کرد، چون فرصتی در اختیار او می‌گذاشت تا پیام خود را که دربارهٔ توبه و فیض بود در مقابلِ خودبرتربینیِ فریسیان قرار دهد.

یک بار، احتمالاً زمانی که زائران برای شرکت در یکی از اعیاد بزرگ یهودی در راه اورشلیم بودند، عیسی داستان دو مرد را بازگفت که برای دعا به معبد رفته بودند. این دو از زمین تا آسمان با هم فرق داشتند! یکی فریسی بود؛ دیگری، دست بر قضا، یکی از خراجگیران منفور.

مرد به‌ظاهر پرهیزکار، با جلوه‌فروشی به دعا ایستاد و گفت: «خدایا، تو را شکر می‌گویم که همچون دیگر مردمان دزد و بدکاره و زناکار نیستم، و نه مانند این خراجگیرم. دو بار در هفته روزه می‌گیرم و از هرچه به‌دست می‌آورم، ده‌یک می‌دهم» (لوقا ۱۸:۱۱-۱۲). این شخص به خودش دعا می‌کرد و انصافاً بی‌راه نمی‌گفت، چون فریسیان در این اعمال زاهدانه - یعنی روزه‌داری و ده‌یک‌دادن - که آنها را از شریران تمیز می‌داد، گوی سبقت را از بقیه ربوده بودند.

عیب دعای این شخص این بود که خود را برتر می‌شمرد و دیگران را با سنگدلی به دیدهٔ تحقیر نگاه می‌کرد. فریسی فقط خودش را پارسا می‌پنداشت و دیگران را بدون استثنا مستحق داوری می‌دانست.

خراجگیر باور داشت که از نظر دینی فرد موجهی نیست. او با تلاش برای جمع‌آوری خراج برای رومیان به مردم خود پشت کرده بود، و چون می‌دانست از نظر روحانی در چه وضع ناگواری است، به نشانهٔ پشیمانی، با فاصله ایستاده بود. پایین را نگاه می‌کرد و از فرط احساس گناه، سر به زیر انداخته بود. دعایش هِق‌هقِ ندامت و طلب رحمت بود: «خدایا بر من گنهکار ترحم فرما!»

عیسی گفت: «به شما می‌گویم که این مرد، و نه آن دیگر، پارساشمرده‌شده به خانه رفت» (لوقا ۱۸:۱۴). تضاد میان زُهدفروشی فریسیان و نگرش نهضت عیسی از این نمایان‌تر نمی‌شد. یکی بر پایهٔ رعایت احکام ریزودرشت یهود قرار داشت؛ دیگری بر پایهٔ انکار برحق‌بودن خود و اعتماد به رحمت الاهی.

عیسی از بین صدها پیرو خود، فقط از جمعی انگشت‌شمار خواست تا در همهٔ سفرهایش با او همراه شوند. این عده به *رسولان* معروف شدند که به معنی *فرستاده‌شدگان* است. در آغاز، آنها گروهی ناهمگون بودند، کلاً دوازده نفر، که از قایق ماهیگیری و از پشت میز جمع‌آوری خراج به پیروی از عیسی خوانده شده بودند، اما وفاداری‌شان به عیسی قوی بود.

بنابراین، عیسی تمایز پادشاهی خود را از پادشاهی‌های این جهان به آنها نشان داد و گفت که پیروانش نمایندهٔ جامعه‌ای از نوع دیگر و عظمتی از نوع دیگر هستند. در پادشاهی‌های این جهان، رهبران قدرتمند بر دیگران خداوندی می‌کنند؛ ولی پادشاهی خدا به‌شیوه‌ای کاملاً متفاوت، با محبت و خدمت، اداره می‌شود.

عیسی خطاب به آنها گفت: «ای گلهٔ کوچک، ترسان مباشید، زیرا خشنودی پدر شما این است که پادشاهی را به شما اعطا کند» (۳۲:۱۲).

اوج محبوبیت عیسی به یک سال پیش از دستگیری‌اش در اورشلیم بازمی‌گشت. پس از اینکه او به بیش از پنج هزار زائر عید پسخ بر دامنهٔ سرسبز تپه‌ای در جلیل خوراک داد، بسیاری از پیروانش در صدد برآمدند او را پادشاه اعلام کنند. با این همه، عیسی می‌دانست که آنها درکی از نقشهٔ خدا برای زندگی، و البته مرگ او، که به‌تدریج آشکار می‌شد، ندارند. این بود که به‌همراه جمعی کوچک از یاران وفادارش به میان تپه‌ها گریخت.

عیسی می‌دانست که در نقشهٔ خدا برای نجات نقشی بی‌نظیر دارد، ولی از لقب‌های سنتی برای مسیحای رهاننده بیم داشت. احتمال اینکه مردم منظور او را درست نفهمند بسیار بالا بود. تصویری که در تعلیم او به دوازده شاگرد ظهور می‌یابد، با تصویر اشعیای نبی از خادم رنجدیده، همخوانی دارد: «خوار و نزد مردمان مردود ... و از زخم‌های او ما شفا یافتیم» (اشعیا ۳:۵۳ و ۵)؛ همچنین با تصویر زکریای نبی از پادشاه موعود همخوان است: «او حلیم می‌باشد و بر الاغ و کُرّه بچّه الاغ سوار است» (زکریا ۹:۹).

هفتهٔ آخر

چنین می‌نماید که عیسی در یکشنبهٔ پیش از آخرین باری که در عید پسخ شرکت کرد، در حالی که این تصاویر نبوتی را در ذهن داشت، سوار بر الاغ وارد اورشلیم شد و به پیش‌گوئی زکریای نبی تحقق بخشید. جماعت حاضر شاخه‌های نخل جلوی پای او می‌گستردند و فریاد می‌زدند: «هوشیعانا! مبارک است آنکه به نام خداوند می‌آید.»

به‌نظر، این تنها باری بود که عیسی آشکارا خود را همان مسیحای مذکور در نبوت‌های یهود معرفی کرد، و ظاهراً قصد داشت مقامات اورشلیم را وادارد تا تصمیم خود را بگیرند: آیا پادشاهی الاهی او را می‌پذیرند یا نه؟ شهر مقدس متشنج شده بود، مردم می‌پرسیدند: «این دیگر کیست؟»

روز بعد، عیسی با همراهی شاگردان از کوچه‌های تنگ و باریک و شلوغ اورشلیم به طرف معبد به راه افتاد، و طی عملی اعتراضی که یادآور انبیای عهدعتیق بود، «به صحن معبد خدا درآمد و کسانی را که در آنجا داد و ستد می‌کردند، بیرون راند و تخت‌های صرّافان و بساط کبوترفروشان را واژگون ساخت و به آنان فرمود: "نوشته شده است که 'خانهٔ من خانهٔ دعا خوانده خواهد شد'، امّا شما آن را "لانهٔ دزدان" ساخته‌اید"» (متی ۱۲:۲۱-۱۳).

خبر این رویداد مهم به‌سرعت در سراسر اورشلیم پیچید و مردم به معبد هجوم آوردند تا اگر شده یک نگاه او را ببینند. شایعات در مورد ظهور مسیحا و انهدام قریب‌الوقوع معبد بالا گرفته بود.

این سخنان دربارهٔ مسیحا مقامات معبد را به هراس انداخت. اگر این جلیلی شورش دیگری علیه دولت روم به راه می‌انداخت چه؟ با این حال، آنها برای دستگیری او مُردد بودند، چون می‌ترسیدند که این کار منجر به شورش دیگری شود.

مردی مانند عیسی خطری جدی متوجهٔ صدوقیان می‌ساخت، زیرا آنها با حمایت مقامات رومی از موقعیت ممتازی برخوردار بودند. اگر کسی حرف مسیحا را پیش می‌کشید، تبعیت مردم را از نظم مستقر سیاسی سست می‌کرد و رابطه‌ای را که صدوقیان با روم داشتند به خطر می‌انداخت. بنابراین، صدوقیان عقیده داشتند که چنین فردی را باید ساکت کرد پیش از اینکه شورشی به راه اندازد و رومیان با شدت عمل مخصوص خود آن را سرکوب کنند؛ و اگر این اتفاق می‌افتاد، صدوقیان از امتیازات خود محروم می‌شدند.

بنابراین، ترس مشترک از عیسی، سبب شد تا اتحادی نامعمول بین صدوقیان و رقیبانشان، یعنی فریسیان، شکل بگیرد. عیسی که علناً از احکام روز شَبّات سر پیچیده و اعتبار احکام دیگر را به پرسش گرفته بود، ظاهراً تیشه را برداشته و به ریشهٔ اقتدار مذهب یهود می‌زد. چنین بود که هر دو حزب، و هریک به دلایل خاص خود، این نبی جلیلی را که به سبک خاص خود عمل می‌کرد، دشمنی خطرناک می‌دانستند و به‌اتفاق بر آن شدند تا او را به محاکمه بکشانند و به مرگ محکوم کنند.

متولیان معبد در بین نزدیک‌ترین پیروان عیسی، زمینهٔ اقدام خود را فراهم دیدند. آنها به کمک یهودای اسخریوطی که یکی از دوازده شاگرد عیسی بود، می‌توانستند بی‌سروصدا و بدون ایجاد اغتشاش، عیسی را دستگیر کنند؛ بنابراین، «سی پاره نقره به یهودا دادند» که نزدیک به دستمزد چهار ماه یک کارگر خبره بود مشروط بر اینکه دسترسی آنها را به عیسی فراهم کند.

عهد جدید

«فردای آن روز، اولین روز از عید پسخ یهودیان بود، و عیسی و شاگردانش برای مراسم خاص شام آن روز عصر آماده شدند. با فرارسیدن غروب، مخفیانه در محل موعود گرد آمدند. به حالتی موقر شامی را که یادگار خروج یهودیان از مصر بود، صرف کردند. یله‌داده به نیمکت‌های خود پشت میزی کوتاه، شراب نوشیدند و سبزیجات تلخ و نان فطیر خوردند.»

در پایان شام، عیسی تکّه‌ای نان برداشت، خدا را شکر کرد، آن را شکست، و گفت: «این بدن من است که برای شما داده می‌شود، این را به‌یاد من به‌جا آرید» (لوقا ۱۹:۲۲). به همین ترتیب نیز جامی برداشت و گفت: «این جام، عهد جدید است در خون من. هر بار که از آن می‌نوشید، به‌یاد من چنین کنید» (اول قرنتیان ۲۵:۱۱).

منظور عیسی از این «عهد جدید» چه بود؟ زمینهٔ آن، قطعاً، خروج از مصر و تبدیل قوم اسرائیل به یک ملّت در پای کوه سینا بود. ولی عیسی به چیزی فراتر از یادگار این امر بدیهی نظر داشت.

او از عهد جدید در خون خود سخن می‌گفت. کلمات او بازتاب وعدهٔ ارمیای نبی بود دایر بر اینکه عهد نوشته بر الواح سنگی جا به عهدی نوشته بر قلب آدمیان خواهد داد: «این است عهدی که بعد از این ایّام با خاندان اسرائیل خواهم بست. شریعت خود را در باطن ایشان خواهم نهاد و آن را در دل ایشان خواهم نوشت و من خدای ایشان خواهم بود و ایشان

قوم من خواهند بود ... چون که عصیان ایشان را خواهم آمرزید و گناه ایشان را دیگر به یاد نخواهم آورد» (ارمیا ۳۱:۳۳-۳۴).

عیسی فرمود که زمان عهد جدید فرا رسیده و تشکیل قوم جدید خدا که گناهانشان بخشوده شده اکنون به‌سبب ریخته‌شدن خون او ممکن است.

در آن هنگام، شاگردان عیسی بدون شک به همان اندازه از سخنان او در شگفت بودند که از کارهایش. ولی تا چند هفتهٔ دیگر تمام اتفاقاتِ این ساعات آخر را در نور جدیدی می‌دیدند که پرده از حقایق برمی‌داشت.

پس از شام، عیسی شاگردان را به محل ملاقات آشنایی در پای کوه زیتون برد، درختستان زیتونی که به جِتْسیمانی شهرت داشت. ماه کامل و درختستان در نوری ملایم غرق بود. در حالی که شاگردان به خواب رفته بودند، عیسی به کنجی رفت و چنین دعا کرد: «ای پدر من، اگر ممکن است این جام از من بگذرد، امّا نه به خواست من، بلکه به ارادهٔ تو» (متی ۲۶:۳۹).

عیسی پس از تجدید عهد با خدا در دعا، شاگردانش را از خواب بیدار کرد. «عیسی همچنان سخن می‌گفت که یهودا، یکی از آن دوازده تن، همراه با گروه بزرگی مسلّح به چماق و شمشیر، از سوی سران کاهنان و مشایخ قوم، از راه رسیدند» (متی ۲۶:۴۷). آنها عیسی را دستگیر کردند و به کاخ قیافا، کاهن اعظم، در بخش باختری اورشلیم بردند.

محاکمه و مرگ

در داخل این عمارت مجلل، شورای عالی یهود همهٔ مظاهر عدالت را زیر پا گذاشت و بدون فوت وقت دو شاهد دست‌وپا کرد که علیه عیسی شهادت دهند. دادگاه عیسی را به کفرگویی متهم کرد و خواستار مرگ او شد، ولی برای عملی‌شدن این رأی به‌ناچار می‌بایست دست به دامان یک رومی منفور می‌شدند.

همین که سپیده زد، مقامات یهودی عیسی را از کاخ قیافا بیرون آوردند و از کوچه‌ها به سمت آنتونیا، یعنی کاخ-دژی بردند که محل اقامت والی رومی، پُنتیوس پیلاتُس، در زمان عید پسخ بود. از آنجا که شورای عالی یهود مجاز به اجرای حکم اعدام نبود، اعضای شورا ناگزیر بودند دادخواست خود را علیه عیسی به پیلاتُس ارجاع دهند.

«در حالی که اعضای شورا و زندانی‌شان پایین بر سنگ‌فرش محوطهٔ دژ منتظر بودند، قاصدی وارد تالارهای مجلل کاخ شد تا به پیلاتُس خبر دهد. چند دقیقه بعد، والی ظاهر شد. طبق عادت رومیان، بالاپوش گشاد قرمزی روی ردایی سفید پوشیده بود که مشخصهٔ شهروندان روم بود.[۱]»

والی رومی پس از اینکه هدف آنها را پرسید، به فکر فرو رفت. از نظر او، کاهنان اعظم نزاع مذهبی بی‌اهمیتی را به او ارجاع داده بودند و صدور حکم علیه عیسی در ایام عید،

---

۱. منظور توگا Toga است. (مترجم)

به‌طور قطع ممکن بود به شورشی هرچند کوچک بینجامد. از طرف دیگر، اگر اتهامات آنها را علیه عیسی نادیده می‌گرفت و دست بر قضا، این جلیلی، خائن به روم از کار درمی‌آمد، موقعیت خودش به خطر می‌افتاد. ضمناً جماعتی خشمگین هم بیرون کاخ گرد آمده بود و برای صدور رأی پیلاتُس غوغا به راه انداخته بود. از بیم اینکه مبادا خاطر قیصر مکدر شود، پیلاتُس عیسی را به سربازانش سپرد تا مصلوبش کنند.

وقتی مأموران اعدام به تپه‌ای در بیرون از اورشلیم به نام جُلجتا رسیدند، سربازان لباس‌های عیسی را درآوردند و بین خود تقسیم کردند؛ در همین حال، قطعات صلیب‌ها به‌هم نصب می‌شد. «سپس، هریک از زندانیان بر صلیب خود کشیده شد. در حالی که سربازان مچ دستان عیسی را با میخ‌های بزرگ به صلیب دوختند و میخ دیگری هم از هر دو مچ پاهایش عبور دادند و به تخته کوبیدند، او در سکوت رنج می‌کشید. صلیب را که بالا بردند، فشار وزن او بر تخته‌ای متصل به صلیب قرار گرفت که حکم نشستنگاه را داشت.» سپس سربازان تقصیرنامهٔ عیسی را بر بالای صلیب نصب کردند که بر آن نوشته بود: «عیسای ناصری، پادشاه یهودیان.»

«مرگ عیسی کُند و دردناک بود. ساعت‌ها ناتوان بر صلیب آویخته ماند، زیر آفتاب بود و حشرات اطراف بدنش وزوز می‌کردند. رهگذرانِ کنجکاو به‌نظارهٔ رنج‌بردنش می‌ایستادند و تقصیرنامهٔ بالای سرش را می‌خواندند. هرچه می‌گذشت او ناتوان‌تر می‌شد و انقباض عضلات، گرسنگی و تشنگی بدنش را زجر می‌داد.» گروه کوچکی از پیروان درمانده‌اش در سکوت شاهد پایان زندگی او بودند، چیزی که مقدمه‌ای غریب و رمزگُشا بر تاریخ مسیحیت بود.

عیسی همچنان‌که ضعیف‌تر می‌شد، فریاد برآورد: «تمام شد»، و جان داد. چند ساعت بعد، دوستی به‌نام یوسف رامه‌ای بدن او را به باغ خود بُرد. در آنجا قبری داشت که در دل صخرهٔ بزرگی حفر شده بود. در داخل و در انتهای مقبره سکویی بود، آن‌هم از سنگ، و یوسف به‌آرامی جسد را روی آن گذاشت. سپس، سنگی بزرگ بر دهانهٔ مقبره غلتاند و به خانه رفت.

پیشنهادهایی برای مطالعهٔ بیشتر

Blomberg, Craig L. *Jesus and the Gospels: An Introduction and Survey.* Nashville: Broadman and Holman, 1997.

Drane, John. *Jesus and the Four Gospels.* New York: Harper and Row, 1979.

Reader's Digest Association. *Great People of the Bible and How They Lived.* Pleasantville: The Reader's Digest Association, 1974.

*Strauss, Mark. *Four Gospels, One Jesus: A Survey of Jesus and the Gospels.* Grand Rapids: Zondervan, 2007.

*Wright, Christopher. *The Mission of God's People: A Biblical Theology of the Church's Mission.* Grand Rapids: Zondervan, 2010.

Wright, N. T. *The New Testament and the People of God.* Minneapolis: Fortress, 1992.

Wright, N. T. *Jesus and the Victory of God: The Resurrection of the Son of God.* Minneapolis: Fortress, 1996.

فصل دوم

مَشْک‌ها: کهنه و نو

انجیل برای غیریهودیان

شـــورای عالی یهود می‌دانست که قیامی در راه است. استیفان را که باعث تحریک اذهان می‌شد به حضورشان آورده بودند، و از بخت بلند این غائله به خیر گذشته بود. ولی با او چه باید می‌کردند - سؤال این بود.

شـــواری یهود از سربند محاکمهٔ عیســـی آب خوش از گلویش پایین نرفته بود. هیچ‌کس نمی‌دانســـت چطور باید جلوی گســـترش نهضت مرد ناصری را گرفت. شورا چندین بار به آنها دســـتور داده بود دست از سخن‌گفتن دربارهٔ عیســـی بردارند، ولی پیروان ناصری هربار جسورتر شده، و حتی شورا را به قتل مسیحا متهم می‌کردند.

با این حال، استیفان مورد خاصی بود. او به خود جرأت داده بود که به‌طور علنی و مکرر شـــریعت موسی را نفی و به معبد خدا حمله کند. مردان خشمگین بر آن بودند که استیفان را باید ساکت کرد. ولی چگونه؟

زمانی که اســـتیفان دفاعیاتش را آغاز کرد، همهٔ چشـــم‌ها به او دوخته شـــد. او از تاریخ یهود ســـخن گفت، ولی چنین استدلال کرد که انسان برای عبادت خدا نیازی به معبد ندارد؛ ســـپس، آنچه را میان خدا و قومش گذشته بود، از ابراهیم تا موسی، مرور کرد و اعلام داشت که موسی آمدن مســـیحا را پیش‌گوئی کرده بود: «خدا از میان برادرانتان، پیامبری همانند من مبعوث خواهد کرد» (اعمال ۳۷:۷).

او همچنین بیان داشت که چگونه خدا الگوی ساخت خیمهٔ شهادت را به موسی داد و چگونه سلیمان معبد را بنا کرد، ولی برای اثبات اینکه حضرت اعلیٰ در معابدِ ساخته‌به‌دست‌انسان ساکن نمی‌شود، از اشعیای نبی چنین نقل‌قول کرد:

آسمان تخت پادشاهی من است،
و زمین کُرسی زیر پایم!
چه خانه‌ای برای من بنا می‌کنید؟
و مکان آرمیدنم کجاست؟
مگر دست من این‌همه را نساخته است؟ (اشعیا ۶۶:۱-۲)

به شنیدن این سخنان، ولوله‌ای در شورا افتاد. ولی استیفان دلیرانه به سخن گفتن ادامه داد و چون به اوج سخنانش رسید، بانگ برداشت: «ای قوم گردنکش، شما نیز همچون پدران خود همواره در برابر روح‌القدس مقاومت می‌کنید. کدام پیامبر است که از دست پدران شما آزار ندیده باشد؟ آنان حتی پیامبرانی را که ظهور آن پارسا را پیشگویی کرده بودند، کشتند؛ و اکنون شما تسلیم‌کننده و قاتل خود او شده‌اید. همین شمایی که شریعت را ... دریافت کردید اما از اطاعت آن سر باززده‌اید» (اعمال رسولان ۷:۵۱-۵۳).

بس است، بس است دیگر! اعضای شورا به خشم آمده بودند! آنها گوش‌های خود را گرفتند و در همین حال جماعت به‌سمت استیفان هجوم برد. آنها او را گرفتند و کشان‌کشان از کوچه‌ها به پشت دیوارهای شهر بردند و آن‌قدر سنگ‌بارانش کردند که دیگر صدایی از او شنیده نشد.

مسیحیت و یهودیت

غائله‌ای که این جماعت به راه انداخت و محاکمه و مرگ استیفان، نخستین شهید مسیحیت، حاوی پاسخ به این پرسش است که چگونه مسیحیت از ریشه‌های یهودی خود برآمد؟ چگونه مسیحای یهودی که موضوعی یهودی (پادشاهی خدا) را به پیروان یهودی‌اش موعظه می‌کرد، به نجات‌دهندهٔ همهٔ انسان‌ها تبدیل شد؟

پاسخ را باید در مجادلهٔ استیفان با بزرگان یهود جُست که بر تفسیر عهدعتیق متمرکز بود. مواجهه با عیسی ایمانداران نخستین را بر آن داشت تا عهدعتیق را از نو مورد تفحص قرار دهند. آنها در مدارک عهدعتیق پیامی جامع و بزرگ‌تر برای تمامی جهان یافتند که قوم اسرائیل نتوانسته بود پذیرای آن شود. خدا دیری قبل به ابراهیم وعده داده بود که تمام مردم جهان در او برکت خواهند یافت (پیدایش ۱۲:۳). با آنکه عیسی سراغ گوسفندان گمشدهٔ اسرائیل می‌رفت، طیف وسیع‌تری را در نظر داشت.

متخصصان کتاب‌های مقدس یهودی، یعنی عُلَمای یهود و فریسیان، باور داشتند که عهدعتیق شریعت خدا را به قوم خاص او، یعنی یهودیان، عرضه می‌کند. شریعت با ده فرمان آغاز می‌شد، ولی همچنین شامل دستورهایی برای تمام شئون زندگی، عبادت، و پرهیزکاری

بود. با این همه، استیفان این تعبیر را قبول نداشت و نظر خود را به زبان آورد. او تأکید داشت که قائمه‌های زندگی یهود، یعنی شریعت و معبد، موقتی بودند و خواست خدا این بود که آنها به فراتر از خود، به مسیحای آینده اشاره کنند که پارسایی را به‌تمامی برای همهٔ مردم تحقق می‌بخشید. هدف محوری عهدعتیق دادن وعدهٔ ظهور مسیحا بود. استیفان می‌گفت که مسیحا آمده و نام او عیسی است؛ و ما این را از آنجا می‌دانیم که رخدادهای مربوط به مصلوب‌شدن عیسی به‌روشنی بر عمل خدا شهادت می‌دهند.

ایمان به رستاخیز

منتقدان استدلال می‌کنند که پیروان عیسی سخت میل داشتند با عیسی باشند و قلبشان لبریز از امید و اشتیاق بود؛ این پیروانِ غم‌زده، خود را دچار مجموعه‌ای از توهّمات کردند و برخی حتی دچار توهّمات دسته‌جمعی شدند. منتقدان چنین استدلال می‌کنند که ملاقات با عیسای قیام‌کرده یا رویاهایی از او، محصول ایمان یا امید مؤمنین به رستاخیز بود. با این حال، شواهد قرن اول برخلاف این استدلال است. با وجود همهٔ کارهای حیرت‌انگیزی که پیروان عیسی از او دیده بودند، آخرسر چنین نتیجه گرفتند که او نیز یکی دیگر از همان مسیحانی بود که رومیان اعدام کردند. شاگردان مغلوب شده بودند. حتی قبر خالی هم نتوانست آنها را قانع کند که عیسی زنده شده است؛ بنابراین، تا عیسای قیام‌کرده به سراغ‌شان نرفت، ایمان به رستاخیز در آنها برانگیخته نشد. بنابراین، ایمان به رستاخیز بر اثر مواجهه با عیسای قیام‌کرده پدید آمد و نه برعکس.

چگونه استیفان چنین چیزی گفت؟ واقعهٔ صلیب سبب شده بود که رسولان عیسی، سرگشته و هراسان، خود را پنهان سازند. امیدهای آنها به ظهور پادشاهی خدا در میان بنی‌اسرائیل، در ظلمتِ پیرامون صلیب محو شده بود.

در سپیده‌دم روز یکشنبه، عده‌ای از زنان مدعی شدند که عیسی را زنده دیده‌اند. برخی از شاگردان نیز بر سر مزار رفته و دیده بودند که قبر عیسی خالی است. با این حال، برخی از رسولان همچنان به این مسئله ظنین بودند تا اینکه ملاقات با عیسای قیام‌کرده همهٔ آنها را قانع کرد که او به‌راستی از مردگان برخاسته است. در یکی از این ظهورات در جلیل، عیسی به شاگردان گفت که در اورشلیم جمع شوند و منتظر تعمید با روح‌القدس تا چند روز دیگر باشند.

پنتیکاست

هنگامی که شاگردان هفت هفته پس از مصلوب‌شدن عیسی به شهر مقدس بازگشتند تا برای جشن پنتیکاست به زائران دیگر محلق شوند، به‌شدت هیجان‌زده بودند. طی جشن، هنگامی که حدود ۱۲۰ نفر از شاگردان در خانه‌ای جمع شده بودند، ناگهان روح خدا بر

کسانی که در آنجا گرد آمده بودند فرو ریخت. برخی گمان بردند که بادی شدید در خانه وزیده است؛ برخی دیگر شاهد قرار گرفتن زبانه‌هایی از آتش بر هریک از ایشان شدند.

شاگردان که سخت از این تجربه متأثر بودند، به خیابان شتافتند و راهی معبد شدند. بسیاری از بازدیدکنندگان آنها را در شهر دیدند و به‌دنبال‌شان رفتند، چون می‌شنیدند که شاگردان به زبان مادری آنها حرف می‌زنند.

سخن‌گفتن به زبان‌ها یا گلوسولالیا[1]

مسیحیان دربارهٔ ماهیت سخن‌گفتن به زبان‌ها با یکدیگر اختلاف‌نظر دارند. برخی آن را توانایی ارائهٔ پیام به زبانی می‌دانند که فرد هرگز آن را نیاموخته است. این توانایی را روح‌القدس می‌بخشد و پیام الاهی را به زبان شنونده برمی‌گرداند هرچند که معمولاً گوینده آن زبان را نمی‌فهمد.

برخی دیگر می‌گویند که سخن‌گفتن به زبان‌ها گفتاری است که در حالت خلسه صورت می‌گیرد، و اصواتی که به این ترتیب تولید می‌شود زبان انسانی نیست. اگر چنین باشد، تصویری که در کتاب اعمال رسولان از معجزه‌ای زبانی ارائه شده (توانایی سخن‌گفتن گوینده به زبانی که نیاموخته است) در اصل، معجزه‌ای شنیداری خواهد بود (که برای شنوندگان به انجام رسیده و آنها توانسته‌اند این زبان را بفهمند). بدین ترتیب، گفتار در حالت جذبه را شنونده به زبان خود شنیده یا درک کرده است.

در معبد، پطرس که یکی از رسولان عیسی بود، در برابر جماعت عظیم ایستاد و به آنها گفت معجزه‌ای که شاهد آن هستند، تحقق وعدهٔ یوئیل نبی در مورد ریزش روح خدا در «روزهای آخر» است. سپس ادامه داد که توضیح این اعجاز به اتفاق اخیر، یعنی مصلوب‌شدن عیسی، بازمی‌گردد. خدا او را از مرگ برخیزانده و خداوند و مسیحا گردانده است!

اعلام رستاخیز عیسی از دهان پطرس، تحولی شگفت بود. چگونه می‌توانست این ادعا را ثابت کند؟ پطرس به کتاب‌مقدس یهودیان ارجاع داد که می‌گوید مسیحا در مرگ ترک نخواهد شد، بلکه بر دست راست خدا نشانده خواهد شد تا اینکه پیروزی جهانگیر او تحقق یابد (مزمور ۱۶:۱۰؛ ۱۱۰:۱).

ولی مضامین کتاب‌مقدس چه ارتباطی با عیسای ناصری داشت؟ پطرس گفت: «او به‌طور قطع مسیحا بود»، زیرا «خدا همین عیسی را برخیزانید و ما همگی شاهد بر آنیم» (اعمال ۲:۳۲).

بنابراین، از آغاز، رسولان در موعظه‌های خود، رستاخیز عیسی را تحقق‌بخش اهداف خدا که در عهدعتیق اعلام شده می‌دانستند. مسیحای مصلوب‌شده، مقامی فوق از تمامی عالم یافته بود. رسولان می‌گفتند که بدون این معجزه، نه انجیلی هست، نه نجاتی و نه کلیسایی.

---
1. Glossolalia

اما این معجزه حقیقت داشت. بنابراین، پطرس به زائرانی که برای عید پنتیکاست آمده بودند، گفت: «توبه کنید و هریک از شما به نام عیسای مسیح برای آمرزش گناهان خود تعمید گیرید که عطای روح‌القدس را خواهید یافت» (اعمال ۳۸:۲).

بسیاری دعوت پطرس را لبیک گفتند. آنها تعمید یافتند و آن روز در حدود سه هزار نفر به پیروان نهضت عیسی افزوده شد. کلیسای مسیحی این‌گونه آغاز شد.

شروع خارق‌العاده‌ای بود. استیفان این داستان را به‌خوبی می‌دانست و مسیحیان از آن زمان تأکید داشته‌اند که مرگ عیسی بر صلیب، برخاستنش از قبر، و مأموریت روح‌القدس برای تقویت کلیسا، واقعیت‌های بنیادین مسیحیت هستند. در چهل سال نخست، کلیسای نوظهور رشدی چشمگیر داشت و به اکثر شهرهای عمدهٔ امپراتوری روم گسترش یافت. بدین‌سان، کلیسا از یک فرقهٔ کوچک یهودی به مشارکت جمع کثیری از مردمان متفاوت تبدیل شد.

البته، استیفان زنده نماند تا این را ببیند. با این حال، قبل از همه، به معنای خاص صلیب و قیام و نزول روح‌القدس برای تاریخ کتاب‌مقدس پی بُرد. او عمیقاً احساس می‌کرد که مسیحیت هرگز نمی‌تواند در چارچوب احکام سفت‌وسخت فریسیان محدود شود.

عیسی خود اشاره کرده بود که شکافی پدید خواهد آمد. یک بار که از او پرسیدند به چه دلیل شاگردانش مانند فریسیان روزه نمی‌گیرند، پاسخ داد: «شراب نو را در مشک‌های کهنه نمی‌ریزند، زیرا مشک‌ها پاره می‌شوند و شراب می‌ریزد و مشک‌ها از بین می‌روند. شراب نو را در مشک‌های نو می‌ریزند تا هر دو محفوظ بمانند» (متی ۱۷:۹). مهم‌ترین تحول در مسیحیت قرن اول پاره‌شدن مشک‌های کهنه بود.

نخستین جماعت

کسی تردید نداشت که نخستین جماعت ایمانداران عده‌ای یهودی بودند شامل مادر عیسی، مریم، و برخی دیگر از خویشاوندان عیسی، و رسولان، یعنی پطرس، یعقوب و یوحنا، آندریاس، فیلیپُس، توما، بَرتولْما، متی، یعقوب پسر حَلفای، شمعون غیور، و یهودا پسر یعقوب. این جماعت شاگردی به‌نام مَتیاس را انتخاب کردند تا دوازدهمین رسول و جایگزین یهودای اِسْخَریوطی شود که مدت کوتاهی پس از مصلوب‌شدن عیسی به زندگی خود پایان داده بود.

از آنجا که تمام این افراد یهودیان متدّین بودند، برای مدتی به شریعت یهود وفادار ماندند و به عبادت در کنیسه‌ها و در معبد ادامه دادند. سبک زندگی آنها در تمام مظاهر بیرونی‌اش شبیه دیگر فرقه‌های یهودی زمان‌شان بود. شاگردان، نهضت جدید خود را «راه» نامیدند، زیرا بر این باور آنها تأکید داشت که عیسی پیروانش را به‌سوی پادشاهی خدا هدایت خواهد کرد. با این همه، طولی نکشید که جماعت مسیحی اورشلیم دربارهٔ خود اصطلاحی از عهدعتیق به‌کار گرفت که از آن برای اشاره به اجتماع قوم اسرائیل استفاده می‌شد. معادل این کلمه در

زبان یونانی *اِکْلِسیا*[1] (یا کلیسا، Church) است، یعنی اجتماع مردم، مردمی که به خدا تعلق دارند.

با وجود همنوایی بیرونی آنها با دین یهود و استفاده‌شان از کتاب‌مقدس یهودی، شاگردان احساس می‌کردند که رستاخیز عیسی و آمدن روح‌القدس در پنتیکاست آنها را به چیز یگانه‌ای تبدیل کرده بود؛ آیا این چیز مَشکی جدید نبود؟

مدت کوتاهی پس از پنتیکاست، مقامات معبد که خوش نداشتند شاگردان دربارهٔ رستاخیز عیسی موعظه کنند، پطرس و یازده رسول دیگر را دستگیر کردند. آنها بیهوده رهبران کلیسا را تهدید کردند که رستاخیز عیسی را اعلام نکنند. با وجود این، پیروان عیسی به‌طور مرتب در عبادات معبد شرکت می‌کردند و سفت‌وسخت احکام و مراسم یهودی را به‌جا می‌آوردند. در رفتار آنها هیچ نشانه‌ای از نفی شریعت موسی یا اقتدار معبد وجود نداشت. در دو سال، عدهٔ آنها به چند هزار نفر رسیده بود.

تحت رهبری رسولان، این نهضت نوپا وحدت خود را با به‌جاآوردن دو رسم خاص که واقعیت مرگ و رستاخیز عیسی را در کانون مشارکت آنها قرار می‌داد، حفظ کرد.

اولی، یعنی تعمید، برای آنها آشنا بود چون بسیاری از شاگردان اولیه از خدمت یحییٰ تعمیددهنده پیروی کرده بودند. با این حال، تعمید در جامعهٔ رسولان تفاوت داشت. تعمید یحییٰ شیوه‌ای برای اعتراف‌کردن ایمان به پادشاهی آیندهٔ خدا بود. لیکن، تعمید در کلیسای نوپا چیزی بود که الاهیدانان امروز *فَرجام‌شناسانه*[2] می‌خوانند، و نشانهٔ ورود به پادشاهی روحانی خدا بود که هرچند ظهور آن اعلام شده، هنوز به‌صورت کامل آشکار نشده است.

این نخستین جماعت مسیحیان ایمان یافت که مرگ، تدفین، و رستاخیز عیسی و متعاقب آن، آمدن روح‌القدس در روز پنتیکاست، رخدادهایی الاهی و آغازکنندهٔ عصری نو بودند، و انسان برای ورود به زندگی در این پادشاهی روحانی باید به خداوندی عیسی ایمان آورد و برای شهادت بر این ایمان تعمید یابد.

به همین ترتیب نیز، رسم دوم که دیری نپائید به عشای ربانی معروف شد، با یادآوری خیانت‌دیدن و مرگ عیسی، در رویدادهای مربوط به جُلْجتا و قبر خالی، دلیلی بر تحقق عهدجدید می‌یافت که ارمیای نبی آن را پیشگویی کرده بود. مرگ عیسی و زندگی جدید در روح‌القدس با نوشیدن مسیحیان از جام و تناولِ نان تقدیس‌شده، به‌طور نمادین تبلور می‌یافت و مُهر می‌شد. چنین بود که این شامِ ساده عهد آنها را با خدا و با یکدیگر نو می‌ساخت.

یهودیان یونانی‌زبان

بنابراین، کلیسای نوپا که عامل اتحاد اعضای آن پیروی از تعلیم رسولان و اجرای دو رسمی بود که مرگ و قیام خداوندشان را تصویر می‌کرد، در سراسر یهودیه گسترش یافت. با این همه، این رشد سریع ترس‌های جدیدی در قلب مقامات برانگیخت و تنش‌هایی در

1. Ekklesia; 2. Eschatological

کلیسا به‌وجود آورد. روز به روز عدهٔ بیشتری از یهودیان یونانی‌زبان به کلیسا می‌پیوستند. این افراد یهودیانی بودند که از سراسر امپراتوری روم به اورشلیم آمده بودند تا در شهر مقدس سکونت کنند. بسیاری از آنها برای زیارت به این شهر آمده و ماندگار شده بودند. آنها نیز همچون تمام مهاجران دیگر، در جوامع مستقل خود زندگی می‌کردند. این یهودیان به یونانی سخن می‌گفتند و از ترجمهٔ عهدعتیق به زبان یونانی متداول، موسوم به ترجمهٔ هفتادی، استفاده می‌کردند.

یهودیان یونانی‌زبان به دین خود وفادار بودند، لیکن در دنیای بیرون از فلسطین – در مصر، آسیای صغیر و اروپا – مدت‌های مدید در معرض فرهنگ یونانی قرار گرفته بودند. آنها آسان‌تر با غیریهودیان می‌آمیختند و در مقایسه با هم‌نژادان فلسطینی خود، در برابر افکار جدید بازتر بودند.

در آغاز، رسولان با آغوش بازیهودیان یونانی‌زبانی را که به عیسی ایمان می‌آوردند در کلیسا می‌پذیرفتند؛ لیکن این روح یگانگی بر اثر رقابت فزاینده میان اعضای فلسطینی و یونانی‌زبان کلیسا خدشه‌دار شد. برخی از ایمانداران یونانی‌زبان شکایت می‌کردند که در برنامهٔ رفاهی کلیسا به بیوه‌های آنها توجه نمی‌شود. به‌منظور رفع این رنجش‌ها، رسولان شورایی متشکل از هفت شاگردِ یونانی‌زبان، در میان آنها استیفان و فیلیپُس، برای رسیدگی به توزیع کمک‌ها تشکیل دادند. این افراد احتمالاً نخستین خادمانی بوده‌اند که در جای دیگر *شَمّاس* (در یونانی *دیاکونوی*[1]) به معنی *خدمتگزار* یا *خادم روحانی* خوانده شده‌اند.

با این همه، دیری نگذشت که استیفان به موعظه در کنیسه‌های متعلق به یهودیان یونانی‌زبانِ اورشلیم پرداخت. همین مسئله آشوبی برانگیخت که به مرگ او انجامید، و البته این تازه آغاز داستان بود. گروه‌هایی از افراد خودسر راه افتادند و کسانی را که به پیروی از ناصری مظنون بودند، می‌گرفتند و به زندان می‌انداختند. یکی از رهبران این افراد خودسر، فریسیِ غیوری به نام سولُس اهلِ تارسوس بود.

این نخستین موردِ آزار و اذیت مسیحیان در حدود سال ۳۶ میلادی، شکافی فزاینده میان یهودیت و مسیحیت گشود و ایمان جوان را به نهضتی بشارتی تبدیل کرد. با اینکه رسولان عبرانی آزار ندیدند، شاگردان یونانی‌زبان مجبور به فرار از اورشلیم شدند. آنها به سامره و سوریه پناه بردند و در آنجا جماعت‌های مسیحی تشکیل دادند. مسیحیان یونانی‌زبانِ گمنام دیگری نیز کلیساهایی در دمشق، انطاکیه و تارسوس در سوریه، در جزیرهٔ قبرس، و در مصر بنیاد نهادند.

خبر تأسیس کلیسا در میان یهودیانِ یونانی‌زبان پس از مدتی به شهر مقدس رسید و بزرگان مسیحی در اورشلیم طولی نکشید که نمایندگانی برای ارتباط با این مراکز جدید مسیحی گسیل داشتند. پطرس و یوحنا برای مشورت با فیلیپُس به سامره رفتند. بَرنابا، از یهودیان قبرس که جزو نخستین نوکیشان مسیحی اورشلیم بود، به انطاکیه در سوریه سفر کرد. در آنجا گروهی گمنام از «اهالی قبرس و قیرَوان» با برداشتن قدمی انقلابی به غیریهودیان بشارت داده و نهضت مسیحی موفقی ایجاد کرده بودند.

1. Diakonoi

انطاکیه پایتختِ اداری ایالتِ رومی سوریه بود، و با نیم میلیون جمعیت، پس از رُم و اسکندریه سومین شهر بزرگ امپراتوری به‌شمار می‌رفت. جمعیت چندملیتیِ این مرکز شلوغ جهانی، عمدتاً غیریهودی بود، لیکن جامعهٔ یهودی بزرگی در این شهر زندگی می‌کرد. در انطاکیه برای نخستین بار، پیروان عیسی مسیحی خوانده شدند. در اصل، مخالفان کلیسا از این کلمه همچون برچسبی توهین‌آمیز برای «سرسپردگانِ آن مسح‌شده» (در یونانی *کریستیانوی*[1]) استفاده کردند. لیکن دیری نپائید که ایمانداران با کمال مسرت پذیرای این عنوان شدند.

بنابراین، انطاکیه به‌مرور از مراکز بانفوذ مسیحی شد و با گذشت زمان از اورشلیم به‌عنوان مرکز بشارت انجیل پیشی گرفت. این مسئله تا حد زیادی مرهون فعالیت سولُس اهل تارسوس بود که در حدود ۴۴ میلادی به بَرنابا در این شهر ملحق شد.

پولس رسول

هیچ‌کس - البته، غیر از عیسی - به اندازهٔ سولُس (یا چنان‌که مسیحیان او را نامیدند، پولس، نامی آشناتر برای مردم یونانی‌زبان)، در شکل‌گیری مسیحیت نقش نداشته است. هیچ‌کس به اندازهٔ او به ایمان مسیحی خدمت نکرد، و از هر کسی می‌شد انتظار ایفای این نقش را داشت، جز او.

هنگامی که استیفان خُرد و مچاله روی زمین افتاده بود و از سنگ‌هایی که متهم‌کنندگانِ خشمگین به او زده بودند، غرق خون بود، سولُس به‌عنوان رهبر حمله‌کنندگان به یاران عیسای ناصری نزدیک صحنه ایستاده بود. از خود می‌پرسید، آخر چطور ممکن است کسی به پیروی از مسیحایی مصلوب اقرار کند؟ تقریباً بنا به تعریف، مسیحا کسی است که برکت خدا به‌صورتی خاص بر او قرار دارد. آخر کدام نادانی باور می‌کند که صلیب برکتی از جانب خداست؟

سولُس زمانی به پاسخ این پرسش رسید که با خداوند بیرون از شهر دمشق روبه‌رو شد. نابینا از نوری که بر او تابیده بود بر زمین افتاد و صدایی شنید که می‌گفت: «شائول، شائول، چرا مرا آزار می‌رسانی؟» طولی نکشید که استدلال استیفان به نتیجهٔ مطلوب رسید و سولُس به مسیح ایمان آورد.

وی بعدها توضیح داد که اگر کسی نتواند شریعت را به‌طور کامل اجرا کند، مورد لعنت آن قرار می‌گیرد؛ اما، خوشبختانه خدا راهی برای گریز فراهم کرده است. مسیح مصلوب گردید و بدین‌سان «به‌جای ما لعن شد و این‌گونه ما را از لعنت شریعت بازخرید کرد» (غلاطیان ۳:۱۰-۱۴).

پس، استیفان راست می‌گفت. شریعت خدا برای مدت‌زمانی داده شد تا انسان‌ها را متقاعد کند که از عمل به ارادهٔ خدا ناتوانند و چاره‌ای مگر پذیرفتن خبر خوشِ مرگ و رستاخیز عیسای مسیح ندارند.

---

1. Christianoi

هضم این تعلیمات برای یهودیت دشوار بود و بزرگان یهود مطلقاً رغبتی به آنها نداشتند. بدین‌گونه، آن کسی که مسیحیان را آزار می‌داد، خود به آزاردیده در میان مسیحیان تبدیل شد. با این حال، او رهبری بود که آمادگی بی‌نظیری برای پُل‌زدن بر شکاف میان مسیحیان یهودی‌نژاد و غیریهودی‌نژاد داشت. او مردی متعلق به سه جهانِ یهودی، یونانی، و رومی بود.

پولس با اینکه در سفت‌وسخت‌ترین سنت یهودی روزگار خود آموزش دیده و در مکتب رابی گامالائل مشهور در اورشلیم تعلیم یافته بود، زبان یونانی را به‌روانی صحبت می‌کرد و با اندیشه و ادب یونانی آشنا بود. این بدان معناست که او می‌توانست آموزه‌ها و تعلیمات عیسی را که بسیاری از آنها بر اساس باورهای کاملاً بیگانهٔ عهدعتیق برای غیریهودیان قرار داشت، به‌شیوه‌هایی قابل درک برای ذهن مشرکان بیان کند. از این گذشته، پولس تبعهٔ روم بود که به او آزادی خاصی برای تردد در امپراتوری می‌داد، به او در سفرهایش مصونیت می‌بخشید، و امکان دسترسی‌اش را به سطوح بالاتر جامعه فراهم می‌ساخت.

عنوان *رسول* یا *فرستاده* کاملاً در خور پولس بود. او مجموعه‌سفرهایی در سراسر آسیای صغیر (ترکیهٔ امروزی) و یونان انجام داد و با موعظهٔ اینکه عیسی همان مسیح است، کلیساهایی متشکل از ایمانداران غیریهودی تأسیس کرد.

در میان کسانی که بر اثر خدمت پولس ایمان آورده بودند، همه جور آدم وجود داشت. تعداد اندکی سابقهٔ آبرومندی داشتند، لیکن اکثریت مشرکانی با گذشتهٔ تاریک بودند. پولس در یکی از نامه‌های متعددش زندگی سابق خوانندگانش را به آنها یادآوری می‌کند و می‌گوید که در گذشته از نظر جنسی بی‌بندوبار، بت‌پرست، زناکار، لواط، دزد، حریص، مست و میخواره، افترازن و دغل‌باز بودند؛ لیکن می‌فرماید که «در نام عیسای مسیحِ خداوند و توسط روح خدای ما شسته شده، تقدیس گشته و پارسا شمرده شده‌اید» (اول قرِنتیان ۶:۱۱).

بهترین راه برای القای اصول اخلاق مسیحی به این کلیساها چه بود؟ این پرسش در قلب تنش‌های مستمر میان مسیحیان یهودی‌نژاد و غیریهودی‌نژاد در مسیحیت سدهٔ نخست قرار داشت.

مسیحیان فلسطینی که در یهودیت سنتی غوطه خورده بودند، می‌گفتند: «به مسیحیان غیریهودی‌نژاد بگویید که علاوه بر ایمان به عیسی، تا به شریعت یهودی تن ندهند، امیدی برای ایمان آنها نیست.»

با این همه، پولس چنین چیزی را غیرممکن می‌دانست. تجربهٔ خودش چیز دیگری بود. پولس می‌گفت که اگر کسی می‌توانست با اطاعت از شریعت پارسایی الاهی را کسب کند، من بزرگ‌ترین فرد در پادشاهی خدا می‌بودم. لیکن تلاش برای نِیل به پارسایی نتیجه‌ای جز شکست ندارد. انسان علی‌رغم ناشایستگی، فقط بر اثر رحمت خدا همچون پارسا پذیرفته می‌شود. معنی فیض همین است؛ و فیض همواره از زندگی، مرگ و رستاخیز عیسای مسیح سرچشمه می‌یابد.

بسیاری از مسیحیان فکر می‌کردند که باید به پولس گفت زهی خیال باطل! آنها به‌شدت نگران این بودند که دیر یا زود سقوط اخلاقی گریبان کلیساهای غیریهودی را خواهد گرفت.

بنابراین، استدلال می‌کردند که اگر تعلیم داده شود که انسان فقط از راه ایمان پارسا شمرده می‌شود، مردم تصور خواهند کرد که کافی است مسیح را با ایمان بپذیرند، بعد از آن هرطور زندگی کردند مهم نیست.

پولس در مقابل می‌گفت که اگر این افراد واقعاً مسیح را با ایمان پذیرفته باشند، پس راه مسیح و فکر مسیح را هم پذیرفته‌اند؛ و بگذارید کسی که خدا را دوست دارد هرطور خواست رفتار کند، چون اگر به‌راستی محبت خدا را در دل دارد، همیشه مطیع ارادهٔ او خواهد بود.

این اختلاف پولس با مخالفان یهودی‌نژادش به دورهٔ رسولان محدود نشد، و تا به امروز در تاریخ مسیحیت ادامه داشته است. کسانی که طرزفکر شریعت‌گرایانه دارند، پولس و همفکرانش را بی‌احتیاط و غیرواقع‌بین می‌دانند؛ پولس و پیروانش نیز این افراد را خائن به فیض خدا می‌شمارند.

با این همه، خدمت پولس که مدام در سفر بود، به‌طور فزاینده بر شمار همفکرانش می‌افزود. در نخستین سفرش، او به جزیرهٔ قبرس و شهرهای عمده در ایالت غلاطیه واقع در مرکز آسیای صغیر رفت. در دومین سفرش، او به دیدن جماعت‌هایی رفت که قبلاً پایه‌گذاری کرده بود. سپس از غرب آسیای صغیر به تْروآس سفر کرد و در آنجا تصمیم گرفت انجیل را در اروپا اشاعه دهد. با رسیدن به مقدونیه، پولس برای نخستین بار گام در خاک اروپا نهاد. از فیلیپی در شمال مقدونیه پولس به تِسالونیکی و بیریه سفر کرد. سپس، رهسپار آتن، زادگاه تمدن غرب شد.

وظیفهٔ پولس برای رساندن انجیل عیسی به غیریهودیان دشوار بود ولی غیرممکن نبود، زیرا دنیای غیریهودی بی‌دین نبود. غیر از وابستگی به مجموعه‌ای از ایزدان یونانی که رومی‌ها آنها را پذیرفته و نام‌شان را تغییر داده بودند، هر شهر، روستا یا خانواده‌ای اغلب سرسپردهٔ یکی از ایزدان بود. پولس در سفرهایش با اکثر عقاید عمدهٔ آیین شرک روبه‌رو شد. به‌طور خاص، گروهی از به‌اصطلاح آیین‌های رازوَرزانه[۱] در مناطق گوناگونی از امپراتوری ایجاد شده بود. اینها آیین‌هایی محلی بر اساس افسانه‌های ایزدانی بودند که هر بهار دوباره تولد می‌یافتند: هرکول، دیونیزوس، ایزیس، میترا، و دیگران. با اینکه عقاید محوری آنها بر اساس چرخهٔ باروری طبیعت استوار بود، آیین‌های رازورزانه برخی دیدگاه‌های پیچیده مانند فناناپذیری، رستاخیز، و تنازع خیر و شر را نیز در بر می‌گرفتند. مشابهت سطحی این دیدگاه‌ها با عقاید مسیحی برای پولس از آن‌جهت مفید بود که می‌توانست پیام عیسی را برای پیروان آیین‌های مشرکانه توضیح دهد.

پولس از آتن به قُرِنْتُس رفت و در آنجا در نتیجهٔ خدمت او، جماعت مسیحی بزرگی ایجاد شد. یک‌سال‌ونیم بعد هم به انطاکیه در سوریه بازگشت. در سومین سفر بشارتی‌اش، پولس کلیسایی در اِفِسُس بنیان نهاد و بیش از دو سال در آنجا به موعظه و تعلیم پرداخت. هنگامی که در پایان سفر به اورشلیم بازگشت، مقامات یهودی سرانجام او را دستگیر و روانهٔ

---

۱. Mystery Cults رمزی. (مترجم)

زندان کردند. به این ترتیب، وی تا دو سال در قیصریه، مرکز رومی یهودیه، در حبس خانگی به‌سر می‌برد تا اینکه سرانجام با توسل به حقوق خود به‌عنوان شهروند روم، خواستار ارجاع مستقیم پروندهٔ خود به شخص امپراتور شد.

به این ترتیب، پولس سرانجام به پایتخت امپراتوری، یعنی رُم رسید. او سال‌های واپسین زندگی‌اش را به انتظار محاکمه به‌سر بُرد و چون اجازه یافت به وعظ کردن ادامه دهد، احتمالاً افراد دیگری نیز به پیام او ایمان آوردند. لیکن پس از آنکه امپراتور نرون به آزار و اذیت مسیحیان پرداخت (۶۴ میلادی) دیگر خبری از پولس نشد، هرچند بنا به برخی روایات او به اسپانیا رفت.

در این زمان، انفصال مسیحیت از یهودیت سنتی تقریباً تکمیل شده بود. ایمانداران غیریهودی ختنه نشده بودند، از احکام شرعی یهودیان در زمینهٔ خوراک نه اطلاع داشتند و نه به آنها عمل می‌کردند، و در بسیاری از مناطق روز شَبّات (هفتمین روز هفته) جای خود را به عبادت خداوند در نخستین روز هفته [یکشنبه]، یعنی روزی که عیسی از مرگ برخاست، داده بود.

زوال اورشلیم

با این همه، صداهایی از اورشلیم و نه رُم، خبر از جدایی نهایی راه‌ها می‌داد. در حالی که پولس پیروانی از سراسر دنیای مشرکان گرد می‌آورد، کلیسای اورشلیم تبعیت سفت‌وسخت خود را از اعتقاداتی که یهودیان درست می‌شمردند، ادامه داد. امکان جفا هنوز وجود داشت. در حدود سال ۴۱ میلادی، یعقوب، پسر زِبِدی، یکی از دیرینه‌ترین پیروان نزدیک عیسی به‌دستور هیرود اِغریپاس اول، شاه فلسطین از ۴۱ تا ۴۴ میلادی، کشته شد. چه بسا یوحنا برادر یعقوب، همان «شاگرد محبوب»، در آن‌زمان از اورشلیم گریخته باشد. پطرس مدت کوتاهی پس از مرگ یعقوب دستگیر شد، لیکن فرار کرد و رهسپار سفر بشارتی مفصلی شد. او از انطاکیه، قرنتس، و دیگر شهرهای آسیای صغیر بازدید کرد، و در سال‌های پایانی زندگی به رُم سفر کرد، جایی‌که همراه با پولس، به جفای نرون گرفتار آمد و به شهادت رسید.

رهبری کلیسای اورشلیم اوایل با یعقوب، «برادر خداوند» بود. این یهودی سرسپرده و پایبند احکام شریعت، مورد احترام پیروانش قرار داشت، ولی در سال ۶۲ میلادی به‌دستور کاهن اعظم یهودی کشته شد. مرگ او کلیسای اورشلیم را بی‌رهبر گذاشت و موجب تضعیف آن شد.

در این ضمن، تنش میان یهودیان و حاکمان رومی‌شان مدام بالاتر می‌گرفت. پایان ساخت معبد یهود در ۶۴ میلادی هزاران کارگر را بی‌کار کرد و به نارضایی عمومی افزود. سرانجام، در ۶۶ میلادی یهودیان سر به شورش برداشتند، و از تقدیم قربانی روزانه برای امپراتور سر باز زدند. همان‌گونه که در یکی از گزارش‌ها آمده:

> قربانیان جنگ ناگوار و خونینی که متعاقباً درگرفت، از تمام مناقشات پیشین بیشتر بود. مقاومت یهودیان در کمال حیرت چهار سال به طول انجامید، لیکن

> قدرت روم سرانجام آن را در هم کوبید. در ۷۰ میلادی، قوای امپراتور وِسپازیان[1] تحت رهبری تیتوس، با درهم‌شکستن دیوارهای اورشلیم وارد شهر شد و پس از تاراج معبد، آن را به آتش کشید و غنایم را به رُم برد. از شهر مقدس چیزی باقی نمانده بود. در اقدامات تلافی‌جویانه بعدی هم رومیان تمام کنیسه‌های فلسطین را سوزاندند و با خاک یکسان کردند.
> در آغاز شورش، رهبران کلیسای اورشلیم در رویا هدایت شدند که از شهر بگریزند.

یهودیان دین‌دار فرار مسیحیان را به حساب خیانت گذاشتند و این پایان کار مسیحیت برای یهودیان بود. چند سال بعد هم با تصمیم به جلوگیری از حضور مسیحیان در عبادت کنیسه، این جدایی تکمیل شد. هر فرد یهودی که می‌خواست به دین خود وفادار بماند نمی‌توانست مسیحی هم باشد. ایمان جدید به نهضتی بیرون از دنیای یهود تبدیل شده بود و چنین نیز ماند. مَشک کهنه شکافی برداشت که وصله‌بردار نبود.

برای مقاصد عملی، سال ۷۰ میلادی و ویرانی اورشلیم، پایان دورهٔ رسولان به‌شمار می‌رود. در این زمان، اکثر رسولان اصلی از دنیا رفته و کلیساهایی که تأسیس کرده بودند به‌دست رهبران جدید سپرده شده بود. بر اثر مساعی خستگی‌ناپذیر آنها، اِکسیر جدید قدرتمندی در تمام دنیای مدیترانه پخش شده بود. پیام رسولان، ماندگارتر و مقاوم‌تر از نیروهای مخالفش، در برابر جفا و دشمنی تاب آورد، و چند قرن بعد به ایمان غالب در امپراتوری روم تبدیل شد.

پیشنهادهایی برای مطالعهٔ بیشتر

Barnett, Paul. *Jesus and the Rise of Early Christianity.* Downers Grove, IL: InterVarsity, 1999.
Barclay, William, ed. *The Bible and History.* Nashville: Abingdon, 1968.
Blomberg, Craig L. *From Pentecost to Patmos: An Introduction to Acts through Revelation.* Nashville: Broadman & Holman, 2006.
Bruce, F. F. *New Testament History.* London: Nelson, 1969.
*Capes, David, Rodney Reeves, and E. Randolph Richards. *Rediscovering Paul: An Introduction to His World, Letters, and Theology.* Downers Grove, IL: InterVarsity Press, 2007.
Wenham, David. Paul: *Follower of Jesus or Founder of Christianity?* Grand Rapids: Eerdmans, 1995.[2]

---

۱. Vespasian یا وِسْپاسیانوس. (مترجم)

۲. ارجاع‌دهی در متن اصلی اشتباه بود، و نام پولس رسول جزو نام نویسنده آمده بود که اصلاح شد. (مترجم)

دورهٔ مسیحیت کاتولیک

۷۰-۳۱۲

در این دوره، مسـیحیت در سراسر امپراتوری روم و شاید در شرق تا هندوستان گسـترش یافت. مسـیحیان دریافتند که بخشـی از نهضتی هستند که گسترش سـریعی دارد و آن را *کاتولیک*[۱] نامیدند. این بدان معنا بود که مسیحیت با وجود تمسخر مشرکان و جفای روم، وجههٔ جهانی داشت، و به‌رغم تمام کج‌نمایی‌هایی که در مورد تعلیمات عیسـی صورت گرفت، ایمان حقیقی بود. مسیحیان برای رویارویی با سـختی‌های زمانهٔ خـود، به‌گونه‌ای فزاینده بـه رهبری روحانی اسقف‌های خود رو آوردند. بنابراین، نشانه‌های کلیسای کاتولیک عبارت بود از چشم‌انداز جهانی، اعتقادات درست، و ساختار اسقفی برای ادارهٔ کلیسا.

---

۱. همان‌گونه که از توضیحات نویسـنده برمی‌آید، لفظ کاتولیک در اینجا اسـم خاص نیست، بلکه به ویژگی جامعیتِ کلیسـای مسیحی اشاره دارد. البته نویسـنده در ادامهٔ مباحث کتاب، این واژه را در معنای خاص آن نیز به‌کار برده است. (مترجم)

دورهٔ سلسلهٔ کارولنژی

۱۰۰
- امپراتوری کارلینگ‌ها
  - آغاز کارل
  - مرگ پپن
- امپراتوری کارل
- میرونازلی
- شارل مارتل میرواژی
- تأسیس اسکاندیناوی
- ارگتان
- کارلمان
- خسروپسر
- تأسیس اسپانیا

۲۰۰

۳۰۰
- کلیسا‌نشین
- مرز کلاسینت

پیدایش آسمان‌شب گوتنبرگ

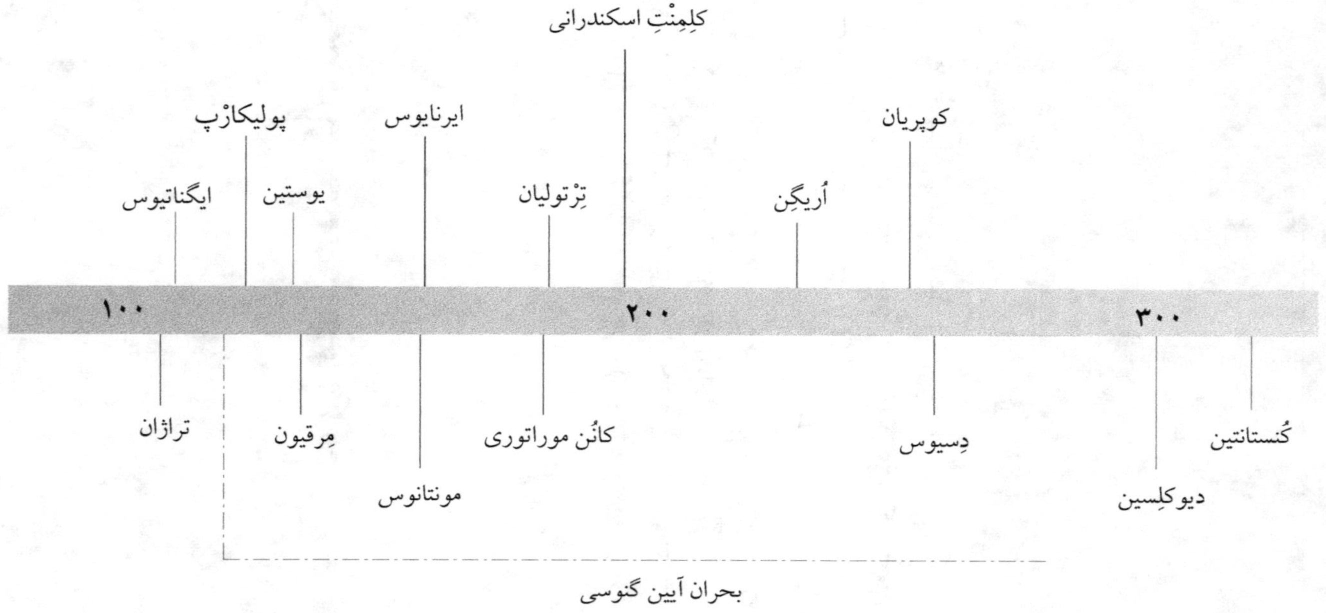

فصل سوم

فقط افراد بی‌مقدار

مسیحیت کاتولیک

یوسِبیوس[1] مورخ دورهٔ آغازین مســیحیت (۲۶۵-۳۳۹ م.) داستان دل‌نشینی از نخستین روزهای مسیحیت بازمی‌گوید. ظاهراً خاستگاه این داستان اِدِسا است، شهری در شمال شرقی انطاکیه، در فراســوی مرزهای امپراتوری روم. در آن زمان، این شهر مرکز پادشاهی کوچک اُسْــرهون[2] بود، و نقل است که حکمران آن، یعنی آبگارِ سیه‌چُرده[3] (مرگ حدود ۴۰-۵۰ م.) نامه‌ای به عیسی نوشت و او را به اِدِسا دعوت کرد. شنیده بود که عیسی قدرت شفابخشیدن دارد، و چون بیمار بود، از عیسی تمنا کرد که «بیا و مرا از رنجی که به آن دچارم شفا ده.»

عیسای خداوند در پاسخ به پادشــاه گفت که باید مأموریت خود را در فلسطین به پایان رســاند، لیکن پس از صعود به آسمان، یکی از شاگردانش را خواهد فرستاد تا پادشاه را شفا دهد «و به تو و آنانی که با تو هستند، حیات بخشد.»

این داستان افسانهٔ دل‌نشــینی است، ولی در همان حال یادآور این واقعیت مهم است که مســیحیان اولیه در تلاش خود برای رســاندن انجیل به تمام انسان‌ها، از مرزهای امپراتوری روم فراتر رفتند. اُسْــرهون به نخستین پادشاهی مسیحی و حلقهٔ ارتباطی مهمی با کشورهای دوردست شرق تبدیل شد.

---

1. Eusebius; 2. Osrhoene

۳. Abgar the Black منظور آبگار پنجم است. (مترجم)

مسـیحیت قرن اول انفجاری روحانی بود. کلیسـا برانگیختـه از رخداد بزرگ، حضور عیسـای مسـیح، در تمام جهات چه جغرافیایی و چه اجتماعی گسترش یافت. قرون دوم و سوم مجرایی برای هدایت این قدرت شد.

این دوره، روزگار مهمی برای کلیسـا بود، زیرا این امکان را فراهم سـاخت تا مسیحیت خود را با اقتضائات زمانه تطبیق دهد. برنامه‌هایی برای بلندمدت طرح شـد و در این فرایند، خصایص ایمان مسیحی برای نسل‌های آینده شکل گرفت.

امروزه، مطابق اعتقادنامهٔ رسولان[1] ایمان خود را به «کلیسای مقدس کاتولیک[2]» اقرار می‌کنیم. آنچه این دوره به ما داد عبارت بود از مسیحیت «کاتولیک»؛ یعنی چیزی فراتر از یک سازمان، چیزی که یک رویای روحانی و اعتقادی راسخ بود به اینکه تمامی مسیحیان باید در یک بدن باشند.

عیسی به شاگردانش مأموریت داده بود تا به تمامی جهان بروند، و پولس به بهای جانش راه ورود غیریهودیان را به کلیسـا گشـوده بود. به یک معنا، مسـیحیت کاتولیک گسترش برنامه‌های عیسی و تلاش‌های پولس بود.

ما سال‌های بین ۷۰ و ۳۱۲ میلادی را دورهٔ مسیحیت کاتولیک می‌خوانیم، زیرا فکر مزبور بر تاریخ مسیحیت در فاصلهٔ مرگ رسولان و برآمدن امپراتوران مسیحی غالب بود.

بـا آنکه جهانی‌بودن مسـیحیت دیدگاهی رایج در عهدجدید اسـت، کلمهٔ *کاتولیک* در عهدجدید نیامده. ایگناتیوس[3] اسقف انطاکیه در اویل قرن دوم، ظاهراً نخستین کسی است که از این لفظ اسـتفاده کرده است. او زمانی از «کلیسای کاتولیک» سخن گفت که اظهار داشت: «هرجا عیسـای مسیح حضور دارد، آنجا کلیسای کاتولیک است.» در پایان قرن دوم میلادی، کلمهٔ *کاتولیک* به‌طور وسـیع به این معنی برای کلیسـا به‌کار می‌رفت که کلیسای کاتولیک برخلاف جماعت‌های محلی، جهانی اسـت و برعکس گروه‌هـای بدعت‌کار، از اعتقادات صحیح مسیحی پیروی می‌کند.

در یکـی از فصل‌های آینده نگاه دقیق‌تری به ویژگی درسـت‌باوری[4] مسـیحیت اولیه خواهیم انداخت، ولی در اینجا باید پرسید که چگونه جماعت‌های پراکندهٔ روزگار رسولان به مسیحیت کاتولیک تبدیل شدند؟

هر پاسـخ منصفانه‌ای به این سؤال مستلزم مروری بر گسـترش جغرافیایی مسیحیت و داشـتن تصویری از موفقیت اجتماعی آن اسـت. اولی مانند این است که به گشت‌وگذار در دنیای مسـیحیان اولیه رفته باشیم و دومی مانند نگاه‌کردن به آلبومی از عکس‌های خانوادگی است که به‌تازگی پیدا شده باشد.

---

1. Apostles' Creed

۲. در ترجمهٔ فارسی اعتقادنامهٔ رسولان آمده: کلیسای مقدس جامع. (مترجم)

3. Ignatius

۴. Orthodoxy این کلمه مشتق از دو ریشهٔ یونانی «درست» و «باور» است و به‌همین‌سبب به درست‌باوری و راست‌دینی اصطلاح شـده. منظور از آن التزام به عقاید صحیح مسـیحی در مقابل دیدگاه‌های بدعت‌گذاران و غیره است. این کلمه به‌صورت اسـم خاص برای کلیسـاهای شـرق به‌کار می‌رود. به فراخور بحث، این کلمه را به معادل‌های گوناگون آن برگردانده‌ایم و گاه صورت اصلی آن را حفظ کرده‌ایم. (مترجم)

آیا رشد مسیحیت معجزه‌آسا بود؟

کتاب‌مقدس گزارش می‌دهد که معجزات با رشـــد مســـیحیت همراه بود و آن را تقویت می‌کرد؛ ولی آیا این بدان معناســـت که نرخ رشـــد کلیســـا نیز معجزه‌آســـا بود؟ برخی از نظریه‌پردازان معاصر مانند رادنی اســـتارک[1] بر این باورند که گســـترش شمار مسیحیان، همچون جماعت مورمون‌ها در آمریکا، تابع نرخ رشـــد ثابتی بود. بزرگ‌ترین گســـترش مسیحیت در پنجاه سال اخیر اتفاق افتاده است.

مســـیحیت، همان‌گونه که دیدیم، موجودیت خود را همچون شاخهٔ نورستهٔ کوچکی از یهودیت آغاز کرد. لیکن، ســـه قرن بعد تبدیل به دین محبوب و ســـرانجام، دین رسمیِ کل امپراتوری روم شـــد. با وجود تلاش‌های گســـترده و مصمم برای حـــذف این ایمان جدید، مسیحیت پائید و بالید. در زمان امپراتوری کُنستانتین (۳۱۲-۳۳۷)، نخستین امپراتور مسیحی جهان، کلیســـاهایی در تمام شهرهای بزرگ امپراتوری و در مکان‌هایی دور از یکدیگر مانند بریتانیا، کارتاژ، و پارس، وجود داشت.

این اتفاق چگونه افتاد؟ مسیحیت مشخصاً در کجا و چرا به این سرعت گسترش یافت؟

گسترش ایمان

پولس رســـول به مســـیحیان رُم گفت: «زیرا از انجیل سرافکنده نیســـتم، چراکه قدرت خداســـت برای نجات هرکس که ایمان آوَرَد، نخست یهود و سپس یونانی» (رومیان ۱:‏۱۶). ظاهراً برای درک چگونگی گسترش مسیحیت اولیه، باید به سراغ یهودیت برویم.

فرزندان ابراهیم در همهٔ بخش‌های امپراتوری روم در جمعیت‌های انبوه حضور داشتند. برخی منابع معتبر می‌گویند که آنها احتمالاً هفت‌درصد از کل جمعیت امپراتوری را تشـــکیل می‌دادنـــد. باورهـــای دینی متمایز آنها، جاذبه و دافعهٔ مســـتمری برای آنها نزد همســـایگان غیریهودی‌شـــان ایجاد کرده بود. در زمان‌های نامعلوم، بســـیاری از غیریهودیان (یونانیان و رومیان) تعلیم کنیســـه‌ها را حکمتی ژرف و متقاعدکننده یافته بودند؛ و زمان‌هایی هم رسیده بود که این حُسن نظر دیگر وجود نداشت.

برخی از غیریهودیان رســـم ختنه را به‌جا آورده و به مردم یهود پیوسته بودند. با این همه، اکثریت این غیریهودیانِ علاقه‌مند جزو گروه *خداترسان* باقی ماندند، یعنی کسانی که با علاقه ناظر عبادت در کنیسه بودند.

1. Rodney Stark

موعظهٔ انجیل در میان این گروه بیشترین ثمر را آورد. هنگامی که واعظان مسیحی برای این افراد روشن ساختند که بدون تن‌دادن به رسم ختنه - که یونانیان و رومیان به‌یکسان آن را تحقیرآمیز و زننده می‌دانستند - می‌توانند به تمام آنچه یهودیت عرضه می‌کند و حتی به بسی فراتر از آن دست یابند، برای آنها دشوار نبود تا یک گام دیگر بردارند و بپذیرند که عیسی همان مسیح است.

وجود این گروه ممتازِ آماده موجب شده است که بشارت در دورهٔ رسولان با هیچ دورهٔ بعدی قابل‌قیاس نباشد. اکثر به‌اصطلاح «خداترسان» به‌خوبی با عهدعتیق آشنا بودند؛ مفاهیم الاهیاتی آن را درک می‌کردند، و ارزش‌های اخلاقی‌اش را قبول داشتند. کمتر نهضت بشارتی در تاریخ مسیحیت، زمینی چنین آماده برای برداشت محصول سراغ داشته است.

این آمادگی برای پذیرش انجیل همچنین به توضیح این مطلب کمک می‌کند که به چه دلیل مسیحیان ایمان خود را جهانشمول می‌دانستند. مسیحیان نیز همانند یهودیان و کنیسه‌هایشان، اجتماعات محلی خود را داشتند. لیکن از همان آغاز، خود را اسرائیل وفادار می‌دانستند، یعنی مشارکتی متشکل از ایمانداران در سراسر جهان.

دنیا در روم باستان به معنی شهرها بود. الگویی که پولس رسول در قرون اول مسیحیت برای بشارت پدید آورد چنین بود که در هریک از شهرهای بزرگ امپراتوری برای مدتی می‌ماند و از طریق دستیاران جوان‌ترش، از این کانون به شهرهای کوچک‌تر آن منطقه پیام انجیل را می‌رساند. با توجه به این الگو می‌توانیم گام‌های عمده‌ای را که برای گسترش انجیل برداشته شد، شناسایی کنیم.

پس از سقوط اورشلیم در ۷۰ میلادی، مرکز نهضت مسیحی به شمال و سرانجام به غرب انتقال یافت. منزلگاه دوم کلیسا عبارت بود از انطاکیه در سوریه. با توالی اسقف‌های برجسته، کلیسا در این سومین شهر بزرگ امپراتوری ریشه دواند و در سراسر سوریه نفوذ گسترده‌ای یافت. در پایان قرن چهارم، انطاکیه نیم میلیون جمعیت داشت که نیمی از آن مسیحی بودند.

اِدِسا بیرون از مرزهای امپراتوری قرار داشت، ولی ظاهراً پیوندهای آن با انطاکیه نزدیک بود. مسیحیان ادسا بعدها مدعی شدند که بنیان‌گذار کلیسای آنجا یکی از هفتاد شاگرد عیسی، مردی به نام اَدّای[1] بوده است. می‌دانیم که سِراپیون[2] اسقف انطاکیه در حدود سال ۲۰۰ م.، فردی به نام پالوت[3] را که از مسیحیان ادسا بود به مقام اسقفی پایتخت تقدیس کرد.

دلیل خوبی بر این فرض داریم که از ادسا یک مسیحی گمنام آن‌قدر در مسیر شرق جلو رفت که به هندوستان رسید. امروزه در هندوستان، مسیحیانِ به‌اصطلاح *تومایی*[4] عقیده دارند که این فرد همان تومای رسول بوده است. شاید هم درست می‌گویند. هیچ بعید نیست که توما در قرن نخست به جنوب هندوستان سفر کرده باشد. البته، شاید هیچ‌گاه نتوان این مسئله را از نظر تاریخی اثبات کرد، ولی با اطمینان نسبی می‌توان گفت که قدمت کلیسا در هندوستان به زمان‌های بسیار دور بازمی‌گردد.

---

1. Addai; 2. Serapion; 3. Palut; 4. Thomas Christians

حرکت به سمت غرب

با این همه، جریان عمدهٔ فعالیت بشـــارتی مسیحیان اولیه نه به سمت شرق انطاکیه که به سمت غرب آن متمایل شـــد. پولس رسول برای ایتالیا و اسپانیا برنامه داشت، و کار او مسیر فعالیت‌های آتی را گشود.

اگر از انطاکیه به ســـمت غرب برویم، دومین شـــهر مهم، اِفِسُـــس خواهد بود. این شهرِ ساحلی و مناطق پیرامون آن در آسیای صغیر (ترکیه امروزی) از دیگر میدان‌های پرثمر برای فعالیت‌های مسیحی بود. از زمان پولس، شهرنشینان یونانی‌زبان در این ناحیه با شور و شوق به دعوت انجیل پاسخ می‌دادند.

همچنین می‌دانیم که ایالت دوردســـت و تقریباً روســـتاییِ بیطنیه در شمال‌غربِ آسیای صغیر برای مدتی در قرن دوم، مرکزی برای رشد بی‌سابقهٔ ایمان مسیحی بود. پلینی[1] فرماندار این منطقه در نامه‌ای به امپراتور تراژان[2] در ســـال ۱۱۲ م.، با ابراز ناخرسندی از انتشار سریع ایمان مسیحی، به مسیحیان پرشماری اشاره کرده بود که «از هر سنی، از هر طبقهٔ اجتماعی، و زن و مرد ... در شهرها و روستاها حضور دارند و در سراسر حومهٔ شهر پراکنده‌اند.» تکلیف او با آنها چه بود؟ پلینی بیم آن داشت که پس از یک‌چند دیگر کسی به سراغ پرستشگاه‌های ایزدان نرود.

احتمالاً در اینجا با نخستین جنبش همه‌گیر در تاریخ مسیحیت روبه‌رو هستیم. در دنیای کهن این پدیده در مناطق روستایی نادر بود. تصویر کلی تاریخی گویای آن است که در مناطق عقب‌مانده که ســـاکنانش ترجیح می‌دادند گویش بومی خود را حفظ کنند، معمولاً مقاومت بیشـــتری در برابر نفوذ انجیل وجود داشـــت. در هر حال، می‌دانیم که تا قرن ششم امپراتور یوســـتینیان[3] هنوز نیروهای مسیحی را برای حمله به آیین شـــرک در نواحی مرکزی آسیای صغیر بسیج می‌کرد.

رُم که در نواحی دورتر غرب قرار داشـــت و قلب امپراتـــوری پهناور روم بود، مردمانی از تمامی مناطق به‌ســـوی خود جلب می‌کرد. کلیسای این شهر که به‌دست ایماندارنی گمنام در قرن اول تأســـیس شد، رشدی پرشتاب داشت. طبق محاسبات پژوهشگر ارجمند آلمانی، آدولف هارناک[4] در ۲۵۰ میلادی لااقل ســـی هزار مسیحی در رُم زندگی می‌کردند! اکثر این مســـیحیان به طبقات کم‌بضاعت تعلق داشتند. این مطلب را از آنجا می‌دانیم که به‌مدت بیش از یک قرن مسیحیان رُم به زبان یونانی، یعنی زبان بردگان و فقیران حرف می‌زدند؛ حال آنکه زبان رُمی‌های واقعی که به طبقات فرادست تعلق داشتند، لاتین بود.

از آغاز، این کلیســـای پایتخت که مدعی بود از خدمت رســـولانی چون پطرس و پولس بهره‌مند شده، مورد احترام و ستایش مسیحیان در سراسر امپراتوری روم بود. هرگاه کلیسایی در پایتخت ریشـــه می‌دواند، مدعی رهبری در امور مســـیحیان می‌شد، درست همان‌طور که امروزه نیز کلیساهای بزرگ در مناطق کلیدی چنین هستند.

---

1. Pliny; 2. Trajan; 3. Emperor Justinian; 4. Adolf Harnack; 5. Irenaeus; 6. Lyons; 7. Gaul

در فراسوی رُم به‌سمت غرب و شمال، پیشرفت انجیل ظاهراً کُند بوده است. با توجه به شماری از نوشته‌های باقی‌مانده از اسقف ایرنایوس[5] می‌دانیم که در میانهٔ قرن دوم، کلیسایی در شهر لیون[6] در منطقهٔ گُل[7] که امروزه فرانسه خوانده می‌شود، وجود داشت.

در پایان قرن سوم نیز کلیساها و اسقفانی در اسپانیا وجود داشته‌اند؛ لیکن از شواهد چنین برمی‌آید که شهادت مسیحی در مناطق غربی امپراتوری هم‌پای مناطق شرقی نبود.

ما به‌درستی نمی‌دانیم که مسیحیت چگونه وارد بریتانیا شد. شاید یک سرباز رومی یا بازرگان مسیحیت را به بریتانیا آورده باشد؛ ولی به‌طور قطع می‌دانیم که سه اسقف از بریتانیا در شورایی کلیسایی که به سال ۳۱۴ میلادی در آرِل واقع در جنوب فرانسه تشکیل شد، شرکت داشتند. از این که بگذریم، مابقی دانسته‌های ما در حد تصورات و شنیده‌هاست.

آفریقای شمالی

با گذشتن از مدیترانه و حرکت به سمت جنوب به آفریقای شمالی می‌رسیم. در اینجا نیز، شهادت مسیحی بر یک شهر، یعنی کارتاژ متمرکز بود که مناطقی را که ما به نام تونس و الجزایر می‌شناسیم، در بر می‌گرفت. رهبری مسیحیت در این منطقه با اسقفان بود. هر شهر و تقریباً هر دهکده‌ای اسقف خود و همچنین تنش‌های خود را داشت. نویسندگان، شهیدان و اسقفانی که می‌شناسیم تقریباً همه به بخش رومی‌شدهٔ جامعه تعلق داشتند. در واقع، نخستین کلیساهای لاتین‌زبان در بستر مسیحیت آفریقای شمالی زاده شدند. این بدان معناست که آنها به طبقهٔ بالای جامعه تعلق داشتند. تعجبی ندارد که نژاد و زبان در این ناحیه مسئله‌ساز شد، زیرا زبان فنیقی که مهاجرانِ اولیهٔ فنیقی با خود آوردند، و زبان بَرْبَری که ساکنان روستا و بیابان به آن تکلم می‌کردند، در کارتاژ و نواحی اطراف آن به‌کار می‌رفت. در جفاهای بزرگ قرن سوم، این تفاوت‌های فرهنگی برای کلیساها منشأ دردسر شد.

با پشت‌سرگذاشتن آفریقای شمالی و حرکت به سمت شرق به قیروان می‌رسیم که درست در غرب مصر است. نام این منطقه چهار مرتبه در عهدجدید ذکر شده. شمعون قیروانی صلیب عیسی را در راه جلجتا حمل کرد (مرقس ۲۱:۱۵). تقریباً یقین وجود دارد که شمعون به مسیح ایمان آورد، زیرا بعدها نام پسرش روفُس را در جمع مسیحیان می‌بینیم (رومیان ۱۳:۱۶). اهالی قیروان نیز در روز پنتیکاست که پطرس پیام بیدارگر خود را خطاب به جمعیت انبوه در اورشلیم اعلام کرد، حضور داشتند (اعمال ۱۰:۲). برخی از آنها بعداً با استیفان جروبحث کردند (اعمال ۹:۶). سرانجام اینکه می‌خوانیم مسیحیان قیروانی در حرکت سرنوشت‌سازی که انجیل را به فراسوی بنی‌اسرائیل به دنیای غیریهودیان رساند، سهیم شدند (اعمال ۲۰:۱۱).

یقیناً این غیرت به تأسیس کلیساهایی در خود قیروان انجامید. همان‌گونه که می‌دانیم با فرارسیدن قرن پنجم، شش اسقف در این منطقه فعالیت داشتند.

با این مسیری که حول مدیترانه طی کردیم ســرانجام به اسکندریه می‌رسیم. خود این نام یادآور اســکندر کبیر اســت که این شهر را در ۳۳۲ پیش از میلاد ســاخت و آن را به پایتخت فرهنگی و مرکز تجارت با شرق و غرب تبدیل کرد. این دومین شهر بزرگ امپراتوری، جمعیت یهودی پرشماری را در خود جا داده بود. یهودیان اسکندریه با هدایت فیلون[1] فیلسوف نامداری که معاصرِ پولس بود، تلاش داشتند یهودیت را به کمک مفاهیم فلسفهٔ یونانی تفسیر کنند.

مسیحیان ساکن در این شهر نیز با همین مسئله دست‌به‌گریبان بودند. می‌دانیم که مدرسهٔ معروفی در این شهر برای آموزش مسیحیان وجود داشت که سعی می‌کرد پیام انجیل را برای کسانی که در فرهنگ یونانی غوطه خورده بودند، فهم‌پذیر سازد.

نخســتین مسیحیان اســکندریه میل داشــتند یوحنای مرقس را بنیان‌گذار کلیسای خود بدانند. نمی‌دانیم این کلیسا چگونه تأسیس یافت، ولی در قرون سوم و چهارم، کمتر کلیسایی از لحاظ تأثیرگذاری به پای آن می‌رسید.

برای جمع‌بندی دربارهٔ این گشــتی که به منظور بررســی گسترش اولیهٔ کلیسا زدیم باید گفت که در پایان قرن ســوم، جایی در امپراتوری روم نمانده بود که خبرخوش انجیل به آن نرسیده باشد. با این همه، قدرت این شهادت در همه‌جا یکسان نبود، بلکه در سوریه، آسیای صغیر، آفریقای شــمالی، مصر و چند شهر مهم مانند رُم و لیون شاهد اوج تأثیر آن هستیم. از تأثیر مسیحیت در مناطق روستایی اطلاع چندانی نداریم.

تأثیر اجتماعی انجیل

نگاه جهانشمول مســیحیان اولیه، در تأثیر اجتماعی انجیل به همان اندازه مشهود بود که در گسترش جغرافیایی‌اش. در ســه قرن نخست، اکثریت ایمانداران افرادی ساده و معمولی بودند: بردگان، زنان، تاجران، و ســربازان. علت این امر شــاید این واقعیت بود که اکثریت جامعه به همین طبقه تعلق داشــتند. در هر حال، کِلْسوس منتقد صریح مسیحیت با اشاره به این نکته گفت: «مسیحیان می‌گویند مبادا کسی که فرهنگ، حکمت یا قدرت قضاوت دارد از ما باشد؛ هدف آنها این است که فقط افراد بی‌مقدار و حقیر، ابلهان، بردگان، زنان فقیر و بچه‌ها را دربارهٔ عقاید خود قانع کنند ... فقط اینها را می‌توانند به دین خود درآورند.»

کِلْســوس به‌درســتی دریافته بود که بســیاری از تنگدســتان و محرومان جامعه از پیام پیروزی عیسی اســتقبال می‌کنند. البته، این امتیاز کلیسا محسوب می‌شود که هرگز از فقیران و خوارشــدگان غافل نشــد. لیکن در پایان قرن دوم، ایمان جدیــد رفته‌رفته به قوی‌ترین و متقاعدکننده‌ترین نهضت در امپراتوری تبدیل می‌شــد و بســیاری از هوشمندترین افراد آن روزگار به پیروان مسیح می‌پیوستند.

در پاســخ به منتقدانی مانند کِلْســوس[2] عده‌ای از نویسندگان مســیحی به دفاع از ایمان مســیحی در برابر شــایعات و تهمت‌های مشرکان برخاســتند. به این افراد *دفاعیه‌پردازان*[3]

1. Philo; 2. Celsus; 3. The Apologists

می‌گوییم. البته علّت این نامگذاری این نبود که آنها در پی عذرخواهی بودند.[۱] در واقع، ریشهٔ این کلمه، یونانی و به معنی *دفاع* است، آن‌هم از نوع مدافعات وکیل در جلسهٔ دادگاه.

همان‌گونه که پروفسور وارْد گاسک[۲] می‌گوید، با آنکه اکثر نوشته‌های این دفاعیه‌پردازان به امپراتوران تقدیم شده بود، مخاطب واقعی‌شان افراد تحصیل‌کردهٔ روزگار بود. آنها امیدوار بودند که با پاسخ به اتهامات دشمنان مسیحیت و انگشت‌گذاشتن بر کاستی‌های مشرکان، نظر عموم را دربارهٔ مسیحیت تغییر دهند و افراد را به‌سوی آن هدایت کنند. اشخاصی چون آریسْتیدِس[۳] یوستین شهید[۴] شاگردش تاتیان[۵] آتِناگوراس[۶] تئوفیلوس اهل انطاکیه[۷] نویسندهٔ ناشناسِ *نامه به دیوگْنِتِوس*[۸] و مِلیتو[۹] اسقف ساردِس در آسیای صغیر، همه‌شان توانمندی‌های ذهنی و روحانی خود را وقف این هدف ساختند.

گاسک می‌گوید: «در پایان قرن دوم میلادی»،

> ایرنایوس، اسقف لیون در گُل، پنج کتاب برجسته بر ضد بدعت‌کارانِ گنوسی در منطقهٔ خود، و همچنین کتابی تحت عنوان *برهانِ موعظهٔ رسولان* نوشت ... الاهیات او اساس بر کتاب‌مقدس و آموزه‌های کلیسا داشت و کمک کرد تا تأثیری مثبت و تثبیت‌کننده در کلیسا ایجاد شود. او دربارهٔ نتایج جهانی کار مسیح و نقشهٔ خدا در تاریخ نوشت، و راه را برای تفسیرهای بعدی مسیحی از تاریخ که از خامهٔ نویسندگانی چون آگوستین تراوید، هموار کرد.

با این حال، بزرگان واقعی اندیشهٔ مسیحی هنوز ظهور نکرده بودند.

ترتولیان[۱۰] «پدر الاهیات لاتینی» به‌سال ۱۵۰ میلادی در کارتاژ متولد شد، و پس از آنکه به ایمان مسیحی گرائید، شروع به نوشتن کتاب‌هایی برای ترویج ایمان مسیحی کرد. کتاب‌های متعددی که به یونانی نوشت مفقود شده، لیکن سی‌ویک کتابی که به زبان لاتین از او باقی مانده بسیار مهم است.

> کتاب *دفاعیهٔ* ترتولیان تأکید داشت که آزار و اذیت مسیحیان هیچ‌گونه توجیه قانونی و اخلاقی ندارد. برخی دیگر از کتاب‌های او نیز به کسانی که با شهادت روبه‌رو بودند دلگرمی می‌بخشید. او در آثارش به بدعت‌کاران حمله کرده، دعای رَبّانی و تعمید را توضیح داده و به شکل‌گیری درک صحیحی از تثلیث کمک کرده است. او نخستین کسی بود که واژهٔ لاتینی *ترینیتاس*[۱۱] (تثلیث) را به‌کار برد ... استعداد عقلی و مهارت‌های ادبی ترتولیان او را به یکی از توانمندترین نویسندگان روزگارش تبدیل کرد.

---

۱. توضیح نویسنده از این روست که صرف‌نظر از تبارشناسی این لفظ، در زبان انگلیسی امروز To apologize به معنی عذرخواهی است. چنین ابهامی برای خوانندهٔ فارسی‌زبان وجود ندارد. (مترجم)

2. Ward Gasque; 3. Aristides; 4. Justin Martyr; 5. Tatian; 6. Athenagoras; 7. Theophilus of Antioch; 8. 20. Letter to Diognetus; 9. Melito; 10. Tertullian; 11. Trinitas

در حالی که تِرتولیان در کارتاژ سرگرم فعالیت‌های خود بود، اسکندریه در شرق به دیگر مرکز مهم فکری ایمان مسیحی تبدیل می‌شد. در حدود ۱۸۵ میلادی، فیلسوفی رَواقی به نام پانتاینوس[1] که به مسیحیت گرویده بود، در اسکندریه به مسیحیان تعلیم می‌داد. احتمالاً او همچنین به هندوستان سفر کرد و متفکّر بسیار توانایی بود. شاگرد او، کِلِمِنْت[2] در سال‌های پایانی قرن دوم کار او را بسط داد و به اوج رساند. با وجود دوره‌های جفای شدید، مدرسهٔ اسکندریه با تقویت مبانی ایمان مسیحیان و جذب نوایمانان، اهمیت بسیار یافت.

در قرن سوم، در کلیسای مسیحی ویژگی‌هایی شکل می‌گرفت که آن را به نوعی امپراتوری در دل امپراتوری روم تبدیل می‌کرد. سفر مستمر بین کلیساها، شوراهای اسقفان، نامه‌هایی که به‌دست قاصدان در سراسر امپراتوری ردوبدل می‌شد و وفاداری مسیحیان به رهبرانشان و به یکدیگر، حتی امپراتوران را متأثر می‌ساخت.

دلایل انتشار پیام انجیل

از چه‌رو ایمان مسیحی به‌شکلی چنین خارق‌العاده گسترش یافت؟ مسیحی دین‌دار شاید پاسخ دهد به‌خاطر قدرت انجیل. با معیارهای عادی، چنین توفیقی برای این پیام محال بود؛ ولی ایمانداران همواره تأکید کرده‌اند که خدا در این نهضت کار می‌کرد. او با نخستین شاهدان انجیل همراهی داشت، و بنابراین، گسترش کلیسا از بُعدی الاهی برخوردار بود. ولی خدا معمولاً از طریق دست و دل انسان کار می‌کند، و بنابراین خالی از لطف نیست اگر بپرسیم کدام عوامل انسانی به گسترش انجیل کمک کردند.

با این همه، به‌نظر می‌رسد که چندین عامل شاخص به رشد مسیحیت یاری رسانده‌اند. عامل نخست، و البته بدیهی، اینکه مسیحیان اولیه از اعتقادی راسخ انگیزه می‌یافتند. «رخداد بزرگ» اتفاق افتاده بود. خدا به محدودهٔ زمان پا گذاشته بود و مسیحیان مسحورِ قدرت خلّاقهٔ آن پیام عظیم شده بودند. آنها می‌دانستند که نجات برای انسان‌ها به ارمغان آورده شده و نمی‌توانستند دربارهٔ این خبر سکوت کنند. این اطمینانی که در برابر هیچ مانعی، حتی شهادت، خدشه‌دار نمی‌شد به توضیح رشد کلیسا کمک می‌کند.

عامل دوم این بود که انجیل به نیازی در قلب عموم انسان‌ها پاسخ می‌داد. برای مثال، رواقیون کهن تعلیم می‌دادند که انسان با سرکوب میل خود برای هر آنچه قادر به کسب یا حفظ آن نیست به آرامش می‌رسد. «در برابر آشفتگیِ بیرونی دنیا و بیماری جسمانی، به درون خود واپس بنشینید و خدا را آنجا بیابید.» بدین‌گونه، رواقی با تمرین تأثرناپذیری، یعنی انضباطِ وابسته‌نشدن به انسان‌ها یا چیزها، در برابر طوفان‌های زندگی محکم می‌ایستاد. انسانی که دل در بند هیچ تعلقی ندارد، گزندی به او نمی‌رسد و بنابراین، می‌تواند در آرامش به زندگی ادامه دهد. رواقیون افراد را تشویق می‌کردند تا برای رویارویی با هر آنچه در پیش است، فضیلت دلیری را در خود بپرورند. مسیحیان در عین حفظ تعهد خود به خدای

1. Pantaenus; 2. Clement

واجد شخصیت که در عیسی آشکار شده است، برخی از اعتقادات رواقیون را نیز که با ایمان مسیحی سازگار شده بود، می‌ستودند. برای مثال، رواقیون انسان را به رنج‌بردنِ دلیرانه، دل‌بریدن از تعلقات دنیوی، و توکل به مَشـیّتی بزرگ‌تر توصیه می‌کردند. به باور بسیاری از مسیحیان، آنچه رواقیون در پی‌اش بودند، روح‌القدس در مسیحیان ایجاد می‌کرد.

سوم، ابراز عملی محبت مسیحی احتمالاً از قوی‌ترین دلایل کامیابی مسیحیان بود. ترتولیان می‌گوید که مشرکان به هم می‌گفتند: «ببینید این مسیحیان چطور همدیگر را دوست دارند.» و البته این گفته از سر صِدق بود. محبت مسیحی در توجه به فقیران، بیوه‌زنان و یتیمان نمود می‌یافت؛ همچنین در بازدید از برادرانِ در بند یا کسانی که در معادن به زندگی مرده‌وار محکوم شده بودند؛ محبت مسیحی همچنین در اقدامات دلسوزانه در زمان قحطی، زلزله یا جنگ آشکار می‌شد.

یکی از تجلیات محبت مسیحی به‌طور خاص، نتیجهٔ دور و درازی داشت. کلیسا اغلب برای برادرانِ فقیر مراسم خاکسپاری ترتیب می‌داد. مسیحیان احساس می‌کردند که محروم‌کردن کسی از تدفین شایسته، بسیار وحشتناک است. لاکْتانتیوس[1] عالِم اهل آفریقای شمالی (۲۴۰–۳۲۰ م.) نوشته است: «ما اجازه نخواهیم داد که آنچه صورت و خلقت خداست جلوی حیوانات وحشی و پرندگان انداخته و خوراک آنها شود؛ آنچه از خاک گرفته شده باید به خاک برگردانده شود.»

در نیمهٔ دوم قرن دوم، لااقل در رُم و کارتاژ، کلیساها زمین‌هایی برای دفن مردگان خود خریداری کردند که یکی از کهن‌ترینِ آنها در جنوب رُم، در مسیر آپیا[2] و در محلی موسوم به گورخانهٔ دخمه‌ای[3] واقع است. بنابراین، همین دلسوزی مسیحیان برای اجساد مردگان مسبب ارتباط آنها با گورخانه‌ها شد که دالان‌های زیرزمینی برای دفن مردگان در رُم و اطراف آن بودند.

آنچه یکی از بدترین دشمنان مسیحیت یعنی امپراتور یولیانِ[4] مرتد (۳۳۲–۶۳) در مسیحیان مشاهده کرده بود، گویای تأثیر این خدمت دلسوزانه است. یولیان در روزگار خود جان‌بخشیدن به مذهب سنتی رُم را دشوارتر از آنچه تصور می‌کرد یافت. او می‌خواست مسیحیت را کنار بزند و ایمان کهن را بازگرداند، لیکن به‌روشنی قدرت تأثیرگذار محبت مسیحی را در عمل مشاهده کرد:

> بی‌خدایی [یعنی ایمان مسیحی] مخصوصاً از راه خدمت محبت‌آمیز مسیحیان به غریبان و اقدام آنها برای تدفین مردگان گسترش یافته است. عجب ننگی که حتی یک یهودی گدا پیدا نمی‌شود و جلیلی‌های بی‌خدا نه فقط در فکر فقرای خودشان هستند، بلکه به فقرای ما هم توجه دارند؛ آن‌وقت، کسانی که به ما تعلق دارند بیهوده دست خود را جلوی ما دراز کرده‌اند.

نکتهٔ آخر اینکه، جفا در بسیاری از موارد به اشاعهٔ ایمان مسیحی یاری رساند. اغلب هزاران تن در آمفی‌تئاترها از نزدیک شاهد به‌شهادت‌رسیدن مسیحیان بودند. کلمهٔ *شهید* در

1. Lactantius; 2. Appian Way; 3. Catacumbas; 4. Julian

اصل به معنی «شـــهادت دادن» است، و این درست همان کاری بود که مسیحیان با مرگ خود انجام می‌دادند.

رومیان خشن و سنگدل بودند، ولی چنین نبود که قلب‌شان به‌کل عاری از رحمت باشد؛ بدون تردید رفتار شهیدان، به‌خصوص زنان جوان که پابه‌پای مردان رنج می‌کشیدند، تأثیری عمیق بر آنها می‌گذاشـــت. مســـیحیان یکی از پِی دیگری، دلیرانه و خاموش تن به شـــکنجه می‌دادند، با دشـــمنان به خوشرویی رفتار می‌کردند، و شـــادمانه رنج را همچون طریقی که خداوند برای هدایت آنان به‌سوی پادشاهی آسمانی‌اش قرار داده بود، می‌پذیرفتند. برخی از مشرکان با دیدن لحظهٔ محکومیت و مرگ مسیحیان، قلب خود را به روی مسیح گشودند.

به این دلیل و دلایل دیگر، کلیســـاهای مسیحی به اندازه‌ای گسترش یافتند که روم دیگر نه قادر به نادیده‌گرفتن ایمان مســـیحی و نه سرکوب آن بود، بلکه سرانجام مجبور شد با آن کنار بیاید.

بـــا این حال، این دوره، یعنی عصر گســـترش خارق‌العادهٔ مســـیحیت، پیش از انتقال آن از گورخانه‌هـــای دخمه‌ای به دربار امپراتوری، به ما یادآوری می‌کند که کلیســـا زمانی واقعاً کاتولیک اســـت که به الهام از انجیل کوشش کند تا تمام انسان‌ها را به‌سوی عیسای مسیح و ایمان زنده به او هدایت کند.

پیشنهادهایی برای مطالعهٔ بیشتر

Davidson, Ivor J. *The Birth of the Church: From Jesus to Constantine, AD 30-312*, Baker History of the Church. Vol. 1. Grand Rapids: Baker, 2004.

Davies, J. G. *The Early Christian Church: A History of Its First Five Centuries.* Garden City, NY: Doubleday, 1967.

Dunn, J. D. G. *Jews and Christians: The Parting of the Ways.* Grand Rapids: Eerdmans, 1999.

*Ferguson, Everett. *The Church History, Volume 1: From Christ to the Pre-Reformation.* Grand Rapids: Zondervan, 2005.

Green, Michael. *Evangelism in the Early Church.* Grand Rapids: Eerdmans, 1970.

Hurtado, Larry. *How on Earth Did Jesus Become God? Historical Questions about Earliest Devotion to Jesus.* Grand Rapids: Eerdmans, 2005.

Wagner, W. H. *After the Apostles: Christianity in the Second Century.* Minneapolis: Fortress, 1994.

فصل چهارم

اگر تیبِر[1] طغیان کند

جفا بر مسیحیان

به دیدهٔ عموم، کلیسای نخستین بیش از هر چیز، ارتشی نجیب از شهیدان بود. از بسیاری جهات نیز چنین بود، و چه‌کس نجیب‌تر از پولیکارپ، اسـقف سـالمند اِسـمیرنا در غرب آسیای صغیر.

مقامات رومی این شبان بسیار ارجمند را به میدان ورزشگاه آوردند که مالامال از جمعیت بود تا او را جلوی شـیران بیندازند، هرچند به‌اکـراه؛ زیرا از ته قلب ترجیح می‌دادند تا اتهام خود را منکر شود. او مسیحی بود.

فرماندار با لحن تضرع‌آمیزی به او گفت: «استدعا می‌کنم به قیصر سوگند وفاداری یاد کن.»

پولیکارپ پاسخ داد: «من مسیحی‌ام. اگر می‌خواهی بدانی مسیحیت چیست، کافی است یک روز وقتت را به من بدهی و به سخنانم گوش فرا دهی.»

فرماندار در جواب گفت: «اگر می‌توانی مردم را قانع کن.»

پولیکارپ پاسخ داد: «من توضیحی برای مردم ندارم، ولی به تو توضیح می‌دهم.»

«اکنون که به سخنانم گوش فرا نمی‌دهی، در برابر درندگانت می‌اندازم.»

پولیکارپ جواب داد: «پس درنگ نکن.»

«اگر موضوع حیوانات را به تمسخر بگیری، به شعله‌های آتش می‌سپارمت.»

---

1. Tiber

«این آتشی که مرا به آن می‌ترسانی، ساعتی بیش نمی‌سوزد، تو از آتش جهنم بترس که تا ابد شعله می‌کشد.»

فرماندار به صدای بلند به مردم گفت: «ای مردم! پولیکارپ مسیحی است.» جماعت منقلب شد و فریاد می‌کشید: «این همان معلم آسیاست، پدر مسیحیان، همین است که خدایانِ ما را نابود کرده.»

به این ترتیب، پولیکارپ در حالی که دعا می‌کرد تا مرگ او قربانی مقبول خداوند باشد، بر تلی از هیزم سوزانده شد.

با این حال، تصویر مسیحیان بی‌دفاع و آرامی که در رداهای سفید خود جلوی شیران درنده انداخته می‌شدند و آمفی‌تئاتری که از غریو رومیانِ طالب خون‌ریزی پر می‌شد، عموماً نادرست است، زیرا تا پیش از سال ۲۰۰ میلادی کوشش رومیان برای سرکوب مسیحیان، در بهترین حالت از سر اکراه بود و فقط معدودی از امپراتوران رومی، خبیث و خونخوار بودند.

پس، به چه علت روم مسیحیان را مورد آزار و اذیت قرار می‌داد؟ چرا در مرور این دوره، آن را عصر شهیدان می‌دانیم؟

سیاست روم

اجازه دهید با سیاست مبنایی روم شروع کنیم. مقامات امپراتوری روم در مقابل مذاهب سرزمین‌هایی که به تسخیر لشکریان روم درآمده بود، بسیار روادار بودند. اگر مذاهب این کشورها در مراسم خود بخشی را به تجلیل امپراتور اختصاص می‌دادند، روم تقریباً هیچ‌وقت در مراسم آنها دخالت نمی‌کرد.

در یک مورد مهم، روم حتی سوزاندن اجباری بخور برای امپراتور را لغو کرد. البته یهودیان استثنا بودند، چون اگر سرشان هم می‌رفت، به خدای واحد حقیقی‌شان وفادار می‌ماندند و حاضر بودند سرزمین‌شان به خاک و خون کشیده و برهوت شود اما سر عبودیت در برابر خدایان دیگر خم نکنند.

تا زمانی که از نظر مقامات رومی، مسیحیان فرقه‌ای از یهودیت محسوب می‌شدند، پیروان عیسی نیز از مصونیت یهودیان در برابر فشار امپراتور برخوردار بودند؛ ولی زمانی که یهودیان به‌روشنی و بدون کوچک‌ترین ابهامی هرگونه ارتباط با این نهضت نوخاسته را نفی کردند، وضع به‌کل تغییر کرد.

همین‌که رومیان دریافتند مسیحیان چه در سر دارند، آستانهٔ تحمل‌شان حتی از آنچه در مورد یهودیان بود، پایین‌تر آمد. یهودیان هرچه نباشد «جامعه‌ای بسته بودند، با علامت ختنه از دیگران متمایز می‌شدند و سرشان به زندگی و عبادت خودشان گرم بود و چندان تلاشی برای تبلیغ آیین خود نمی‌کردند.» از سوی دیگر، مسیحیان مدام از عیسای‌شان حرف می‌زدند. می‌خواستند همهٔ مردم روم را مسیحی کنند، و سرعت گسترش آنها نشان می‌داد

که تعارفی در کار نیست. آنها نه فقط مانند یهودیان حاضر نبودند امپراتور را خدایی زنده بدانند و عبادت کنند، بلکه با همهٔ توان سعی داشتند اتباع امپراتوری را نیز از این کار بازدارند. بنابراین هر از گاهی، به آتش غضب امپراتور و اتباعش گرفتار می‌شدند.

دلایل وقوع جفا

تنفر جامعهٔ روم از مسیحیان اولیه، بیش از هر چیز به سبک زندگیِ متمایز آنها برمی‌گشت. ترتولیان در *دفاعیهٔ* خود گفته است: «ما معروف شده‌ایم به اینکه غیر از بقیهٔ مردم هستیم.»

کلمه‌ای که برای توصیف مسیحیان در عهدجدید به‌کار رفته بسیار مهم است. این کلمه، یعنی *هاگیوس*[1] اغلب به *مقدسین* ترجمه شده؛ یعنی *افراد مقدس*، ولی ریشهٔ این کلمه به معنی *تفاوت* است. بنابراین، آنچه به مقدس وصف می‌شود با چیزهای دیگر فرق دارد. معبد مقدس است، چون با ساختمان‌های دیگر فرق دارد؛ شنبه مقدس است، چون با سایر روزهای هفته فرق دارد. بنابراین، مسیحی کسی است که تفاوتی بنیادین با دیگران دارد.

انسان‌ها معمولاً به افراد متفاوت بدبین‌اند. همرنگ‌شدن با جماعت، و نه تمایز، راه زندگی بی‌دردسر است. بنابراین، هرچه مسیحیان اولیه ایمان خود را جدی‌تر می‌گرفتند، بیشتر در خطر روبه‌روشدن با واکنش جمع قرار می‌گرفتند.

از این رو، زیستن یک مسیحی بر اساس تعلیمات عیسی، به‌خودی‌خود به منزلهٔ محکومیت ناگفته و مستمرِ روش زندگی مشرکان بود. چنین نبود که مسیحی راه بیفتد و مدام زبان به انتقاد و محکومیت و ابراز ناخرسندی بگشاید، و یا خود را تافتهٔ جدابافته و برتر از دیگران بداند. اخلاق مسیحی به‌خودی‌خود نقد زندگی مشرکان بود.

از بنیادی‌ترین وجوه زندگی مسیحیان و علت دشمنیِ بی‌پایان با آنها این بود که مسیحیان خدایان مشرکان را قبول نداشتند. یونانیان و رومیان را خدایانی برای تمام وجوه زندگی بود: برای کاشت و برداشت، برای باد و باران، برای آتش‌فشان و رود خروشان، و برای حیات و ممات. ولی برای مسیحیان این خدایان هیچ ارزشی نداشتند، و انکار آنها موجب شد پیروان عیسی را «دشمنان نژاد بشر» بنامند.

اگر کسی خدایان را انکار می‌کرد به‌عنوان فردی غیراجتماعی تحقیر می‌شد. مشرکان هر وعده از غذا را با تقدیم نوشیدنی و دعا به درگاه خدایان آغاز می‌کردند. مسیحی در این آداب شرکت نمی‌کرد. بیشتر ضیافت‌ها و میهمانی‌های اجتماعی بت‌پرستان در محوطهٔ معبد و پس از تقدیم قربانی برگزار می‌شد و معمولاً از مردم دعوت می‌شد تا «بر سفرهٔ» یکی از خدایان بنشینند. مسیحی نمی‌توانست به چنین ضیافتی برود. خواهی نخواهی، هرگاه مسیحی چنین دعوتی را رد می‌کرد، گستاخ و نفهم و بی‌نزاکت جلوه می‌کرد.

علت امتناع مسیحیان از حضور در مناسبت‌های اجتماعی دیگر این بود که آنها را به‌خودی‌خود نادرست می‌دانستند. برای مثال، از نظر مسیحیان، نبردهای گلادیاتورها،

---

1. Hagios

غیرانسانی بود. در آمفی‌تئاترهای سراسر امپراتوری روم، رومیان زندانیان جنگی و بردگان را مجبور می‌کردند برای سرگرمی مردم تا پای جان با یکدیگر بجنگند. این هیجان اغواگر بود. در اوایل قرن پنجم، آگوستین داستان دوست خود آلوپیوس[1] را بازمی‌گوید که برای خرسندی رفیقش قبول کرد تا در یکی از این نمایش‌ها شرکت کند، ولی تصمیم گرفت چشمانش را ببندد. زمانی که فریاد جمعیت برخاست، چشمانش بازشد، و او بلندتر از دیگران فریاد می‌زد.

بیم مسیحیان از بت‌پرستی سبب شد تا در گذران زندگی خود نیز دچار مشکل شوند. ممکن بود برای ساخت دیوارهای بتکده به یک سنگ‌تراش مسیحی، برای دوخت ردای کاهن به یک خیاط مسیحی، و برای تهیهٔ بخور لازم برای قربانی‌های بت‌ها به یک عطار مسیحی مراجعه شود. ترتولیان حتی مسیحیان را نهی کرده بود از اینکه آموزگار مدرسه شوند، زیرا تدریس شامل استفاده از کتاب‌هایی بود که داستان‌های کهن خدایان را بازمی‌گفت و در آنها به برگزاری جشن‌های سالانهٔ بت‌پرستان توصیه شده بود.

شاید فکر کنیم که خدمت به بیماران عملی از روی مهربانی و بلامانع بود؛ ولی حتی در این مورد نیز از نظر مسیحیان اولیه، مریض‌خانه‌ها تحت حمایت یکی از ایزدان به نام آسْکِلِپیوس[2] بود، و در حالی که دوستی مریض بر بستر دراز کشیده بود، کاهن در بتکده به درگاه این ایزد دعا می‌خواند.

خلاصهٔ کلام، مسیحیان اولیه اگر می‌خواستند به خداوند خود وفادار باشند تقریباً می‌بایست قید زندگی اجتماعی و اقتصادی روزگار خود را بزنند. این بدان معنا بود که مسیحی رو به هر سو می‌کرد، زندگی و ایمانش در معرض آزمون بود، زیرا انجیل نگرش انقلابی جدیدی به زندگی انسان معرفی می‌کرد. این نکته را می‌شد در دیدگاه مسیحیان دربارهٔ بردگان، کودکان و مسائل جنسی دید.

برده‌داری همچون آفتی به جان جامعهٔ روم افتاده بود. برده، چه مرد چه زن، همواره برای سخت‌ترین کارها در دسترس اربابش بود؛ و اگر خواست او را برآورده نمی‌کرد، ممکن بود اخراج یا حتی مثل حیوانی بی‌ارزش سلاخی شود.

در چنین جامعه‌ای، برخی از مسیحیان نیز برده داشتند، ولی با آنها به‌مهربانی رفتار می‌کردند و برای آنها همان حقوقی را در کلیسا قائل می‌شدند که برای دیگران قائل بودند. لااقل در یک مورد، فردی به نام کالیستوس[3] که قبلاً برده بود، اسقف رُم شد.

این ارزشی که مسیحیان برای جان آدمی قائل بودند شامل نوزادان نیز می‌شد. مسیحیان برخلاف همسایگان مُشرک خود، حاضر نبودند اطفال ضعیف یا ناخواستهٔ خود را در جنگل رها کنند تا بمیرند یا به‌دست دزدان بیفتند. اگر زنی مسیحی با یک بت‌پرست ازدواج کرده بود و دختری به دنیا می‌آورد، چه بسا پدر می‌گفت: «بیندازش بیرون.» ولی مادر معمولاً به این کار تن نمی‌داد.

طبیعتاً این احترام برای زندگی، به مسائل جنسی و زندگی زناشویی نیز بسط می‌یافت. در روزگار نو، اغلب از کلیسا انتقاد شده که دیدگاه‌های منسوخی دربارهٔ مسائل جنسی و پاکی

1. Alypius; 2. Aesculapius; 3. Callistus

زندگی زناشـــویی دارد، ولی بعید بود که در امپراتوری رو به انحطاط روم چنین وصله‌ای به کلیسا بچســـبد. جامعهٔ بت‌پرست، به‌سبب زیاده‌روی‌هایش، در آستانهٔ نابودی قرار داشت. با این حال، مســـیحیت، راهی دیگر – راهی نو – نشـــان می‌داد. این آموزهٔ پولس که بدن معبد روح‌القدس اســـت، محکومیت بی‌چون‌وچرای بی‌عفتی در دنیای کهن بود و دعوتی مقدس به زندگی خانوادگی در بر داشت.

این تنفر گســـترده از مسیحیان، به توضیح علت نخستین جفای روم بر آنها کمک می‌کند. در سال ۶۴، در زمان امپراتوری نرون، حریقی در رُم درگرفت و برای شش شبانه‌روز شهر را به کام شعله‌های خود کشید و قسمت اعظم شهر را به خاکستر تبدیل کرد. شایعه شد که خود نرون شهر را به آتش کشیده است. این شایعه سبب انزجار شدید مردم رُم از امپراتور شد.

نرون برای آنکه گریبان خود را از این اتهام خلاص کند، گناه حریق را به گردن مسیحیان انداخت. با اینکه این اتهام حقیقت نداشـــت، جمع کثیری از مســـیحیان بازداشـــت شدند و متعاقب آن جفای وحشتناکی درگرفت. بسیاری از مسیحیان حتی به صلیب کشیده شدند. به برخی پوست حیوانات وحشی را پوشاندند و سگ‌های بزرگی به جانشان انداختند که در دم تکّه‌پاره‌شان کردند. زن‌ها را به گاوهای وحشی می‌بستند تا آن‌قدر آنها را به روی زمین بکشند تا جان بدهند. شب هم که می‌شد، مسیحیان را در باغ نرون به تیرک می‌بستند و آتش می‌زدند. از بین رومیان، کسانی که کینهٔ مسیحیان را به دل داشتند می‌توانستند به باغ نرون بیایند و خود نرون در ارابه‌اش گشت می‌زد و از دیدن این صحنه‌های دلخراش لذت می‌برد.

احتمالاً در زمان همین جفا بود که پطرس رســـول و پولس رســـول در رُم شـــهید شدند. در گزارش‌ها آمده که پطرس، بنا به درخواســـت خود، واژگونه مصلوب شد، چون می‌گفت سزاوار نیست که مانند خداوندش مصلوب شود. پولس چون شهروند روم بود، سر از تنش جدا شد.[1]

چنین خون و خون‌ریزی‌هایی در ســـده‌های اول و دوم باب نبود. مســـیحیان مدت‌ها در آرامش بودند. ولی جفا، درســـت مانند شمشـــیر داموکِلِس[2] همواره فراز سرشـــان بود. یک خبرچیـــن بدخواه، جماعتی غوغاگر یـــا فرمانداری مصمم به اجرای قانون، به یک اشـــاره می‌توانســـت طوفانی به راه اندازد. در هر صورت، مســـیحی به صِرْفِ مسیحی‌بودن از نظر قانون محکوم بود. ترتولیان می‌گوید: «انزجار عمومی فقط معطوف به یک چیز است، به‌جای بررسی اتهامات وارده، اعتراف به مسیحی‌بودن را برای احراز جرم کافی می‌داند.»

تهمت و افتراهای جنسی

دومین علّت جفا بر مسیحیان که آشکارا به علّت قبلی ارتباط داشت، افتراهایی بود که به مسیحیان می‌بستند و به‌محض شیوع، دیگر نمی‌شد جلوی انتشار آنها را گرفت. این بدگمانی

---

۱. اعدام شهروندان رومی بر صلیب ممنوع بود؛ لذا مجازات اعدام به‌صورت قطع گردن انجام می‌شد. (مترجم)

۲. The Sword of Damocles برگرفته از افسانه‌های یونانی و استعاره از تهدید مستمر است. (مترجم)

که مجالس مسیحیان آلوده به بی‌بندوباری‌های جنسی و سرپوشی برای انواع جرائم است، سخت بر تخیل عموم غلبه داشت.

این اتهاماتِ مهارگسیخته احتمالاً ناشی از این ویژگی خاص در انسان است که به آنچه از او پنهان می‌کنند، بی‌اعتماد می‌شود. مردم هنگامی که دانستند حق ورود به جلسات مسیحیان را ندارند، با پیروی از تخیل خود، از شایعه به انزجار رسیدند.

به مسیحیان هزار و یک تهمت کذب وارد کرده بودند، ولی بیش از همه آنها را به گناهان جنسی و آدم‌خواری متهم می‌کردند. اتهام بی‌بندوباری از آنجا ناشی شده بود که یکی از جلسات مسیحیان، آگاپه - یا ضیافت محبت‌آمیز - نام داشت و بین مسیحیان بوسهٔ مقدس صلح رسم بود. در واقع، سرانجام این بوسه چندان در معرض سوءتعبیر قرار گرفت که کلیسا تقریباً به‌کل آن را حذف کرد.

اتهامِ آدم‌خواری نیز احتمالاً از آنجا ناشی شد که مراسم عشای ربانی در خفا انجام می‌شد. کافرکیشان نمی‌دانستند در این مجالس نهانی چه می‌گذرد، ولی به گوش‌شان رسیده بود که کسی خورده می‌شود. عیسی در شام آخر گفته بود: «این نانْ بدن من است. این جام خون من است.» مشرکان هم به این نتیجه رسیده بودند که مسیحیان جسم انسان را می‌خورند و خون او را می‌نوشند.

عوام هم بر این گمان بودند که اگر به عاملان این‌گونه افعال اجازهٔ زندگی داده شود، سبب نزول همه‌نوع بلا خواهند شد. چنین شرارتی خدایان را برمی‌آشوبد و آنها نه فقط مسیحیان، بلکه هر کسی را که به مسیحیان اجازهٔ هستی و حیات داده، تنبیه خواهند کرد.

مخفی‌بودن جلسات مسیحیان و افتراهایی که مشرکان به آنها می‌بستند برای مقامات رومی که معمولاً افراد سلیم‌العقلی بودند، دردسرهای نامتعارفی ایجاد کرد. در حدود سال ۱۱۲ میلادی، یکی از فرمانداران در آسیای صغیر، مردی به نام پلینی، نامه‌ای به امپراتور تراژان نوشت و از او در مورد بهترین راه برای برخورد با پیروان مسیح کسب تکلیف کرد:

> من نمی‌دانم با مسیحیان چه کنم، زیرا در هیچ‌یک از محاکماتشان حضور نداشته‌ام. آیا به صِرْفِ مسیحی‌بودن مجازات این اشخاص رواست یا حتماً باید جرمی از آنها سر زده باشد؟ من کسانی را که به مسیحی‌بودن اعتراف کرده‌اند، اگر شهروند امپراتوری بوده‌اند، به رُم فرستاده‌ام، و اگر نبوده‌اند، دستور اعدام‌شان را صادر کرده‌ام. مطمئنم که مجازات آنها جایز بود، چون لجاجت شدیدی به خرج می‌دادند.

اگر متهم مسیح را انکار می‌کرد و برای خدایان یا امپراتور قربانی می‌گذرانید آزاد می‌شد، حتی اگر می‌دانستند مسیحی بوده است. امپراتور در پاسخ به پلینی سیاست او را در کل مورد تأیید قرار داد: جمعیت مسیحیان به اندازه‌ای است که نمی‌توان از یکایک آنها بازجویی کرد، ولی اگر موضوع به یکی از مقامات رومی ارجاع داده شد، او موظف به برخورد با مجرم مسیحی است.

ظاهراً پلینی احساس می‌کرد مسیحیان مجرم‌اند، ولی دقیقاً نمی‌دانست جرم آنها چیست؛ او همین اندازه می‌دانست که جرم آنها بی‌بندوباری و آدم‌خواری نیست. از این نامه‌های کهن می‌توان فهمید که به چه علّت جفا بر مسیحیان گاه به‌صورت پراکنده و گاه به‌طور وحشیانه صورت می‌گرفت و هم متناوب بود و هم شدید.

سومین علّت جفا بر مسیحیان شاید به‌نظر ما عجیب جلوه کند. مسیحیان متهم به بی‌خدایی بودند. این اتهام از آنجا ناشی می‌شد که بسیاری از مردم امپراتوری، عبادتی را که به تصاویر معطوف نبود، درک نمی‌کردند. برای چنین کسانی توحید جذابیت نداشت. در نتیجه، مسیحیان را به توهین به خدایان کشور متهم می‌کردند.

به چشم این مردم، خدایان محافظانی بودند که به شهر نظر لطف داشتند. بنابراین، وفاداری ایجاب می‌کرد که شهروندان شایسته، در جشن‌های گوناگون به افتخار هریک از این خدایان، حضور به‌هم رسانند. البته، ممکن بود افراد به یکی از خدایان ارادت ویژه داشته باشند، ولی این مانع از ادای احترام به سایر خدایان نمی‌شد. مسیحیان به خدایان ادای احترام نمی‌کردند و این به چشم همسایگان عین خیانت بود. عموم عقیده داشت که غفلت از خدایان موجب نزول بلایا می‌شد. ترتولیان در *دفاعیه* می‌گوید: «اگر تیبِر طغیان کند و شهر را فرا بگیرد، یا اگر آب نیل بالا نیاید، اگر باران نبارد، اگر زلزله‌ای اتفاق بیفتد، قحطی یا بیماری بروز کند، فوراً بانگ می‌کشند: "مسیحیان را جلوی شیران بیندازید."»

قیصر خداوند است

مهم‌ترین علّت جفای روم بر مسیحیان از کیشِ پرستش امپراتور ناشی شد. این کشمکش میان مسیح و قیصر یک‌شبه پدید نیامد، بلکه پرستش امپراتور به‌تدریج در کانون حیات امپراتوری قرار گرفت.

این عمل از مزایای حاکمیت رومیان ناشی می‌شد. هرگاه رومیان بر کشوری مسلط می‌شدند، عدالت بی‌طرفانهٔ خود را برقرار می‌کردند، و مردم آن کشور از طوق بندگیِ حاکمان مستبد و پیش‌بینی‌ناپذیر و اغلب حیوان‌صفت و خونخوار رهایی می‌یافتند. با مدیریت رومیان، جاده‌ها از وجود راهزنان، و دریاها از وجود دزدان دریایی پاک می‌شد و امنیت جدیدی به زندگی مردم می‌آمد. این همان *pax Romana* یا صلح رومی بود.

این امر سبب شد تا مردم خالصانه و از صمیم قلب، خود را سپاسگزار روح روم بدانند که به‌راحتی تبدیل به ایزدبانو روما[1] شد، و با فرا رسیدن قرن دوم پیش از میلاد، معابد بسیاری در آسیای صغیر وقف او گردید. با این حال، ذهن و قلب انسان به نماد احتیاج دارد. چنین بود که بازبه‌راحتی امپراتور به تجسم ایزدبانو روما و روح روم تبدیل شد؛ او تجسم روم بود؛ او خود روم بود؛ در او روح روم سکونت داشت و او منزل‌گاه زمینی‌اش بود. نخستین معبدی که وقف الوهیت امپراتور شد، رسماً در ۲۹ ق.م در پرگاموم واقع در آسیای صغیر ساخته شد.

1. Roma

در آغاز، امپراتوران در پذیرش این‌گونه تکریمِ مقام خود تردید داشتند. کلادیوس (۴۱-۵۹ م.) حاضر نبود معابدی برای تکریم او ساخته شود، زیرا چنان‌که خود می‌گفت، نمی‌خواست اسباب تکدر خاطر همنوعانش را فراهم سازد. لیکن، به‌تدریج اندیشه‌ای در ذهن مقامات رومی نضج یافت. مسئلهٔ امپراتوری روم، اتحاد بود. این امپراتوری از فرات تا کرانه‌های دریای ایرلند امتداد داشت.

امپراتوری از آلمان تا آفریقای شمالی و از اسپانیا تا مصر و سوریه گسترده بود، و مردمانی با زبان‌ها، باورها و آداب‌ورسوم گوناگون در آن زندگی می‌کردند. چگونه می‌شد بین این مردمان وحدت برقرار کرد؟ چگونه ممکن بود فکر یک امپراتوری واحد به ذهن و ضمیر مردمانی چنین هفت‌رنگ آورده شود؟

چیزی وحدت‌آفرین‌تر از مذهب مشترک نیست و کیش پرستش امپراتور کاملاً برای تحقق این هدف مناسب بود. هیچ‌یک از باورهای محلی و اجدادی مجال جهانی‌شدن نداشت، ولی روم این فرصت را داشت. در نتیجه، پرستش قیصر به سنگ سرطاقِ سیاست امپراتوری تبدیل شد و عملاً در همهٔ ولایات امپراتوری سازمان‌دهی گردید. در همه‌جا معابدی برای تکریم الوهیت امپراتور برپا شد.

رفته رفته این باور در مردم امپراتوری شکل گرفت که اگر بیعتی صورت بگیرد که مخالف وفاداری به امپراتور، و بنابراین مخالف امپراتوری باشد، نتیجه‌ای مگر انحلال نظم موجود نخواهد داشت. سر سودن بر آستان خداوندی دیگر، نتیجه‌ای جز این نخواهد داشت که سیلاب آشوب و هرج‌ومرج به راه افتد.

امپراتور دِسیوس (۲۴۹-۲۵۱) گام مهم دیگری در جفا بر مسیحیان برداشت. پرستش قیصر جهانی شد و برای تمام اقوام و ملل ساکن در امپراتوری، به استثنای یهودیان، اجباری گردید. هر سال در روزی خاص، هریک از اتباع روم می‌بایست به معبد قیصر می‌آمد و مقداری بخور می‌سوزاند و می‌گفت: «قیصر خداوند است.» پس از این کار، گواهی حضور در مراسم به او داده می‌شد. افراد پس از سوزاندن بخور و اقرار به خداوندی قیصر می‌توانستند بروند و هر خدایی را که دوست دارند بپرستند، مشروط بر اینکه مُخل عفت و نظم عمومی نباشند.

بنابراین، پرستش امپراتور در درجهٔ نخست آزمونی برای احراز وفاداری بود؛ آزمونی برای تشخیص اینکه آیا فرد شهروند خوبی است یا نه. اگر کسی در مراسمِ اقرار به خداوندی قیصر شرکت نمی‌کرد، خودبه‌خود خائن و انقلابی شمرده می‌شد. بدین‌گونه، تکریم امپراتور به معضلی برای مسیحیان تبدیل شد. آنها در جلسات خود برای امپراتور دعا می‌کردند، ولی در نه در خلوت و نه در حضور عموم، دست دعا به درگاه امپراتور بلند نمی‌کردند.

محققان با تحقیق دربارهٔ سکه‌های رومی به این نکته پی برده‌اند که بین عباراتی که مسیحیان هنگام عبادت در ستایش مسیح به‌کار می‌بردند و آنچه شهروندان رومی در تکریم امپراتورِ وقت می‌گفتند، شباهت قابل‌توجه‌ای هست. سکه‌ها معمولاً با ستودن برکاتی که امپراتور جدید قرار بود به دنیای منتظر ارزانی دارد، فرمانروایی او را با این کلمات و عبارات

اعلام می‌داشتند: «درود، خداوند زمین، شکست‌ناپذیر، قدرت، جلال، حرمت، مبارک، عظیم، میراث پادشاهی سزاوار توست.»

هر گردشـــگری که در قرن سوم از روم بازدید می‌کرد، متوجه می‌شد همان ادبیاتی که در مجامع عمومی برای وصف ظهور امپراتور مرسوم بود، در گورخانه‌های دخمه‌ای برای تجلیل ظهور مسیح به‌کار می‌رفت. یک مسیحی چگونه می‌توانست در این مورد تخفیف بدهد؟

چه کسی شایستهٔ جلوس بر تخت پادشـــاهی جهان و هدایت جریان تاریخ بود – قیصر یا مسیح؟

چنین بود که عبادت مســـیح و عبادت قیصر رو در روی هم قرار گرفت. چیزی که زبان هیچ مسیحی هرگز برای گفتنش نمی‌چرخید این بود: «قیصر خداوند است.» برای مسیحیان، عیسای مســـیح و فقط او خداوند بود و بس. از نظر رومیان، مسیحیان بی‌اندازه نرمش‌ناپذیر و به‌طـــرز جنون‌آمیزی لجوج و یک‌دنـــده بودند، و از آن بدتر، در عمل نشـــان می‌دادند که به امپراتور وفادار نیســـتند. اگر مسیحیان حاضر می‌شـــدند این یک ذره بخور را بسوزانند و رســـماً بگویند «قیصر خداوند است»، می‌توانســـتند بروند و تا می‌خواهند مسیح را بپرستند؛ ولی مسیحیان کنار نمی‌آمدند. به‌همین‌ســـبب هم روم آنها را انقلابیونی بالقوه می‌دانست که تهدیدی بر هستی امپراتوری به‌شمار می‌رفتند.

از یک جهت روم حق داشت، زیرا بسیاری از مسیحیان تعارضی را که میان این دو بیعت جریان داشت، نبردی کیهانی می‌دانستند. کتاب مکاشفهٔ یوحنا در عهدجدید، بازتابی از پاسخ مســـیحی به کیش پرستش امپراتور در آسیای صغیر در پایان سدهٔ نخست است. یوحنا ظلم و ســـتم بر ایمانداران را در نهایت از خود شیطان می‌داند، از آن اژدهای غول‌آسای سرخ که به دستیاری دو کارگزارش، جانوران مذکور در مکاشفه ۱۳، به جنگ مقدسین می‌آید. نخستین جانور که از دریا (یا مغاک) برمی‌آید، قدرت امپراتوری اســـت. دومین جانور که از خشکی برمی‌خیزد (پیامبر دروغین) یا همان کیش پرستش امپراتور است.

چه چیز از مســـیحیان در برابر این حملهٔ روم دفاع کرد؟ مسیحیان بر اژدها پیروز شدند، زیرا چنان‌که یوحنا می‌گوید: «با خون بره و با کلام شـــهادت خود بر او ظفر یافتند؛ زیرا جان خود را عزیز نشمردند، حتی تا به مرگ» (مکاشفه ۱۲:۱۱).

پیشنهادهایی برای مطالعهٔ بیشتر

Davidson, Ivor J. *The Birth of the Church: From Jesus to Constantine, AD 30-312*, Baker History of the Church. Vol. 1. Grand Rapids: Baker, 2004.

*Ferguson, Everett. *Church History, Volume 1: From Chirst to the Pre-Reformation.* Grand Rapids: Zondervan, 2005.

Frend, W. H. C. *Martyrdom and Persecution in the Early Church.* New York: New York University Press, 1967.

Grant, Robert M. *Augustus to Constantine.* New York: Harper and Row, 1970.

-------- . *The Sword and the Cross.* New York: Macmillian, 1955.

Middleton, Paul. *Radical Martyrdom and Cosmic Conflict in Early Christianity.* London: T & T Clark, 2006.

فصل پنجم

بحث‌وجدل دربارهٔ واقعه

برآمدنِ ارتودوکسی

مهاتما گاندی، رهبر ارجمند استقلال هندوستان، گفته است: «هیچ علاقه‌ای به این بحث نداشته‌ام که سیمای واقعی عیسی در تاریخ چگونه بوده. اگر کسی ثابت کند که هرگز عیسایی در تاریخ وجود نداشته و روایات انجیل محصول تخیل نویسنده‌اند، اهمیت نمی‌دهم، چون همچنان به درستی موعظهٔ بالای کوه باور دارم.»

گاندی مرد بزرگی بود؛ ولی مسیحی نبود و هرگز هم چنین ادعایی نکرد. با این حال، بسیاری از کسانی که خود را مسیحی می‌دانند، چنین طرزفکری دربارهٔ مسیحیت دارند. آنها نیز می‌کوشند بین *آنچه* عیسی گفت و آنچه عیسی بود فرق بگذارند. می‌خواهند آموزهٔ عیسای ماورای طبیعی را حذف و به‌جای آن از تعلیمات اخلاقی عیسی تجلیل کنند. به نظر این اشخاص، اعتقادات تاریخی مسیحیت مایهٔ سرافکندگی است، و بنابراین بهتر است بر رفتار مسیحی تأکید کرد.

برای مسیحیان اولیه چنین حرکتی در حکم خیانت به ایمان بود. آنها می‌گفتند که انجیل خبر خوش دربارهٔ واقعه[1] است. بنابراین، اعتقادات نقشی اساسی داشتند؛ زیرا آنچه به رفتار فرد شکل

۱. چنان‌که از ادامهٔ بحث برمی‌آید منظور از رویداد، تجسم مسیح و ظهور خدا در تاریخ برای نجات انسان است. (مترجم)

می‌داد تابع اقرار او به خداوند و نجات‌دهنده‌بودن مسیح بود. برای کلیساهای اولیه این موضوع به‌قدری روشن بود که اعتقاد به کیستی عیسی را ملاک تشخیص ایمان حقیقی مسیحی قرار دادند.

بسیاری از مسیحیان دریافتند که هرچند مسیحیت دشمنان بیرونی خطرناکی دارد – همان‌طور که تعارض با پرستش امپراتور ثابت کرد – خطری خاموش‌تر و به همان اندازه بلاخیز از درون آن را تهدید می‌کند، یعنی از قلمرو اندیشه‌ها. اگر پایه‌های ایمان مسیحی را «انجیلی دیگر» به لرزه می‌انداخت، قدرت زندهٔ آن از میان می‌رفت.

مسیحیت کاتولیک از یک طرف جهانی بود نه محلی، و از طرف دیگر، درست‌باورانه بود نه بدعت‌کارانه. ما گسترش مسیحیت را در سراسر امپراتوری روم و ماورای آن بررسی کردیم. همچنین، دریافتیم که به چه دلیل صاحب‌منصبان امپراتوری بر مسیحیان جفا می‌کردند. اکنون می‌خواهیم نگاه دقیق‌تری به معنی *اورتودکس* یا *درست‌باورانه* بیندازیم. مسیحیان اولیه به چه چیز اعتقاد داشتند؟ و چرا تأکید می‌کردند که فقط همین اعتقادات درستند؟

ایمان و الاهیات

بسیاری از مسیحیان امروزی ترجیح می‌دهند دربارهٔ تعلیمات محوری مسیحیت مباحثه نکنند، چون شک دارند که موضوعات نظریِ مربوط به دین و الاهیات چندان اهمیتی داشته باشند. یک روحانی مسیحی می‌گفت: «من گل‌ها را دوست دارم، ولی از گیاه‌شناسی متنفرم؛ همین‌طور هم دیانت را دوست دارم، ولی از الاهیات خوشم نمی‌آید.» در پشت این نگرش رایج غالباً دلایل قابل‌تأملی وجود دارد. الاهیات ممکن است خسته‌کننده، یا بدتر، بی‌رحم باشد. با این همه، در مسیحیت، پاسخ به الاهیات بد، نه حذف الاهیات، بلکه جایگزین‌کردن الاهیات خوب است. خدا به ما عقل داده و یقیناً از ما انتظار دارد که از فکر خود برای اندیشیدن دربارهٔ حقیقت او استفاده کنیم.

الاهیات برساختهٔ دو کلمهٔ یونانی است: *تئوس*[1]، یعنی خدا، و *لوگوس*[2] یعنی سخن یا خردورزی. بنابراین، الاهیات به معنای خردورزی دربارهٔ خداست. الاهیات همان دین نیست. دین عبارت از اعتقاد ما به خدا و تلاش ما برای زندگی بر طبق این اعتقاد است. الاهیات عبارت از تلاش برای ارائهٔ توضیحی عقلانی دربارهٔ اعتقادمان است: در واقع، اندیشیدن دربارهٔ دین است.

هرگاه اندیشهٔ ما به خطا رود، به آن می‌گوئیم بدعت یا الاهیات بد. بدعت ضرورتاً به معنای دین بد نیست، ولی همانند هر اندیشهٔ نادرست دیگری چه‌بسا به دین بد ختم شود.

بدعت‌کاران ناخواسته برای کلیسا سبب خیر شدند. کوشش‌های پیشگامانهٔ آنها برای بیان حقیقت، کلیسا را واداشت تا به الاهیات خوب شکل بدهد که عبارت بود از بیان شفاف و سازمان‌یافتهٔ مکاشفهٔ کتاب‌مقدس.

ما به الاهیات خوب می‌گوئیم *ارتودوکس* [درست‌باورانه]. این کلمه همواره مایهٔ برانگیختگی هیجانات شده است. همین شکل از مسیحیت بود که از حمایت اکثریت قاطع

---

1. Theos; 2. Logos

مسـیحیان برخوردار شد و در بسیاری از بیانیه‌های رسـمی یا اعتقادنامه‌های کلیسا به بیان درآمد. بنابراین، مسیحیتِ کاتولیک، ارتودوکس [یعنی درست‌باورانه] است.

ارتودوکسی و بدعت

دربارهٔ این دو کلمه سرگشتگی بسیار وجود دارد. کلمهٔ ارتودوکس می‌تواند به معنی یکی از سه شاخه یا اقراری باشد که بخش اعظم خانوادهٔ مسیحی را تشکیل می‌دهند. این سه شاخهٔ پرشمار عبارتند از کلیسـاهای کاتولیک رومی، ارتودوکس شرقی، و پروتستان. این کلمه همچنین به معنی اعتقاد یا عمل درست است؛ اما در همان حال، ناظر بر اعتقاد درستی است که رسـماً مورد پذیرش کلیسا قرار گرفته. تصور بر این است که نخستین شوراهای بزرگ کلیسایی به این منظور تشکیل شد تا زبان صحیح برای سخن‌گفتن دربارهٔ هویت عیسی مشخص شود. بدعت‌کار به کسانی می‌گویند که به آنچه از نظر الاهیدانان ارتودوکس لازمهٔ اعتقاد درست است، پایبند نیستند. بنابراین، آریوس[1] بدعت‌کار دانسته شـد، چون به آنچه شورای نیقیه[2] اعتقادِ درست (ارتودوکس) می‌دانست، یعنی به اینکه عیسی کاملاً الاهی است، التزام نداشت. در اینجا، ارتودوکسی و بدعت به معنی پذیرش یا نفی آموزه‌ای هسـتند که رسماً توسط کلیسا اعلام شـده. سرگشتگی ما ادامه می‌یابد آنگاه که متوجه می‌شـویم مسیحیان حتی بر سـر همین آموزهٔ رسمی هم اختلاف‌نظر داشـته‌اند. ضمناً، آنچه ما آموزهٔ رسمی می‌دانیم، صرفاً تعلیمی بوده که تعداد بیشتری از کلیساها، آن‌هم دیرزمانی بعد، پذیرفته‌اند. برای مثال، مصوبات شورای نیقیه امروزه مورد قبول اکثر کلیساهاست، ولی در زمان خود سخت مورد بحث بود.

از همه مهم‌تر، باید به خاطر داشـت که در میان مسـیحیان اولیه شکلی از ارتودوکسی غیررسـمی وجود داشت که اسـاس آن بر توافق همگانی بود. مسـیحیان اولیه دربارهٔ بسـیاری از مفاد و محتویات اصلی تعالیم اولیهٔ مسـیحی توافق داشتند. این را می‌توان در آنچه چندین تـن از الاهیدانان اولیه *قاعدهٔ ایمان*[3] خوانده‌اند، دید. قاعدهٔ ایمان تقریر فشرده‌ای بود از ضروریات ایمان مسیحی، و هرچند مانند اعتقادنامه متشکل نبود، نشان از توافق مسـیحیان بر سر برخی ضروریات اولیه داشت. این درست‌باوریِ غیررسمی و اولیه به این سبب مهم است که بدون توجه به آن، گرفتارِ سوءتعبیر از این قاعده خواهیم شد که: «اگر ارتودوکسی نباشـد، بدعتی هم در کار نخواهد بود.» تردیدی نیست که تا کلیسا آموزه‌ای را رسماً «درسـت» اعلام نکرده باشد، نمی‌توان کسی را به‌خاطر نفی آن به مخالفت با کلیسـا متهم کرد. این نوعی اشـتباه تاریخی است که مردم قرن دوم را به مخالفت با تعلیمی متهم کنیم که تازه در قرن چهارم به رسمیت شناخته شد. با این همه، اشـتباه عده‌ای در این است که تصور می‌کنند چون درسـت‌باوری کلاسیک محصول شـوراهای کلیسایی در قرون چهارم و پنجم بود، پس تا پیش از این تاریخ چیزی به‌اسم بدعت‌کار نداشته‌ایم. در واقع، کلیسا حتی پیش از تشکیل این شوراها نیز برخی تعلیمات

1. Arius; 2. The Council of Nicaea; 3. The rule of faith

را مردود می‌دانست. برای مثال، کلیسا تعلیمات مِرقیون[1] را رد کرد. این شخص می‌گفت که عیسی هیچ ارتباطی با خدای عهدعتیق یا قوم او نداشت. مسیحیان اولیه همچنین با نظریهٔ موسوم به حالت‌گرایی دربارهٔ تثلیث مخالفت ورزیدند. (طبق این نظریه، پدر، پسر و روح‌القدس صرفاً حالات ظهور و نقش‌هایی بوده‌اند که خدای حقیقی به خود گرفته است). کلیسا اعتقاداتی دارد که مورد قبول بخش وسیعی از مسیحیان بوده و شکلی از درست‌باوریِ اولیه و غیررسمی را تشکیل می‌داده‌اند. پایبندی کلیسا به همین اعتقادات موجب شد تا حتی پیش از شکل‌گیری درست‌باوری رسمی کلیسا در قرن چهارم، کسانی مانند مرقیون از کلیسا اخراج و تعلیماتشان مردود اعلام شوند.

تاریخ کلیسا به ما نشان می‌دهد که الاهیات مسیحی در درجهٔ اول یک نظام فلسفی که انسان در فضای آرام دانشگاهی پدید آورده باشد، نیست. آموزه‌های مسیحی به‌دست کسانی صیقل خورده که در صف مقدم خدمت کلیسایی حضور داشته‌اند. بخش وسیعی از درست‌باوری به این سبب شکل گرفت که بدعتی نوخاسته بر آن سر بود که ماهیت مسیحیت را تغییر دهد و ایمان محوری آن را نابود سازد.

از آنجا که درست‌باوری محصولِ تعارض میان انجیل و عقاید غلط بود، ما از سیر تکوین آن سخن می‌گوئیم. اینکه از سیر تکوین آموزه‌های مسیحی سخن می‌گوئیم شاید به گوش کسانی که از صمیم قلب باور دارند خدا خود را از طریق مسیح یک بار و برای همیشه مکشوف کرده است، عجیب باشد. ولی نباید فراموش کرد که الاهیات مترادف با مکاشفهٔ خدا نیست، بلکه عبارت از درک انسان از مکاشفه و کوشش او برای بیان شفاف و روشن آن در تعلیم و موعظه است. الاهیات از زبان و شیوهٔ اندیشیدن ما برای تبیین حقیقت الاهی استفاده می‌کند؛ و همان‌گونه که می‌دانیم، مردمِ متعلق به زمان‌ها و فرهنگ‌های متفاوت به‌شیوه‌های متفاوت می‌اندیشند و سخن می‌گویند.

بیان تعلیم حقیقی ایمان پیچیده بود، بخشی به این سبب که مسیحیت اولیه مرکب از مردمی متعلق به فرهنگ‌ها و نگرش‌های متفاوت بود. پژوهشگران اغلب به تنشی که بین فرهنگ عبرانی و هلنی وجود داشت اشاره می‌کنند، هرچند این دو فرهنگ پیش از روزگار عیسی با هم در گفتگو بودند. عبرانیان اندیشه‌های خود را در چارچوب عهد خود با خدای خالق شکل دادند. این خدا عبرانیان را برگزید تا به اهداف او تحقق بخشند، و خود را در میان واقعیت‌های عینی تاریخ آشکار کرد. یهودیانِ یونانی‌زبان به روش‌های استدلالی خاص خود به تأمل دربارهٔ روایت متمایز عبرانیان می‌پرداختند. برخی از یونانیان فقط زمانی به روایات عبرانیان احترام می‌گذاشتند که امکان اثبات منطقی حقیقت آنها وجود داشت. کلیسا با حکمتی که به خرج داد در این دام نیفتاد. مسیحیان به این سبب به این حقایق دربارهٔ

---

۱. Marcion همچنین به‌صورت مارسیون ضبط شده است (ناشر)

خدا باور داشـــتند که خدا خود را آشکار کرده بود. شـــگفت اینکه، استدلال‌های یونانیان به داستان‌های خودشان اتکا داشت، و همین‌که در استدلال کم می‌آوردند، کاستی‌های منطقی را با این داستان‌های بنیادین رفع می‌کردند.

از آنجا که نخســـتین مســـیحیان همگی یهودی بودند، در پیام‌شان عیسی را نجات‌دهندهٔ موعود قوم خدا اعلام می‌کردند: «عیســـی همان مســـیحا (مسیح) است.» رسولان در موعظهٔ خود برای یهودیان، بر رستاخیز عیسی بیش از مرگ او تأکید می‌کردند، زیرا ثابت می‌کرد این مرد که همچون مجرمان بر دار شد، مسیحای خدا بود.

رســـولان با پیروی از رهنمودهای خود عیسی، به متونی در عهدعتیق اشاره می‌کردند که در خدمت عیسی و در سرآغازهای کلیسا تحقق یافته بود. به همین دلیل اغلب می‌گفتند: «این همان اســـت که به زبان نبی بیان شد.» در توصیف عیســـی، آنها از تصاویر عهدعتیق استفاده می‌کردند و او را برهٔ پســـخ، آدم ثانی و پســـر داوود معرفی می‌کردند. او همان سنگی بود که بنایان رد کردند، ولی خدا او را برگزید تا در بنای کلیسا، سنگ زاویه باشد.

انجیل‌های دروغین

در همان حال که رســـولان به‌طور کامل بر زبان و مفاهیم کتاب‌های مقدس عبرانی تکیه می‌کردند، بین قرائت‌های درســـت و نادرست از پیام مسیحی، مرز دقیقی قائل می‌شدند. آنها بی‌معطلـــی انجیل‌های رقیب را محکوم کردند. در غلاطیان، پولس کســـانی را که ملزومات شـــریعت یهود را به پیام انجیل می‌افزایند، لعن می‌کند. نامهٔ اول یوحنا این نکته را مشخص می‌کند که مســـیحیان باید ایمان داشته باشند مسیح «در جسم آمد»؛ و اول قرنتیان نیز ایمان به رستاخیز تاریخی عیسی را بنیاد ضروریِ نجات اعلام می‌کند.

در دورهٔ رسولان، اعضای کلیسا به‌شـــیوه‌های گوناگون با حقایق محوری ایمان روبه‌رو می‌شـــدند. با اینکه در ابتدا نوایمانان فقط به نام عیسی تعمید می‌یافتند، دیری نپائید که تعمید در نام تثلیث، به روشِ جاافتاده و معیار برای اجرای این آیین تبدیل شـــد. انجیل متی نشـــان می‌دهد که در روزگار او، تعمید «در نام پدر و پسر و روح‌القدس» انجام می‌شد (متی ۱۷:۲۸–۲۰). در زمان یوســـتین، در نیمهٔ قـــرن دوم، در رُم نوایمانانی که قرار بـــود تعمید بگیرند به سؤالاتی جواب می‌دادند که مربوط می‌شد به ایمانشان به «خدا که پدر و خداوند عالم است، عیسای مسیح که در زمان حکومت پنتیوس پیلاتس بر صلیب شد، و روح‌القدس که از زبان انبیا پیشاپیش همه‌چیز را دربارهٔ عیسی گفت.»

پژوهشـــگران متوجهٔ خلاصه‌هایی از تعلیم رسولان – برای مثال، اول قرنتیان ۳:۱۵–۴ و افسسیان ۴:۴–۶ – شده‌اند که گویای آن است که مسیحیان قرن اول باورهای خود را فرموله می‌کردند و بر اساس آنها در برابر خطاها می‌ایستادند.

مســـیحیان همچنین باورهای خود را به شـــعر می‌ســـرودند که گهگاه برخی از آنها در عهدجدید نقل شده‌اند. اول تیموتائوس ۱۶:۳ احتمالاً یکی از این نمونه‌هاست:

او [مسیح] در جسم ظاهر شد،
به‌واسطهٔ روح تصدیق گردید،
فرشتگانْ دیدندش،
بر قوم‌ها موعظه شد،
جهانیان به او ایمان آوردند،
و با جلال، بالا برده شد.

از آنجا که پرستش عیسی جایگاهی محوری داشت، مسیحیان قرن اول آموزهٔ مربوط به مسیح را خط قرمز خود قرار دادند. هرگاه انجیل چهارم را به‌دقت بخوانیم متوجه می‌شویم که نویسنده به نبرد در دو جبهه مشغول است. یک گروه از خوانندگانش کسانی هستند که به الوهیت عیسی به معنی کامل کلمه باور ندارند. به این افراد می‌گوید که زندگی عیسی را فقط با توجه به این واقعیت می‌توان توضیح داد که در مسیح، کلام ابدی خدا تجسم یافته است. در انتها نیز می‌گوید انجیل خود را به این هدف نوشته است تا «ایمان آورید که عیسی همان مسیح، پسر خداست، و تا با این ایمان، در نام او حیات داشته باشید» (یوحنا ۳۱:۲۰). به بیان دیگر، لازم بود برخی از خوانندگان را دربارهٔ الوهیت مسیح مجاب کند.

با این حال، یوحنا مخاطبان دیگری نیز داشت که باید در مورد انسان‌بودن کامل مسیح مجاب می‌شدند. ظاهراً این افراد تصور می‌کردند که مسیح نوعی تجلّی خدا بر زمین به‌شکل انسان است که گوشت و خون واقعی ندارد. در پاسخ به این افراد، یوحنا به جاری‌شدنِ خون و آب واقعی از پهلوی شکافتهٔ عیسی بر صلیب اشاره می‌کند. بنابراین، یوحنا در دو جبهه می‌جنگد، از یک سو در برابر کسانی که عیسی را انسانی صرف می‌دانستند و از سوی دیگر، در برابر کسانی که تصور می‌کردند او شبحی آسمانی است.

بر اساس منابع دیگر می‌دانیم که هر دوی این بدعت‌ها در قرون اول و دوم وجود داشت. موضع نخست متعلق به فرقه‌ای یهودی-مسیحی معروف به ابیونی‌ها[1] بود. پیروان این فرقه تعلیم می‌دادند که عیسی انسانی صرف بود که به‌خاطر تبعیت دقیق از شریعت، «پارسا شمرده شد» و مسیحا گردید.

موضع مخالف ابیونی‌ها، *دوسِتیسم*[2] خوانده می‌شد. این کلمه برگرفته از فعلی یونانی است که به معنی *به‌نظرآمدن* است. یک الاهیدان هوشمند معادل *ظاهرانگاری*[3] را برای این واژه پیشنهاد کرده است. این عنوان به تعلیم ظاهرانگاران در این باره بازمی‌گردد که مسیح به‌راستی نه انسان بلکه جلوه‌ای شبح‌گون بود و رنج‌بردن او برای گناهان انسان نمودی بیش نبود، چراکه همه می‌دانیم ارواح الوهی نامیرا هستند.

این واقعه - یعنی ظهور خدا در جسم - همواره از نظر مردم جزو یاوه‌های مذهبی بوده است. تاریخ گواه کوشش‌های خستگی‌ناپذیر انسان برای یافتن توضیحی متفاوت است. از مقبول‌ترین روش‌های او برای این کار، این بوده که داستان مزبور را از چارچوب زمانی‌اش

1. Ebionites; 2. Docetism; 3. Seemism

خارج و آن را همچون حقیقتی «ازلی» ارائه کند، همچون رازی از رموز عالم، اسطوره‌ای برای تبیین امور چنان‌که به‌راستی هستند.

رازآشنایان[۱]

در کلیسای اولیه پیروان آیین گنوسی دست به تلاشی بلندپروازانه زدند تا پیام انجیل را بر اساس این تفاسیر «معنوی» در قالبی نو ارائه کنند. اصطلاح گنوستی‌سیزم[۲] عنوانی کلی است دربرگیرندهٔ تمام جنبش‌های متنوعی که هریک راهی برای تنویر ذهن و ضمیر آدمی ارائه می‌کرد. این راه، توصیهٔ مرشد آن یعنی فیلسوفی بود که بر راه زندگانی، گنوسیز یا علم داشت. این علم خاص به عالم روحانی، مسیحیتی را که سنت رسولان بود سخت تهدید می‌کرد.

اغلب بین مسیحیانِ پایبند تعلیمات کلیسا و گنوسی‌ها برخوردهای تند پیش می‌آمد. در یک مورد، چنان‌که پولیکارپ، شاگرد یوحنای رسول بازگفته است، یوحنا در حال ورود به گرمابهٔ شهر افسس، کِرینتوس[۳] از پیروان معروف آیین گنوسی را می‌بیند که آمادهٔ استحمام می‌شود. از قرار معلوم، یوحنا پریشان و منقلب، همچنان‌که خود را با لنگی پوشانده، قید حمام را می‌زند و به‌سرعت از آنجا خارج می‌شود و بانگ برمی‌دارد: «فرار کنید تا حمام روی سرمان خراب نشده. مگر نمی‌بینید کِرینتوس دشمن حق و حقیقت اینجاست.»

پیروان آیین گنوسی علاوه بر مسیحیت رسولان، مفهوم رستگاری و وجود خدایی متعال را می‌پذیرفتند و به فعالیت موجودات آسمانی در عالم اعتقاد داشتند. این باورهای مشترک روشن می‌سازد که از چه رو گنوسی‌ها طی قرن دوم در حاشیهٔ کلیسا حضور داشتند و بسیاری نیز به درون راه یافتند. با این همه، راه‌یافتگان به کلیسا به خیال خود بر آن بودند تا مفاهیم بنیادین فوق را از زنگارِ آنچه به‌زعم ایشان، تفسیرهای فرومایه و خام‌دستانهٔ شکلی «مادّی‌گرا» از مسیحیت بود، بپیرایند.

اعتقادات گنوسی‌ها

خاستگاه و منابع آیین گنوسی محل بحث است، لیکن موضوعات مشترکی که در تعلیمات آموزگاران برجستهٔ این آیین در قرن دوم وجود داشت دریچهٔ خوبی به‌روی نظرگاه رازآمیز آنها می‌گشاید. الاهیدانان بزرگی همچون ایرنایوس[۴] ترتولیان و اُریگن آرای این معلمان را اِبطال کرده‌اند.

موضوعات مشترک در آیین گنوسی قرن دوم

۱. اکثر مکاتب گنوسی به نوعی دوگانه‌باوری در اخلاق و متافیزیک قائل بودند (دوگانه‌باوری یا ثنویت یعنی نظریه‌ای که امور واقع را بر دو گونه می‌داند)؛ بنابراین، آنها امور روحانی را ذاتاً پاک و مطهر و امور مادّی را بذاته پلید می‌دانستند.

1. Men Who Knew; 2. Gnosticism; 3. Cerinthus; 4. Irenaeus

۲. به باور گنوســی‌ها، واقعیت متعال یا خدا آفریننده نیســت، بلکه دنیای مادّی حتماً از گونه‌ای بی‌نظمی اولیه، جهل، شــاید هم شیطنت یکی از خدایان فروتر ناشی شده است که بســا دمیورژ[1] خدای عهدعتیق یا عیســی بوده باشــد (که از نظر گنوسی‌ها در مرتبهٔ نازل‌تری از وجود بود).
۳. گنوســی‌ها باور داشتند که در انسان یا انسان‌های برگزیده، عنصری روحانی یا الاهی وجود دارد که هویت راستین این افراد را تشکیل می‌دهد. اینان در دنیای مادّی و تن (که گنوسی‌ها شر و پلید می‌دانستند)، در غُربت‌اند.
۴. گنوســی‌ها قائل به این بودند که بین مصادر وجود[2] یا سپهرهای متوالی، میانجی‌هایی وجود دارند که به انسان‌ها در گریختن از عالم مادّی یاری می‌رسانند.
۵. رستگاری در این اســت که گوهر اصیل انسان یا روح، به یاری معرفت، از عالم پلید مادّی رهایی یابد.

اعتقاد مبنایی گنوسی‌ها همان بود که *دوگانه‌انگاری* می‌خوانیم، یعنی آنها باور داشتند که جهان در نهایت بین دو نیروی کیهانی تقســیم می‌شود که یکی خیر و دیگری شر است. آنها به تبعیت از بخش عمدهٔ فلســفهٔ یونانی، مادّه را شــر می‌انگاشتند و بر همین اساس، هرگونه خدای صانع را پلید می‌دانستند. بنابراین، اینکه خدا دست به خلقت بزند، به‌نظر ایشان بیشتر ناشایســت بود تا محال. وجود متعالی که آنها خود به آن باور داشتند بسی برتر از آن بود که دست به چنین «شری» بیالاید.

از آنجا که این خدای در رأس نمی‌توانســت هیچ تماســی با عالم مادّی داشــته باشد، گنوســی‌ها در توضیح خلقت، آن را مجموعه‌ای از مصادر می‌دانستند. بنابراین، اگر خدا را به خورشید تشبیه کنیم، این مصادر در حکم انوار آن خواهند بود که هرچند از ذات او برآمده‌اند، بــا آن تفاوت دارند. با ایــن همه، این نیروهای ماورای‌طبیعی بــه ترتیب نیروهای نازل‌تری ایجاد می‌کردند تا اینکه به‌گفتهٔ چارلز بیگ[3] پژوهشگر دانشگاه آکسفورد، «زنجیره‌ای طولانی از موجــودات ربوبی ایجاد می‌شــد که هریک ضعیف‌تر از والد خود بود»، و ســرانجام «به رَبی می‌رســیم برخوردار از توان آفرینش، لیکن به درجه‌ای نادان که درنمی‌یابد آفرینش کار نادرستی است.» این رب همان خدای این جهان، خدای یهودیان است.

رابطهٔ دقیق مصادر وجود با یکدیگر در مکاتب گوناگون آیین گنوسی به‌نحو متفاوتی بیان می‌شد. ولی اتفاق‌نظر وجود داشــت که نور خالص مینوی در روح انسان، اسیر تخته‌بند تن شده و باید رهانیده شود.

---

۱. Demiurge شبه‌خدایی که افلاطون او را صانع و سازندهٔ عالم مادّی می‌داند. دمیورژ به خدای صانع یا صنعتگر معروف است. (مترجم)

۲. Aeon این کلمه به اقنوم یعنی اصل و مبدأ هر چیز و دهر نیز برگردانده شده است. (مترجم)

3. Charles Bigg

انجیل توما

روایات گنوسی از زندگی عیسی در قیاس با انجیل‌های رسمی مسیحی، دیرتر به نگارش درآمده و اکثراً، به‌استثنای احتمالاً *انجیل توما*، به اواخر قرن دوم تا قرن پنجم تعلق دارند. این انجیل در سال ۱۹۴۵ در مصر کشف شد. نسخه‌ای از آن به زبان قبطی به قرن چهارم تعلق دارد. تکّه‌های کشف‌شده به زبان یونانی نیز متعلق به قرن سوم، و یکی از آنها متعلق به ۲۰۰ میلادی است. این انجیل احتمالاً به زبان سُریانی نوشته شد و به یونانی و قبطی ترجمه گردید، هرچند عموماً فرض بر این است که به یونانی نوشته شده است. بسیاری آن را متعلق به قرن دوم و تعدادی از پژوهشــگران نیز، متعلق به قرن نخســت می‌دانند. با این همه، در تحقیقات اخیر، به علت قرابتی که میان این انجیل با ســنت‌های سریانی دیده شده، تاریخ دیرتری برای نگارش آن در نظر گرفته می‌شود. تاریخ احتمالی نگارش *انجیل توما* ۱۵۰-۲۰۰ و به احتمال بسیار ۱۷۵-۲۰۰ میلادی است. باید به این نکتۀ مهم توجه داشــت که حتی اگر این انجیل زودتر نوشته شده بود تغییری در واکنش کلیسای اولیه به آن ایجاد نمی‌شد؛ زیرا کلیسا سعی بلیغ داشت تا خاطرۀ اصیل عیسی و تعلیم او را حفظ کند.

گنوسی‌ها ادبیات مسیحی خاص خود را پدید آوردند. آنها معمولاً عیســی را یکی از خدایان نازل‌تر می‌دانســتند که از صفا و توانِ خدا یــا واقعیتی که در رأس همه بود، بهره‌ای نداشــت. فقط از چنین وجود نازلی برمی‌آمد که به عالم شــریر مادّی کار داشته باشد. با این حال، چنان‌که انتظارش می‌رود، آنها عیسایی را تصویر می‌کردند که با محیطی که از آن برآمده بود و با نهضتی که از خود به‌جای گذاشت ارتباطی نداشت. او خصائص یهودی‌اش، تورات، و القاب یهودی همچون پسر خدا را واگذاشــت. در این تصویر، عیسی نه معجزه می‌کرد و نه در رســتاخیز بر مرگ پیروز می‌شد. او عیســایی آن‌جهانی بود که فقط با بیاناتش معرفتی از نوع خاص انتقال می‌داد. در میان پژوهشــگران در این باره که «عیسای گنوسی» چه تعلیم می‌داد، اختلاف‌نظر وجود دارد. خوانندگان اغلب از روی بیانات فوق، عیسایی را بازسازی می‌کنند که شــبیه خودشان است. رسم شده که عیسی را به‌صورت فردی روادار ترسیم کنند که پذیرای تمام مدعیان بصیرت‌های شــهودی و نبوتی بود (یعنی کسانی که معمولاً توسط اسقف‌های مقتدر سرکوب شده‌اند). این عیسای گنوسی به‌ظاهر حامی زنان بود، هرچند در اظهاراتی زن‌ســتیزانه، آن‌هم درست در انتهای یکی از مهم‌ترین مدارک گنوسی، یعنی *انجیل توما*، اعلام می‌دارد که زنان به بهشت راه نخواهند یافت.

کلیســا از وجود این انجیل‌های گنوسی خبر داشت و آنها را مردود دانست. البته، چه بسا در آنها مطالبی از گفته‌های عیسی نیز بود، ولی به‌سبب برداشت کلاً نادرستی که این انجیل‌ها ایجاد می‌کردند، کلیسا آنها را رد کرد.

گنوسی‌های دیگر برای آنکه گرفتار معضل منجی انسانی نشوند، به استدلال‌های متفاوتی توسل جستند. گروهی اصرار داشتند که عیسی اصولاً بدنی نداشته و کل ماجرا وهمی هوشمندانه بیش نبوده است؛ این همان عقیده به شبحِ مینوی است که در دوسِتیسم دیدیم. در هر حال، گنوسی‌ها اتفاق‌نظر داشتند که مسیح نمی‌توانست انسان باشد.

در اینجا با نکته‌ای روبه‌رو هستیم که برای مسیحیان امروز مایهٔ شگفتی است. نخستین ملاک مهمی که روشن می‌ساخت آیا فرد به واقعهٔ ظهور خدا در جسم اعتقاد دارد یا نه، نه تأیید الوهیت مسیح، بلکه تأیید انسانیّت او بود!

در قیاس با مسیحیت رسولان، آیین گنوسی پر از چیزهای عجیب بود، از جمله تعلیم عجیب‌وغریبش دربارهٔ آنچه به‌ناچار باید «گزینش ازلی» نامید، چون اصطلاح بهتری برای آن سراغ نداریم. بسیاری از گنوسی‌ها نوعی طبقات پرولتاریا و دیوانی برای بهشت قائل بودند، چنان‌که طبقهٔ فرودست روحانی با ایمان می‌زیست و طبقهٔ فرادست، یعنی تنویریافتگان یا کاملان، بر پایهٔ معرفت. گروه سومی هم بود، آنهایی که به‌کل از عالم معنا بی‌بهره بودند و دروازهٔ معرفت به روی‌شان بسته بود. رب ناجوانمرد و بی‌مروتی آنها را طوری آفریده بود که اگر پای درس بهترین مرشد عالم هم می‌نشستند، بازنمی‌توانستند «بینای اسرار»[1] شوند.

سیاست و تفسیر

تفسیر در بطن شرایطی متأثر از سیاست روز صورت می‌گیرد و این موضوع به‌خصوص زمانی که سعی داریم عیسی را بشناسیم صادق است. یکی از راهبردهای تفسیری فرض را بر این می‌گذارد که پیروزمندانِ تاریخ باقی ماندند تا گزارش یا شرحی از آنچه اتفاق افتاد بنویسند، حال آنکه بازندگان جایی در این داستان نداشتند. در مورد عیسی، مطابق این راهبرد، قرائتی تحت نظر اسقفان و از نظر تعلیمی ملال‌آور از مسیحیت به‌جا ماند که قرائت‌های دیگر را با ظلم و سرکوب از میدان به‌در کرد. این قرائت‌های دیگر در عمل، تحت‌الشعاع قرار گرفتند یا به این بهانه که نامعتبرند، کنار گذاشته شدند. با کشف *انجیل توما* این تصور پا گرفت که دریچه‌ای به روی یکی از کهن‌ترین قرائت‌های بدیل بازشده است.

کشف *انجیل توما* موجب تقویت راهبرد تفسیری دیگری شد که طبق آن، محققان گمان می‌کردند مسیحیتی جعلی جای مسیحیت واقعی را گرفته است. در این چارچوب، قرائت آشنای ما از مسیحیت نه فقط کاتولیک (یعنی جهانی) نیست، بلکه مسیحیت سنتی تصویری غیرحقیقی از عیسی ترسیم می‌کند. حتی توماس جفرسن نیز قائل به چنین نظری بود. به اعتقاد او، متی، مرقس، لوقا و یوحنا تصویری مخدوش از عیسی به ما انتقال داده‌اند، لیکن ذهن منور می‌تواند با کنار زدن زنگارهای دینی، عیسای حقیقی را کشف کند.

---

۱. معادل به الهام از این شعر اقبال لاهوری: چشم من بینای اسرار فلک/ آشنا گوشم ز پرواز ملک. (مترجم)

با کشف *انجیل توما* زمینه برای همگرایی این استراتژی‌ها فراهم شد. پژوهشگران آمادهٔ بازسازی مسیحیت گنوسی بودند که به ستمِ دیدگاه سنتی دربارهٔ عیسی گرفتار آمده بود، دیدگاهی که هرچند دست بالا را یافت، به‌گمان آنها باطل بود. کتاب *راز داوینچی* روایتی مردم‌پسند و غیرعلمی از این‌گونه تفسیرهاست که نقطهٔ انتقال به مسیحیت سنتی را به‌نادرست در قرن چهارم می‌داند.

خطراتِ دانستن

آیین گنوسی درسی مهم برای تمام مسیحیانی دارد که می‌کوشند پیام انجیل را از قید مفاهیمِ به‌اصطلاح «بدوی و کهنه» دربارهٔ خدا و تاریخ برهانند. در اینجا درسی هست برای تمام کَسانی که می‌کوشند مسیحیت را از سطح ایمان، به قلمرو برترِ معرفت هوشمندانه برکشند و به این ترتیب بر جذابیت آن برای افراد مهم بیفزایند.

گنوسی‌ها در تلاش برای آشتی‌دادنِ مسیح و انجیل با علم و فلسفهٔ روزگار خود، واقعهٔ تجسم را انکار کردند و پیام انجیل برای آنها از دست رفت. گنوسی‌ها منجی را در پرتو اندیشه‌های حیرت‌انگیزِ مردان روشن‌اندیش زمان خویش تفسیر می‌کردند، لیکن کوشش برای گره‌زدن انجیل به آخرین نظریه‌های انسان‌ها، عملی خودشکنانه است. هیچ‌چیز در تاریخ گذراتر از جدیدترین نظریه‌های باب‌شده میان روشن‌اندیشان نیست، و نسل‌های بعد اولین چیزی که کنار می‌گذارند، همین نظریه‌هاست.

اگر گنوسی‌ها پیروز شده بودند، مسیحیان میراث گرانبهای یهودی خود را واگذار می‌کردند و پیام نیرومند مسیحیت برای تمامی انسان‌ها، به بحث محفل کوچکی از عُقلا تقلیل می‌یافت. مسیح نیز دیگر انسان نمونه، آدم دوم، نمی‌بود؛ بلکه یاسمنی می‌شد گم‌شده بین آن‌همه ثمنِ خدایان ادیان رمزی.

برای مسیحیانِ درست‌باور، نبرد با گنوسی‌ها دشوار بود. گنوسی‌ها ادعا می‌کردند که از برخی اطلاعات محرمانه برخوردارند. می‌گفتند که عیسی این اطلاعات را به آموزگاران گنوسی زمان خود انتقال داده و آنها را از یهودیانِ مؤسس کلیسا که مادّه‌گرایی دل و دیده‌شان را کور کرده بود، پنهان داشته است. اگر این استدلال شکست می‌خورد، گنوسی‌ها برای اثبات نظر خود می‌گفتند که مکاشفهٔ خاصی از آسمان یافته‌اند.

با این حال، مسیحیان عزم خود را به رد بدعت گنوسی جزم کردند و به این منظور روشن ساختند که اعتقادات درست‌شان از چه قرار است. بهترین خلاصه از عقاید مسیحیت اولیه همان است که اعتقادنامهٔ رسولان[1] می‌خوانیم و تا امروز، هر یکشنبه در بسیاری از کلیساها اقرار می‌شود. این اعتقادنامه برخلاف عنوانش به‌دست رسولان نوشته نشده، بلکه نخستین بار در قرن دوم و در رُم برای اقرار ایمان جهت تعمید به‌کار رفته است. از همین‌رو، به اولین نسخهٔ آن می‌گویند اعتقادنامهٔ کهن رُمی.[2]

1. Apostle's Creed; 2. The Old Roman Creed

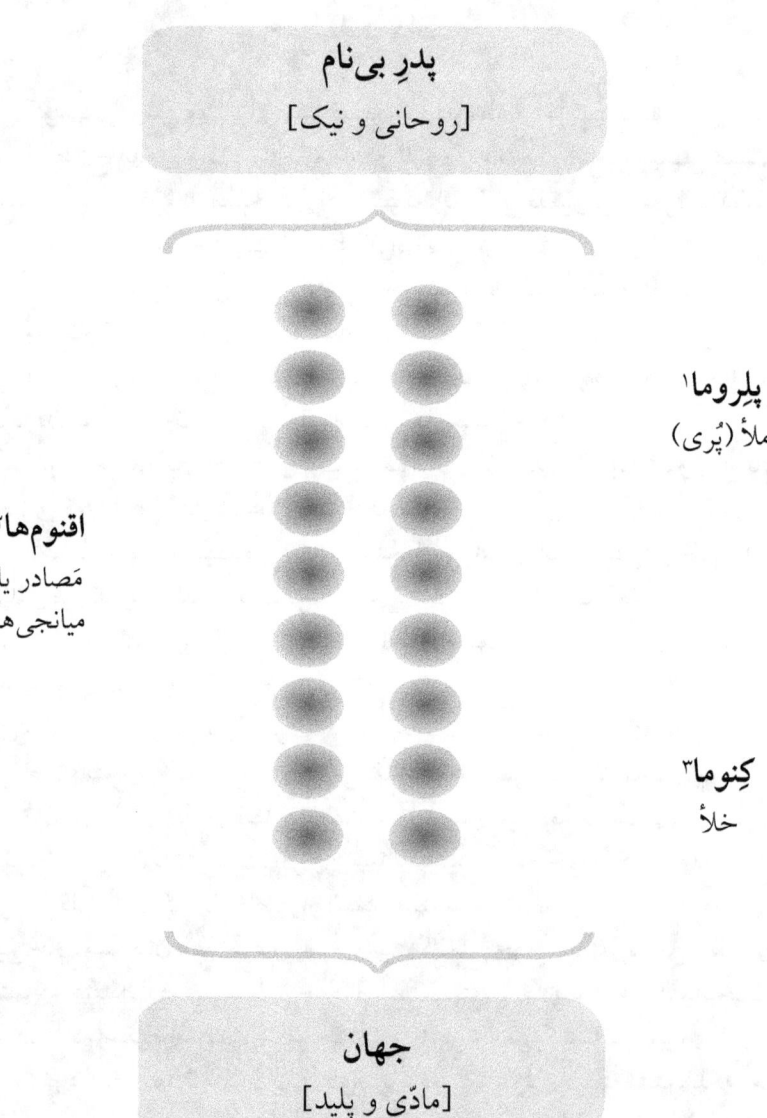

مروری بر آیین گنوسی

1. Pleroma; 2. Aeons; 3. Kenoma

من ایمان دارم به خدای قادر متعال
و به عیسای مسیح، پسر یگانهٔ او، خداوندمان
که از روح‌القدس و از مریم باکره زاده شد
در زمان پنتیوس پیلاتس بر صلیب شد و مدفون گردید
و در روز سوم از میان مردگان برخاست
به آسمان صعود کرد
و بر دست راست پدر بنشسته
از آنجا نیز برای داوری زندگان و مُردگان خواهد آمد.
و من ایمان دارم به روح‌القدس
به کلیسای مقدس
به بخشایش گناهان
به رستاخیز بدن
به زندگانی ابدی.

پیداست که ساختار این اعتقادنامه بر اساس باور به تثلیث ایجاد شده. با این حال، به‌معنای دقیق کلمه، تقریری بر آموزهٔ تثلیث نیست. در این اعتقادنامه کوششی برای تبیین سه‌دریک‌بودن خدا نشده است. دغدغهٔ محوری آن عبارت از چگونگی ارتباط خدا با جهان و انسان است.

پاسخ‌هایی به آیین گنوسی

پاسخ به چالش‌های گنوسیان (چه کهن چه نو)

کلیسای کهن با پاسخ به گنوسی‌ها و سایر تلاش‌هایی که به‌منظور بازنگری در اندیشهٔ مسیحی یا تحریف آن صورت می‌گرفت، چراغی برای راه امروز ما افروخت. پاسخ کلیسا بر سُه رکنِ روحانیون، اعتقادنامه، و کانُن استوار بود.
منظور از رُکن روحانیون این است که رهبران کلیسای اولیه با کسانی که عیسی خوانده بود تا حلقهٔ یارانش را تشکیل دهند، ارتباط مستقیم داشتند؛ مسئله، حفظ و انتقال شهادت ناظران اولیه بود: کسانی که با عیسی همسفر شده و به‌مدت سه سال از او آموخته بودند، پیام انجیل را انتقال داده و شهادتی مکتوب از ملاقات خود با عیسی به‌جا گذاشته بودند. همبستگی با این گواهان راهی مطمئن به پیش است.
منظور از اعتقادنامه، چکیده‌ای اولیه از روایت و پیام بنیادین مسیحی است که به‌صورت متنی خلاصه، ساده و روایت‌گون درآمده. با آنکه خاستگاه این خلاصه‌ها متفاوت است و تأکیدهای آنها با یکدیگر فرق می‌کند، خلاصه‌های مربوط به ترتولیان (از آفریقای

شـــمالی)، ایرنایوس (از ترکیه)، و اُریگِن (از اسکندریه) همانندی حیرت‌انگیزی با هم دارند: جوهرهٔ پیام مسیحیت شامل این است که پدر پسر را به جهان می‌فرستد تا آن را از طریق مرگ و رستاخیز پسر و کار مستمر روح‌القدس، دوباره بخواند و بستاند و بسازد. این پیام منسجم و دسترسی‌پذیر برای عموم، معتبر است.
منظور اَز کانُن، چهار انجیل عهدجدید است که در قرن دوم مورد پذیرشِ بی‌چون‌وچرای بخش وسیعی از کلیسا بود. پدران اولیه از شرح و تفسیرهای دیگری که بر زندگی عیسی نوشته شده بود خبر داشتند و آنها را مردود دانستند؛ در مقابل، آنها عقیده داشتند که فقط این چهار انجیل تصویر کُلی درستی از عیسی ارائه می‌کنند. (درست‌بودن برخی از اجزا کافی نیست، کل اجزا باید متشکل شوند و روایت درستی بسازند.) اعتماد به انجیل‌هایی که همراهان عیسی نوشتند، راهی مطمئن به پیش است.

نکتهٔ اول، اعتقادنامهٔ رســولان اعتقاد به «خدای قادر متعـــال» را تأیید می‌کند. در قرائت دیگری از آن اضافه شـــده: «آفرینندهٔ آســمان و زمین.» به این ترتیب، دیدگاه گنوسی قائم بر اینکه عالم مخلوق شــر یا آفریدهٔ خدایی پلید اســت، باطل می‌شود. این دنیای مادّی، نیک و شایستهٔ آن است تا انسان از آن استفاده کند و لذت ببرد.

سی. اس. لوئیس، استاد دانشگاه کمبریج با آثار پرخواننده، در کتاب خود به‌نام *مسیحیت ناب*، در این باره گفته است: «فایده‌ای ندارد بکوشیم از خدا روحانی‌تر شویم.» لوئیس در ادامه می‌گوید: «خدا هرگز نخواسته است که انسان موجودی صرفاً روحانی باشد. از همین‌روست که از چیزهای مادّی مانند نان و شــراب استفاده می‌کند تا زندگی تازه را در ما جای دهد. از نظر ما شاید این چیز خام و غیرروحانی باشد؛ از نظر خدا نیست: او خوردن را آفریده است. او مادّه را دوست دارد. او آن را خلق کرده است.»

نکتهٔ دوم، اعتقادنامهٔ رسولان مؤید اعتقاد به «عیسای مسیح، پسر یگانهٔ او و خداوندمان» اســت که «از روح‌القدس و مریم باکره زاده شـــد، در زمان پنتیوس پیلاتس بر صلیب شد و مدفون گردید.»

انسان امروزی بارها از این عبارت به حیرت افتاده: «از مریم باکره زاده شد.» او نمی‌تواند تولد از باکره را باور کند. لیکن طنز قضیه اینجاســت که گنوسی‌های اولیه نه با تولد از *باکره*، بلکه با خود *تولد* مشــکل داشتند. انسان امروزی با شــنیدن «از مریم *باکره* زاده شد» پرچم قرمزی را می‌بیند که بالا رفته؛ برای گنوســی این پرچم زمانی بالا می‌رفت که می‌شنید: «*زاده شـــد* از مریم باکره.» با این همه، این عبــارت، همراه با عبارات دیگر دربارهٔ صلیب و تدفین، شیوهٔ کلیسا برای تأکید بر عقیده‌اش به انسان‌بودن کامل عیسی بود.

در مسیحیتِ درست‌باورانه، نجات نتیجهٔ علم سرّی به قلمروهای روحانی نبود، بلکه از فعل خدا در تاریخ ناشی می‌شد. پسر خدا به محدودهٔ زمان درآمد، از باکره زاده شد، در زمان پنتیوس پیلاتس مصلوب شد و مدفون گردید. این گنوسیز یا معرفت سرّی نیست؛ این واقعه است.

و ســرانجام به عبارت «رستاخیز جســم» در اعتقادنامه می‌رســیم که باور گنوسی‌ها را نشــانه گرفته است. این عبارت تأکید داشت که وجود انســان یک تمامیّت است؛ برخلاف تعلیم گنوســی‌ها، وجود انسان به روح خیر و بدن شر تقسیم نمی‌شود. مسیحیان درست‌باور می‌گفتند که بدن باری نیست که باید از شانه فرو انداخت. بدن همانا هدیهٔ خدا به انسان برای زندگی بر زمین و در دنیای آینده است.

انسان به نجات نیاز دارد نه از آن‌رو که اسیر تخته‌بند تن است، بلکه چون آگاهانه راه خود را بر راه خدا ترجیح می‌دهد. جنبهٔ شــرارت‌آمیز وجود انســان نه بدن او، بلکه عشق و تعلق خاطر او به امور نادرست است.

این تعلق خاطر چنان ژرف اســت، چنان در زندگی زمینی انســان نقش اساسی دارد، که فقط نجات‌دهنده‌ای خاص می‌تواند او را از خویشــتن برهاند. از همین‌روست که مسیحیت کاتولیــک تأکید دارد که گاندی و تمام همفکرانش بر خطا هســتند. آدمی را نیاز به آموزگار نیست. او محتاج نجات‌دهنده است.

درک آیین گنوسی امروز

دو تمثیل یا مقایسه به ما در ارزیابی ادعاهای گنوسی‌ها دربارهٔ عیسی کمک خواهد کرد. اولی مربوط به فاصلهٔ تاریخی اســت. انجیل‌های کلیســا در حدود سی تا شصت‌وپنج ســال پس از عیسی نوشته شــده‌اند. این فاصلهٔ زمانی را می‌توان با فاصلهٔ تاریخی یک اســتاد پنجاه‌وپنج‌ساله با جنگ ویتنام یا مناقشات شبه‌جزیرهٔ کُره قیاس کرد که هر دو در زمان زندگی او اتفاق افتاده‌اند. اســتاد می‌تواند خواننده‌های خود را دربارهٔ این منازعات با خاطرات زندهٔ خود یا شاهدان عینی همروزگارش مقایسه کند. در مقابل، قدیمی‌ترین انجیل گنوسی احتمالاً ۱۴۰ سال پس از عیسی نوشته شده است (بقیه‌شان هم به‌استثنای انجیل توما دیرتر نوشته شــده‌اند). این فاصلهٔ زمانی را می‌توان با فاصلهٔ استاد از جنگ داخلی آمریکا[1] مقایســه کرد. اســتاد هیچ خاطرهٔ زنده یا رابطه‌ای با این رخدادها ندارد. خوشبختانه، مدارک مفصلی از چندوچون این جنگ وجود دارد. بدون این گزارش‌های متعدد شــاهدان عینی، خوانندگان ناچار بودند به روایات کســانی اتکا کنند که شخصاً خاطره‌ای از این رخدادها نداشتند.

قیاس دیگر ما بر این نکته متمرکز اســت که بازســازی تاریخی رویدادها و احوال افراد دشوار است. در کتاب‌ها و فیلم‌های متعددی، زندگی و کارهای آبراهام لینکلن بازسازی شــده است. این آثار معمولاً دربارهٔ کُلیّات مربوط به زندگی و خانواده و خدمت لینکلن مطالب مشترکی بیان می‌کنند، لیکن دربارهٔ انگیزه‌ها، دیدگاه‌های مذهبی و شخصیت وی اختلاف‌نظر دارند. با این حال، بازسازی بسیار متفاوتی از زندگی لینکلن در نتیجهٔ شیفتگی

۱. منظور جنگ داخلی آمریکا در قرن نوزدهم در ســال‌های ۱۸۶۱–۱۸۶۵ م. اســت که میان ایالات شــمالی و جنوبی به‌خاطر مناقشه بر سر موضوع برده‌داری درگرفت. (مترجم)

فرهنگ معاصر به موضوع خون‌آشام شکل گرفته است. این پدیدهٔ مربوط به فرهنگ فوق، به عرضهٔ تفسیرهای متنوع از موضوعاتی می‌پردازد که ظاهراً پایانی بر تنوع‌شان نیست. بازسازی آن از زندگی لینکلن جایگزین بخش‌هایی از داستان آشنای زندگی او می‌شود و مابقی عناصر داستان را تکمیل می‌کند. بدین‌سان، عناصر کنجکاوی‌برانگیز اهمیتی نو می‌یابند: برای مثال، لینکلن شب‌های مدید نمی‌خوابید و می‌دانست چطور از تبر استفاده کند. این دو واقعیت، در چارچوب اسطوره‌های مربوط به خون‌آشام‌ها دلالت‌های شوم می‌یابند. حتی بازسازی کلی داستان زندگی لینکلن نیز بینش جالبی ارائه می‌کند: برده‌داری، همانند جنگ‌های خون‌آشام‌ها، نیروی زندگی را از وجود بردگان و مردم به‌خاطر منافع مادّی می‌مکید (نگاه کنید به نوشته‌های متعدد در این زمینه). کتابی که آبراهام لینکلن را شکارچی خون‌آشام‌ها تصویر می‌کند، نوعاً خیال‌پردازانه است؛ لیکن از لحاظ مسئلهٔ فاصلهٔ تاریخی و شیوهٔ طرح موضوعات، شباهت روشنگری با روایات گنوسی‌ها از زندگی عیسی دارد. در اینجا نیز، روایت قدیمی با روایتی جدید جایگزین یا تکمیل می‌شود تا داستانی یکسر متفاوت ایجاد شود.

پیشنهادهایی برای مطالعهٔ بیشتر

Davidson, Ivor J. *The Birth of the Church: From Jesus to Constantine, AD 30-312*, Baker History of the Church. Vol. 1. Grand Rapids: Baker, 2004.

Hall, Christopher A. *Learning Theology with the Church Fathers*. Downers Grove, IL: InterVarsity, 2002.

Hurtado, Larry, W. *Lord Jesus Christ: Devotion to Jesus in Earliest Christianity*. Grand Rapids: Eerdmans, 2003.

*Litfin, Bryan M. *Getting to Know the Future: An Evangelical Introduction*. Grand Rapids: Brazos Press, 2007.

Kelly, J. N. D. *Early Christian Doctrine, 5th ed. New York:* Harper, 1978; London: Continuum, 2000.

Martin, Ralph P. *Worship in the Early Church*. Grand Rapids: Eerdmans, 1964.

Wand, J. W. C. *The Four Great Heresies*. London: A. R. Mowbray, 1955.

فصل ششم

قاعدهٔ کتاب‌ها[1]

شکل‌گیری کتاب‌مقدس

در واپسین جفای بزرگ بر مسیحیان در امپراتوری روم در اوایل قرن چهارم، یکی از مسیحیان سیسیلی را به حضور فرماندار آوردند. اتهام او به‌همراه‌داشتن نسخه‌ای از انجیل‌ها بود.

قاضی در حالی که به کتاب‌ها اشاره می‌کرد پرسید: «اینها را از کجا آورده‌ای؟». «نکند از خانه‌ات؟»

زندانی پاسخ داد: «من که خانه ندارم.» سپس افزود: «خداوندم عیسی را شاهد می‌گیرم که راست می‌گویم.»

قاضی یک بار دیگر در حالی که به انجیل‌ها اشاره می‌کرد گفت: «زود باش بخوانشان!»

مسیحی انجیل‌ها را گشود و شروع کرد: «خوشابه‌حال کسانی که برای عدالت جفا می‌بینند؛ زیرا پادشاهی آسمان به آنها تعلق دارد.»

سپس جای دیگری را بازکرد و ادامه داد: «اگر کسی بخواهد از پی من بیاید باید خود را انکار کند، صلیبش را بردارد و از من پیروی کند.»

---

۱. The Rule of Books این عنوان را نویسنده به قرینه از قاعدهٔ ایمان The Rule of Faith ساخته است که در ادامهٔ فصل علت این ابتکار روشن خواهد شد. (مترجم)

تحمل قاضی تمام شد و دستور داد زندانی را ببرند و به جوخهٔ اعدام بسپارند.

مقامات رومی دریافتند که سرکوب مسیحیت مستلزم نابودکردن کتاب‌های مقدس‌شان است. چنین بود که در آخرین جفای بزرگ بر مسیحیان، کتاب‌های مقدس‌شان را سوزاندند.

تا به امروز تصور ایمان مسیحی بدون کتاب‌مقدس تقریباً محال است. کتاب‌مقدس پایه‌واساس بشارت در مسیحیت، تعلیم آن، عبادت آن و اخلاقیات آن است. هرگاه تاریخ مسیحیت را مرور می‌کنیم، کمتر تصمیمی را بنیادی‌تر از تصمیم‌هایی می‌یابیم که در سه قرن اول مسیحیت دربارهٔ کتاب‌های تشکیل‌دهندهٔ کتاب‌مقدس گرفته شد. این نوشته‌های مقدس نه تنها به مسیحیانی که با شهادت روبه‌رو بودند انگیزه می‌بخشید، بلکه برای کلیساهایی که با خطر بدعت‌ها روبه‌رو بودند، بالاترین ملاک و معیار بود. اگر مسیحیت جهانی (کاتولیک) درست‌باور (ارتودوکس) بود، به برکت کتاب‌مقدس چنین بود، زیرا هر تعلیمی را پیوسته با این سؤال محک می‌زد که کتاب‌مقدس دربارهٔ آن چه می‌گوید؟

بنابراین، اکنون نوبت پاسخ‌دادن به این پرسش است که کتاب‌مقدس چگونه به‌دست ما رسید؟

مبانی کتاب‌مقدس

خود این نام – یعنی *کتاب‌مقدس* – نشان می‌دهد که مسیحیان جایگاه ویژه‌ای برای این نوشته‌ها قائلند. جروم[1] مترجم قرن چهارم، آنها را «کتاب‌خانهٔ الاهی» خواند. او می‌خواست بر این نکته تأکید کند که تمام این کتاب‌ها، در واقع، یک کتاب هستند. ایمانداران یونانی‌زبان نیز برای تأکید بر همین نکته، صورت جمع این کلمه، یعنی Biblia را که به معنی *کتاب‌ها* است، به The Bible، یعنی *کتاب*، تغییر دادند.

مدت‌ها پیش، یهودیان زمانی که از *نوشته‌های مقدس*[2] و *نوشتهٔ مقدس*[3] سخن می‌گفتند، به همین مشکل برخورده بودند. از اینجا می‌توان دریافت که چگونه به‌مرور زمان، *کتاب* Bible و *نوشتهٔ مقدس* Scripture در محافل مسیحی یک معنی پیدا کرد که عبارت بود از شصت‌وشش کتابی که مسیحیان کلام مکتوب خدا می‌دانند.[4]

امروزه نوشته‌های مقدس تحت عنوان *عهد* (یا پیمان) عتیق و *عهدجدید* دسته‌بندی شده‌اند. در دنیای کهن *وصیت‌نامه*[5] یا غالباً *عهد*، کلمه‌ای بود دال بر رابطه‌ای خاص میان دو نفر. هنوز هم گهگاهی از *عهد* و *پیمان ازدواج* سخن می‌گوییم که زن و شوهر را به‌هم می‌پیوندد.

این لفظ در کتاب‌مقدس به رابطهٔ خاص بین خدا و انسان دلالت می‌کند که سرچشمه و حافظ آن، فیضِ خداوندگارْ خداست. عهد قدیم ابتدا میان خداوند و ابراهیم، سپس میان

---

1. Jerome; 2. The Scriptures; 3. Scripture

۴. متأسفانه در فارسی بیش از این نمی‌توان میان این دو لفظ تفکیک قائل شد. در فارسی Bible و Scripture هر دو عموماً به کتاب‌مقدس برگردانده شده‌اند و حداکثر تفکیکی که میان این دو قائل شده‌اند در برگرداندن Scripture به کتب مقدس بوده است. (مترجم)

5. Testament

خدا و اخلاف ابراهیم، یعنی فرزندان اسرائیل منعقد شد که بعدها به یهودیان شهرت یافتند. بنابراین، عهدعتیق شامل کتاب‌هایی است که هم چگونگی پیدایش قوم یهود را روایت می‌کنند و هم اینکه چگونه آنها در روزگاران کهن خدا را می‌پرستیدند.

مسیحیان اولیه ایمان داشتند که عیسای ناصری مسیحای موعود خدا بود که عهدی نو با قومِ جدید او، یعنی کلیسا، برقرار ساخت. بنابراین، عهدجدید شامل کتاب‌هایی است که روایتِ عیسای مسیح و تولد کلیسا را بازمی‌گویند.

کتاب‌مقدس شامل دو بخش است: عهدعتیق که مسیحیان اولیه همانند یهودیان به آن باور داشتند، و عهدجدید که مسیحیان اولیه به‌رغم عقیدهٔ یهودیان، آن را ایجاد کردند. عهدعتیق شامل وعده و عهدجدید شامل تحقق این وعده است.

کلمه‌ای که به جایگاه خاص این کتاب‌ها در مسیحیت دلالت دارد، *کانُن*[1] است. معنی اصلی این کلمه در زبان یونانی *چوب اندازه‌گیری* یا به‌عبارتی همان *خط‌کش* است. در نهایت، این کلمه به کتاب‌های مقدس اطلاق شد و به معنی کتاب‌ها یا فهرست کتاب‌هایی به‌کار رفت که کلیسا آنها را معتبر یا الهام‌شده از جانب خدا می‌دانست. از آنجا که مسیحیان اولیه همگی یهودی بودند، مسیحیت هرگز بدون *کانُن*، یا به‌قول ما، بدون *کتاب‌مقدس* Scripture نبوده است. عیسی خود، به‌روشنی عهدعتیق را همچون کلام خدا خطاب به انسان پذیرفت. «هیچ بخشی از کتب مقدس از اعتبار ساقط نمی‌شود»، به‌علاوه، او گفت: «تمام آنچه در تورات موسی و کتب انبیا و مزامیر دربارهٔ من نوشته شده است، باید به حقیقت پیوندد» (یوحنا ۱۰:۳۵؛ لوقا ۲۴:۴۴).

عیسی به بیانات کتاب‌مقدس ایمان داشت، بر تعلیماتش صحه می‌گذاشت، از فرمان‌هایش اطاعت می‌کرد، و بر آن شد تا به الگوی نجات در آن تحقق بخشد. مسیحیان اولیه صرفاً وارثان این نگرش بودند. مگر امیدها و برنامه‌های عهد قدیم در عیسی تحقق نیافته بود؟ مگر عصرِ موعود مسیحایی در او طلوع نکرده بود؟

مسیحیان تقریباً بدون استثنا عهدعتیق را از آنِ خود دانستند. مسیحیان اولیه، هم یهودیان و هم غیریهودیان، ایمان داشتند که عیسی تحقق وعده‌های عهدعتیق است. مسیحیان همچنین روش‌های عیسی را برای تفسیر کلام خدا به میراث بردند. یهودیان اسکندریه بخش عمده‌ای از کتاب‌مقدس را تمثیلی می‌دانستند. آنها به دنبال پیام عقلی یا روحانی عمیق‌تری در ورای معنای لفظی متن کتاب‌مقدس بودند. برخی دیگر، از روشی موسوم به نمونه‌شناسی برای تفسیر کتاب‌مقدس بهره می‌جستند. در این روش، خواننده، الگو (نمونه) یا تناظری میان دو تصویر یا داستان تشخیص می‌دهد. بنابراین، در تفسیر داستان زندگی عیسی می‌توان او را به قربانی یا به رهاننده‌ای مانند موسی در عهدعتیق تشبیه کرد.

با فرا رسیدن قرن سوم، کلیسا از عالمان فرهیخته‌ای برخوردار بود که از ادعای مسیحیان در مورد عهدعتیق دفاع می‌کردند. از همه بانفوذتر، معلمی در اسکندریه بود که اُریگن نام داشت و می‌گفت که کتاب‌مقدس از سطوح معنایی متفاوتی برخوردار است:

---

1. Canon

> کتب مقدس با هدایت روح خدا به نگارش درآمده‌اند، و هم از معنایی آشکار برخوردارند و هم از معنایی که از اکثر خوانندگان پنهان است ... تمامی شریعت روحانی است، لیکن معنای الهام‌شده‌اش را نه همگان، بلکه فقط آنهایی بازمی‌شناسند که در کلامِ حکمت و معرفت، از موهبت فیض روح‌القدس برخوردارند.

توسل مسیحیان به تفسیر تمثیلی متن، منتقدان بت‌پرست ایمان را به خشم آورد، زیرا اساس انتقادات آنها بر تفسیر ظاهری متن استوار بود. با این همه، تفسیر تمثیلی محبوبیت خود را حفظ کرد، زیرا این امکان را به اُریگن و سایر ایمانداران داد که پیام مسیحی را درست در زیر لایهٔ روئین عهدعتیق بیابند.

مسئلهٔ آپوکریفا[1]

زمانی که مسیحیان عهدعتیق را برای کاربرد خود حفظ کردند، کاملاً مشخص نکردند که عهدعتیق را دربرگیرندهٔ کدام کتاب‌ها می‌دانند. تا به امروز، مسیحیان بر سر اینکه آیا کتاب‌های به‌اصطلاح آپوکریفا را باید جزو عهدعتیق دانست یا نه، اختلاف‌نظر دارند. این نام به دوازده یا پانزده کتاب، بسته به اینکه چگونه آنها را دسته‌بندی کنیم، اطلاق می‌شود که کلیسای کاتولیک رومی و کلیسای ارتودوکس شرقی برخلاف اکثر پروتستان‌ها، آنها را جزو کتاب‌مقدس می‌دانند.

برخی از یهودیان درست همان سی‌ونه کتاب عهدعتیق را که مورد پذیرش کلیساهای پروتستان است، کانُن خود می‌دانند. پژوهشگران غالباً این کانُن را متعلق به یهودیان فلسطین دانسته‌اند که این کتاب‌ها را دسته‌بندی و به این سه بخش عمده تقسیم کردند: شریعت، انبیا و نوشته‌ها. با توجه به ساختارِ این کانُن سه‌بخشی، شاید بتوان دریافت که چرا عیسی به شریعت موسی، انبیا، و مزامیر (نخستین کتاب در بخش «نوشته‌ها»، لوقا ۴۴:۲۴) اشاره کرد. اکثر پژوهشگران بر این باورند که عیسی فقط از این کانُن کوچک‌تر نقل‌قول می‌کرد که اغلب و شاید به‌گونه‌ای گمراه‌کننده «کانُن فلسطینی» خوانده می‌شود.

ترجمه‌های یونانی عهدعتیق شامل کتاب‌های کانُن عبری به‌اضافهٔ کتاب‌هایی دیگر بود. پروتستان‌ها به‌طور معمول این کتاب‌های افزوده را آپوکریفا یا به‌نحو عام، قانونی ثانی[2] می‌خوانند. ترجمه‌های یونانی عهدعتیق، در رأس آنها ترجمهٔ موسوم به هفتادی[3] نقش مهمی در محبوبیت‌یافتن آپوکریفا داشت. ترجمه‌های یونانی عهدعتیق در شهر اسکندریه انجام شد. این کانُنِ مبسوط‌تر که مشتمل بر کانُن عبری و آپوکریفا است، «کانُن اسکندرانی» خوانده می‌شود.

---

1. Apocrypha

۲. Deuterocanonical این اصطلاح را به «برحق متأخر» نیز برگردانده‌اند. (مترجم)

3. Septuagint

مسیحیان اولیه بر سر موضوع آپوکریفا با یکدیگر اختلاف‌نظر داشتند. در غرب، آگوستین، اسقف معروف و بانفوذ هیپو[1] آپوکریفا را بخشی از کانُن کتاب‌مقدس دانست. در طی اصلاحات دینی قرن شانزدهم، اکثر پروتستان‌ها با قرارگرفتن کتاب‌های آپوکریفا در کانُن مخالفت کردند. کلیسای کاتولیک رومی، به پیروی از آگوستین، این کتاب‌ها را جزو کانُن پذیرفت؛ و اختلافی که به این نحو پدید آمد تا به امروز میان کلیساها ادامه دارد.

با این همه، از آغاز، مسیحیان چیزی بیش از عهد قدیم به‌عنوان قاعدهٔ ایمان خود در اختیار داشتند. در زمان حیات عیسی بر زمین، حضور کلام مجسم با آنها بود، و پس از رفتن عیسی، از رهبری زندهٔ رسولان برخوردار بودند. احترام برای پیام رسولان، چه شفاهی چه مکتوب، به‌عنوان مجرایی برای درک ارادهٔ خداوندْ عیسی، در تمام ادبیات مسیحیت اولیه منعکس است.

در روزگار رسولان، جماعت‌های مسیحی اغلب نامه‌های همراهان خداوند را می‌خواندند. برخی از این نامه‌ها آشکارا برای این نوشته شده بود تا در زمان عبادت همگانی، احتمالاً به‌همراه بخشی از عهدعتیق و یا به‌همراه موعظه، قرائت شود.

کلیساها همچنین به شرح‌حال‌هایی که دربارهٔ عیسی نوشته شده بود، اتکا می‌کردند. نخستین انجیل‌ها پس از ۶۰ یا ۷۰ میلادی نوشته شدند، لیکن بخشی از محتویات آنها به‌صورت مکتوب تا پیش از این تاریخ در دسترس بود. لوقا می‌گوید که بسیاری اقدام به نوشتن گزارشی از رویدادهای زندگی عیسی کرده بودند.

سؤال این است که چگونه از میان این آثار مسیحی که مدام بر شمار آنها افزوده می‌شد، بیست‌وهفت کتابی که نزد ما به عهدجدید موسوم است، به‌عنوان کتاب‌مقدس شناخته شد؟ چگونه و چه‌وقت آنها از کتاب‌هایی که مهم و حتی واجد مرجعیت شمرده می‌شدند به کتاب‌هایی تبدیل شدند که مقدس و کلام خدا به‌شمار می‌آمدند؟ در یک کلام، چگونه به کانُن پیوستند؟

عوامل متعددی در این فرایند دخیل بود از جمله خصوصیات داخلی حیات در حال رشد کلیساها؛ برخی دیگر از این عوامل، بیرونی و عبارت بود از تهدیداتی که رخدادهای تاریخی و تأثیرات بت‌پرستان برای انجیل ایجاد می‌کرد.

نخست، کتاب‌هایی که مقدس و به‌راستی کلام خدا هستند، این ویژگی را خودبه‌خود بروز می‌دهند، به‌گونه‌ای که یگانه‌بودنشان گویی بر پیشانی‌شان حک شده. آنها همواره قدرتی دگرگون‌کننده در زندگی انسان‌ها داشته‌اند و هنوز نیز دارند.

برای مثال، یوستین شهید در جوانی با شور و شوق به سراغ مکاتب فلسفی گوناگون رفت تا مگر حقیقت را در آنها بیابد: ابتدا به مکتب رواقی، سپس به اصحاب فیثاغورس، و در نهایت به پیروان افلاطون پیوست. ولی هیچ‌یک از این مکاتب اسباب رضایت او را فراهم نساخت. روزی، همچنان‌که تک و تنها بر ساحل دریا، احتمالاً در افسس، در حال تعمق بود، با پیرمردی روبه‌رو شد. طی گفتگو، غریبه پرده از ضعف‌های فکری یوستین برداشت و به او توصیه کرد تا به آثار انبیای یهودی مراجعه کند. یوستین با خواندن کتاب‌مقدس، مسیحی شد.

---

۱. نام باستانی شهر عنابه فعلی در الجزایر. (مترجم)

ده‌ها تن از مردان و زنان دیگر در روزهای نخست کلیسا از تجربه‌ای مشابه برخوردار شدند که از آن جمله می‌توان به این اشخاص اشاره کرد: تاتیان، تئوفیلوس، هیلاری[۱] ویکتورینوس[۲] و آگوستین.

بنابراین، یکی از دلایل اصلی در پس پذیرش کتاب‌های عهدجدید به‌عنوان کتاب‌مقدس این ویژگی بود که خود اثبات‌کنندهٔ حقانیت خود بودند.

دوم، برخی از کتاب‌های مسیحی به این سبب به کتاب‌مقدس افزوده شدند که در عبادت مسیحی کاربرد داشتند. حتی در خود عهدجدید نشانه‌هایی وجود دارد دال بر اینکه قرائت کتاب‌مقدس بخشی عمده از حیات دسته‌جمعی مسیحی بود. پولس رسول کولسیان را ترغیب کرد که «پس از آنکه این نامه برای شما خوانده شد، ترتیبی دهید که در کلیسای لائودیکیه نیز خوانده شود؛ شما نیز نامه به لائودیکیه را بخوانید» (کولسیان ۱۶:۴؛ ترجمهٔ هزاره).

یوستین شهید در نیمهٔ قرن دوم میلادی، اولین توصیف از عبادت مسیحی را چنین به نگارش درآورده است:

> در روزی که «روز خورشید» خوانده می‌شود [منظور یکشنبه است]، تمام کسانی که در شهر و روستا زندگی می‌کنند در یک محل حضور به‌هم می‌رسانند، و خاطرات رسولان یا نوشته‌های انبیا، تا وقتی زمان اجازه دهد، خوانده می‌شود؛ سپس، هنگامی که قرائت به پایان رسید، متولی عبادت به تعلیم شفاهی حاضران می‌پردازد، و جماعت را به تقلید از این امور نیکو اندرز می‌دهد. سپس، همه می‌ایستیم و دعا می‌کنیم.

بنابراین چنان‌که دیدیم، در زمان یوستین، *خاطرات رسولان* – که تعبیر او از انجیل‌ها بود – بخشی محوری از عبادت مسیحی را تشکیل می‌داد.

صِرف اینکه کتابی در عبادت مسیحی خوانده می‌شد تضمینی برای حضور نهایی آن در کانُن نبود. برای مثال، می‌دانیم که کِلِمِنْت، اسقف رُم، نامه‌ای به کلیسای قرنتس در ۹۶ میلادی نوشت و هشتاد سال بعد هنوز این نامه در عبادت عمومی این کلیسا قرائت می‌شد. با این حال، نامهٔ کِلِمِنْت هرگز به کانُن افزوده نشد. کتاب‌هایی که در عبادت کلیسا خوانده می‌شد جایگاهی ویژه داشت و در مسیری قرار گرفته بود که در نهایت به کانُن کتاب‌مقدس ختم می‌شد – ولی برای برخی از آنها این اتفاق نیفتاد.

سوم، و شاید عامل بنیادین برای پذیرش یک کتاب مسیحی در عهدجدید، ارتباط آن با یکی از رسولان بود. در واقع، آزمون اعتبارسنجی چنین بود: آیا این کتاب را یکی از رسولان و یا لااقل فردی که ارتباط مستقیم با حلقهٔ رسولان داشته به نگارش درآورده است یا نه؟

در کلیسای اولیه، رسولان جایگاهی بی‌همتا داشتند. نخستین نسل ایمانداران همواره آنها را مردانی می‌دانستند که رابطه‌ای یگانه با خداوند داشته‌اند. مگر عیسی نگفت: «هرکه شما را بپذیرد، مرا پذیرفته» (متی ۴۰:۱۰؛ ترجمهٔ هزاره)؟

1. Hilary; 2. Victorinus

کلمنت اهل رُم نیز ضمن آنکه همین نگرش عمومی مسیحیان را انعکاس می‌داد، نوشت: «رسولان از طریق خداوند مسیح به مبشرانی برای ما تبدیل شدند؛ عیسای مسیح فرستادهٔ خدا بود. بنابراین، مسیح از خدا، و رسولان از مسیح هستند ... کلیسا بر بُنیاد آنها بنا شده است» (اول کلمنت ۴۲). بنابراین برای هر انجیل یا نامه‌ای که خاستگاه رسولی آن محرز بود، احتمال بیشتری وجود داشت که جزو کتاب‌مقدس به‌شمار آید.

فهرستی از کتاب‌های مسیحی

اگر کلیساها زمان کافی در اختیار داشتند، تحت تأثیر این عوامل، و شاید عوامل دیگر، احتمالاً می‌توانستند فهرستی از نوشته‌های کانُنی مسیحی تنظیم کنند. لیکن رخدادهای خاصی کلیساها را به شتاب در این کار واداشت.

در حدود ۱۴۰ میلادی، کشتی‌دار ثروتمندی که بسیار سفر کرده بود، از سینوپ[1] بر کرانهٔ دریای سیاه به رُم آمد. او مرقیون نام داشت. مرقیون با اینکه پسر اسقف بود، به سحرِ کلامِ معلمی گنوسی به‌نام کِرْدو[2] گرفتار شد که ایمان داشت خدای عهدعتیق با خدا و پدر خداوند ما عیسای مسیح فرق دارد. او می‌گفت خدای عهدعتیق ناشناختنی است؛ ولی خدای مسیحی آشکار شده است. خدای عهدعتیق عدالت محض است؛ در حالی که خدای عهد نو رحیم و مهربان است.

مرقیون تمایزی را که کِرْدو قائل بود بسط داد. او عقیده داشت که خدای عهدعتیق پر از غضب و پدیدآورندهٔ شر است و به کسی جز یهودیان اهمیت نمی‌دهد و اگر فرصتی دست دهد، همهٔ ملل دیگر را به خاک هلاک می‌افکند. در مقابل، خدای مسیحیان خدای فیض و محبت به همگان است که در عیسای مسیح، یعنی در پسرش، خود را آشکار کرده است.

از آنجا که مرقیون باور داشت خدای عهدعتیق فقط یهودیان را دوست دارد، کل عهدعتیق و همچنین تمام آن‌دسته از نوشته‌های عهدجدید را که به‌تصورش طرفدار خوانندگان یهودی بود، کنار گذاشت – برای مثال، انجیل متی، مرقس، اعمال رسولان، و نامه به عبرانیان را مردود دانست. او همچنین سایر نوشته‌های مسیحی را که به‌نظرش مخالف دیدگاه‌های وی بودند، شامل نامه‌های شبانی (یعنی اول و دوم تیموتائوس و تیتوس) رد کرد. به این ترتیب، چیزی جز قرائتی مُثله‌شده از انجیل لوقا (به‌دلیل حذف احتمالی داستان‌های مربوط به ولادت مسیح) و ده نامهٔ پولس برای او باقی نماند. ظاهراً، از نظر مرقیون، رسول امت‌ها تنها رسولی بود که انجیل عیسی را مخدوش نکرده بود.

دیدگاه‌های آشفتهٔ مرقیون دربارهٔ مسیحیت شدیداً با مخالفت کلیسای رُم روبه‌رو شد و مرقیون در سال ۱۴۴ میلادی از کلیسا اخراج گردید. با این همه، طولی نکشید که کلیساهای طرفدار مرقیون که از الگوی جماعت‌های درست‌باورِ مسیحی تبعیت می‌کردند نمودار شدند. آنها خادمان روحانی و مراسم خود را داشتند. برای مثال، به‌سبب تعلیماتی که ریاضت را توصیه می‌کرد، در مراسم عشای ربانی از شراب استفاده نمی‌کردند. برخی از باورهای پیروان

1. Sinope; 2. Cerdo

مرقیون به فرقه‌های مختلف گنوسی رسید، و خود آنها نیز از دیدگاه‌های گنوسی متأثر شدند. با این همه، دیدگاه‌های آنها در سراسر ایتالیا و تا دوردست‌ها انتشار یافت و به عربستان، ارمنستان، و مصر رسید. در شرق، برای چندین دهه آنها نفوذ شدیدی داشتند، به‌گونه‌ای که حتی تا قرن چهارم، دهکده‌هایی در کنار دمشق وجود داشت که ساکنانش پیرو مرقیون بودند. از همه مهم‌تر اینکه مرقیون کلیساهای درست‌باور را با معضلی روبه‌رو ساخت که دو وجه داشت: فهرست او از کتاب‌های عهدجدید که «بر صورت و شباهت» پولس خلق شده بود، و مخالفت او با عهدعتیق و رد آن.

ستایشی که مرقیون از پولس به‌عمل می‌آورد دست‌کمی از بت‌پرستی نداشت. به باور او، پولس دشمن بزرگ شریعت و سخنگوی اعظم انجیل بود. مرقیون او را مهم‌ترین شخصیت کلیسا می‌دانست و باور داشت که مسیح دو بار از آسمان نزول کرده بود، یک‌بار برای آنکه رنج بکشد و بمیرد، و یک‌بار نیز برای آنکه پولس را بخواند و اهمیت واقعی مرگش را بر او آشکار سازد. مرقیون می‌گفت که در آسمان، پولس بر دست راست مسیح نشسته و مسیح نیز بر دست راست خدا نشسته است.

به‌قول ترتولیان، برای این حقوقدان آفریقای شمالی، پولس تبدیل شده بود به رسولِ برگزیدهٔ بدعت‌کاران! البته، مرقیون تعلیمات پولس را برای سازگاری با دیدگاه‌های شخص خودش دستکاری کرده بود، ولی این نکته مشکل کلیسا را ساده‌تر نمی‌کرد: کلیسا چگونه می‌توانست نامه‌های پولس را همچون کلام خدا بپذیرد بی‌آنکه تعلیم مرقیون تبلیغ شود؟

هرچه نباشد پولس به‌اندازه‌ای برای کلیسا اهمیت داشت که کلیسا نمی‌توانست به‌خاطر مرقیون او را کنار بگذارد. نامه‌های این رسول، معروف‌تر و پرکاربردتر از آن بود که کنار گذاشته شود. به‌جای این کار، کلیسا بر آن شد تا نامه‌های شبانی و نامه‌های رسولان دیگر را احیا کند و از کتاب اعمال رسولان همچون پُلی برای وصل‌کردن آنها به انجیل‌ها استفاده کند. در حالی که کلیسا فیض خدا را که پولس موعظه کرده بود ارج می‌نهاد، حذف عهدعتیق را در حکم خودکشی می‌دانست. چگونه امکان داشت عهد جدید بدون عهد قدیم معنایی داشته باشد؟

با حفظ عهدعتیق، کلیسا دو امتیاز کسب کرد. نخست، تأکید کرد که ایمان مسیحی مستلزم یکی‌دانستن خدای خالق با خدای نجات‌دهنده است. پیام مرقیون بیش از حد ساده بود. مرقیون نه تنها تفسیر نادرستی از عهدعتیق داشت، بلکه وحدتی را که در کل کتب مقدس مسیحی دیده می‌شد نقض می‌کرد، یعنی: همان خدایی که جهان را آفرید، قوم اسرائیل را برگزید؛ و اینکه خدا بر آن شد تا خلقت خود را از طریق عیسی که به سرنوشت بنی‌اسرائیل تحقق می‌بخشد، احیا کند. دوم، با حفظ عهدعتیق، کلیسا بر اهمیت تاریخ برای ایمان مسیحی تأکید نهاد. مسیحیت دینی شکل‌یافته در بستر تاریخ است، نه فقط به این معنی که از گذشته نشأت می‌گیرد یا به این معنی که با شخصیتی تاریخی به‌نام عیسی در پیوند است، بلکه چون از این باور ناشی می‌شود که در خود تاریخ، در مکانی مشخص، و در زمانی مشخص، خدا به امور انسانی راه جُست. این بدان معناست که برای مسیحیان، زندگی بر طبق ایمان به معنای

روبه‌روشدن با معماهای هستی انسانی - یعنی با تمام «خداوندا آخر چرا؟»های زندگی - و همچنان باور به این است که خدا فکر خوبی برای ما دارد.

اگر مرقیونِ بدعت‌کار تلنگری برای کلیساها بود تا به فکر ایجاد مجموعهٔ عهدجدید باشند، فرد دردسرساز دیگری به نام مونتانوس[1] کلیساها را بر آن داشت تا در فکر نهایی‌کردن این مجموعه باشند.

صداهایی نو از سوی خدا

مسیحیت همواره دینی متکی بر روح‌القدس بوده است. بر طبق انجیل چهارم، عیسی به قوم خود وعده داد که تسلی‌دهنده، یعنی روح راستی، آنها را هدایت خواهد کرد (یوحنا ۱۶:۱۳-۱۵). پس چگونه زمانی رسید که کلیسا اعلام کرد همهٔ کتاب‌های الهامی که باید نوشته می‌شد نوشته شده است و دیگر نمی‌توان چیزی به کلام مکتوب خدا افزود؟ چه شد که بنا به گفتهٔ تلخ ترتولیان، «روح‌القدس در یک کتاب محدود شد»؟

در نیمهٔ دوم قرن دوم کلیسا در آستانهٔ یک تغییر بود. روزهای شور و شتاب سپری می‌شد و نهاد کلیسا در مرکز توجه قرار می‌گرفت. در کلیسا دیگر از روح نبوت چیزی شنیده نمی‌شد. عدهٔ بیشتر و بیشتری به کلیسا می‌پیوستند، ولی تمایز میان کلیسا و جهان به‌تدریج رنگ می‌باخت. کلیسا به‌مرور سکولار می‌شد و با اندیشه و فرهنگ و فلسفهٔ دنیای بت‌پرست کنار می‌آمد. راه صلیب دیگر پرشیب و ناهموار نبود.

در این وضعیت، در سال‌های میان ۱۵۶ و ۱۷۲ میلادی، مونتانوس همچون صدایی که در بیابان آسیای صغیر به گوش می‌رسید، پدیدار شد. او خواستار معیاری بالاتر، انضباطی سخت‌گیرانه‌تر و جدایی مشخص‌تر کلیسا از جهان بود. مونتانوس اگر به‌همین مقدار اکتفا می‌کرد، هرچند ممکن است میدان عمل چندانی نمی‌داشت، اندک خیری به کلیسا می‌رساند، ولی او پا از گلیمش درازتر کرد. او و دو نبیه‌اش، یعنی پریسکا و ماکسیمیلا، به نام روح‌القدس نبوت و اعلام می‌کردند که بازگشت مسیح بسیار نزدیک است. البته این مسئله به‌خودی‌خود چیز خارق‌العاده‌ای نبود. ولی این انبیای جدید برخلاف انبیای روزگار کتاب‌مقدس، در حالت جَذْبه سخن می‌گفتند چنان‌که گویی وقتی تسلی‌دهنده در ایشان سخن می‌گفت، شخصیتشان به حال تعلیق درمی‌آمد. مونتانوس عقیده داشت که او و نبیه‌هایش همانا ابزارِ خدادادهٔ مکاشفه‌اند، چنگ‌هایی که روح‌القدس بر آنها کشیده می‌شد تا نوایی نو ساز کند. چنین بود که ادا و اطوارهای فوق روحانی مونتانوس از حد گذشت.

روشن است که کلیسا نمی‌توانست دست روی دست بگذارد و کاری نکند. مسئله از یک‌سو، اغتشاش و بی‌نظمی بود. اینکه مونتانوس دم از طراوت جدید روحانی و دعوتی نو به پاکی و پارسایی می‌زد یک چیز بود، و اینکه او اصرار داشت مخالفت با نبوت جدید همانا کفر بر ضد روح‌القدس است، چیز دیگری بود که بسیاری از کلیساها را دچار نفاق کرد.

1. Montanus

مونتانوس ادعا داشت که عصر جدید روح‌القدس جایگزین اعصار پیشین شده است. عصر عهدعتیق، به‌همراه ده فرمان یا شریعت آن، جا به عصر پسر سپرده است که موعظهٔ بالای کوه آن به‌مراتب سخت‌گیرانه‌تر است. عصر روح‌القدس اطاعتی عظیم‌تر می‌طلبد و همچنین دورهٔ مکاشفات برتر است. به اسم روح‌القدس، مونتانوس منکر آن شد که مکاشفهٔ قطعی خدا که معیار و هنجار همه‌چیز است در عیسای مسیح رخ داده است.

در مقابل این ادعاها، کلیسا چگونه می‌توانست نقش محوری انجیل را حفظ کند؟ کلیسا ناچار بود تمام عبادت و تعلیم و حیات مسیحی در دوره‌های بعدی را بر مسیح و شهادت رسولان متمرکز سازد. سخن‌گفتنِ آزادانه از سوی روح‌القدس ضمانتی بر حفظ نقش محوری انجیل نبود. مونتانیسم این را به‌روشنی نشان داد. بهترین راه برای حفظ جایگاه بنیادین انجیلی که از رسولان به کلیسا رسیده بود، تفکیک نوشته‌های رسولان و قائل‌شدن به مرجعیت انحصاری برای آنها بود. چنین تصمیمی اقتضا می‌کرد که از آن پس، ایمان و عمل به‌تمامی در پرتو این پیام محوری داوری شود.

مسئله این نبود که کلیسا دیگر به قدرت روح‌القدس باور نداشت. تفاوت در اینجا بود که در روزهای نخست، روح‌القدس به افراد قدرت بخشیده بود تا کتاب‌های مقدس ایمان مسیحی را به نگارش درآورند؛ پس از آن‌هم، روح‌القدس به افراد قدرت بخشیده بود تا این نوشته‌ها را درک و تفسیر کنند و به‌کار بندند.

یکی از دلایلی که می‌دانیم کلیسا چنین موضعی اتخاذ کرد، ظهور فهرست‌های مختلف از کتاب‌های عهدجدید بود. یکی از اولین فهرست‌ها مدرکی است که در حدود ۱۹۰ میلادی نوشته شده و ما به آن می‌گوئیم کانُن موراتوری، زیرا فردی که آن را کشف کرد و برای نخستین بار در ۱۷۴۰ به چاپ رساند، موراتوری[۱] نام داشت. قسمت اول این مدرک مخدوش شده و از انجیل لوقا شروع می‌شود، ولی فهرست کتاب‌های آن به این شرح است: متی، مرقس، لوقا، یوحنا، اعمال رسولان، اول و دوم قرنتیان، افسسیان، فیلیپیان، کولسیان، غلاطیان، اول و دوم تسالونیکیان، رومیان، فلیمون، تیتوس، اول و دوم تیموتائوس، یهودا، اول و دوم یوحنا، آپوکالیپس یوحنا (یعنی همان مکاشفه)، مکاشفهٔ پطرس، و حکمت سلیمان. همان‌گونه که می‌دانیم دو کتاب اخیر در فهرست تأییدشدهٔ عهدجدید نماند. لیکن در ۱۹۰ میلادی کلیساها آشکارا پذیرفته بودند که کتاب‌های مقدس مسیحی در کنار کتاب‌های مقدس یهودی جای دارند و شامل تحقق وعده‌های آنها هستند.

در اوایل قرن سوم، مناقشه بر سر فقط چند کتاب هنوز جریان داشت. نامه به عبرانیان در مناطق غربی امپراتوری با کمی مخالفت روبه‌رو بود و کتاب مکاشفه در شرق محبوبیت نداشت. با آغاز قرن چهارم، یوسبیوس[۲] مورخ تاریخ کلیسا، با جمع‌بندی وضعیت اظهار داشت که یعقوب، دوم پطرس، دوم و سوم یوحنا، و یهودا تنها کتاب‌هایی هستند که برخی با آنها مخالف و برخی دیگر موافق‌اند. با این همه، تکلیف کتاب مکاشفه همچنان برای او مبهم بود.

1. L. A. Muratori; 2. Eusebius

سیر پذیرش عهدجدید در کلیسای اولیه

۱۰۰

در این زمان بخش‌های مختلف از عهدجدید ما نوشته شده، ولی به‌عنوان «کتاب‌مقدس» گردآوری و تعریف نشده بود. نویسندگان اولیهٔ مسیحی (برای مثال، پولیکارپ و ایگناتیوس) از انجیل‌ها و نامه‌های رسولان، و همچنین از دیگر منابع مکتوب و شفاهی مسیحی، نقل‌قول می‌کنند.

نامه‌های پولس در اواخر قرن اول گردآوری شدند.

متی، مرقس، و لوقا در ۱۵۰ میلادی در کنار هم قرار گرفتند.

۲۰۰

عهدجدیدِ مورد استفاده در کلیسای رُم (کائُن موراتوری)

چهار انجیل
اعمال رسولان
نامه‌های پولس:
رومیان
اول و دوم قرنتیان
غلاطیان
افسسیان
فیلیپیان
کولسیان
اول و دوم تسالونیکیان
اول و دوم تیموتائوس
تیتوس
فلیمون

یعقوب

اول و دوم یوحنا
یهودا
مکاشفهٔ یوحنا
مکاشفهٔ پطرس
حکمت سلیمان

مجاز برای استفادهٔ خصوصی، ممنوع در عبادت عمومی

شبانِ هِرْماس

۲۵۰

عهدجدیدِ مورد استفادهٔ اُریگِن

چهار انجیل
اعمال رسولان
نامه‌های پولس:
رومیان
اول و دوم قرنتیان
غلاطیان
افسسیان
فیلیپیان
کولسیان
اول و دوم تسالونیکیان
اول و دوم تیموتائوس
تیتوس
فلیمون

اول پطرس
اول یوحنا

مکاشفهٔ یوحنا

مورد مناقشه

عبرانیان
یعقوب
دوم پطرس
دوم و سوم یوحنا
یهودا
شبانِ هرماس
نامهٔ برنابا
تعلیم دوازده رسول [دیداکه]
انجیلِ عبرانیان

۳۰۰

عهدجدیدِ مورد استفادهٔ یوسِبیوس

چهار انجیل
اعمال رسولان
نامه‌های پولس:
رومیان
اول و دوم قرنتیان
غلاطیان
افسسیان
فیلیپیان
کولسیان
اول و دوم تسالونیکیان
اول و دوم تیموتائوس
تیتوس
فلیمون

اول پطرس
اول یوحنا

مکاشفهٔ یوحنا
(وجود تردید در مورد نویسنده)

مورد بحث ولی معروف

یعقوب
دوم پطرس
دوم و سوم یوحنا
یهودا

۴۰۰

عهدجدیدِ تعیین‌شده برای غرب در شورای کارتاژ

چهار انجیل
اعمال رسولان
نامه‌های پولس:
رومیان
اول و دوم قرنتیان
غلاطیان
افسسیان
فیلیپیان
کولسیان
اول و دوم تسالونیکیان
اول و دوم تیموتائوس
تیتوس
فلیمون
عبرانیان
یعقوب
اول و دوم پطرس
اول و دوم و سوم یوحنا
یهودا
مکاشفهٔ یوحنا

حذف‌کردنی

شبانِ هِرْماس
نامهٔ برنابا
انجیل عبرانیان
مکاشفهٔ پطرس
اعمال پطرس
دیداکه

نخســـتین فهرســـت کامل کتاب‌هایی که امروزه در دســـت ماســـت، در نامه‌ای آمد که عالی‌جناب اسقف آتاناسیوس[1] از اسکندریه در سال ۳۶۷ به مناسبت عید قیام مسیح نوشت. اندک‌زمانی پس از این تاریخ، شـــوراهای تشکیل‌شـــده در آفریقای شمالی در هیپو (۳۹۳) و کارتاژ (۳۹۷) همین فهرست را منتشر ساختند.

منطق کانُن

اِورت فرگســـن[2] فرایند و مراحل تکوینِ اندیشیدن به کانُن را تشریح کرده است. نخست، ایمانداران تشخیص می‌دهند که برخی کتاب‌ها از اقتدار الاهی برخوردارند، و به مجردی که مفهوم «نوشـــته‌های مقدس» پذیرفته شد، فرایند اندیشیدن به کانُن آغاز می‌گردد. دوم، مرزی برای کانُن در نظر گرفته می‌شـــود. نوشته‌های مقدس با سایر نوشته‌ها فرق دارند، و حتی می‌توان گفت که شـــمار آنها محدود است. سوم، ایمانداران در ادامهٔ این روند، کانُن را بسته، یعنی شامل فهرستی مشـــخص از تمام نوشته‌های مقدس، می‌انگارند. نکتهٔ آخر اینکه، حول این فهرست مشترک کتاب‌های مقدس، نوعی توافق همگانی [اِجماع] شکل می‌گیرد.

البته، به یک معنا، مســـیحیان بودند کـــه کانُن را ایجاد کردنـــد. تصمیم‌های آنها در مورد کتاب‌های تشـــکیل‌دهندهٔ کانُن، بخشـــی از تاریخ آن بود. با این همه، به یک معنای دیگر، آنها فقط نوشته‌هایی را به‌رسمیت می‌شـــناختند که اقتدار و مرجعیت خود را در کلیساها از پیش محسوس ساخته بودند. شکل عهدجدید نشان می‌دهد که هدف اصلی کلیساهای اولیه تسلیم کامل به تعلیمات رســـولان بود. در قالب همین هدف نیز، آنها خصائص دائمی مســـیحیت را شکل دادند. بدین‌سان، ایمان کلیسا از آن‌رو کاتولیک باقی ماند که مبتنی بر سنت رسولان بود.

پیشنهادهایی برای مطالعهٔ بیشتر

Blackman, E. C. *Marcion and His Influence.* London: S.P.C.K., 1948.
Bruce, F. F. *The Canon of Scripture.* Downers Grove, IL: InterVarsity, 1988.
Campenhausen, Hans von. *The Formation of the Christian Bible.* Philadelphia: Fortress Press, 1968.
Filson, Floyd Vivian. *Which Books Belong in the Bible? A Study of the Canon.* Philadelphia: Westminster, 1957.
Grant, Robert M. *The Bible in the Church.* New York: Macmillan, 1948.
Metzger, B. M. *The Canon of the New Testament.* Oxford: Oxford University Press, 1987.
*McDonald, Lee Martin. *Formation of the Bible: The Story of the Church's Canon.* Peabody, MA: Hendrickson, 2012.

1. Athanasius; 2. Everett Ferguson

فصل هفتم

مدرسه‌ای برای گناهکاران

قدرت اسقفان

عیسی به نیقودیموس گفته بود: «باد هر کجا بخواهد می‌وزد.» «صدای آن را می‌شنوی، امّا نمی‌دانی از کجا می‌آید و به کجا می‌رود. چنین است هرکس نیز که از روح زاده شود» (یوحنا ۸:۳؛ ترجمهٔ هزاره). در دورهٔ رسولان چنین بود. روح‌القدس آزادانه در کلیساها به حرکت درمی‌آمد و به ایمانداران قدرت می‌داد، به انبیا الهام می‌بخشید، و ارواح پلید را اخراج می‌کرد.

نخستین مسیحیان باور داشتند که نشانهٔ ضروری مسیحی‌بودن، تولد جدیدی است که روح‌القدس می‌بخشد. پولس به ایمانداران رُم گفت: «کسی که روح مسیح را ندارد، متعلق به مسیح نیست.» تعمید در آب، نشانهٔ این حقیقت بود. هنگامی که مخاطبان پطرس در روز پنتیکاست از او پرسیدند که حال چه کنیم؟ پطرس پاسخ داد: «توبه کنید و ... به نام عیسای مسیح برای آمرزش گناهان خود تعمید گیرید که عطای روح‌القدس را خواهید یافت» (اعمال رسولان ۳۸:۲، ترجمهٔ هزاره).

ولی اگر یک مسیحی پس از یافتن روح‌القدس و گرفتن تعمید، مرتکب گناهی جدی شد چه؟ آیا گناهانی وجود دارند که اگر پس از تعمید ارتکاب یابند بخشوده نشوند؟

این سؤالات، مسیحیان را در قرون دوم و سوم عمیقاً می‌آشفت، به‌خصوص پس از آنکه مونتانوس «به خلسه فرو رفت و با سخنانش در این حالت» کلیساها را به گناه‌ورزیدن علیه

روح‌القدس متهم کرد. رد مونتانیسم با نبوت‌ها و احکام اخلاقی‌اش، بیش از هر زمان دیگر نشان داد که کلیسا یک نهاد است. کلیسا به امت‌ها موعظه کرد و خصیصهٔ جهانی‌اش را نمایان ساخت؛ با بدعت‌کاران به مقابله برخاست و اصول درست ایمان خود را بیان داشت؛ با گناه مقابله کرد و خدمت اسقفی را توسعه داد. آنگاه که کلیسا قدرت آمرزش گناهان را به اسقفان بخشید، مسیحیت کاتولیک کامل شد.

منصب اسقفی (Episcopacy برگرفته از واژهٔ یونانی *اپیسکوپوس*، اسقفان)، یعنی قدرت و منزلت اسقفان به‌تدریج تکوین یافت. رسولان، چنان‌که دیدیم، رهبرانِ بی‌چون‌وچرای کلیساهای قرن اول بودند. آنها با عیسی همراهی کرده و شاهدان رستاخیز او شده بودند. لیکن روح به هر جا که خواستهٔ اوست می‌وزد. انبیا و معلمان و معجزه‌گران و شفادهندگان نیز می‌توانستند مدعی برخورداری از قدرت روح‌القدس باشند. حتی با وجود هرج‌ومرجی که از رقابت بر سر عطایای روحانی در کلیسای قرنتس ناشی شده بود، پولس منکر تجلّیات روح‌القدس نشد. وی نوشت: «خدا در کلیسا اوّل رسولان، دوّم انبیا، سوم معلّمان را قرار داده است ... روح‌القدس ... آنها را به (کلیسا) بر اساس خواست خود می‌بخشد» (اول قرنتیان ۱۲:۲۸ و ۱۱؛ ترجمهٔ NIV).

رهبرانی برای کلیساها

با این همه، پولس اطمینان حاصل کرد کلیساهایی که در مسیر سفرهای بشارتی او تأسیس شد، شبانانی داشته باشند که به نیازهای روحانی ایمانداران در هر منطقه رسیدگی کنند. این رهبران محلی بر دو گونه بودند. یک گروه شیخ یا *پرزبیتر*[1] (برگرفته از لفظ یونانی برای شیخ) خوانده می‌شدند. همین افراد همچنین *اسقف* (ناظر[2]) یا *شبان* (چوپان[3]) خوانده می‌شدند. گروه دیگر از رهبران به شَمّاس[4] معروف بودند.

وظایف این رهبران از محلی به محل دیگر فرق می‌کرد، ولی عموماً مشایخ به نوایمانان تعلیم می‌دادند، عبادت عمومی را رهبری و انضباط را حفظ می‌کردند. شَمّاسان در تمام موارد، به‌جز احتمالاً در اجرای مراسم عشای ربانی، به مشایخ کمک می‌کردند. بنابراین در دورهٔ رسولان، هم گروهی سَیّار از رهبران روحانی وجود داشت که از روح‌القدس تقویت می‌یافتند و هم گروهی ثابت که در یک جا می‌ماند و به نیازهای جماعت‌های مستقر مسیحیان رسیدگی می‌کرد.

با این همه، دیری نپائید که این تصویر عمومی تغییر کرد. در آغاز قرن جدید، ایگناتیوس، شبان کلیسای انطاکیه، نامه‌هایی نوشت که در آنها معمولاً خادمان کلیسا را چنین توصیف می‌کند: یک اسقف (یا شبان) در هر کلیسا، هیأتی از مشایخ، و گروهی از شمّاسان. ایگناتیوس تعلیم می‌دهد که فیض خدا و قدرت روح‌القدس از طریق این خدمت متحد، به‌سوی گله جاری می‌شود.

1. Elders/Presbyters; 2. Bishops/Overseers; 3. Pastors/Shepherds; 4. Deacons

کسی نمی‌داند که چگونه الگوی ادارهٔ کلیسا به‌دست فقط یک شبان که از یاری مشایخ و شماسان برخوردار است در کلیساها عمومیت یافت، ولی می‌دانیم که چنین شد. احتمالاً عوامل متعددی کلیسا را به‌سوی این الگو سوق داد. ظاهراً این روند از اینجا آغاز شد که یکی از مشایخ کار مکاتبه با کلیساهای دیگر، سامان‌دهی اعانات برای نیازمندان، موعظهٔ ایمان حقیقی در تقابل با معلمان بدعت‌کار، و برگزاری آیین شام خداوند (عشای ربانی) را بر عهده گرفت.

چند سالی طول کشید تا خدمت سه‌گانه‌ای که ایگناتیوس به آن اشاره داشت در همه‌جا معمول شود. مثلاً می‌دانیم که اسکندریه تا پیش از حدود ۱۸۰ میلادی بیش از یک اسقف داشت.

آنگاه نیز که کلیساها این الگو را پذیرفتند، ادارهٔ امور در آنها به‌شیوهٔ واحدی صورت نمی‌گرفت. بسیاری از کلیساهای کوچک در آسیای صغیر و آفریقا اسقفان خود را داشتند. ولی در جایی دیگر، مثلاً در گُل [فرانسهٔ امروزی]، اسقف یک شهر بزرگ برای سرپرستی جماعات مسیحی در مناطق اطراف، مشایخی بر آنها می‌گماشت.

با این همه، در اواخر قرن دوم، اسقف رهبرِ بی‌چون‌وچرا در امور کلیسایی بود. آنچه موجب افزایش تدریجی قدرت او شد، مناقشه با گنوسی‌ها بود که می‌گفتند تسلسل معلمانشان به رسولان می‌رسد. گنوسی‌ها مدعی بودند که پیش از صعود، عیسی حکمتی مخفی را به برخی معلمان سپرد که آنها نیز این حقیقت خاص را به معلمان دیگر سپردند، و آن معلمان دیگر نیز به معلمانی دیگر. بنابراین، فلسفهٔ حق نزد معلمان گنوسی بود و نه کلیساهای کاتولیک یا به تعبیری جهانی.

مسیحیان کاتولیک در رد این استدلال، بر تعلیم عمومی کلیساها، قاعدهٔ ایمان، و نقش اسقفان که برگماشتهٔ رسولان بودند، تأکید می‌کردند. این استدلال را نخستین بار هِگِسیپوس[1] مطرح ساخت، مورخی که در میانهٔ قرن دوم از فلسطین به رُم سفر کرد. او در طول سفر، با اسقفان متعدد همنشین شد و از همهٔ آنها تعلیم واحدی شنید. تعلیم کاتولیک (یا ارتودوکس) برای همگان و در دسترس همگان بود. وی می‌گفت که «در هر تسلسل و شهری، دیدم که وفادارانه از موعظهٔ شریعت و انبیا و خداوند پیروی می‌شود.» هِگِسیپوس در تأیید این نکته فهرست‌هایی از تسلسل اسقفان که به رسولان می‌رسید، لااقل برای قرنتس و رُم، تدوین کرد.

بعدها در آن قرن، ایرنایوس در گُل و ترتولیان در آفریقای شمالی این مسیر ضدگنوسی را که هِگِسیپوس ترسیم کرده بود، ادامه دادند. آنها با اشاره به تسلسل اسقفان در کلیساهای کاتولیک که به رسولان بازمی‌گشت، استدلال می‌کردند که این امر ضامن ادامهٔ سنت تعلیمی رسولان در کلیساهای کاتولیک است. بنابراین، گنوسی‌ها بر خطا و کاتولیک‌ها بر حق‌اند.

این تغییرات در ساختار و عملکرد کلیسا، به‌خصوص در ارتباط با نقش اسقفان، پرسش‌هایی جدی و مناقشه‌برانگیز به میان می‌کشد. مسیحیانِ تقریباً همهٔ فرقه‌ها به وقوع این

1. Hegesippus

تغییرات اذعان دارند. پرسش این است که این تغییرات به چه معناست، و اعتبار آنها، به‌فرض وجود، برای کلیسای دوره‌های بعد، به‌خصوص زمان ما، چیست؟

دربارۀ اسقفان چه باید گفت؟

برای این پرسش، سه پاسخ زیر وجود دارد:

أ) برخی از مسیحیان چنین استدلال می‌کنند که کسانی که سرنوشت کلیسای اولیه را عمداً و به‌طرزی گناه‌آلود رقم زدند، از الگوی مجاز الاهی عدول کردند و بنابراین، تغییراتی که پدید آوردند باید منتفی و به حال اول برگردانده شود.

ب) بسیاری از کوشش‌هایی که برای «احیای مسیحیت آغازین» صورت می‌گیرد بر همین فرض استوار است. گاه به آنها می‌گوییم جنبش‌های «بازگشت به کتاب‌مقدس». فرض مزبور خصیصۀ مشترک اکثر جنبش‌های اصلاحی در تاریخ کلیساست. این جنبش‌ها همواره با این سؤال دشوار روبه‌رو هستند که چه مقدار از آنچه کلیسای دورۀ رسولان انجام می‌داد می‌بایست به الگوی دائمی کلیساها در تمام اعصار تبدیل شود. برای مثال، اگر خدمت شیخ را هنجاری برای زمان خود بدانیم، آیا باید بر سکوت بانوان در کلیسا نیز تأکید کنیم؟

ج) مسیحیان دیگر ادعا می‌کنند که چون خدا هیچ الگوی خاصی برای ادارۀ کلیسا مقرر نکرده است، کلیسا و رهبرانش از آزادی خود در این زمینه استفاده کردند، و چه بسا روشی که برای ادارۀ کلیسا پدید آوردند، در روزگار آنها مفید بود ولی امکان دخل و تصرف در آن برای پاسخ‌گویی به نیازهای نسل‌های بعد، از جمله نسل ما، وجود دارد.

د) این موضع معمولاً متعلق به کسانی است که کلیسا را نهادی اجتماعی می‌دانند که در بستر حرکت تاریخ توسعه می‌یابد. موضع اخیر به «پیشرفت‌باوران» تعلق دارد که می‌خواهند کلیسا با مقتضیات زمان خود سازگار شود. ضعفی که مسیحیان پیرو این دیدگاه با آن مواجه‌اند این است که در بحث ادارۀ کلیسا نمی‌توانند با قطعیت از ایمان یا الگویی سخن بگویند که خدا بر آن مُهر تأیید زده است. این دیدگاه در افراطی‌ترین شکل خود ناظر بر مسیحیتی بدون ارزش‌های نهایی و مطلق است که همه‌چیز را ممکن و مجاز می‌شمارد.

ه) برخی مسیحیان دیگر نیز استدلال می‌کنند که روح‌القدس چنان در کلیسا سکونت گزید و تصمیم‌های آن را هدایت کرد که تکوین آموزه‌های مسیحی و ساختار کلیسا در قرون اول، نه کار انسان بلکه کار خدا بود. از این‌رو، آنچه کلیسا در این قرون به آن رسید، به‌طور دائم الزام‌آور است.

و) این پاسخ سوم که از سوی اکثر مسیحیان کاتولیک مطرح شده، برای آنچه به تعبیر این مسیحیان شهادت تاریخ است، وزن بسیار قائل می‌شود. ولی اگر تغییراتی که در قرون دوم، سوم و چهارم اتفاق افتاد به روح‌القدس نسبت داده شود، چرا نتوان تغییرات مربوط به قرن هجدهم، نوزدهم و بیستم را نیز از روح‌القدس دانست؟ چرا این تغییرات را به قرون به‌اصطلاح کاتولیک، محدود و منحصر بدانیم؟

سؤال ما – اینکه اگر خدمت اسقفی در کلیسا شکل گرفت مسیحیان چه الزامی به ادامهٔ آن دارند؟ – نه با مشکل سکوت، بلکه با پاسخ‌های ضدونقیض روبه‌روست. اختلاف‌نظرهای ما در این باب، تا اندازه‌ای علت تفاوت بین فرقه‌های ما را تا به امروز روشن می‌سازد. با این همه، حتی در قرن سوم نیز، بسیاری بر آن بودند که ظهور منصب اسقفی به معنای عزیمت روح‌القدس است.

در قرون اول و دوم، مسیحیان دلیل قدرت روح‌القدس را نه در مناصب کلیسایی، بلکه در زندگی ایمانداران می‌جستند. آنها تسلی‌دهنده را در قالب نیروی اخلاقی می‌دیدند.

این تلقی از کار روح‌القدس را پولس رسول ایجاد کرده بود. او کار روح‌القدس را بنای کل کلیسا می‌دانست، و بنای کلیسا به‌معنای رشد در تمام چیزهای نیکو است. پولس رسول می‌گوید: «ثمرهٔ روح، محبت، شادی، آرامش، صبر، مهربانی، نیکویی، وفاداری، فروتنی و خویشتنداری است» (غلاطیان ۵:۲۲–۲۳؛ ترجمهٔ هزاره). از نظر پولس، تولد دوبارهٔ روحانی و زندگی اخلاقی، نه صرفاً جنبه‌ای از مسیحیت، بلکه ثمره و هدف آن بر زمین بودند.

در نسل‌های بعد از رسولان، تأکید پولس ادامه یافت. در سراسر نوشته‌های دفاعیه‌پردازان و پدران اولیهٔ کلیسا ملاحظه می‌کنیم که انتظارات اخلاقی در صدر اولویت‌ها قرار دارند. بدون تردید، این اجتماعات مسیحی کوشیدند تا زندگی مشترک خود را بر اساس سخت‌گیرانه‌ترین اصول اخلاقی سامان دهند و متحمل هیچ عضو نامقدسی نبودند. به این ترتیب، گنهکاران بدنام از کلیسا بیرون رانده شدند.

یکی از مسیحیان اولیه موضوع را به‌صراحت چنین مطرح کرد: «فرقی هست میان مرگ و هلاکت. از این‌روست که شاگردان مسیح هر روزه می‌میرند و تمناهای خویش را بر حسب کتب مقدس الاهی عذاب می‌دهند و می‌میرانند؛ چراکه ما را هیچ سهمی نیست در تمناهای بی‌شرمانه، یا صحنه‌های وقیحانه، یا نگاه‌های هرزه‌وار، و یا گوش‌های متوجهٔ زشتی‌ها، تا مباد بر روحمان زخمی نشیند.»

سطح بالای اخلاق که در جماعت‌های مسیحی دیده می‌شد، مهم‌ترین دلیل بر حقانیت مسیحیت بود. یوستین در کتاب خود به‌نام *دفاعیات*، بخش‌های مبسوطی را به تقریر اصول اخلاقی در مسیحیت و دلیل رعایت آنها توسط مسیحیان، اختصاص داده است. آنچه این دفاعیه‌نویس می‌خواهد اثبات کند این است که اخلاق نیک در میان مسیحیان، ادعایی ضعیف یا آرمانی بی‌رنگ نیست بلکه قدرتی است که از همه‌سو پرورش یافته و عملاً در زندگی آنها صورت حقیقت می‌یابد.

آتِناگوراس[1] فیلسوف مسیحی در آتن، موضوع را چنین عنوان کرد: «در میان ما افراد تحصیل‌نکرده، صنعتگران، و زنان سالمندی هستند که حتی یک کلمه هم نمی‌توانند دربارهٔ ارزش تعلیمات ما سخن گویند، ولی با کارهای خود بر آنها صحه می‌گذارند.»

با این حال، فقط مسیحیان نبودند که شهادت می‌دادند به دنیایی نو از نیروی اخلاقی و پاکی برکشیده شده‌اند: حتی مخالفانشان هم به زندگی نمونهٔ آنها شهادت می‌دادند. پلینی به امپراتور تراژان اظهار داشت که با بررسی زندگی مسیحیان به‌هیچ‌وجه متوجهٔ رفتار مجرمانه یا شرارت‌آمیزی نشده است. یوستین اعتراف کرد که ثبات عزم مسیحیان او را دربارهٔ پاکی‌شان مجاب کرد، و همین برداشت‌ها نقشی قاطع در گرایش او به‌سوی ایمان داشت. اغلب در شرح احوال شهیدان می‌خوانیم شجاعت و وفاداری مسیحیان تأثیری چیره‌گر بر کسانی داشت که شاهد محاکمه یا اعدام آنها بودند، به اندازه‌ای که برخی از این ناظران در جا تصمیم می‌گرفتند مسیحی شوند.

با این همه، در آغاز قرن سوم، اتفاق مهمی افتاد. بافت اخلاقی خارق‌العادهٔ کلیسا سست شد. مونتانوس چندان هم بی‌راه نمی‌گفت. در سال ۲۲۰ آشکارا کلیساهای مسیحی، به‌همراه اسقفان و روحانیونشان، دیگر مانند سابق نبودند.

دربارهٔ گناهان نابخشودنی چه می‌توان گفت؟

طی دو قرن اول، اکثر مسیحیان ایمان داشتند که تعمید، تمام گناهانی را که ایماندار تا پیش از آن مرتکب شده است، پاک می‌کند. لغزش‌های پساتعمیدیِ جدی مستلزم رسیدگی ویژه بود. به‌طور خاص سه گناه - بی‌بندوباری جنسی، قتل و انکار ایمان (ارتداد) - گناهانی دانسته می‌شد که برای خدا قابل‌عفو بود ولی کلیسا هرگز نمی‌توانست از آنها بگذرد. مجازات هریک از این گناهان، اخراج از مشارکت کلیسا و محرومیت از عشای ربانی بود. از آنجا که به اعتقاد بسیاری، عشای ربانی مجرایی خاص برای فیض الاهی بود، محرومیت از آن، نجات فرد را به خطر می‌انداخت. ایگناتیوس عشای ربانی را «دوای فساد و نوش‌داروی مرگ» خوانده بود.

نیمهٔ نخست قرن سوم، دوره‌ای طولانی از آرامش برای کلیسا بود؛ فقط انگشت‌شماری از مسیحیان به حضور مقامات رومی خوانده می‌شدند تا ایمان خود را انکار کنند. برخی بر این گمان بودند که نبرد روحانی به گذشته تعلق دارد؛ در مورد انضباط‌های روحانی و معیارهای اخلاقی سخت‌گیری نمی‌شد. نخستین کسی که گناهکاران توبه‌کار را به اقتضای سیاست پذیرفت، اسقف رُم بود. کالیستوس[2] (۲۱۷-۲۲۲) اعضای توبه‌کار را که مرتکب زنا و سقط‌جنین شده بودند، دوباره به کلیسا راه داد. او استدلال می‌کرد که کلیسا مانند کشتی نوح است. در آن هم حیوانات پاک وجود دارند و هم ناپاک. سپس در دفاع از اقدامات خود تأکید کرد که اسقف رُم «به پطرس نزدیک» است و خداوند کلیدهای گشودن و بستن گناهان

1. Athenagoras; 2. Callistus

آدمیان را در اختیار پطرس گذاشته است. این نخستین باری بود که اسقفی در رُم مدعی برخورداری از این اقتدار خاص می‌شد.

ترتولیان که در آن زمان در آفریقای شمالی زندگی می‌کرد، به وحشت افتاد و فریاد برآورد: «مرتدان را ما عفو نمی‌کنیم. آیا باید زانیان را بخشود؟» این صدایی از گذشته بود. آینده به کالیستوس تعلق داشت. اگر متهمان به زنا را می‌شد دوباره به کلیسا راه داد، چرا نتوان مرتدان را عفو کرد؟ در نیمهٔ قرن، این سؤال برای بسیاری مطرح بود.

در ۲۵۰ میلادی، کلیسا در معرض شدیدترین جفا در تاریخ خود قرار گرفت که از سوی امپراتور دِسیوس [دِقیانوس] (۲۴۹-۲۵۱) اعمال شد. او که سابقاً از فرمانداران ارتش روم در سرحدات دانوب بود، تحمل یاوه‌گویی‌های مسیحیان را نداشت. به چشم او، مسیحیان دشمنان امپراتوری بودند و بی‌خدایی آنها هزار و یک بلا بر منطقه سرازیر کرده بود. بنابراین، دِسیوس فرمان داد که تمام شهروندان امپراتوری به خدایان سنتی روم قربانی تقدیم کنند. به کسانی که این کار را می‌کردند، گواهی‌نامه (به لاتین، libelli) داده می‌شد که مدرک اطاعت آنها از این فرمان بود. کسانی هم که سرپیچی می‌کردند و نمی‌توانستند (یا نمی‌خواستند) از مسئولانی که با آنها همدلی داشتند یا فاسد بودند، گواهی‌نامهٔ جعلی دریافت کنند، به جوخهٔ مرگ سپرده می‌شدند.

بسیاری از مسیحیان برای حفظ جان، تن به این فرمان دادند. برخی دیگر توانستند بی‌آنکه قربانی بگذرانند، گواهی‌نامه دریافت کنند. لیکن شماری نامعلوم از مسیحیان به زندان افکنده یا اعدام شدند که اسقفان رُم، انطاکیه، و اورشلیم در شمار آنها بودند.

کشته‌شدگان، «شهید[1]» یعنی «آنکه شهادت می‌دهد» خوانده شدند. با این همه، دسیوس نمی‌خواست از این افراد قهرمان بسازد. او بر آن سر بود که مسیحیت را بی‌اعتبار کند. به‌همین سبب، بسیاری از مسیحیان آن‌قدر شکنجه شدند تا مسیح را انکار کنند و بگویند «قیصر خداوند است.» اگر فرد مسیحی این شکنجه‌ها را تحمل و از انکار مسیح خودداری می‌کرد، «معترف به ایمان[2]» خوانده می‌شد. ایمانداری هم که زیر شکنجه به دستور روم تن می‌داد، از «برگشتگان از دین» یا سقوط‌کردگان به‌شمار می‌آمد. آتش این غضب، لااقل برای یک دوره، در ۲۵۱ خاموش شد و این زمانی بود که دسیوس را خدایانش ترک کردند و او در جنگ با بربرهای گوت[3] کشته شد.

در این زمان، مسئلهٔ راه‌یابی دوباره به کلیسا با جدّیت تمام مطرح شد. بسیاری از ایمانداران متهم به ارتداد بودند که گاه شمار این افراد به سه‌چهارم جماعت می‌رسید. نداشتن آمادگی روحانی کافی سبب شده بود تا آنها در برابر فشار امپراتوری تسلیم شوند. آنها نیز همچون پطرس در حیاط عمارت کاهن اعظم، خداوندشان را انکار کرده بودند و حال به‌تلخی می‌گریستند.

نتایج ضمنی اخراج آنها از کلیسا اکنون روشن‌تر از گذشته بود. اسقف سیپریان[4] از کارتاژ به‌صراحت تمام گفت: «بیرون از کلیسا نجات نیست.» بسیاری با او همداستان بودند. چنین بود که بر سرِ بازپذیرفتنِ کسانی که ایمان را ترک کرده بودند، سر و صدا برخاست.

1. Martyrs; 2. Confessor; 3. Goths; 4. Bishop Cyprian

ولی کلیسا چگونه می‌توانست کسانی را که ایمان خود را انکار کرده بودند، بپذیرد؟ آیا این همان «کفر علیه روح‌القدس نبود» که برای آن بخشایش وجود نداشت؟ چه شرارتی از این بالاتر که یگانه راه نجات به‌خاطر ترس یا درد انکار شود؟ اگر در این مورد گذشت جایز بود، در هر مورد دیگری هم بود!

تولُّد قدیسان

هیبت و ستایش شهیدان و معترفان عظیم بود. شهادت، تعمید خون، نمودِ والاترین افتخاری بود که یک مسیحی می‌توانست به‌دست آورد. نام‌های شهیدان به‌دقت در کلیسا ثبت و ضبط می‌شد و «زادروز» آنها در زندگی ابدی، هر ساله بر مزارشان گرامی داشته می‌شد؛ و بدین‌گونه، «قدیسان» در حال آمدن بودند!

در کارتاژ، سیپریان به سرزنش کسانی پرداخت که می‌گفتند معترفان بر اثر شجاعت نامعمول خود، نیرویی خاص از خدا یافته‌اند. عقیده بر این بود که روح‌القدس به‌گونه‌ای خارق‌العاده دست تأیید بر این افراد نهاده تا بتوانند گناهان دیگران را بیامرزند. آنها می‌توانستند «با شایستگی‌های خویش، ناشایستگی‌های تارکان ایمان را پوشش دهند.» بسیاری سیپریان را ترغیب می‌کردند تا این نوع آمرزشِ به‌واسطه را اعلام کند.

با این همه، سیپریان تن به این درخواست نداد و به‌جای آن، پذیرش ترک‌کنندگان ایمان را منوط به ارزیابی شدّت گناهانشان دانست. او می‌گفت که ارفاق فقط در مورد کسانی جایز است که پس از تحمل شکنجهٔ شدید حاضر به گذراندن قربانی شده بودند و می‌گفتند بدن و نه روح‌شان تسلیم فشار شده است. ولی کسانی که به میل خود راه افتاده و قربانی تقدیم کرده بودند می‌بایست به اشد مجازات برسند.

استدلال او با اقبال عمومی روبه‌رو شد؛ بنابراین، برای رسیدگی به این درجات مختلف جرم، کلیسا روشی درجه‌بندی‌شده برای اظهار ندامت[1] ایجاد کرد. بر این اساس، گناهکاران فقط پس از گذراندن دوره‌ای از توبه و استغفار که به تناسب جرم هریک تعیین شده بود، اجازه می‌یافتند تا دوباره در مراسم عشای ربانی شرکت کنند. اسقف لغزش‌خوردگان را به این شرط عفو می‌کرد که برای اظهار ندامت، پلاس در بر و خاکستر بر سر به حضور جماعت بیایند. پس از این اعتراف و اظهار خاکساری، اسقف دستانش را بر سر توبه‌کاران می‌نهاد که نماد بازگشت آنها به کلیسا بود.

با این همه، پیشنهاد معترفان آفریقای شمالی با آنکه یک‌چند عملی نشد، منتفی نگردید بلکه سال‌ها بعد در آموزهٔ کلیسای کاتولیک رومی دربارهٔ خزانهٔ شایستگی‌ها و آمرزش‌نامه‌ها دگربار نمایان شد. در این موارد نیز، کلیسا شایستگی‌های افرادی را که به‌گونه‌ای نامعمول روحانی بودند (منظور قدیسان) به گناهکارانِ محتاج منتقل می‌ساخت.

1. Penance

مهم‌ترین تأکید بر سیاست سخت‌گیرانهٔ پیشین کلیسا، از رُم به گوش رسید. یکی از مشایخ کلیسا به نام نُواتیان[1] که همچنین الاهیدانی پرآوازه بود چنین استدلال کرد که کلیسا از قدرت عفو کسانی که مرتکب قتل، زنا، و ارتداد شده‌اند، برخوردار نیست؛ بلکه فقط می‌تواند به حضور خدا شفاعت کند تا مرتکبان این گناهان در روز داوری مشمول رحمت الاهی شوند.

نُواتیان با مخالفت سرسختانهٔ شیخ دیگری به‌نام کُرنلیوس[2] روبه‌رو شد که به اعتقاد او، اسقف حتی گناهان کبیره را هم می‌توانست بیامرزد. کلیسا بر سر این موضوع دچار دودستگی شد، گذشته به جنگ آینده آمد. نواتیان از این مفهوم ابتدایی دفاع می‌کرد که کلیسا اجتماع مقدسین است؛ حال آنکه کرنلیوس به دفاع از این دیدگاه برخاسته بود که کلیسا مدرسه‌ای برای گناهکاران است.

دیدگاه کرنلیوس چنان پرطرفدار بود که او با رأی اکثریت به مقام اسقفی رُم برگزیده شد. اقلیتی نیز به حمایت از نواتیان برخاستند. دیری نپائید که پیروان نواتیان شبکه‌ای از جماعات کوچک مسیحی ایجاد کردند که کلیساهای کاتولیک را به‌سبب نگرش ارفاق‌آمیز آنها در قبال گناهکاران، آلوده دانستند. بسا که حق با آنها بود، چون کلیساهای کاتولیک تمام گناهکارن ریز و درشت را به‌طور نامحدود عفو می‌کردند.

همراه با تعمید، و همواره پس از آن، کاتولیک‌ها آیین دومی را به اجرا درمی‌آوردند که هرچند شکل قطعی نیافته بود، برای آنها شکل مشخصی داشت و کمابیش در هر موردی اجرا می‌شد، و آن، آیین اظهار ندامت بود.

پیشنهادهایی برای مطالعهٔ بیشتر

Chadwick, Henry. *The Early Church.* Middlesex: Penguin, 1967.
Davidson, Ivor J. *The Birth of the Church: From Jesus to Constantine, AD 30-312, Baker History of the Church. Vol. 1.* Grand Rapids: Baker, 2004.
Davies, J. G. *The Early Christian Church.* Garden City, NY: Doubleday, 1967.
Greenslade, S. L., ed. *Early Latin Theology.* Philadelphia: The Westminster Press, 1976.
Prestige, G. L. *Fathers and Heretics.* London: S.P.C.K., 1963.

1. Novatian; 2. Cornelius

فصل هشتم

رسولانی برای اندیشمندان

عالِمان اسکندریه

جروم که به‌خاطر ترجمه‌اش از کتاب‌مقدس به زبان لاتین موسوم به وولگات[1] معروف است، راهبی سخت‌گیر بود. با این همه، یک‌بار در حدود سال ۳۷۴، زمانی‌که جروم به‌تازگی در طریق انکار نَفْس گام نهاده بود، در ایّام روزهٔ بزرگ پیش از عید رستاخیز بیمار شد و کابوس دید که در برابر تخت داوری خدا ایستاده است. از جایی صدای محکم و هولناکی به او گفت: «تو ای جروم، پیرو سیسرون[2] هستی نه مسیح.»

بی‌تردید، این صدای وجدان او بود. جروم خداوند را دوست داشت، ولی آثار نویسندگان کلاسیک را نیز می‌شناخت و دوست می‌داشت. این نویسندگان عبارت بودند از: سیسرون، سالوست،[3] لوکرِتیوس،[4] ویرژیل،[5] هوراس،[6] ژوونال.[7] کابوس جروم نمونه‌ای از کشمکشی

---

1. Vulgate

۲. Cicero دولتمرد، خطیب، وکیل و فیلسوف مشهور رومی که در قرن نخست پیش از میلاد می‌زیسته است. (مترجم)

۳. Sallust (۸۶-۳۵ ق.م.) مورخ بزرگ رومی. (مترجم)

۴. Lucretius شاعر و فیلسوف رومی، احتمالاً متعلق به قرن نخست پیش از میلاد، که کتابی معروف در شرح فلسفهٔ اپیکور نوشته است. (مترجم)

۵. Virgil شاعر معروف رومی و نویسندهٔ اِنه‌اید که در قرن نخست پیش از میلاد می‌زیسته است. (مترجم)

۶. Horace (۶۵-۸ ق.م.) شاعر تغزلی معروف رومی. (مترجم)

۷. Juvenal شاعر رومی متعلق به اواخر قرن نخست و اوایل قرن دوم پیش از میلاد که اشعار طنزآمیز می‌سرود. (مترجم)

است که در روح کلیسای اولیه بر سر ادبیات و فلسفهٔ دنیای مشرک جریان داشت. این کشمکش پایانی ندارد. مسیح را با بعل چه کار؟ مزامیر را با اشعار هوراس، انجیل‌ها را با نیچه، پولس را با همینگوی چه کار؟[۱]

همچنان‌که پیام مسیحی منتشر می‌شد، ایمانداران خود را با این چالش روحانی و فکری مواجه دیدند که می‌بایست به افرادی با نگرش‌های فلسفی متفاوت تعلیم دهند. بسیاری از این نگرش‌ها مشمول هلنیسم یا یونانی‌مآبی می‌شد، یعنی دوره‌ای از فرهنگ و تفکّر یونانی که از ارسطو تا ظهور رومیان را در بر می‌گرفت. استدلالات و انتقادات جدید، متفکران مسیحی را برانگیخت که شرح کامل‌تری از تعلیم مسیحی به‌دست دهند.

در قرن سوم، مسیحیت دیگر یک فرقهٔ کوچک یهودی به‌شمار نمی‌رفت، بلکه به‌سرعت همچون رقیب مسلّط روش‌های کهن زندگی رومی پدیدار می‌شد. مردان فرهنگ و قدرت پرسش‌هایی مهم بدین عبارت مطرح می‌کردند: نقش مسیحیت در امور انسان‌ها و امپراتوری‌ها چیست؟

نور در جهان

کلیسا همواره رابطه‌ای دوگانه با امور انسانی دارد. عیسی به بهترین نحو این نقش را خلاصه کرد و دربارهٔ شاگردانش گفت: «شما از جهان نیستید» بلکه «به جهان فرستاده شده‌اید» (یوحنا ۱۶:۱۷ و ۱۸). این بدان معناست که در نقشهٔ خدا، کلیسا ضرباهنگ جدابودن از جهان و حضور در جهان را احساس می‌کند: جدایی از جهان به این سبب که انجیل و زندگی ابدی محصولی انسانی نیست، بلکه از خداست؛ و حضور در جهان، زیرا خدا کلیسا را به جهان می‌فرستد تا همچون نور بدرخشد و انسان‌ها را به‌سوی حقیقت هدایت کند.

بنابراین، کلیسا با ریتم خاصی در تاریخ حرکت می‌کند: جدایی از جهان و در همان حال مواجهه با جهان. این به معنای کشمکش است، زیرا مسیحیان دربارهٔ مرزهای واپس‌نشینی از جهان و حضور در آن اختلاف‌نظر دارند. آنچه برای برخی در حکم شهادت‌دادن است، به چشم برخی دیگر، در حکم سازشکاری است.

از این‌رو، چنان‌که انتظار می‌رفت، برخی مسیحیان در برابر تلاش‌های عالمانِ درست‌باور کلیسا برای آشتی‌دادن ایمان مسیحی با فلسفهٔ یونان مقاومت می‌کردند. به‌استدلال این کسان، واپس‌نشستن از جهان همانا سیره و سنت رسولان بود.

یوحنا «فرزندان کوچک» خود را از دوستی جهان برحذر داشته بود. او می‌گوید: «کسی که جهان را دوست می‌دارد، محبت پدر در او نیست.» پولس رسول نیز که بسا از تربیت یونانی برخوردار شده بود، تشخیص داد که پیام صلیب به چشم یونانیان، بلاهت محض است. نور را چه همنشینی با ظلمت است؟

---

۱. اشاره‌ای است به گفتهٔ معروف ترتولیان که اورشلیم را با آتن چه کار؟ یعنی راه دین و فلسفه از هم جداست. (مترجم)

در قرن سوم، سرسخت‌ترین مخالف آشتی مسیحیت با فلسفهٔ هلنی، ترتولیان بود. او بانگ می‌کشید که خاستگاه بدعت‌ها فلسفه است. والِنتینوس نوافلاطونی بود! مرقیون رواقی بود! «آتن و اورشلیم چه وجه اشتراکی دارند؟ بس است دیگر تولید مسیحیتی درآمیخته با فلسفهٔ رواقی و نوافلاطونی و روش دیالکتیکی! لازم نیست کنجکاوی ما از [حقیقت] مسیح عیسی فراتر برود. هرگاه ایمان داریم، به چیزی فراتر از ایمان نیاز نداریم. به جستجوی ایمان برآیید؛ پیش‌تر نروید!»

با توجه به کشمکش حادی که کلیسا با آیین گنوسی داشت، مسیحیان به‌دشواری می‌توانستند نگرش ترتولیان را واکنش یک متعصب مذهبیِ تنگ‌نظر بدانند. والنتینوسِ گنوسی در واقع اندیشه‌های فلسفی‌اش را به انجیل آمیخته و بسیاری از مسیحیان را سردرگم کرده بود. آیین گنوسی قرائتی از مسیحیت پدید آورد که تغییرات زیادی در آن داده شده بود تا با شماری از عقاید باب روز و افراط‌آمیزِ رایج در فرهنگ کهن مدیترانه سازگار شود.

ولی اینک که هویت گنوسی برملا شده بود، اینکه دشمنی در میان صفوف خودی است، آیا مسیحیان می‌بایست با فلسفهٔ یونانی همانند جاسوسی بیگانه می‌جنگیدند یا از آن، متحدی در کنار خود می‌ساختند؟

در قرن سوم، هنگامی که مسیحیان در تقلا بودند تا ایمان خود را زیر فشار سیاست‌های خصمانهٔ امپراتوران حفظ کنند، راه‌هایی نیز برای ارائهٔ انجیل در قالب اندیشهٔ یونانی کشف می‌کردند. در نهایت، امپراتور انجیل را پذیرفت و روم مسیحی شد. لیکن مسیر این آشتی به‌دست آن عده از معلمان مسیحی هموار گردید که ثابت کردند هماهنگی میان ایمان و فلسفه به‌شرط سر فرود آوردن هر دو در برابر مسیح، ممکن است.

رهبری این اتحاد در اسکندریه، در مدرسهٔ به‌اصطلاح علوم دینی آغاز شد که ادارهٔ آن با کِلِمِنْت و اُریگن بود. این دو، نخستین حلقه از زنجیرهٔ عالمانی در دنیای مسیحیت بودند که ضمن آشنایی کامل با حکمت یونان و علاقه به فلسفهٔ آن، به آموخته‌های مسیح وفادار بودند. آنها کوشیدند تا بهترین عناصر در فرهنگ دنیای یونانی، به‌خصوص در آثار فیلسوفان افلاطونی و رواقی را، با مسیحیت درآمیزند. کِلِمِنْت می‌گوید که «راه حقیقت یکی بیش نیست. لیکن مانند رودخانه‌ای که همیشه جاری است، نهرها از هر سو به درونش می‌ریزند.»

مورخان کماکان در این باره بحث می‌کنند که آیا مکتب اسکندریه از کلیسای اسکندریه برآمد یا در آغاز موجودیتی مستقل از کلیسا داشت. از نظر من، شواهد به سود نظر دوم است. همان‌گونه که می‌دانیم، فیلسوفانِ مستقل - چه رواقی، چه کَلبی، و چه گنوسی - مدارسی در شهرهای مهم دایر و شاگردانی را به دور خود جمع می‌کردند. مسیحیان نیز از این رسم پیروی کردند. در جلسهٔ محاکمهٔ یوستین در رُم، قاضیِ مشرک دربارهٔ فعالیت‌هایش از او سؤال کرد. طبق رونوشت رسمی جلسهٔ دادگاه، یوستین چنین پاسخ داد: «من در طبقهٔ دوم خانهٔ شخصی به اسم مارتین، نزدیک گرمابهٔ تیموتئوس زندگی می‌کنم. از زمانی که برای دومین بار به رُم آمده‌ام، همان‌جا زندگی می‌کنم. جلسات ما جای دیگری تشکیل نمی‌شود، و من به همهٔ کسانی که به ملاقاتم آمده‌اند، حقیقت را تعلیم داده‌ام. بله، درست است، من مسیحی‌ام.»

ظاهراً در حدود سال ۱۸۰ یک مسیحی اهل سیسیل به نام پانتائنوس[1] با تأسیس مدرسه‌ای مشابه در اسکندریه که مروج آیین گنوسی مسیحی بود، به ارائهٔ درس‌گفتارهایی در این باره پرداخت که مسیحیت همانا فلسفهٔ حقیقی است. او بر آن بود تا با ورود به دنیای فکری مشرکان، برتری ایمان کاتولیک را اثبات کند. تعلیم این فرد، گنوسی بود، زیرا با طرح پرسش‌های مهم در باب معنا، می‌خواست مخاطب را به معرفت برساند. لیکن این گنوستی‌سیزم، *از نوع مسیحی* آن بود، زیرا پانتائنوس به این پرسش‌ها بر اساس اعتقادات درست مسیحی پاسخ می‌گفت. سخنان پانتائنوس برای تمام گرسنگان معرفت، نه فقط برای مسیحیان بلکه برای مشرکانِ حق‌جو نیز، گیرایی داشت. او با شرح و توضیحات مفصل و الهام‌بخش خود، بسیاری از مشرکان را به‌سوی مسیحیت آورد، و بسیاری از مسیحیان را با خود به عرش اندیشه‌های الاهیاتی برکشید.

شبانی برای فیلسوفان

آوازهٔ پانتائنوس کلمنت را به اسکندریه کشاند. او بیست سال در آنجا ماند و شاگردی پانتائنوس را کرد و سپس جانشین او شد و ادارهٔ مدرسه را به‌دست گرفت. ما کلمنت را بیشتر بر اساس آثاری که از او باقی‌مانده می‌شناسیم. روشنگرترین آثار او یک سه‌گانه را تشکیل می‌دهند: *توصیه به بت‌پرستان*، *آموزگار*، و *مجموعهٔ مطالب گوناگون*[2] که تکمیل نشد.

با این همه، معاصران کلمنت بیش از آنکه او را نویسنده بدانند، «پیام‌آور مسیحیت در لباس فیلسوفان» می‌دانستند. ردای خاص فیلسوفان نشانهٔ آن بود که فرد زندگی و جماعتی متمایز برای خود برگزیده تا به جستجوی معرفت راستین برآید. کلمنت در فضای شهر اسکندریه که کانون جستجوی حقیقت به یاری عقل بود، به آن حقیقت و معرفتی شهادت می‌داد که در پیروی از مسیح یافت می‌شود.

کلمنت، این «نخستین عالِم مسیحی»، نه فقط کتاب‌مقدس را به‌خوبی می‌شناخت، بلکه بر دانش‌های زمان خود، از جمله فلسفهٔ یونانی و ادبیّات کلاسیک نیز احاطه داشت. او پرسش‌ها و مسائل جوانانی را که در مراکز آموزشی رُم، آتن، و انطاکیه تحصیل کرده بودند، درک می‌کرد. آنها نیز درست مانند او، ناخرسند از آموخته‌هایشان، به جستجو برآمده و آخرین و بالاترین حکمت را در مکاشفهٔ مسیحی یافته بودند. بی‌تردید، بسیاری از این دانشجویان، پیشتر با شکلی از مسیحیت در هیأت عقاید باطل گنوسی مواجه شده بودند. کلمنت می‌بایست وارد دنیای آنها می‌شد، کلاف مفاهیم ذهنی‌شان را از هم می‌گشود، و به‌آرامی از خطا به‌سوی شناخت درست مسیحیت هدایت‌شان می‌کرد. او همچون فیلسوف می‌زیست و تعلیم می‌داد و در بیان مطالب خود از شیوه‌ها و زبان گنوسیان زمانه‌اش بهره می‌گرفت.

---

1. Pantaeus

۲. چیزی مانند کشکول که مجموعه‌ای شبیه جُنگ است. از نمونه‌های آن در ادبیات فارسی می‌توان به کشکول شیخ بهایی اشاره کرد. (مترجم)

هدف کلمنت روشـــن بود. او نه فقط لباس فیلســـوفان غیرمســـیحی معاصرش را بر تن می‌کرد و از صورت‌های بیانی آنها سود می‌جســـت، بلکه مسائل فلسفی آنها را نیز دستمایه قـــرار می‌داد، چنان‌که اگر دربـــارهٔ کائنات و معنای آن (کیهان‌شناســـی) بحث می‌کرد، که از موضوعات محبوب گنوسی‌ها بود، به این نیت وارد بحث نمی‌شد که همان در آغاز، نادرستی این عقاید را نشـــان دهد و بی‌معطلی آنها را کنار بگذارد؛ به‌جای این کار، اشـــاره می‌کرد که چگونه پرسش‌های بنیادین دینی دربارهٔ آفرینش جهان، وجود شر در این زندگی، و نجات از طریق کلام، یعنی عیســـای مسیح، نهایی‌ترین و ژرف‌ترین پاسخ خود را در مکاشفهٔ مسیحی می‌یابند. او می‌خواست رسول مسیح در دنیای اندیشه‌های فلسفی یونان باشد. نه یگانه هدف او و نه حتی مهم‌ترین هدف او، الاهیاتی نبود بلکه هدف او در درجهٔ نخســـت شـــبانی بود. هدف بزرگ‌تر کلمنت نه پیروزی در مباحثات عقلی، بلکه پیروزی در هدایت افراد به‌ســـوی مسیح و سوق‌دادن آنها به‌سوی نجات بود.

این اقدام او خطراتی به‌همراه داشـــت، به‌خصوص در اســـکندریه که فضای آن متأثر از آیین گنوســـی والنتینوس بود. کلیسا به‌درســـتی نگران رخنهٔ فلسفهٔ یونانی و ادبیات مشرکان بود. مذهب شـــرک بر ادبیات کلاسیک چیرگی داشت، و این آمیزهٔ دینی و فلسفی، اعتقادات کلیدی مســـیحی را تحریف می‌کرد. گرویدگان به مســـیحیت که اطلاعات عمیقی از اصول ایمان خود نداشـــتند، اغلب می‌بایست بین بدعت هوشـــمندانه‌ای که در کمال فصاحت از آن دفاع می‌شـــد و درســـت‌باوریِ فروتنانه، یکی را برگزینند. امروزه برای مسیحیانِ آگاهی که به مدارس ســـکولار می‌روند، این معضلی آشناست. کلمنت بر آن بود تا راه سومی نشان دهد.

همانند گنوسی‌های بدعت‌کار، عالمان مســـیحی اسکندریه بر آن بودند تا مسیحیت را با اندیشهٔ زمان خود مرتبط سازند. این امر سبب می‌شد تا فلسفه نقشی مثبت پیدا کند. کلمنت چنین اســـتدلال می‌کرد که فلسفه زمینه را برای مســـیحیت آماده کرد. وی در فصل آغازین *مجموعه مطالب* می‌گوید: «پیش از ظهور مسیحیت، فلسفه از آن‌رو که به یونانیان پرهیزکاری می‌آموخت ضرورت داشـــت. اینک، برای آنان که از راه استدلال عقلی ایمان می‌آورند، مفید است. فلسفه آموزگار یونانیان بود، همچنان‌که شریعت برای عبرانیان چنین بود و راه را برای کسانی که مسیح آنان را به کمال رسانیده، آماده می‌ساخت.»

با این همه، شـــیوه‌های کلمنت و اریگن کاملاً مخالف روش گنوسی‌های بدعت‌کار بود. گنوسی‌ها زمانی که می‌خواستند ساختاری فلسفی برای مسیحیت ایجاد کنند، حقایق ایمانی را که از رسولان به کلیسا رسیده بود، کنار نهادند. ولی کلمنت و اریگن به اصول پیام پطرس و پولس کاملاً وفادار ماندند و در همین حال به تفحص در استلزامات آن پرداختند.

کلمنت و اریگن از یک جهت مهم دیگر نیز با گنوسی‌ها فرق دارند و آن عبارت از رفتار مســـیحی است. بسیاری از بدعت‌کاران گنوســـی بر این باور بودند که کسب دانش ربطی به پرورش شـــخصیت ندارد چراکه مادّه و بدن ذاتاً شـــریر و فاسدند. لیکن کلمنت اصرار دارد که بصیرت روحانی نصیب کســـانی می‌شـــود که پاکدل‌اند، از روی فروتنی با خدا همچون

کودکی با پدرش راه می‌روند، و انگیزه‌شان برای رفتار اخلاقی بیش از آنکه ترس از تنبیه یا امید به پاداش باشد، دوست‌داشتن نیکی به‌خاطر خود آن است. این بصیرت همانا صعودی است از ایمان، از طریق معرفت، به چشم‌اندازی فرخنده در ورای این زندگی که شامل اتحاد نجات‌یافتگان با خداست. اساس امکان این اتحاد عرفانی، قرار گرفتن صورت خدا در عالم خلقت است.

به این ترتیب، به تنش بنیادین میان کلمنت و گنوسیان بدعت‌کار می‌رسیم. پیروان والنتینوس با انتساب خلقت به ایزدی پلید، آن را رد کرده بودند، لیکن کلمنت جایگاهی محوری برای خلقت قائل می‌شود. او اعتقاد داشت که خدا بذرهای نیک حقیقت را در تمام مخلوقات صاحب‌خرد خود نهاده است. شخص مسیحی می‌تواند از یونانیان بیاموزد، زیرا هر حقیقت و خیری، هرجا که باشد، از خالق جهان‌آفرین است.

بنابراین، خدمت کلمنت مرحلهٔ مهمی در پیشرفت آموزهٔ مسیحی بود. پس از او، تفکّر یونانی با اندیشهٔ مسیحی پیوند یافت. مقدسین و الاهیدانان بزرگ بعدی در مسیحیت شرق، این پیوند را مستحکم‌تر کردند. بدون این پیوند، امکان نداشت نخستین شوراهای کلیسایی به چنین دستاوردهای الاهیاتی حیرت‌انگیزی برسند. نبوغ اریگن وقف ساختن بر بنیاد این اتحاد شد.

اریگن و تشنگی برای حقیقت

اندکی پس از آغاز قرن سوم، جفایی بر مسیحیان در اسکندریه آغاز شد. کلمنت به‌ناگزیر از شهر گریخت، ولی همان‌گونه که از افلاطون آموخته بود: «ضرورت مادر ابداع است.» چنین بود که مدیریت مدرسه را به جوان هجده‌سالهٔ بسیار بااستعدادی سپرد.

حتی در این سن کم، اریگن ثابت کرد که جانشین برحقی برای کلمنت است. او نیز همانند استاد خود، عاشق فلسفه بود؛ و او نیز تشنگی انسان را برای معرفت، کار خدا می‌دانست. اریگن در این باره گفته است:

> اگر با نمونهٔ تحسین‌برانگیزی از هنر انسان روبه‌رو شویم، بی‌درنگ مشتاق به تحقیق در سرشت و چگونگی و هدف این فرآورده می‌شویم؛ تعمق دربارهٔ کارهای خدا نیز اشتیاقی بی‌اندازه بزرگ‌تر برای یادگیری اصول، روش، و هدف خلقت در ما برمی‌انگیزد. این اشتیاق، این شور را، بی‌تردید خدا در ما نهاده است. و همچنان‌که چشم نور را می‌جوید، و بدن‌مان غذا را، همچنان نیز ذهن ما متأثر از اشتیاق طبیعی‌مان به شناختن حقیقت خدا و علّت‌های مشاهداتمان است.

فقط مسیحیت می‌تواند چنین شناختی به ما ببخشد، و اریگن بر آن بود تا کل حقیقت را در نقشهٔ خدا برای نجات که مسیح به آن تحقق بخشیده، گرد آورد.

اُریگن (۱۸۵-۲۵۴)، معلم بزرگ اسکندرانی، همواره تفسیر کتاب‌مقدس را مهم‌ترین وظیفهٔ خود می‌دانست.

اریگن در خانواده‌ای مسیحی بار آمد. پدر او که لئونیدِس[1] نام داشت، در روزهای همان جفایی که کلمنت را از اسکندریه فراری داد، به شهادت رسید. اریگن برای تأمین نیازهای خانواده‌اش، کتاب‌های غیردینی خود را فروخت و دوران درخشان خود را در مقام آموزگار و پژوهشگر آغاز کرد.

متأسفانه، این محقق اغلب با اسقف خود، دِمتریوس[2] اختلاف می‌یافت. او دِمتریوس را روحانی قدرت‌طلبی می‌دانست که فکر و ذکری مگر موقع و مقام خویش ندارد. دمتریوس نیز از اریگن گله داشت که در تلاش‌های او برای سازمان‌دهی کلیسا در مصر همکاری لازم را انجام نمی‌دهد. در کلیسای کهن، اسقف خدمت کسانی را که به او سپرده شده بودند، هدایت می‌کرد. چنین بود که دمتریوس فرصت‌های اریگن را برای خدمت محدود کرد.

در حدود سال ۲۲۹، اریگن به آتن دعوت شد و در راه یونان از فلسطین گذشت که در آنجا ستایندگان بسیار داشت. در قیصریه، او دستگذاری برای ورود به خدمت را پذیرفت. دمتریوس از این نافرمانی آشکار برآشفت و ترتیب محکومیت علنی او را داد. پس از این اتفاق، اریگن در قیصریه سکونت گزید. بدین‌گونه، زندگی حرفه‌ای این عالِم بزرگ به سال‌هایی که در اسکندریه گذراند (۲۰۲-۲۳۰) و سال‌هایی که در قیصریه گذراند (۲۳۰-۲۵۴) تقسیم می‌شود.

با این همه، در هر شهری، اریگن مجلس درس پرطرفداری داشت. از نقاط بسیار، برای سفر و تدریس دعوت می‌شد. شاگردان فرسنگ‌ها راه می‌پیمودند تا مگر گوشه‌ای از علم استاد نصیب‌شان شود، درست مانند ملکهٔ صبا که به دیدار سلیمان آمد. در میان نخستین

1. Leonides; 2. Demetrius

۱۱۰ فصل هشتم

افراد، جوانی از اهالی آسیای صغیر بود به نام گرِگوری[1] که می‌خواست در آینده علم حقوق بخواند. او بعدها به‌سبب خدمات بشارتی استثنائی‌اش در میان مردم خود، به شگفتی‌ساز ملقب شد.

پس از پنج سال شاگردی نزد اریگن، گرِگوری کتابی در ستایش استاد نوشت. به گفتهٔ او، اریگن از آغاز برای شاگردان مشخص کرد که هدف فلسفهٔ راستین رسیدن به زندگی نیک است. او تعلیم می‌داد که فقط کسانی که در پی زندگی شرافتمندانه‌اند می‌توانند چنان‌که سزاوار موجودات صاحب‌خرد است زندگی کنند؛ آنها نخست در پی شناخت خویش برمی‌آیند و سپس در پی شناخت آنچه نیک است و آنچه آدمی باید در طلب آن باشد، آنچه پلید است و آدمی باید از آن بگریزد. او می‌گفت که جهل، بزرگ‌ترین مانع در راه دین‌داری است. کسی که موهبت فلسفه را خوار می‌شمارد، نمی‌تواند به‌راستی سرسپردهٔ خدا باشد. به گفتهٔ اُریگن، فلسفهٔ راستین همواره بر «کلام» متمرکز است «که همگان را چنان با زیبایی وصف‌ناپذیرش به‌سوی خود می‌کشد که یارای مقاومت ندارند.»

بنابراین، فلسفهٔ اریگن فقط به اندیشه‌ها نمی‌پرداخت؛ بلکه راهی برای پرورش شخصیت بود. قوی‌ترین درس او، سرمشق زندگی‌اش بود. گرِگوری می‌گوید که «او با اعمال خود بسی بیش از نظریه‌هایی که تعلیم می‌داد» به ما انگیزه می‌بخشید. اریگن شاگردانش را ترغیب می‌کرد تا سرچشمه‌های رفتار خود را بیازمایند، به محرک‌هایی که سبب خروج آنها از سردرگمی و ورود به نظم اخلاقی می‌شود توجه نشان دهند، و در برابر بذرهای پلیدی ایستادگی کنند و نیکویی را در خویش بپرورند که مراد اریگن از خردورزی همین بود. بدین‌گونه، اریگن فضیلت‌دوستی را به شاگردانش آموخت، و آنها دریافتند که معلم‌شان خود نمونه‌ای از فردی به‌راستی حکیم و فرزانه است.

به برکت سخاوتی که یکی از دوستان توانگر نشان داد، اریگن هفت نفر تندنویس استخدام کرد که به‌نوبت کار می‌کردند. کتاب پشت کتاب از کارگاه ادبی اریگن بیرون می‌آمد، و آوازهٔ او بر سر زبان‌ها افتاد. بعدها، جروم پرسید: «آخر چه کسی می‌تواند این‌همه نوشتهٔ اریگن را بخواند؟»

این عالِم بزرگ اسکندریه به طیف گسترده‌ای از موضوعات برای آموزش مسیحیان و ردِّ عقاید کافران پرداخت، ولی همواره مهم‌ترین وظیفهٔ خود را شرح و تفصیل کتاب‌مقدس می‌دانست. در عمل، اریگن یگانه مسیحی یونانی‌زبان است که عهدعتیق را به زبان اصلی عبری آن بررسی کرد. او کتابی به نام *هِگزاپلا*[2] (شش‌گانه) منتشر کرد که شامل شش ترجمه از عهدعتیق در شش ستون موازی بود. او به این مجموعه چندین تفسیر و صدها موعظه دربارهٔ برخی کتاب‌ها افزود. اریگن معتقد بود که کتب مقدس گنجینهٔ مکاشفهٔ الاهی‌اند. از این‌رو، شاگردان باید کل آنها را در نظر بگیرند. هر موردی را که شامل تناقض میان معنای ظاهری متن و اصول اخلاق یا ذات خداست، باید نشانه‌ای از سوی خدا دانست دال بر وجود درسی عمیق‌تر در زیر ظاهر متن.

---

1. Gregory; 2. Hexapla

این اعتقاد، اریگن را به‌سوی آن چیزی سوق داد که معمولاً «تفسیر تمثیلی» کتاب‌مقدس خوانده می‌شود. او معتقد بود که سه سطح از معنا در کتاب‌مقدس وجود دارد: معنای حقیقی[1] معنای اخلاقی برای نَفْس، و معنای تمثیلی[2] یا روحانی که به رازهای ایمان مسیحی برمی‌گردد. این معانی، متناظر با این دیدگاه رایج بود که وجود انسان مرکب از عقل، نَفْس، و بدن است. در عمل، اریگن معمولاً به معانی حقیقی و روحانی متن توجه می‌کرد. اریگن بر این باور بود که تفسیر کتاب‌مقدس تلاش عقلی بزرگی است، ولی توانایی دیدن معنای روحانی، موهبتی است که روح‌القدس به او بخشیده.

مهم‌ترین دلنگرانی اریگن این بود که اجازه بدهد تا کل کتاب‌مقدس، صرف‌نظر از اینکه جزئی از آن چه می‌گوید، خودش کلام خود را بیان کند، زیرا هرگاه کتاب‌مقدس به سخن درمی‌آید، سخن از سوی خدایی می‌گوید که الهام‌کنندهٔ آن است.

در اینجا روش تفسیر اریگن امتیازی گویا بر روش بدعت‌کاران می‌یابد. گرایش مستمر بدعت‌کاران، چه کهن چه معاصر، تکیه بر یکی دو متن تأثیرگذار و استخراج تفسیری یک‌بُعدی و نادرست از آنهاست. اریگن اجازهٔ چنین تفسیری را نمی‌داد. او می‌خواست که کل کتاب‌مقدس سخن بگوید، زیرا می‌دانست که آنچه کتاب‌مقدس در تمامیت خود تعلیم می‌دهد، حقایق محوریِ مسیحیت کاتولیک است.

کار عظیم اریگن در زمینهٔ کتاب‌مقدس بسیار مهم بود. این کار سبب شد تا مسیحیان هوشمند حقانیت کتاب‌مقدس را باور کنند و مسیحی بمانند. چه اتفاقی برای مسیحیت می‌افتاد اگر کتاب‌مقدس از منظر عقل تفسیر نمی‌شد تا فکر را تغذیه و تکوین اندیشهٔ مسیحی را کنترل کند؟ اریگن کتاب‌مقدس را برای کلیسا حفظ کرد و بدین‌ترتیب از شالودهٔ تاریخی ایمان مسیحی محافظت به‌عمل آورد.

الاهیاتی برای متفکران

دستاوردهای این عالِم بزرگ در زمینهٔ تفسیر کتاب‌مقدس با کار پیشگامانه‌اش در زمینهٔ الاهیات نظام‌مند، سازگار بود. بخش عمدهٔ الاهیات اولیهٔ مسیحی بر رد بدعت‌ها تمرکز داشت. اریگن نخستین الاهیدانی بود که چارچوبی عقلی برای کل ایمان مسیحی فراهم کرد. او کتاب *مبادی اولی*[3] را در اوایل خدمت خود نوشت، و هرگز نیازی به حک و اصلاح در آن ندید. این کتاب که خطاب به خوانندگان تحصیل‌کرده نوشته شد، به اندیشه‌های آشنا برای آنها می‌پرداخت. اریگن ایمان سادهٔ دهقانان را خوار نمی‌شمرد، ولی دریافته بود که اگر مسیحیت می‌خواهد به تمدن بشر شکل دهد، علاوه بر قلب برای عقل انسان نیز باید پذیرفتنی باشد.

---

۱. Literal Sense که به معنای «ظاهری»، «تحت‌اللفظی» و «لغوی» هم برگردانده شده. در اینجا حقیقی در مقابل مجازی و عبارت از معنایی است که لفظ برای آن وضع شده است. (مترجم)

2. Allegorical Sense; 3. First Principles

قاعدهٔ ایمان عبارت از بازگویی غیررسمیِ تعلیم یا روایت مسیحی بود که در آثار عده‌ای از نخستین معلمان مسیحی یافت می‌شد. اریگن با افتخار اعلام می‌داشت که هرگز قاعدهٔ ایمان را ترک نکرده بود. با این همه، این آزادی را به خود می‌داد که هرگاه در خصوص موضوعی با سکوت قاعدهٔ ایمان روبه‌رو شد، به تعلیم «نظری[1]» دربارهٔ آن بپردازد.

چنین می‌نماید که دورنمای اوریگن را حد و مرزی نبود و تا آنجا گسترش می‌یافت که تعلیم می‌داد تمام مخلوقات، از جمله خود شیطان، روزی به مشارکت با خدا بازگردانده خواهند شد و دوزخ خالی خواهد شد. این آموزه، بیش از همه، موجب دردسرهای بی‌پایان برای او شد. بسیاری از افراد دلسوز در تاریخ کلیسا رویای آن را داشته‌اند که محبت خدا روزی بر تمامی عصیانگری‌های گناه‌آلود پیروز شود. اشتباه اریگن در این بود که از رویای خود یک آموزه ساخت. مسیحیان درست‌باور احساس می‌کردند که نمی‌توان این رویا را به آموزه تبدیل کرد، زیرا چنین اندیشه‌ای همواره به انکار اختیار انسان و نتایج ابدی آن گرایش دارد.

همان‌گونه که چارلز ویلیامز[2] در *نزول کبوتر* استدلال کرده است، اگر خدا دارای شخصیت و انسان برخوردار از حق تصمیم‌گیری است، باید پذیرفت این امکان وجود دارد که انسان خدا را به‌گونهٔ ابدی رد کند؛ بنابراین، نمی‌توان دوزخ را منتفی دانست. مشکل اریگن این بود که از حد گذشت. او چیزی را به آموزه تبدیل کرد که فقط یک آرزو است.

سال ۲۵۰[3] به تمام آرزوهای اریگن پایان داد. در جفایی که به‌دست امپراتور دِسیوس آغاز شد، اریگن به‌طور خاص آماج حمله قرار گرفت. به زندان افتاد، زنجیر شد و شکنجه گردید. مقامات تا جایی که می‌توانستند او را بدبخت و بیچاره کردند و دمی از شکنجه‌اش بازنایستادند. حکومتِ رُعب و وحشت دِسیوس برای کلیسا، در سال ۲۵۱ به اتمام رسید و اریگن آزاد شد. با این حال، شکنجه کار خود را با این استاد سپیدموی کرده بود و او سه سال بعد، در شصت‌ونُه سالگی، در صور، بدرود جهان گفت.

وسعت ذهن اریگن و قلب رئوف کلمنت همواره موجب ناآسودگی مسیحیان درست‌باور شده است. آیا آنها در همسویی با محیط یونانی افراط کردند؟ آیا زبان و مفاهیم فلسفهٔ یونانی به صفوف مسیحی حمله برده و انجیل حقیقی را به اسارت برده بود؟ مسیحیان صادق این پرسش‌ها را مطرح می‌کنند، زیرا می‌دانند که دوستی با جهان می‌تواند به سازشکاری در مورد اصول مکشوف‌شدهٔ ایمان بینجامد.

با این همه، روشن است که کلمنت و اریگن به تعبیری که از ایمان مسیحی وجود داشت، وفادار بودند. با اینکه آنها به‌طور جدی وارد دنیای روحانی مخاطبان خود می‌شدند، می‌دانستند که معنای نجات چیست. همان‌گونه که مسیح در تجسم، هستی بشری را بر خود گرفت، پیروان او نیز در جریان تاریخ، انسانیّت تمام مردمان و تمدن‌ها را بر خود می‌گیرند. همانند پولس که «همه‌کس را همه‌چیز» (اول قرنتیان ۹:۲۲) شد، کلمنت پیوسته

1. Speculative; 2. Charles Williams

۳. این تاریخ در کتاب انگلیسی به‌نادرست ۲۵۴ ضبط شده است. (مترجم)

اعلام می‌داشت: «برای هلنی‌ها باید هلنی شد تا قلب همه‌شان را فتح کرد. باید به همهٔ طالبان، حکمتِ آشـــنای آنها را عرضه کرد تا به‌ســـهولت تمام، از راه دنیای افکار خویش به ایمان بر حقیقت برسند.»

از جنبهٔ مثبت، آنچه کلمنت و اریگن انجام دادند حفظ انســـان‌مداری [اومانیســـم] برای مســـیحیت بود. آنها زمینه را برای فعالیت آتی رهبران بزرگ مسیحی - همچون آتاناسیوس، گِرگوری نوســـایی[1] و یوحنای زرّین‌دهان[2] که از آنها پیروی می‌کردند- فراهم ساختند. آنها ثابت کردند که بهترین درون‌مایه‌های فرهنگ کلاسیک می‌توانند در کلیسا جایگاه و آینده‌ای داشته باشند.

پیشنهادهایی برای مطالعهٔ بیشتر

Davidson, Ivor J. *The Birth of the Church: From Jesus to Constantine, AD 30-312. Baker History of the Church. Vol. 1.* Grand Rapids: Baker, 2004.

Danielou, J. *Origen. Translated by W. Mitchell.* New York: Sheed and Ward, 1955.

Franzen, August. *A History of the Church: Revised and Edited by John P. Dolan.* New York: Herder and Herder, 1969.

Oulton, J. E. L., and Henry Chadwick, eds. *Alexandrian Christianity.* Philadelphia: Westminster, 1954.

Patzia, A. C. *The Emergence of the Church. Downers Grove, IL:* InterVarsity Press, 2001.

Prestige, G. L. *Fathers and Heretics.* London: S.P.C.K., 1963.

* Trigg, Jospeh Wilson. *Origen: The Bible and Philosophy in the Third Century Church.* Atlanta: John Knox, 1983.

1. Gregory of Nyssa; 2. John Chrysostom

دورهٔ امپراتوری روم مسیحی

۵۹۰-۳۱۲

امپراتور کُنستانتین [قُسْطَنطین] یکی از برجسته‌ترین شخصیت‌های تاریخ مسیحیت است. پس از آنکه او به ایمان مسیحی گرائید، مسیحیت به‌سرعت از انزوای گورخانه‌های دخمه‌ای به قصرهای باشکوه راه یافت. جنبش مسیحیت، قرن چهارم را همچون اقلیتی جفادیده آغاز کرد، لیکن در پایان این قرن به دین رسمی امپراتوری تبدیل شد. بدین‌گونه، کلیسای مسیحی به ساختارهای دستگاه حاکمیت پیوست و مسئولیتی اخلاقی در قبال کل جامعه یافت. در آغاز به دستور کنستانتین، کلیسا به اصلاح تعلیم و توسعهٔ ساختار خود همت گماشت. برخی، همانند یوسِبیوس، مورخِ مسیحی، استقبال کنستانتین از مسیحیت را به پیروزی مسیحیت بر امپراتوری روم تعبیر کردند. برخی دیگر، همانند راهبان مسیحی، این امر را مُسبب چیرگی فرهنگ بر مسیحیت دانستند. آنچه در پی می‌آید، داستان «مسیحی‌شدن» جهان و اندیشهٔ بزرگ هلنی است. زمانی که امپراتوری تسلیم مهاجمان اقوام بربر (اروپائیان امروز) شد، جالب است که راهبان بر فاتحانِ نو پیروز شدند؛ راهبان شأن و منزلت زندگی منضبط جمعی را که ریشه‌های ژرف در ایمان مسیحی داشت، به نمایش گذاشتند.

دورهٔ امپراتوری روم مسیحی

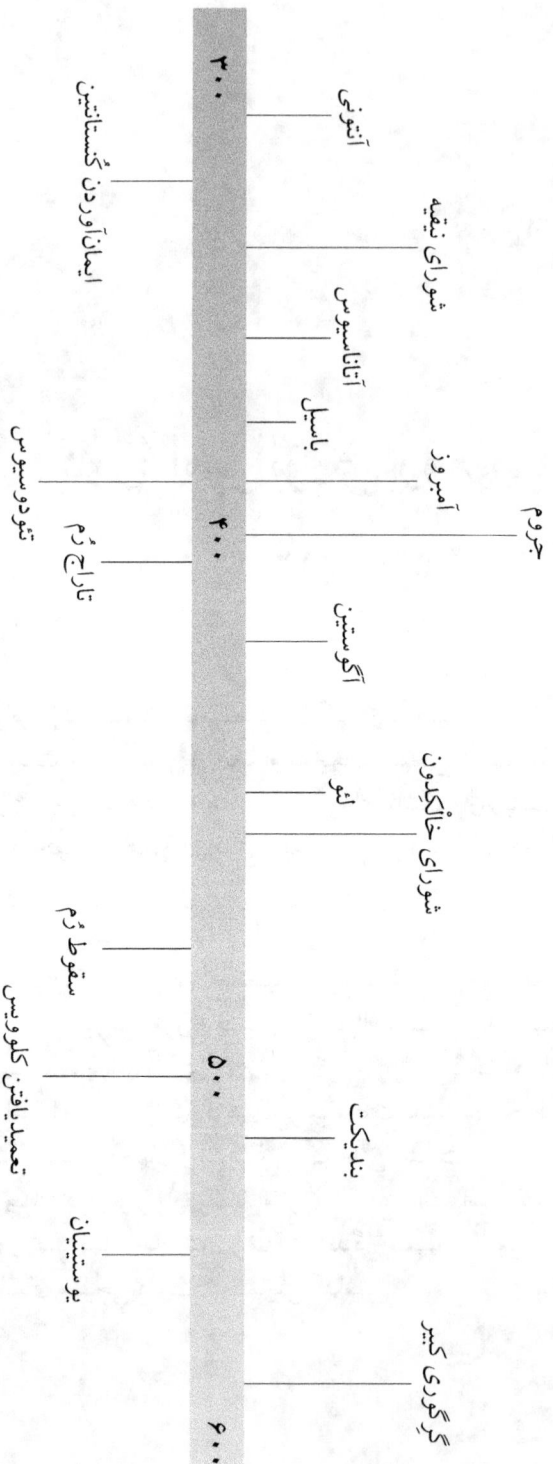

فصل نهم

عصای سلطنتی‌اش فرو نهاد

گرائیدن امپراتور به مسیحیت

بازدیدکننـــدهٔ امروزی رُم از دیدن بزرگی طاق نصرت کنســـتانتین به حیرت خواهد افتاد مگر اینکه از تاریخ یا مجسمه‌ســـازی سررشـــته‌ای داشته باشـــد. ولی اگر او نگاهی دقیق به کتاب راهنمایش بیندازد متوجه خواهد شـــد که عبارت لاتین در بالای طاق، ستایشی است نثار «امپراتور قیصر فلاویوس کنســـتانتینِ کبیر» برای پیروزی چشمگیر او بر «دشمن و تمام لشکریانش.»

حاشـــیهٔ زینتی در بخشی از طاق که رو به شهر است، دشـــمن را، که یکی از قیصرهای رقیب به نام ماکسِنتیوس[1] بود، در حالی نشان می‌دهد که به‌همراه لشکریانش از پُل میل‌ویان[2] به رود تیبر درمی‌افتند. کنستانتینِ فاتح، آنها را تار و مار کرده و به خاک و خون کشیده است.

یوسِـــبیوس اهل قیصریه، مورخ مســـیحی و نویســـندهٔ زندگی‌نامهٔ کنســـتانتین، نابودی ماکسِـــنتیوس را در رود تیبر به نابودی لشـــکریان فرعون در دریای سرخ تشبیه کرده است. بسیاری از هم‌روزگاران کنســـتانتین تصدیق می‌کردند که گرویدن کنستانتین به مسیحیت و پیروزی‌اش بر دشمنان، «کار خدا» بود و نقطه‌عطفی در تاریخ رقم زد.

با گرویدن کنســـتانتین به مســـیحیت، دورهٔ مســـیحیت کاتولیک تمام و دورهٔ امپراتوری مسیحی (۳۱۲-۵۹۰) آغاز می‌شود. در این زمان، دورهٔ شهیدان دلاور مسیحیت به‌سر آمده و

1. Maxentius; 2. Milvian Bridge

نوبت مسیحی‌شـــدن امپراتوری و مداخلهٔ امپراتور در امور کلیساست. آثار این دو تحول را تا به امروز می‌توان پی گرفت.

ولی چطور شد که ورق چنین برگشـــت؟ از چه‌رو «خرافهٔ» منفور و آزاردیده‌ای موسوم به مسیحیت ناگهان از میان سایه‌های جامعهٔ روم برمی‌خیزد، و تقریباً یک‌شبه، سکان رهبری معنوی امپراتوریِ ناپیداکرانه و قدرتمند روم را به دست می‌گیرد؟

تغییردادن مسیر یک امپراتوری

برای درک اهمیت این تغییر در سرنوشت مسیحیت باید کمی به احوالات امپراتور قبلی بپردازیم که از ژنرال‌های سابق بود و دیوکلتیان نام داشت.

زمانی که در ســال ۲۸۴ دیوکلتیان بر مســند امپراتوری تکیه زد، تمام نشانه‌های تزلزل امپراتوری به چشـــم می‌خورد. سی امپراتور در قرن سوم مدعی تاج و تخت شده و بسیاری دیگر نیز برای به‌دســت‌آوردن آن کوشیده بودند. مجلس سنای روم دیگر چندان زحمت این را به خود نمی‌داد که به انتخاب امپراتور جدید تظاهر کند. خویشاوندی با امپراتور، در تعیین جانشین او نقشی نداشـــت که هیچ، پسران و خویشان نزدیک قیصر معمولاً با آمدن امپراتور جدید، خود را هر لحظه به مرگ نزدیک‌تر می‌دیدند.

هاچینسون[1] و گَریسن[2] بحران فوق را چنین توصیف می‌کنند:

> آشـــوب و هرج‌ومرج سراســـر امپراتوری را فرا گرفته بود. قتل یک قیصر چراغ سبزی بود برای لشکران رومی در یک نقطه که حاکم جدیدی بر سر کار بیاورند. در مواقعـــی نیز گارد ویـــژهٔ امپراتوری که در خود رُم مســـتقر بود، در این مورد تصمیم‌گیری می‌کرد؛ گاه نیز لشـــکریانِ حاضر در خطوط مقدم چنین تصمیمی می‌گرفتند. در حالی که قرن سوم به پایان خود نزدیک می‌شد، اکثر رومیانِ فهیم به کام یأس افتاده بودند، چون می‌دیدند که امپراتوری با تمام ســـرعت به‌طرف نابودی در حرکت اســـت و تمدن باشـــکوه گذشته در آســـتانهٔ سقوط به دریای بربریّت قرار گرفته.

البته، سرانجام نیز این اتفاق افتاد؛ لیکن نه در ۳۰۰ میلادی، بلکه وقوع آن در غرب، ۱۷۵ سال به عقب افتاد. در شـــرق نیز، امپراتوری‌ای که مدعی بود رومی است تقریباً تا روزی که کریستف کلمب به عزم کشـــف دنیای جدید لنگرها را بالا کشید، دوام آورد. «این عقب‌گرد ناگهانی در تاریخ روم که به‌جای هرج‌ومرج و فروپاشی که هر دم وقوع آن نزدیک‌تر می‌شد، جوشـــشِ تازه‌ای از توانمندی و ثبات به‌همراه آورد، بیشتر محصول حکمروایی یک نفر بود، یعنی دیوکلتیان» که برای بیســـت سال (۲۸۴–۳۰۵)، درست تا پیش از برآمدن کنستانتین، بر اَریکهٔ قدرت تکیه زد.

---

1. Hutchinson; 2. Garrison

از دیوکلتیان در محافل مسیحی هرگز «به نیکی» یاد نشده است، زیرا یکی از وحشیانه‌ترین جفاها بر کلیسا به‌دست او صورت گرفت. با توجه به مملکت آشوب‌زده‌ای که او تحویل گرفت و امپراتوری احیاشده‌ای که تحویل جانشینانش داد، «جای دیوکلتیان به‌حق در کنار امپراتوران بزرگ است.»

دیوکلتیان که پسر یکی از بردگان دالماسی[1] (منطقهٔ بالکان امروزی) بود، وارد خدمت نظام شد و پیش از چهل‌سالگی به مقام فرماندهی ارتش رسید. او که «بنا به تصمیم فرماندهان و افسران» ردای بنفش به تن کرد، برای خنثی‌کردن هرگونه رقابت ممکن برای تصاحب قدرت امپراتوری، به نزدیک‌ترین رقیب خود که در پیشگاه سنا ایستاده بود حمله کرد و با شمشیر کارش را ساخت. «از آن لحظه به بعد، این سرباز با دستان زمخت و خشنش گوی امپراتوری را گرفت و چنان تکانی داد که زندگی تازه‌ای در آن به جریان افتاد.» او نه فقط عقب‌نشینی در آلمان و در طول دانوب را جبران کرد که بخش عمده‌ای از مناطق دوردست بریتانیا و سرزمین پارس را از نو فتح کرد.

با این همه، دیوکلتیان فقط یک فرمانده فاتح نبود؛ بلکه مهم‌تر از آن، در بلندمدت مهارت خود را در کشورداری به اثبات رساند. او عقیده داشت که امکان ادارهٔ امپراتوری به‌شکل حاضر آن وجود ندارد. حملاتی که از مرزها می‌شد سازمان‌دهی مجدد می‌طلبید. از این‌رو، قدرت امپراتوری را بین سه نفر دیگر تقسیم و چهار تخت‌گاه امپراتوری ایجاد کرد که هیچ‌یک در رُم نبود. او تخت‌گاه خود را در نیکومدیا مستقر ساخت که در کنج شمال غربی آسیای صغیر قرار داشت. از آنجا می‌توانست به‌دقت تحرکاتِ مهاجمان همیشگی مرزهای شرقی را رصد کند.

نقشهٔ دیوکلتیان این بود که امپراتوری را از هرج‌ومرج حاصل از ترور مستمر امپراتوران حفظ کند. این امپراتورِ زیرک سالمند بر این باور بود که تقسیم زمامداری بین چهار نفر - دو «آوگوستی» که هریک «قیصری» متبوع خود را داشت با مقامی اندک پایین‌تر - به جاه‌طلبی‌های رقیبان احتمالی‌اش مهار خواهد زد. از آنجا که هریک امید داشت به مسند امپراتوری تکیه زند، به وسوسه نمی‌افتاد تا برای ارتقای مقام، دست خود را به خون حاکمان مسن‌تر بیالاید.

مسیحیان به شعله‌ها سپرده می‌شوند

کسی دقیقاً علّت آن را نمی‌داند، ولی دیوکلتیان دو سال پیش از پایان زمامداری بسیار مؤثرش، ناگهان دستور داد تا وحشیانه‌ترین جفای تاریخ بر مسیحیت صورت گیرد. به‌مدت هجده سال، دیوکلتیان با اینکه خود ملتزم و عامل به آیین شرک بود، اهمیتی به قدرت روبه‌رشد مسیحیت نمی‌داد. دربار او پر از مقامات مسیحی بود و همسرش، پریسکا[2] و دخترش، والریا[3] مسیحی بودند. ساختمان‌های باشکوه کلیسا در شهرهای مهم امپراتوری نمودار شد که بزرگ‌ترین‌شان در پایتخت دیوکلتیان، یعنی نیکومدیا، قرار داشت.

1. Dalmatia; 2. Prisca; 3. Valeria

سپس، به‌ناگهان، امپراتور کهن‌سال دستور داد که مسیحیان را از ارتش بیرون کنند. متعاقب آن، فرمان‌های امپراتوری مقامات را ملزم می‌کرد تا ضمن تخریب ساختمان‌های کلیسا و جلوگیری از عبادت مسیحیان، کتاب‌مقدس‌ها را بسوزانند. اسقفان نیز به‌طور دسته‌جمعی دستگیر و روانهٔ زندان شده مورد شکنجه قرار گرفتند و بسیاری نیز به کام مرگ سپرده شدند؛ در همین حال، مهار از قدرت امپراتوری برداشته شد تا برای محو مابقی مسیحیان، آنها را به خاک و خون کشد.

در ۳۰۵ دیوکلتیان مطابق نقشهٔ دیرینه‌اش کناره گرفت و آوگوستوس دیگر، یعنی ماکسیمیان را نیز به همین کار واداشت. آنچه تاریخ همچون «جفای دیوکلتیان» به یاد دارد، کماکان ادامه داشت. در واقع، آوگوستوس جدید در شرق، گالِریوس، بیش از هروقت مصمم بود تا کار نابودساختن کامل مسیحیان را به سرانجام رساند. مسیحیان می‌گفتند که عامل اصلی پاکسازی مسیحیان، خود او بود.

خود بت‌پرستان از آن‌همه خون و خون‌ریزی منزجر شده بودند. آوگوستوس جدید دیگر، کُنستانتیوس کلوروس[1] در مناطق دوردست بریتانیا که در منطقهٔ خود، یعنی گُل، آزار و اذیت مسیحیان را هرگز به‌طور جدی دنبال نکرده بود، تمام اقدامات علیه مسیحیان را به تعلیق درآورد و از آنها دل‌جویی کرد.

در سال ۳۱۱، در بستر مرگ، گالِریوس دریافت که تلاش او برای ازمیان‌برداشتنِ این مذهب نوپدید، ناکام مانده است. «بی‌تردید، هزاران هزار تن از مسیحیانِ هراسیده، از دین خود برگشته بودند، ولی در مقابل، هزاران تن دیگر نیز محکم ایستاده و ایمان خود را با خون‌شان مُهر کرده بودند.» در واقع، بسیاری از مسیحیان را چنان شوری برای شهادت در راه ایمان بود که اسقف کارتاژ خواستار آن شد که اگر کسی بی‌سبب خود را به کشتن داد، شهید شمرده نشود.

تأثیر این امر بر افکار عمومی در سراسر امپراتوری عظیم بود. «حتی خود امپراتور نیز بیش از این نمی‌توانست به خطرِ ادامهٔ شکنجه، ضرب‌وجرح، و کشت‌وکشتار تن دهد. این بود که در واپسین اقدام رسمی خود، گالریوس، با بی‌میلی و اکراه فرمانِ تساهل و رواداری را صادر کرد» و بدین‌سان، به‌خاطر تمام مقاصد عملی، آخرین و بدترین جفای روم بر مسیحیان به پایان رسید.

پس از مرگ گالریوس، نزاع بر سر تصاحب قدرت امپراتوری بالا گرفت. در بهار سال ۳۱۲، کُنستانتین، پسر کُنستانتیوس کلوروس، از آلپ گذشت تا رقیب خود، ماکسِنتیوس را از ایتالیا بیرون براند و رُم را متصرف شود. این کار قمار خطرناکی بود؛ هنگامی که کنستانتین بر پُل میل‌ویان، درست پشت دیوارهای رُم، با دشمنی که از لحاظ نظامی بر او برتری داشت، روبه‌رو شد، خدای مسیحیان به یاری‌اش آمد. در رویا صلیبی در آسمان دید با این کلمات: «با این نشان فتح کن.» این رویا او را به پیشروی متقاعد ساخت. هنگامی که در ۲۸ اکتبر ۳۱۲، کنستانتین به پیروزی درخشان خود بر لشکران ماکسِنتیوس نائل آمد، این پیروزی را دلیل بر قدرت مسیح و برتری دین مسیحی دانست.

1. Constantius Chlorus

برخی از مورخان، «ایمان‌آوردن» کنستانتین را فقط مانوری سیاسی دانسته‌اند، چون بخش وسیعی از آیین شرک باقی ماند، کنستانتین دسیسه چید، دست به قتل آلود، و حتی عنوان *پونتیفِکس ماگزیموس* یعنی کاهن اعظم مذهب رسمی بت‌پرستی کشور را حفظ کرد. اما با توجه به اقدامات عمومی و خصوصی کنستانتین، دشوار بتوان ایمان او را صرفاً به انگیزه‌های سیاسی مربوط دانست. از سال ۳۱۲ به بعد، او آشکارا هوای مسیحیان را داشت، به‌گونه‌ای که خادمان مسیحی را درست مانند کاهنان معابد از پرداخت مالیات معاف و اعدام صلیب را لغو کرد. در ضمن، به نبرد گلادیاتورها که سزای جرائم‌شان بود پایان بخشید، و در سال ۳۲۱ یکشنبه را روز تعطیل اعلام کرد. از این گذشته، به لطف مراحم او، کلیساهای باشکوهی احداث شد که گواه حمایت او از مسیحیت بود.

رهانیدنِ رهاشدگان

رومیانِ بی‌ایمان، همانند بسیاری از مردم کهن، بچه‌های ناخواسته را رها می‌کردند تا بمیرند. چنین سرنوشتی به‌خصوص در انتظار دختران بود که از نظر اقتصادی چندان سودی برای خانواده نداشتند. مسیحیان که برای تک‌تک انسان‌ها از آن‌رو که بر صورت خدا خلق شده‌اند، ارزش قائل بودند، به نجات این کودکانِ رهاشده می‌رفتند. رومیان به مسیحیانی که اقدام به این کار می‌کردند معترض شدند، و سرانجام قوانینی وضع شد تا ایماندارانی که بچه‌ها را نجات می‌دادند تنبیه شوند. کنستانتین حکم داد که بچه‌های رهاشده متعلق به یابنده‌شان هستند. این حکم نیز همانند بسیاری احکام دیگر به سود مسیحیان تمام شد.

ایمان مسیحی کنستانتین که در ساحت زندگی عمومی چنین بروز می‌یافت با تغییراتِ حادث در زندگی خصوصی او سازگاری داشت. او که اعتقادات مسیحی خود را پنهان نمی‌کرد، پسران و دخترانش را مسیحی بار آورد و زندگی خانوادگی مسیحی داشت. اسقف یوسِبیوس اهل نیکومِدیا اندکی پیش از مرگ کنستانتین در ۳۳۷، او را تعمید داد. پس از تعمید، کنستانتین از پوشیدن ردای بنفش امپراتوری خودداری کرد و در حالی این زندگی را ترک گفت که ردای سفید تعمید به تن داشت.

متیو آرنلود[1] شاعر قرن نوزدهم، با الهام از ایمان‌آوردن امپراتور شعر زیر را سروده است:

غرب فاتح،
تاج بر سر، شمشیرش آخته،
شنید آوازش،
حس کرد تهی‌بودنِ اندرونه‌اش،
به خود لرزید و فرمان بُرد.

1. Matthew Arnold

عقاب‌هایش فرو پوشید، شمشیرش در نیام کشید،
و فرو نهاد عصای سلطنتی‌اش،
و ردای بشکوهِ بنفش‌اش،
و هم تاجِ جهان‌شاهی‌اش.

پایتختی جدید برای مسیحیت

علاوه بر دین جدید خویش، کنستانتین پایتختی جدید نیز به دنیای رومی داد. دشمنان امپراتوری در مرزهای شرقی آن گرد می‌آمدند و اکنون دین رسمی به شرق تعلق داشت. حرکت به سمت شرق طبیعی بود. کنستانتین نمی‌توانست جایی بهتر از این برای شهری انتخاب کند که از راه تجارت به ثروت می‌رسید. تنگهٔ بُسْفُر، آبراهِ میان دریای سیاه و مدیترانه، تلاقی‌گاه طبیعی میان آسیا و اروپا، چه از راه خشکی و چه از راه دریاست. به‌زیبایی در یک سوی تنگه، بندرگاه طبیعی مطلوبی وجود دارد چنان باریک که در ایّام کهن می‌شد با کشیدن زنجیری از این‌سو به آن‌سویش، متجاوزان را دور نگاه داشت. به‌مدت چندین سده شهری در آنجا بود. این شهر بیزانتیوم[1] یا بوزنطه خوانده می‌شد تا روزی که در سال ۳۳۰ کنستانتین آمادهٔ افتتاح شهر جدید خود شد. درست ۱۶۰۰ سال بعد، در ۱۹۳۰، ترک‌ها نام این شهر را به استانبول تغییر دادند. لیکن در بخش عمده‌ای از تاریخ طولانی‌اش، این محل به شهر کنستانتین، قسطنطنیه، پایتخت امپراتوری بیزانس (یا روم شرقی) معروف بوده است.

امروزه، پس از گذشت سالیان بسیار، شاید هرگز نتوانیم درک کنیم که این تغییر در دستگاه حاکمهٔ امپراتوری، چه اهمیتی برای کلیسا داشت. پیش از سال ۳۱۲، مسیحیت غیرقانونی اعلام شده بود و بر مسیحیان جفا می‌شد. ناگهان ورق برگشت و مسیحیان مورد لطف و عنایت قرار گرفتند، و کنستانتین مسیحیت را وارد عرصهٔ زندگی عمومی ساخت. در نتیجه، کلیسا به تعبیر جدیدی از تصویر و مأموریت خود رسید.

مورخ تاریخ کلیسا، یوسِبیوس، احتمالاً نظر اکثر مسیحیان را بیان می‌داشت، زیرا امپراتور را نمونهٔ آرمانیِ حاکم مسیحی می‌دانست و بر آن بود که عصری نو از نجات آغاز شده است. این فرصت جدید برای موعظهٔ انجیل برای عموم و رشد بی‌دغدغه، مسلماً به این معنا بود که خدا مأموریتی نو و بزرگ‌تر برای کلیسا در نظر دارد. زمانِ مقرر الاهی برای دمیدن روح مسیحیت به فضای زندگی عمومی رسیده بود.

برخی از مسیحیان معنایی خاص در این واقعیت می‌یافتند که عیسی با پیامش درست در برهه‌ای از تاریخ ظهور کرد که امپراتوری روم دنیا را از وحدت سیاسی، اقتصادی، و فرهنگی برخوردار کرده بود. چنین می‌نمود که امپراتوری بنا به مشیت الاهی، راه را برای مسیحیت هموار کرده بود تا به مأموریت خود در قبال تمام انسان‌ها عمل کند. حال، با ظهور کنستانتین، ایمان‌آوردن دنیا بسیار نزدیک می‌نمود.

1. Byzantium

کلیسا به‌راستی از مزایایی برخوردار شد، ولی این امر بهایی در پی داشت. کنستانتین درست همان‌طور به اسقفان مسیحی امر و نهی می‌کرد که به مقامات زیردست خود و از آنها خواستار تبعیت بی‌چون‌وچرا از فرمان‌های رسمی بود، حتی زمانی که این فرمان‌ها با مسائل کلیسایی تداخل می‌کرد. مسئلهٔ دیگر، خیل جمعیتی بود که اکنون به کلیسای مورد قبول امپراتوری سرازیر می‌شد. پیش از آنکه کنستانتین به دین مسیح درآید، کلیسا از ایمانداران معتقدی تشکیل می‌شد که حاضر بودند خطر افشای هویت مسیحی‌شان را به جان بخرند. اکنون بسیاری از اعضای جدید، انگیزه‌های سیاسی جاه‌طلبانه داشتند، به امور مذهبی بی‌علاقه بودند، و یک پای‌شان هنوز در آیین شرک بود. تهدیدی که از این امر ناشی می‌شد نه تنها سطحی‌شدن ایمان و رسوخ خرافات مشرکان به کلیسا، بلکه دنیوی‌شدن و بهره‌برداری از دین برای مقاصد سیاسی بود.

کلیسا به قدرت می‌رسد

با فرا رسیدن سال ۳۸۰، همان‌گونه که مسیحیان پاداش می‌یافتند، غیرمسیحیان مجازات می‌شدند. در این سال، امپراتور تئودوسیوس دستور داد که همهٔ اتباع امپراتوری به دین مسیح درآیند. متن فرمان او چنین بود:

> ارادهٔ ما چنین است که مردمی که ما بر آنها حکم می‌رانیم، آن دینی را اختیار کنند که از رسول رَبّانی، پطرس، به رومیان رسیده است. ما باید به الوهیت واحدِ پدر، پسر، و روح‌القدس ایمان داشته باشیم که از جلال و شکوه یکسان برخوردارند و تثلیث اقدس را تشکیل می‌دهند.
>
> ما دستور می‌دهیم کسانی که از این فرمان اطاعت می‌کنند، خود را مسیحیان کاتولیک بنامند. با وجود این، مابقی افراد که به این حکم گردن نمی‌نهند و از نظر ما مجنون و دیوانه‌اند، باید رسوایی باورهای بدعت‌کارانه را به جان بخرند، مکان‌های تجمع آنها نباید کلیسا خوانده شود، و نخست باید به تیر انتقام الاهی گرفتار شوند و آنگاه با مجازاتی که ما برحسب داوری الاهی تعیین خواهیم کرد، کیفر داده شوند.

تئودوسیوس ارتباط تنگاتنگ میان ارادهٔ خود و خدا را بدیهی می‌داند. این ارتباط به‌طور ضمنی در امپراتوری مسیحی وجود داشت.

ساختمان‌های کلیسا در امپراتوری مسیحی به‌دقت طراحی شده بود تا بر مراتب جدید مسیح و امپراتور تأکید کند. این سبک از مشرق‌زمین به عاریه گرفته شده بود. مسافری یونانی که در قرن دوم از سرزمین پارس بازدید کرد، در توصیف قصری که دیده بود گفت: «سرسرایی زیر یک گمبد وجود داشت؛ داخل آن به یاقوت‌های کبودی آراسته بود که نوری به رنگ آبی آسمانی ساطع می‌کرد و بر زمینهٔ آبی این سنگ‌ها، تصاویر زرّین خدایان نقش بود که

۱۲۴ فصل نهم

درخشـشـی همچون اختران آسمان داشت.» این نما به الگویی برای فضای داخلی کلیساهای بیزانسی تبدیل شد که به موزائیک‌های پرنقش و نگار آراسته بودند. بر این موزائیک‌ها به‌جای «تصاویر زرّین خدایان»، تصویری از خدا و امپراتور به‌عنوان «شبه‌خدا» نقش بود که نمایندهٔ او بر زمین به‌شمار می‌رفت.

در غـرب که از دربار امپراتور دور بود، برخی از مقامات کلیسـایی جرأت کردند تا این شـبه‌خدا را به چالش بکشند. آمبروز[1] اسـقف میلان، یکی از این افراد بود. اتفاقی که منجر به این برخورد شـد، لااقل در ظاهر، ربطی به امپراتور نداشت. در سال ۳۹۰ یک اَرابه‌ران در شـهری یونانی، به رفتارهای همجنس‌خواهانه متهم شـد. فرماندار ناحیه که این شخص را به زندان انداخت، فکر واکنش مردم را نکرده بود. با نزدیک‌شـدن مسابقات ارابه‌رانی، مردم خواستار آزادی ارابه‌ران شدند. ولی فرماندار حاضر به این کار نشد. این بود که مردم اسلحه به‌دست گرفتند و فرماندار را از پای درآوردند و قهرمانشان را از زندان آزاد کردند.

تئودوسیوس که در آن‌زمان در میلان بود، به خشم آمد و دستور داد تا مردم را گوش‌مالی بدهند. در نتیجه، در مسـابقهٔ دیگری که در میدان مسـابقات شهر سالونیک[2] برگزار می‌شد، دروازه‌ها بسـته شد و سربازان تئودوسیوس در ورودی‌ها مستقر شدند. وقتی علامتی به آنها داده شـد بر سر مردم ریختند و در سه سـاعت، هفت هزار نفر از اهالی سالونیک به خاک و خون کشیده شدند.

وحشت سراسر امپراتوری را در بر گرفت. آمبروز که خود را وجدان امپراتوری می‌شمرد، به‌شدت از این اتفاق احساس شرمساری کرد، و به نام گوهر مشترک انسانی و کلیسا، سکوت را جایز ندانسـت. تئودوسیوس باید به جنایتی که مرتکب شده بود اذعان و توبه می‌کرد. این بود که آمبروز تصمیم گرفت نامه‌ای به او بنویسد. او چنین نوشت:

> انکار نمی‌کنم که شـما برای ایمان خود غیرت دارید و از خدا می‌ترسـید، ولی هیجانات طبیعی شما به‌گونه‌ای اسـت که وقتی تحریک می‌شوید، اختیار خود را از دسـت می‌دهید. بنابراین، شما را به توبه دعوت می‌کنم. تنها راهی که برای جبران گناه خود دارید این اسـت که اشک بریزید، احساس ندامت کنید و خود را در پیشـگاه خدا فروتن سازید. شما انسان هسـتید، و چون مانند یک انسان گناه کرده‌اید باید توبه کنید. فرشـتگان و فرشتگان اعظم نمی‌توانند شما را عفو کنند. فقط خدا می‌تواند شما را ببخشاید، و بخشایش او فقط شامل حال کسانی می‌شود که توبه می‌کنند.

آمبروز آن‌قدر از عشـاء‌دادن به امپراتور خودداری کرد تـا او به گناه خود اعتراف نمود. برای مدتی، تئودوسیوس از کلیسـا فاصله گرفت، ولی سرانجام به شرط آمبروز تسلیم شد. به این ترتیب، در برابر جماعتی عظیم ردای باشکوه امپراتوری‌اش را از تن به‌درآورد و برای

---

1. Ambrose

۲. Thessalonica شهری بندری در مرکز مقدونیه، در شمال شرقی یونان. (مترجم)

گناهانش طلب بخشـــایش کرد. او این عمل را در موقعیت‌های مختلف آن‌قدر تکرار کرد تا سرانجام در روز میلاد مسیح، آمبروز به او عشاء داد.

به زانو درآوردن امپراتور روم شرقی، شجاعت خاصی می‌طلبید. آمبروز دست به سلاحی برده بود که دیری نپائید کلیســـای غرب بارها برای به زانو درآوردن شاهزادگان به آن متوسل شـــد. این ســـلاح عبارت بود از تهدید به اخراج از کلیســـا. با این حال، در کانون امپراتوری مسیحی، یعنی در قسطنطنیه، هیچ اسقفی چنین از حدود خود تجاوز نکرد.

امروزه، همان‌گونه که بامبِر گَسْکوین[1] می‌گوید:

> در کلیسای شـــهر میلان که به نام قدیس آمبروز نامگذاری شده، نیایش به سبک کلیســـای کاتولیک رومی برگزار می‌شـــود که کاملاً با شکل عبادت در کلیسای اورتودکس یونانی که با امپراتوران روم شرقی مرتبط بود، فرق دارد. ارتودوکس به معنی درســـت و کاتولیک به معنای جهانی اســـت؛ بنابرایـــن، نامگذاری این کلیساها به کاتولیک یونانی و ارتودوکس رومی هم درست است.

مسئله این بود که هریک از دو طرف، یعنی شرق و غرب، ادعا می‌کرد تابع شکل درست مسیحیت اســـت. با این همه، برخورد متضاد آنها با امپراتوران مسیحی، نمادی از سرنوشت متفاوتی بود که برای هریک رقم خورد.

پیشنهادهایی برای مطالعهٔ بیشتر

Baynes, Norman H. *Constantine the Great and the Christian Church.* 2nd ed. London: Oxford University Press, 1972.
Cochrane, Charles Norris. *Christianity and Classical Culture.* New York: Oxford, 1957.
Coleman, Christopher Bush. *Constantine the Great and Christianity.* New York: AMS Press, 1968.
Davidson, Ivor. *A Public Faith: From Constantine to the Medieval World, AD 312-600, Baker History of the Church. Vol. 2.* Grand Rapids: Baker, 2005.
Kee, Allistair. *Constantine Versus Christ: The Triumph of Ideology.* London: SCM Press, 1982.
*Leithart, Peter. *Defending Constantine: The Twilight of an Empire and the Dawn of Christendom.* Downers Grove, IL: InterVarsity Press, 2010.
*Yoder, John Howard. *Christian Attitudes to War, Peace, and Revolution.* Ed. By Theodore Koontz and Andy Alexis-Baker. Grand Rapids: Brazos, 2009.

1. Bamber Gascoigne

فصل دهم

موشکافی‌های مهم

آموزهٔ تثلیث

از میان تمام چیزهایی که مسیحیان دربارهٔ خدا می‌گویند، متمایزترین سخن این است که خدا به‌صورت سه شخص است. در کلیسا عبادت‌کنندگان می‌ایستند و سرود می‌خوانند:

قدوس، قدوس، قدوس، قادر مطلق،
حمد به‌نامت خوانند موجودات جهان.
قدوس، قدوس، قدوس، تو پرجلالی،
تثلیث اقدس ذاتت کردی عیان.[1]

هیچ دین بزرگ دیگری اذعان ندارد وجود خدا به‌صورت «سه در یک» است و چنین خدایی را عبادت نمی‌کند. از نظر مسلمانان و یهودیان، این آموزه توهین‌آمیز است و یگانه‌انگاران[2] و شاهدان یهوه آن را مردود می‌شمارند.

اکثر مسیحیان اذعان می‌کنند که این آموزه یک راز است. هرگاه ایمانداران می‌خواستند از خدا سخن بگویند یا او را در عبادت مخاطب سازند، به‌ناگزیر از پدر، پسر، و روح‌القدس سخن می‌گفتند. هنگامی هم که از آنها سؤال می‌شد در روایت مسیحی با چه کسی روبه‌رو

---

۱. از متن سرودنامهٔ کلیسای ایران استفاده شد که به‌خاطر ملاحظات مربوط به وزن و قافیه، ترجمهٔ چندان دقیقی از متن این سرود نیست. (مترجم)

2. Unitarians

شـده‌اند، چه در آیین عبادی و چه در موعظه می‌گفتند: «پدر، پسر، و روح‌القدس.» مسیحیان زمانی که برای توضیح ذات خدا به اندیشهٔ انتزاعی می‌پرداختند، پاسخ‌شان این بود که خدا یکی است - یعنی یک وحدت است. مسیحیان قرن چهارم نوعی بی‌قراری آزاردهنده دربارهٔ این آموزه احساس می‌کردند، درست مانند پژوهشگرانی که بخشی از تحقیقات‌شان هنوز ناتمام است. «سه در یک» و «یک در سه»، هر سه یکسان و در همان حال متفاوت با یکدیگر؛ این به چه معناست؟

یکی از اسقفان در وصف قسطنطنیه می‌گفت که غرق در مباحثه است:

> اگر در این شهر از کسی سکه بخواهی، صحبت را به این موضوع خواهد کشاند که خدای پسر مولود است یا نامولود. اگر از کیفیت نان بپرسی، جواب می‌شنوی که «خدای پدر بزرگ‌تر و خدای پسر کوچک‌تر از اوست.» اگر بگویی حمام می‌چسبد، می‌گویند: «قبل از خدای پسر چیزی خلق نشده بود.»

از نظر تاریخی، این همان دوره‌ای است که آموزهٔ تثلیث صورت‌بندی یعنی به‌صورت یک فرمول بیان شد. ولی منظور مسیحیان از تثلیث چه بود؟ مسیحیان درست‌باور چه درکی از خدای تثلیث دارند؟

سر درآوردن از راز تثلیث

پس از ایمان‌آوردن کنستانتین، این اعتقاد اهمیت فراوانی یافت. هنگامی که امپراتور به سراغ ایمان مسیحی آمد، امیدوار بود کلیسا جانی نو در کالبد خستهٔ امپراتوری بدمد. امّا برای رسیدن به این هدف، کلیسا خود باید متحد می‌بود. مسیحیتی درگیرِ کشمکش و چنددستگی، نمی‌توانست از فروپاشی امپراتوری جلوگیری کند.

از همین رو، کنستانتین برآشفت، چون از هر طرف به او خبر می‌رسید که مسیحیان بر سر مسائل الاهیاتی به جان هم افتاده‌اند. همان ایمان‌دارانی که تا چندی پیش قربانی جفای وحشتناک دیوکلتیان و گالِریوس بودند، اکنون به‌خاطر اختلاف بر سر مسائل الاهیاتی، خواهان سرکوب و اخراج مخالفان مسیحی خود از کلیسا به‌دست دولت بودند. کنستانتین چاره‌ای جز این نداشت که برای جلوگیری از این مناقشات مستمر، پادرمیانی کند و از اتباع مسیحی امپراتوری بخواهد که در مورد اعتقاداتشان به توافق برسند.

رد اعتقادات نادرست دربارهٔ تثلیث

برای درک آموزهٔ تثلیث ابتدا باید بدانیم که تثلیث چه چیزهایی نیست. کلیسای اولیه اصولاً تثلیث را رازی می‌دانست که باید مورد احترام قرار گیرد و نه چیستانی که به کمک منطق حل شود.

دو مورد از دیدگاه‌هایی که دربارهٔ تثلیث شکل گرفت با آنکه تلاش داشت مقام خدا را به‌عنوان حاکم یگانهٔ اعظم (تک‌سالار[1]) حفظ کند، به این مسئله توجه نداشت که تأکید بر نقش پدر، پسر و روح‌القدس برای تعریف روایت مسیحی ضرورت دارد. به نظریه‌پردازانی که این دیدگاه‌ها را اشاعه دادند، می‌گویند *تک‌سالارباوران*.[2] یکی از دیدگاه‌های تک‌سالارباورانه، *حالت‌گرایی*[3] خوانده می‌شود. این شکل از حالت‌گرایی، پدر، پسر و روح‌القدس را حالات یا نقش‌هایی می‌دانست که خدا در دوره‌های متوالی در آنها ظهور می‌یابد، درست مانند بازیگری که در پرده‌های متوالی یک نمایش، نقش‌های مختلفی بازی می‌کند. الاهیدانان مهم قرن دوم به حالت‌گرایی حمله کردند. ضعف این نظریه در این بود که همکاری پدر، پسر و روح‌القدس را که در عهدجدید تصویر شده بیان نمی‌کرد (برای مثالی از این همکاری، تعمید عیسی را در نظر بگیرید.) همچنین هویت خدای حقیقی در پس نقاب‌های پدر، پسر و روح‌القدس مخفی می‌ماند. چنین بود که کلیسا به‌درستی حالت‌گرایی را نفی کرد.
دومین شکل از دیدگاه تک‌سالارباورانه، تابع‌انگاری[4] خوانده می‌شود که ارزیابی آن به‌مراتب دشوارتر بود. این دیدگاه خدایی حقیقی و قدرتمند را تصویر می‌کند که خدایانی پایین‌تر از او از لحاظ قدرت و مقام، دستیار او هستند. بدین‌ترتیب، پدر به‌طور کامل خداست و پسر و روح‌القدس خدایانی در مراتب پایین‌تر هستند. شورای معروف نیقیه در سال ۳۲۵ دیدگاه‌های الاهیاتی آریوس را که قائل به تمایز فوق بود، رد کرد. بحث‌وجدل بر سر این موضوع نیم‌قرن دیگر هم ادامه یافت تا آنکه حکم شورای نیقیه مورد قبول تمام کلیساها قرار گرفت. اعتقاد مسیحی به تثلیث مستلزم رد حالت‌گرایی و تابع‌انگاری است.

بدترین مناقشه در شرق در شهر اسکندریه پیش آمد. آریوس، کشیش کلیسای بانفوذِ ناحیهٔ بوکالیس[5] با اسقف خود که آلکساندر[6] نام داشت، دچار اختلاف شد. در حدود سال ۳۱۸، آریوس این بحث را با معلمانش پیش کشید که کلام (یعنی لوگوس) که در عیسای مسیح جسم انسانی بر خود گرفت (یوحنا ۱:۱۴) از لحاظ مقام خدایی پایین‌تر بود و ذاتی متفاوت با خدای پدر داشت. پسر نه ازلی است و نه دارای قدرت مطلق. از نظر آریوس، هنگامی که مسیحیان مسیح را خدا می‌خوانند، منظورشان نه برابری او با خدا، بلکه نزدیکی بسیار او به خداست. او موجودی پایین‌تر از خداست و خالقِ ازلی و تغییرناپذیر نیست. او «موجودی» مخلوق است - یعنی اولین و عالی‌ترین مخلوق، ولی به‌هرحال، مخلوق است. آریوس در شرح موضع خود برای یوسِبیوس، اسقف پایتخت امپراتوری یعنی نیکومِدیا، نوشت: «پسر دارای آغاز است، لیکن .... خدا بی‌آغاز است.»

این تعلیم برای بسیاری از کسانی که در گذشته بت‌پرست بودند جذابیت داشت؛ چون بسیار شبیه مذهب دورهٔ جوانی‌شان بود. برای مثال، آیین گنوسی تعلیم می‌داد که یک خدای

1. Monarch; 2. Monarchians; 3. Modalism; 4. Subordinationism; 5. Baucalis; 6. Alexander

متعال وجود دارد که یگّه و تنهاست و شماری از موجودات نازل‌تر وجود دارند که اوامر او را انجام می‌دهند و مدام بین آسمان و زمین در تردد هستند. برای کسانی که از مذاهب بت‌پرستی به مسیحیت گرویده بودند درک این اعتقاد مسیحی دشوار بود که کلام از ازل وجود داشته و با پدر برابر است. آریوس فهمیدن مسیحیت را برای این افراد آسان‌تر می‌کرد، چون اگر مسیح را نوعی قهرمان الاهی بدانیم که در جایگاهی بالاتر از انسان‌های عادی و در رده‌ای پایین‌تر از خدا قرار دارد، در ظاهر به عقل سازگارتر است. ولی این تعلیم از سویی جایگاه دقیق پسر را در مقام موجودی الاهی روشن نمی‌ساخت و از سوی دیگر، با یگانگی خدا در تضاد قرار می‌گرفت؛ زیرا اگر پسر ذاتی متفاوت با پدر دارد، در این صورت حداقل با دو خدا مواجه هستیم. آریوس تصدیق می‌کرد که پدر، خدای بزرگ و حقیقی است و پسر، خدایی کوچک‌تر است.

علت محبوبیت دیدگاه‌های آریوس این بود که سبک شیوای سخنرانی خود را با استعدادش در زمینهٔ روابط عمومی آمیخته بود. در نخستین مراحل تعارض، او دیدگاه‌های خود را به‌صورتی ارائه کرد که مانند شعرهای تبلیغاتی با آهنگ ساده‌ای خوانده می‌شدند و طولی نکشید که کارگر بارانداز و دستفروش و بچه‌مدرسه‌ای آنها را می‌خواندند.

با این همه، جناب اسقف آلکساندر، هیچ‌یک از این مهارت‌ها را نداشت. به‌دستور او شورایی در سال ۳۲۰ در اسکندریه برگزار شد و مقامات کلیسایی که به این شورا آمده بودند، تعلیم آریوس را محکوم و این کشیشِ سابق را از کلیسا اخراج کردند. آریوس به سراغ دوست خود، یوسِبیوس، اسقف نیکومِدیا رفت و از حمایت او برخوردار شد. به این ترتیب، مجادله بر سر مسائل الاهیاتی به عرصه‌ای برای قدرت‌نمایی میان دو کلیسای مهم در شرق تبدیل شد، یعنی بین نیکومِدیا، مرکز سیاسی و اسکندریه، مرکز فکری امپراتوری. آریوس با حمایت دوستانش به اسکندریه بازگشت و مردم به کوچه و خیابان ریختند.

کنستانتین دریافت که این موج باید خوابانده شود. این بود که در سال ۳۲۵ دستور برگزاری شورایی در شهر نیقیه داد که در آسیای صغیر واقع بود و فاصلهٔ چندانی از نیکومِدیا نداشت. این نخستین شورای متشکل به‌دستور امپراتور، صحنه‌هایی تأثیرگذار خلق کرد! از بیش از ۳۰۰ اسقف حاضر در شورا، اکثرشان خاطراتی زنده از روزهای جفا داشتند. آثار شکنجه و زندان به‌شکل معلولیت، بر بدن برخی از آنها باقی بود. یکی در زمان جفا چشمش را از دست داده بود. آن‌یکی، دستانش زیر شکنجه فلج شده بود. لیکن چنین می‌نمود که روزهای رنج و عذاب دیگر تمام شده است. اکنون دیگر اسقفان برخلاف گذشته که از دستگیری می‌ترسیدند، در خفا راهی نیقیه نشده بودند. دیگر مانند گذشته کیلومترها راه را پیاده و به‌سختی گز نمی‌کردند؛ بلکه به‌عنوان مهمانان امپراتور، وسیلهٔ سفر آسودهٔ آنها فراهم و تمام هزینه‌های سفر پرداخت شده بود.

کنستانتین که در مرکز تالار همایش در نیقیه نشسته بود، در آغاز فکر می‌کرد کل این اختلاف بر سر واژه‌هاست. او که ریاست جلسات نخست شورا را بر عهده داشت، در لباس امپراتوری پرزرق و برقش ظاهر می‌شد که دیگر ردای بنفش ساده‌ای که امپراتوران روم به تن

می‌کردند نبود، بلکه جامه‌ای زربفت و رنگارنگ و پوشـــیده از جواهرات بود که فرمانروایانِ شرق به تن می‌کردند.

او چند کلمه‌ای برای مقامات کلیسایی سخن گفت و به آنها یادآور شد که حتماً باید بر سر مســـائل مورد اختلاف به توافق برسند؛ نیز آنکه، جدایی در کلیسا بدتر از جنگ است. پس از ادای این سخنان، کنار رفت و کار حل‌وفصل تعارض را به رهبران کلیسا سپرد.

خدای حقیقی از خدای حقیقی

در یکی از گزارش‌های این شـــورا آمده است که برخی از اسقفانِ طرفدار آریوس با دفاع محکم و جانانه از آریوس نزدیک بود به پیروزی کامل برســـند؛ لیکن سخنان آنها چنان مایهٔ رنجش بقیهٔ حاضران شد که به‌صدای بلند خواســـتار سکوت آنها شدند. چنین می‌نماید که تمام اسقفان معترض به کلیساهایی تعلق داشتند که عیسی را می‌پرستیدند. بنابراین، تأکید بر تفاوت عیسی با خدا، مایهٔ بی‌احترامی بود.

از یک نظر، شـــورا کار خود را تمام کـــرده بود؛ تعلیم آریوس در ایـــن دور از گفتگوها نتوانسته بود شورا را مجاب کند. کار دشـــوار شورا در مرحلهٔ بعد تنظیم بیانیه‌ای بود که هم مورد توافق اعضای شورا و هم مخالف تعلیمات آریوس باشد.

در ادامهٔ گفتگو، باسوادترین اسقف حاضر در شورا، یعنی یوسِبیوس اهل قیصریه، مورخ تاریخ کلیسا که دوست نزدیک امپراتور و تحســـین‌کنندهٔ او و تا اندازه‌ای هم حامی آریوس بود، اعتقادنامهٔ پیشنهادی خود را ارائه داد که شاید گواه بر اشکالات اعتقادی خود او بود.

با این حال، اکثر شـــبانان بر ایـــن عقیده بودند که اعتقادنامهٔ دقیق‌تری لازم اســـت تا راه بر دیدگاه‌های بدعت‌کارانهٔ آریوس بســـته شود. به‌همین سبب، اعتقادنامهٔ دیگری به نگارش درآوردند که احتمالاً کار نمایندگان فلســـطین بود. در این اعتقادنامه عبارات بســـیار مهمی گنجانده شد: «خدای حقیقی از خدای حقیقی، مولود و نه مخلوق، از جوهری یکسان با پدر.»

عبارت *homo ousion*، یعنی «از یک جوهر» را احتمالاً جناب اسقف هوسیوس[1] از کوردووا[2] (در اســـپانیای کنونی) به متن اضافه کرد. به‌خاطر تأثیر بسیاری که این شخص بر کنستانتین داشـــت، توجه همایونی از آریوس به این ســـو متمایل شـــد. محصول تمام اینها، اعتقادنامهٔ نیقیه بود که تا امروز، معیار اعتقادات درســـت مسیحی در کلیساهای کاتولیک رومی، شرق، آنگلیکن و برخی دیگر است؛ و حال متن اعتقادنامه:

> من ایمان دارم به یک خدا، پدر قادر متعال؛ آفرینندهٔ آسمان و زمین، و تمام امور دیدنی و نادیدنی.
>
> و به یک خداوند، عیســـای مسیح، پســـر مولود یگانهٔ خدا، مولود از پدر پیش از آفرینش عوالم. خدا از خدا، نور از نور، عین خدا از عین خدا، مولود، نه مخلوق، هم‌جوهـــر با پدر که از طریق او همه‌چیز آفریده شـــد؛ او برای ما آدمیان و برای

1. Bishop Hosius; 2. Cordova

نجات ما، از آسمان نزول کرد، و توسط روح‌القدس از مریم باکره تن یافت، و انسان شد؛ همچنین برای ما در زمان پنتیوس پیلاتس مصلوب شد؛ رنج کشید و مدفون گردید؛ و در روز سوم بر طبق کتب مقدس، از مرگ برخاست؛ و به آسمان صعود کرد، و بر دست راست پدر نشست؛ و او در جلال بازخواهد گشت تا زندگان و مردگان را داوری کند، و پادشاهی او را پایانی نخواهد بود. و من ایمان دارم به روح‌القدس، خداوند و بخشندهٔ حیات که از پدر و پسر صادر می‌گردد و به‌همراه پدر و پسر عبادت می‌شود و جلال می‌یابد، و از دهان انبیا سخن گفته است. و من ایمان دارم به کلیسای واحد مقدس جامع و رسولی. من به تعمید واحد برای بخشایش گناهان ایمان دارم؛ و در انتظار رستاخیز مردگان و حیات جهان آینده هستم. آمین.

تمام حاضران غیر از دو اسقف، این اعتقادنامه را امضا کردند و این دو مدتی بعد به‌همراه آریوس تبعید شدند. در همین حال، کنستانتین خوشحال بود که مسئله حل‌وفصل شده است و به افتخار این موفقیت، جشن بزرگی بر پا کرد. این اتفاق با ذهنیات مسیحی سازگار نبود. آیا حالا دیگر امپراتور با اسقفان کلیسا بر سر یک میز نشسته بودند و فرارسیدن روزهای خوش کلیسای مسیح را جشن می‌گرفتند؟

یوسبیوس اهل قیصریه با شور و شوق نوشته است: «همهٔ اسقفان در ضیافت امپراتور حضور داشتند.» وی در ادامه می‌گوید:

نگهبانان و سربازان دورتادور صحن بیرونی قصر با شمشیرهای آخته پاس می‌دادند، ولی مردان خدا بدون ترس و هراس از میان آنها می‌گذشتند و وارد درونی‌ترین قسمت‌های قصر می‌شدند. هنگام شام، برخی از آنها بر همان کاناپهٔ امپراتور لم داده بودند و برخی دیگر بر کوسن‌های دو طرف او استراحت می‌کردند. شاید پیش خود تصور می‌کردی که این همان پادشاهی مسیح است و یا این صحنه را بیشتر شبیه رویا می‌دانستی تا واقعیت.

جناب اسقف پافنوتیوس[1] از مصر که در زمان امپراتوری دیوکلتیان یک چشم خود را از دست داده بود، مورد احترام ویژهٔ امپراتور جدید قرار گرفت. کنستانتین به نشانهٔ دوستی بین امپراتوری و کلیسا، طرفی از صورت اسقف را که حدقهٔ چشم آن خالی بود، بوسید.

با این همه، پس از شورای نیقیه، ابتدا کنستانتین و سپس جانشینانش بارها برای اخراج یا تبعید این یا آن مقام کلیسایی مداخله کردند. تعلیم کلیسا نیز اغلب بنا به میل امپراتور جهت می‌یافت. دربار نیز متأثر از سخنگویان حزب مسیحی خاصی بود. در نتیجه، امپراتور مدام برخی از اسقفان را به تبعید می‌فرستاد و همین‌که گروه جدیدی از مشاوران کلیسایی بر سر کار می‌آمدند، آنها را بازمی‌گرداند.

---
1. Paphnutius

تسلط امپراتور بر کلیسا، در قضیهٔ آتاناسیوس به بهترین شکل نمود یافت. آتاناسیوس احتمالاً به‌عنوان منشی آلکساندر، اسقف اسکندریه، در شورا شرکت کرده بود. بنابراین، هم می‌توانست مدعی خدمت به شکل‌گیری ایمان نیقیه باشد و هم مدعی دفاع قهرمانانه از آن. مدت کوتاهی پس از این شورا، اسقف آلکساندر درگذشت و آتاناسیوس در سی‌وسه سالگی جانشین او شد. با این همه، طی پنجاه سال بعد کسی نمی‌توانست پیش‌بینی کند که در جنگ با آریانیسم چه کسی پیروز خواهد شد. در این دهه‌ها، آتاناسیوس لااقل پنج مرتبه از مقام خود عزل و روانهٔ تبعید شد و هر تبعید و بازگشتی حکایت از این داشت که امپراتور جدیدی بر تخت نشسته یا مقامات کلیسایی صاحب‌نفوذ در دربار تغییر کرده‌اند. گاه، آتاناسیوس چنان از چشم امپراتور می‌افتاد که احساس می‌کرد تمام هوادارنش از او رو گردانده‌اند. در یکی از این مواقع بود که تمرد معروفش، یعنی *آتاناسیوس در مقابل جهان* را بیان داشت. حاضر بود به‌تنهایی، حتی شده، در مقابل کل امپراتوری روم بایستد.

در این پنجاه سال، مجادلهٔ داغ بر سر مسئلهٔ آریوس ادامه داشت. دیری از شورای نیقیه نگذشته بود که گروهی میانه‌رو که گاه آریوسی‌های معتدل خوانده شده‌اند، از آریوسی‌های تندرو جدا شدند و کوشیدند تا تفسیر جدیدی از *هم‌جوهری* ارائه کنند. آنها در توصیف رابطهٔ کلام با پدر، طرفدار استفاده از لفظ *homoios* بودند که به معنی «متشابه» است. بدین ترتیب، دو گروه ایجاد شد. گروهی که تحت رهبری آتاناسیوس بود به استفاده از لفظ *هم‌سرشتی*[1] تأکید داشت، زیرا بر این باور بود که کلام (یعنی مسیح) درست از «همان» ذات پدر است. آنها می‌گفتند که اگر مسیح از الوهیت کامل برخوردار نباشد، نمی‌تواند ما را از نجات کامل برخوردار سازد. گروه دیگر، یعنی آریوسی‌های میانه‌رو، استدلال می‌کردند که به‌جای لفظ اخیر باید از *همسان‌سرشتی*[2] استفاده کرد، زیرا بر این باور بودند که کلام، وجودی «شبیه» خدای پدر است. ادوارد گیبون[3] در اثر به‌یادماندنی خود که تاریخچهٔ انحطاط امپراتوری روم را روایت می‌کند، به طعنه گفته است که در این قضیه، مناقشهٔ مسیحیان بر سر یک مصوّت مرکّب[4] بود. البته، درست هم می‌گوید، مناقشه بر سر یک مصوّت مرکّب بود، ولی همین مصوّت، دنیایی از معانی در خود داشت.

ویلیام هوژدِرْن[5] در یکی از کتاب‌هایش، داستان زنی را بازمی‌گوید که برای گردش به اروپا رفته بود و به شوهرش این پیام را مخابره کرد: «دستبند خیلی قشنگی دیده‌ام. هفتادوپنج هزار دلار است. بخرم؟» شوهر بلافاصله در جواب، تلگراف می‌کند: «کجا، گران است.» مأمور تلگراف در موقع مخابرهٔ پیام، ویرگول را نمی‌گذارد و لاجرم این پیام به دست زن می‌رسد: «کجا گران است.»[6] زن دستبند را می‌خرد و شوهر از شرکت تلگراف شکایت می‌کند و خسارت خود را می‌گیرد.

1. Homoousios; 2. Homoiousios; 3. Edward Gibbon; 4. Diphthong; 5. William Hordern

۶. متأسفانه در ترجمهٔ فارسی نمی‌توان این نکته را چنان‌که باید انتقال داد. مثال مشابه برای اهمیت نقطه‌گذاری در فارسی، جملهٔ معروف «بخشش، اعدام لازم نیست» است که اگر به‌صورت «بخشش اعدام لازم نیست» نوشته شود، بد خوانده می‌شود و عکس معنای جملهٔ اول را می‌یابد. (مترجم)

این داستان به ما یادآوری می‌کند که اگر با یک نقطه‌گذاری جزئی یا کلمات معدود روبه‌رو هستیم، معنای آن بی‌اهمیت بودن پیامی که از طریق آنها منتقل می‌شود نیست. بنابراین، با وجودی که فقط یک حرف یونانی (که در انگلیسی معادل i است) راه افراد را پس از نیقیه از هم جدا کرد، اختلاف بر سر مسائلی بود که دو تفسیر بسیار متفاوت از ایمان مسیحی را در بر می‌گرفت. آنچه در اینجا به خطر افتاده بود، الوهیت کامل مسیح و ذات آموزهٔ تثلیث بود.

اگر آریوسی‌های میانه‌رو توانسته بودند حرف یونانی مورد نظرشان را در اعتقادنامه وارد سازند، دیدگاه آنها به مجموعه‌اعتقادات درست مسیحی می‌پیوست. بدین‌ترتیب، ایمان مسیحی دو خدا می‌داشت و عیسایی که نه خدا بود و نه انسان. معنای آن این می‌بود که خود خدا برای انسان دسترسی‌ناپذیر و کاملاً از او دور است. نتیجهٔ این عقاید، مسیحیتی می‌بود که با انبوه مذاهب بت‌پرستی فرقی نداشت. در مناقشهٔ آریوس، همه‌چیز در دقت خلاصه می‌شد. ولی چگونه می‌توان از «سه در یک» سخن گفت بی‌آنکه دچار مهمل‌گویی شد؟

راز تثلیث

امروزه مسیحیان در توضیح آموزهٔ تثلیث گاه از چیزهایی مثال می‌آورند که سه چیز در یک چیزند. به چند مثال اشاره می‌کنیم: تخم مرغ که مرکب از زرده، سفیده و پوسته است. گیاه که شامل ریشه، ساقه و میوه است. آب که به صورت یخ، مایع و گاز وجود دارد. تمام این مثال‌ها جالب‌اند و در برخی شرایط چه بسا برای توضیح تثلیث مفید باشند. لیکن در هیچ‌یک از آنها به این مسئله توجه نشده که در آموزهٔ مسیحی تثلیث، اقانیم از شخصیت برخوردارند.

علت اهمیت تثلیث چیست؟

کتاب‌های عهدجدید و نخستین معلمان مسیحی، پدر، پسر و روح‌القدس را صرفاً سه کلمه برای توصیف خدا در میان بسیاری کلمات دیگر نمی‌دانستند. بدون توجه به نقش پدر، پسر و روح‌القدس امکان تعریف روایت بنیادین مسیحی وجود ندارد. خدا با نظارت بر جریان تاریخ یا هدایت آن، نجات را برای انسان به ارمغان آورده است.

تثلیث و نجات: نجات برای کلیسای اولیه معنایی بیش از رفتن به بهشت داشت؛ معنی آن مشارکت و اتحاد با خدا بود. پدر، پسر و روح‌القدس می‌بایست از ذات الاهی برخوردار باشند تا ما را در این اتحاد وارد سازند و برای سهیم‌شدن در مشارکت الاهی که از قبل وجود داشته، آماده کنند. البته، ما به خدا یا به هم‌تراز او تبدیل نمی‌شویم، بلکه برای ورود به مشارکت غنی و ابدی که در انتظار مسیحیان است، باید دگرگون شویم.

شاید این حقیقت را بتوان به کمک داستان سادهٔ نوه‌ای که به مزرعهٔ پدربزرگ رفته، بیان کرد. برای پسرک، پدربزرگ و مادربزرگش پر از شور زندگی‌اند. آنها کارهای مزرعه را انجام می‌دهند، با لذت به داستان‌های او گوش می‌سپارند، و اجازه می‌دهند تا در

ماجراهای روزانه‌شـــان شرکت کند. پس از شام و گپی مفصل، این زوج، بیرون در ایوان می‌نشـــینند و خود را روی صندلی تاب می‌دهند و آرام آرام در ســـکوت فرو می‌روند. چنین می‌نماید که از این ســـکوت و مشارکتِ خرسندی‌بخش، غرق در لذت‌اند. پسرک اتحاد و عشـــق و پیوندی را که میان آنهاست احساس می‌کند. آرزو دارد که خودش هم به‌نحوی در این جریان عظیم عشـــق و زندگی که میان زوج سالمند برقرار است، سهیم شـــود. سرانجام، خود را بین آنها جا می‌کند و آنها هم به او جا می‌دهند. پسرک خاموش و آرام می‌نشـــیند و با همهٔ وجودش محبت و مشـــارکتِ ناشی از زندگی مشترک را در خود جذب می‌کند. مســـیحیان اولیه سرنوشت خود را ورود به مشارکت خدای تثلیث می‌دانستند.

تثلیث و عبادت: پدر، پســـر و روح‌القدس در ذاتِ روایت و عبادت مسیحی جای دارند. تقریباً همهٔ مســـیحیان به نام (و نه نام‌های) پدر، پســـر و روح‌القـــدس تعمید یافته‌اند. آموزهٔ تثلیث را حتی در نخســـتین آرای مسیحی می‌توان دید؛ حتی پولس رسول نیز در دوم قرنتیان ۱۴:۱۳ بر اساس تثلیث دعای برکت می‌کند.

تثلیـــث و کرامت انســـان: تابع‌انگاران بر این تصور بودند که اگر عیســـی به پدر خدمت می‌کند، پایین‌تر از پدر اســـت. در اکثر فرهنگ‌های باستان، آنچه ردهٔ فرد را تعیین می‌کرد دســـتاورد و موقعیت خانواده بود. چنین ذهنیتی افراد بزرگ را از اشـــخاص دون متمایز می‌ســـاخت و گروه اخیر به‌ناگزیر کمر به خدمت گروه اول می‌بســـت. دیدگاه مسیحی دربارهٔ خدا که از اساس متفاوت است، به منزلت پسر ارج می‌نهد؛ خدمت پسر به پدر نه به دلیل پایین‌تر بودن از او، بلکه از سر محبت است. مسیحیان در پیروی از عیسی، خدمت را نشانهٔ شباهت‌یافتن به مسیح می‌دانند و از آن به ضعف یا بی‌کفایتی تعبیر نمی‌کنند.

بنیاد حقیقی آموزهٔ تثلیث، خود خداســـت. خدایی که در تاریـــخ عمل کرد و خود را بر بنی‌اســـرائیل آشکار ساخت. خدایی که در تاریخ عمل کرد و به‌صورت نجّاری یهودی به نام عیسی به جهان ما آمد و برای نجات ما، مرد و دوباره زنده شد. خدایی که در تاریخ عمل کرد و در روز پِنتیکاســـت به‌صورت روح‌القدس نازل شـــد تا کلیسای مسیحی را در حیات خود سهیم سازد.

ولی اگر خدا از ازل یکی بوده و از ازل هم ســـه شخص بوده، چگونه باید این موضوع را درک کرد؟ نظر به اینکه خدا از شخصیت برخوردار است، در هر مثالی که برای اندیشیدن یا سخن‌گفتن دربارهٔ خدا استفاده کنیم، این موضوع باید انعکاس یابد.

اگر به دنبال تمثیل‌هایی از این نوع برویم متوجه می‌شـــویم که دو گزینه بیشتر پیش روی ما نیست. یا باید خدا را سه شخص دانست یا یک شخص.

اگر خدا را سه شخص بدانیم، سه‌گانگی وجود او روشن خواهد بود، و باید یگانگی او را در این حالت توضیح داد. الاهیدانان معمولاً به این نکته اشاره می‌کنند که سه شخص ممکن اســـت به‌اندازه‌ای به‌هم نزدیک شـــوند که بتوان گفت از حیاتی مشترک برخوردارند. ممکن

است چنان پیوندی با یکدیگر داشته باشند که از هریک به‌تنهایی سخن‌گفتن خطا باشد. از آنجا که این تمثیل بر پایهٔ اجتماعی از سه شخص استوار است، الاهیدانان به آن می‌گویند تمثیل اجتماعی.[1] قوت این تمثیل در این است که به‌روشنی سه‌گانگی وجود خدا را نشان می‌دهد. لیکن از توضیح روشن یگانگی خدا درمی‌مانَد.

اگر خدا را یک شخص بدانیم، باید سه‌گانگی وجود او را توضیح دهیم. یک روش این است که بگوییم شخص دارای کارکردهای متمایزی در ساحت ذهن، احساس و اراده است.

از آنجا که این تمثیل برگرفته از کارکردهای روانی است، الاهیدانان به آن می‌گویند تمثیل روان‌شناختی.[2] قوت این تمثیل در بیان روشن آن از یگانگی خداست؛ یعنی به‌روشنی می‌گوید که خدا یک شخص است. لیکن، اشکال آن این است که سه‌گانگی وجود خدا را در هاله‌ای از ابهام باقی می‌گذارد.

کلیسای اولیه از هر دو تمثیل فوق استفاده کرد، درست همان‌گونه که الاهیدانان جدید مانند لئونارد هاجسون[3] و کارل بارت[4] آنها را به‌کار برده‌اند.

با گذشتن دهه‌های بین ۳۲۵ و ۳۸۱، زمانی که دومین شورای عمومی کلیسا برگزار شد، رهبرانی که در مناقشهٔ مربوط به آریوس حضور داشتند، به‌تدریج منظور خود را از واژهٔ شخص روشن ساختند. سه پدری که اصطلاحاً پدران کَپَدوکیه[5] خوانده می‌شوند - یعنی گرگوری نازیانزوسی[6] گرِگوری نوسایی، و باسیل کبیر - جریان این روشنگری را هدایت کردند. پدران کپدوکیه تمثیل اجتماعی را به‌کار گرفتند، لیکن توجه داشتند که تمایزات بین سه شخص الاهی فقط مربوط به روابطِ درون ذات الاهی است و چنین نیست که سه خدا وجود داشته باشد. خدا وجود واحد الاهی در سه «شخص» است.

با این همه، کلمهٔ شخص برای مسیحیان اولیه معنای امروزینش را نداشت. برای ما، شخص به معنی فردی مشخص است، مثل فرشید و فرشاد و فرناز. لیکن کلمهٔ لاتین برای شخص، یعنی persona در اصل به معنای نقابی بود که یک بازیگر روی صحنه بر چهره می‌زد. با وجود کج‌فهمی‌هایی که این کلمه می‌توانست ایجاد کند، مسیحیان از آن برای توصیف حیات پویای درونی و مشترک پدر، پسر، و روح‌القدس استفاده کردند.

چندی بعد، آگوستین، اسقف هیپو در نزدیکی کارتاژ، از تمثیل روان‌شناختی استفاده کرد. او بر این باور بود که اگر انسان بر صورت خدا خلق شده، پس بر صورت تثلیث آفریده شده است. بنابراین، تمثیل او برای تثلیث برگرفته از ساختار ذهن انسان بود. آگوستین می‌گفت که وجود خدا مانند حافظه، خرد، و اراده در ذهن آدمی است. خلاصهٔ کلام آنکه، هرگاه دربارهٔ خدا می‌اندیشیم نیازی نیست به سه شخص فکر کنیم؛ می‌توان به یک شخص اندیشید. البته، آگوستین روشن ساخت که این فقط یک تمثیل است. ذهن او ژرف‌اندیش‌تر از آن بود که خدا را انسانی والا در آسمان به تصور آورد. ما انسان‌های محدودی هستیم که سعی داریم دربارهٔ رازی که نامش خداست، وفادارانه سخن گوییم.

---

1. Social Analogy; 2. Psychological Analogy; 3. Leonard Hodgson; 4. Karl Barth; 5. Cappadocian Fathers; 6. Gregory of Nazianzus

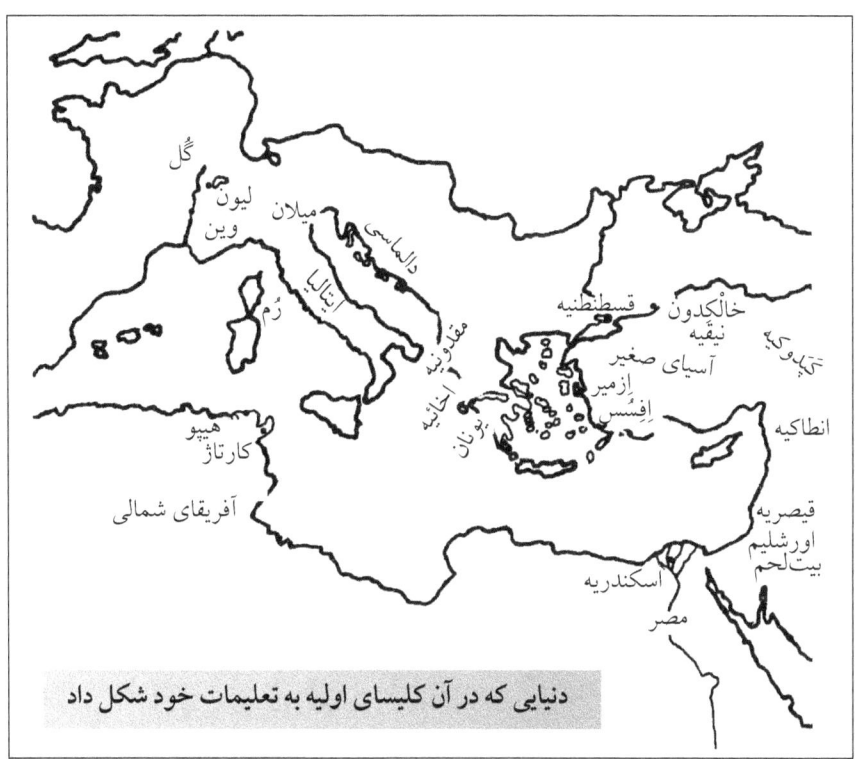

دنیایی که در آن کلیسای اولیه به تعلیمات خود شکل داد

چنان‌که آشکار شد، آتاناسیوس چندان هم در مقابل جهان تنها نبود. او پیروزی عقیده‌ای را که از آن دفاع می‌کرد، به عمر خود دید. هنگامی که در هفتادوپنج سالگی دیده از جهان فروبست، در آرامش از این جهان رخت کشید. سرانجام، در واپسین سال‌های زندگی، مقام او به‌عنوان اسقف اسکندریه تثبیت شـــده، و از آن مهم‌تر، اعتقادنامه‌ای که برای آن در شورای نیقیه و در سال‌های پس از آن جنگیده بود، به اعتقادنامهٔ کلیسا تبدیل شده بود. «تثلیث اقدس ذاتت کردی عیان!»

پیشنهادهایی برای مطالعهٔ بیشتر

*Anatolios, Khaled. *Athanasius: The Coherence of His Thought*. London: Routledge, 1998.
* ----------. *Athanasius*. The Early Church Father Series. New York: Routledge, 2004.
Cranfield, C. E. B. *The Apostles' Creed: A Faith to Live By*. Grand Rapids: Eerdmans, 1993.
Kelly, J. N. D. *Early Christian Creeds, 3rd ed*. New York: D. McKay, 1972.
----------. *Early Christian Doctrine, 5th ed*. New York: Harper, 1978; London: Continuum, 2000.
----------. *Early Christian Doctrine*. New York: Harper, 1978.
*Leithart, Peter. *Athanasius*. Grand Rapids: Baker, 2011.
McGrath, Alister E. *"I Believe"*: Exploring the Apostles' Creed. Downers Grove, IL: InterVarsity, 1998.
Van Harn, Roger E., ed. *Exploring and Proclaiming the Apostles' Creed*. Grand Rapids: Eerdmans, 2004.
Young, Frances M. *The Making of the Creeds*. London: SCM Press, 1991.

فصل یازدهم

عمانوئیل

مسیح در اعتقادنامه‌ها

در پای کوه هرمون، عیسی از شاگردانش پرسید: «به‌نظر مردم من چه کسی هستم؟» شاگردان جواب دادند که اکثر مردم او را یکی از انبیای اسرائیل می‌دانند. سپس، به‌صراحت از آنها پرسید: «شما چطور؟ مرا کِه می‌دانید؟» پطرس پاسخ داد: «تو مسیحا هستی، پسرِ خدای زنده.»

مردم تا به حال هزاران پاسخ به این پرسش داده‌اند. برخی گفته‌اند: «عیسی معلم یهودی متفاوتی بود که ملکوت محبت را موعظه می‌کرد.» برخی دیگر پاسخ می‌دهند: «عیسی انقلابگر اجتماعی بود که هدف اصلی و اساسی‌اش سرنگونی حکومت استبدادی روم بود.» برخی نیز ادعا می‌کنند: «عیسی رویاپردازی بود که به‌اشتباه خیال می‌کرد خدا وارد جریان تاریخ خواهد شد و عدالت را در جهان برقرار خواهد کرد.»

دیدگاه‌های افراد مختلف هرچه باشد، کلیسا از دیرباز، قرن‌ها به‌همراه پطرس اعتراف کرده است که عیسای مسیح همانا مسیحا، پسر خدای زنده است. او فقط موضوعی برای مطالعات مسیحی نیست، بلکه هدفِ نیایش و عبادت مسیحی است. الاهیدانان به این راز می‌گویند تجسم، یعنی تن‌گیری خدا. نویسندگان سرودهای روحانی، در وصف سجایای «عِمانوئیل» که به معنی «خدا با ما» است، سرودها سروده‌اند.

در دوره‌ای که کلیسا تحت سیطرهٔ امپراتوری روم بود، هنگامی که امپراتوران شبانان کلیسا را تحت فشـــار قرار می‌دادند تا اعتقادنامه‌های دقیقی برای بیان ایمان مســیحی تنظیم کنند، کلیسا از خدای انسان‌شده سخن گفت. در ســـال ۴۵۱، شورایی عمومی در شهر خالْکِدون[1] در نزدیکی قســطنطنیه، تصدیق کرد که عیسای مسیح «کامل در الوهیت و کامل در انسانیت، به‌راســتی خدا و به‌راستی انسان است ... در دو ذات که با هم درنمی‌آمیزند، تغییر نمی‌کنند، تقسیم یا از هم جدا نمی‌شوند ... و به‌اتفاق یک شخص را تشکیل می‌دهند.»

اکثر مســیحیان کاتولیک رومی، ارتودوکس شرقی، و پروتســتان تا به امروز این بیان را اعتقاد درست مسیحی می‌دانند؛ ولی متأسفانه، برخی مسیحیان در مصر، سوریه و هندوستان چنین اعتقادی ندارند. علل اختلاف‌نظر آنها به مباحثات قرن پنجم برای توضیح رخداد تجسم برمی‌گردد. آموزهٔ کلاسیک تجسم چگونه صورت‌بندی شد؟ این آموزه به چه معناست؟

کلام جسم پوشید

ما به این عرصه از الاهیات، مسیح‌شناســی می‌گوییم، زیرا این ســؤال را پیش می‌کشد: «عیسای مسیح کِه بود؟» رابطهٔ حیات الاهی و حیات انسانی در این شخص بی‌نظیر، مسیحای نجات‌دهنده، چگونه بود؟

وجود این پرســش در حیات کلیســا، به‌خودی‌خود اهمیتــی ژرف دارد. تا آنجا که من می‌دانم، در یهودیت چیزی به نام موسی‌شناسی و در بودیسم چیزی به نام بوداشناسی نیست. وجود این بحث در تاریخ مسیحیت، مظهرِ بی‌همتایی کسی است که مسیحیان او را پسر خدا می‌خوانند.

مسئلهٔ تجسم را کلیسای عصر امپراتوری مسیحی ابداع نکرد، بلکه آن را به بحث گذاشت. راز خدای انسان‌شده دیری پیش از آنکه در کانون اندیشه‌ورزی مسیحی قرار گیرد، در کانون عبادت مسیحی جای داشت. پروفسور وال[2] خطاب به دانشجویان دورهٔ لیسانس در دانشگاه کمبریج گفته بود: «حس درونی عمیقی همیشه به کلیسا گفته است که شیواترین بیان ما از راز مسیح، در پرستش ما شکل می‌گیرد. کلیسای زنده، یعنی کلیسایی که عبادت می‌کند و سرود می‌خواند و نه مکتبی متشکل از کسانی که صرفاً به آموزه‌های درست اعتقاد دارند.»

وال می‌خواهد بگوید که ارزشمندترین سرودهای کلیسا همیشه مسیح را موضوع عبادت و پرستش قرار داده‌اند. قلب تپندهٔ تجربهٔ مسیحی را نه در اعتقادنامهٔ کلیسا، بلکه در موسیقی آن می‌یابیم.

با این همه، وظیفهٔ مهمی بر دوش محققان ایماندار قرار دارد، زیرا خدایی که در جســم ظاهر شــده، فراتر از قلمرو احساسات، به قلمرو واقعیت تعلق دارد. رسولان در اشاره به این

---

۱. Chalcedon همچنین به‌صورت کالسدون یا کلسدون ضبط شده است که ما تلفظ نزدیک‌تر به یونانی را، آن‌گونه که در منابع فارسی نیز سابقه داشته است، آورده‌ایم. (مترجم)

2. J. S. Whale

حقیقت، از این تعابیر استفاده کرده‌اند: «صورت خدای نادیده»، «کلام به‌جسم‌درآمده»، و «برهٔ ذبح‌شده از بدو آفرینش جهان». ایمانداران قرون دوم و سوم، عقاید اِبیونی و آیین گنوسی را باطل دانستند، زیرا آنها را انحراف آشکار از این حقیقت می‌دانستند.

مباحثات قرون چهارم و پنجم دربارهٔ معنای تجسم، در پی آن نبود که کیستی مسیح را توضیح دهد. مسیحیان می‌دانستند که عیسای مسیح را نمی‌توان توضیح داد، زیرا در هیچ قالبی نمی‌گنجد. او بی‌نظیر است. بزرگ‌ترین مزیّت اعتقادنامه‌ها این است که این راز را آن‌چنان‌که بود، پاس داشتند.

با این همه، تعجبی ندارد که عقل انسان در برابر اعتقادنامه‌های نیقیه و خالْکِدون عصیان کند. هر استادی که کوشیده است تا بحث‌های مسیح‌شناسی را برای دانشجویان سال اول الاهیات شرح دهد، با همین واکنش روبه‌رو شده است. ولی همان‌گونه که چارلز ویلیام[1] گفته است، این عصیان از «قریحهٔ ناپخته» سرچشمه می‌گیرد؛ طبیعی است.

شوراهای کلیسایی احساسات را در روند کار دخالت نمی‌دادند. در نتیجه، سرسپردگی‌هایی که احساسی و از روی ناپختگی‌اند، به چنین تعابیری از عیسی می‌رسند: «عیسای ساده، نابغهٔ عالم معنا، کارگر یهودی با افکاری به گستردگی جهان، عیسایی که از علف صحرا و گنجشکان آسمان مثال می‌زند.» ویلیامز می‌گوید که این تعابیر هرچه هست، سودی برای ایمان مسیحی ندارد، زیرا مسیحیت از آغاز بر این باورْ استوار بوده که در عیسای مسیح، آسمان و زمین، خدا و انسان، به‌هم می‌رسند.

مسیحیان سده‌های نخست درکی عمیق از این واقعیت داشتند. آنها همچنین می‌دانستند که وظیفهٔ استفاده از عقل و هوش، وظیفه‌ای اخلاقی است. بنابراین، در پِی بیانی از موضوع بودند که همبستگی حیات انسانی با حیات الاهی را در عیسای مسیح نشان دهد.

در کلیسای اولیه، دو مکتب معروف الاهیاتی تأکیدهای ناسازگاری بر جسم‌پوشیدن کلام (یوحنا ۱۴:۱) داشتند. یکی از این مکاتب در اسکندریه بود؛ دیگری در انطاکیه. عالمان مکتب اسکندریه بر این نکته پای می‌فشردند که چگونه کلام الاهی جسم بشری (ذات انسانی به معنای اعم کلمه) بر خود گرفت. عالمان انطاکیه نیز بر این نکته تأکید داشتند که چگونه کلام الاهی به انسانی که عیسی نام داشت، ملحق شد. خطری که در موضع عالمان اسکندریه وجود داشت این بود که چنان بر اتحاد ذات الاهی و انسانی تأکید می‌شد که ذات الاهی عیسی بر ذات انسانی او سایه می‌افکند. موضع عالمان انطاکیه نیز با این خطر روبه‌رو بود که بر اثر تأکید نابسنده بر اتحاد ذات الاهی و انسانی، ذات انسانی عیسی بر ذات الاهی او سایه می‌انداخت.

نخستین الاهیدان برجستهٔ اسکندریه که دربارهٔ عیسی، اصطلاح *خدا-انسان* را به‌کار برد، اُریگن بود. او بر اساس *مفاهیم* برگرفته از فیلسوف نامدار یونانی، افلاطون، عرفانی عمیق و پرشور بر مدارِ کلام الاهی (لوگوس) بنیاد نهاد. دیدگاه‌های او بر این اندیشه متمرکز بود که در مسیح، خدا و انسان کاملاً به‌هم رسیده‌اند، و مسیحیان این اتحاد را باید الگوی خود قرار دهند.

---

1. Charles Williams

نسل بعدی مسیحیان به پرورش این دیدگاه عرفانی پرداخت. یکی از پدران کَپَدوکیه، گرِگوری نوسایی، چنین تعلیم داد که در مسیح، لوگوس - شخص *واحد* الاهی - در وجود خود دو ذات الاهی و انسانی را متحد ساخته است. این دو ذات در همان حال که به‌خودپایدار و مستقل از یکدیگرند، از هم جدا نیستند، بلکه پیوندشان به‌گونه‌ای است که صفات هریک به دیگری قابل اطلاق است.

الاهیدانان مکتب انطاکیه کتاب‌مقدس را به‌شیوه‌ای که اتکا بیشتری به تاریخ داشت، تفسیر می‌کردند. معلمان برجستهٔ این موضع، بیشتر به شخصیت انسانی عیسی، آن‌گونه که در انجیل‌ها تصویر شده، تأکید داشتند. آنها سرمشق و دستاورد عیسی را حامل فضیلتی نجات‌بخش می‌دانستند. در مسیح، ارادهٔ انسانی، که در انسان‌های دیگر به‌راحتی گناه را برمی‌گزیند، فرمانبردار و پیروزمند بود.

در نتیجه، الاهیدانان انطاکیه بر واقعیت انسان‌بودن مسیح تأکید کردند. همان‌گونه که دیوید رایت[1] توضیح می‌دهد، اتحاد روح و بدن، انسجام و عملکرد ذات انسانی را به‌هیچ‌روی مخدوش نمی‌کند. بنابراین، پس از آنکه کلام جسم گردید، تمایز دو ذات بر قرار ماند. طبق تعلیم علمای انطاکیه، این دو ذات را می‌توان به‌آسانی همچون دو موجودیت مستقل پنداشت، یعنی خدا و انسان، پسر خدا و پسر مریم، که هرچند به‌هم ملحق شده یا با همدیگرند، در شخص مسیح به اتحاد نرسیده‌اند. بدین‌ترتیب، همچون ظرفی که کلام در آن جای گرفته، عیسی بی‌شباهت به انبیا و رسولان نبود، مگر از حیث بهره‌مندی کامل از فیض و قدرت. به‌گفتهٔ یک الاهیدان، در وجود انسانیِ عیسی، کلام به‌همان‌گونه منزل کرده بود که در معبد.

بحث دربارهٔ معنای تجسم برای چند نسل ادامه داشت، بخشی به این سبب که پای نفوذ سیاسی نیز در میان بود. پس از آنکه مسیحیت در زمان تئودوسیوس به دین رسمی امپراتوری تبدیل شد، ساختار کلیسا بر چند فرد قدرتمند متمرکز شد. اسقفانی که در شهرهای عمدهٔ ایالات امپراتوری حضور داشتند، *اسقف اعظم* نامیده شدند. کلمه‌ای که برای مرکز رسمی استقرار اسقف و محدودهٔ اختیارات قضائی و قانونی او به‌کار می‌رود، See، یعنی *حوزهٔ اسقفی (خلیفه‌گری)*[2] است. اسقفانی که در شهرهای مهم امپراتوری حضور داشتند - یعنی در رُم، قسطنطنیه، اسکندریه، و انطاکیه - از همهٔ مقامات کلیسایی بالاتر شمرده می‌شدند و به آنها *پاتریارک*[3] یا *بِطْریق* گفته می‌شد. طی سده‌های چهارم و پنجم، این چهار پاتریارک قدرتمند در تلاش بودند تا قدرت و منزلتِ منصب روحانی خود را گسترش دهند.

در یک بیان کلی، اسکندریه و رُم بیشتر از یکدیگر حمایت می‌کردند و انطاکیه هم حامی قسطنطنیه بود. در مورد اسکندریه، گرایش فوق از حسادت این شهر مغرور و کهن به قسطنطنیه، این پایتخت نو در شرق، ناشی می‌شد که دیر آمده و زود به همه‌چیز رسیده بود. رُم نیز با اینکه تا آن دَم به گسترش نفوذ خود در سرزمین‌های غربی امپراتوری خرسند بود، دل خوشی از گستاخی‌های فزایندهٔ «رُم جدید» در شرق نداشت. از سوی دیگر، انطاکیه و اسکندریه دیری بود که در شرق با هم رقابت و اختلاف داشتند. بنابراین، انطاکیه اگر رسیدن

---

1. David F. Wright; 2. See; 3. Patriarch

به برتری را محال می‌یافت، ترجیح می‌داد که این مقام نصیب کلیسای پایتخت جدید شود و دست رقیب قدیمی بر کنارهٔ نیل، از آن کوتاه بماند.

مهم‌ترین اعتقادات نادرست در مورد مسیح

در این فضا، مباحثات مسیح‌شناختی برای یک قرن به طول انجامید و تبدیل به مهم‌ترین دغدغهٔ کلیساهای شرق شد. بین سال‌های ۳۵۰ تا ۴۵۰، بدعت‌هایی سر بر آورد که هریک، کلیساها را وا می‌داشت تا به پرسش «عیسای مسیح کیست؟» پاسخ روشن‌تری بدهند.

نخستین دیدگاهی که مطرح و رد شد مربوط به کشیشی بود از شهر لائودیکیه به نام آپولیناریس[۱] که دوست آتاناسیوس و از او کوچک‌تر بود. او در واکنش به تعلیم انطاکیه، بر آن شد تا به این پرسش از دیدگاه آنچه به تعبیر ما روان‌شناسانه است، پاسخ گوید. آپولیناریس اعتقاد داشت که ذات انسان، روح [یا نَفْس] و بدن او را در بر می‌گیرد. با این همه، در تجسم، کلام الاهی (لوگوس) جایگزین روحِ جان‌بخش و اندیشنده در بدن انسانی شد و گونه‌ای «اتحاد ذاتی» بین کلام الاهی و بدن ایجاد کرد. از نظر آپولیناریس، ذات انسانی ابزار نجات نبود، بلکه قلمرویی بود که نجات در آن تحقق می‌یافت. چنین بود که آپولیناریس از «ذات واحد و تجسم‌یافتهٔ کلام الاهی» سخن می‌گفت. این همان تأکید مکتب اسکندریه بر ذات الاهی مسیح است، لیکن فقط بدن را مظهر ذات انسانی مسیح می‌داند و بس.

طولی نکشید که دیدگاه آپولیناریس آماج اعتراضات قرار گرفت. مگر نه اینکه انجیل‌ها عیسی را انسانی کامل و حقیقی تصویر می‌کنند؟ اگر کلام جایگزین روح/ نَفْسِ اندیشندهٔ ذات انسانی شده که مختار و قادر به گناه است، پس نجات کل وجود انسان چگونه ممکن است؟[۲] اگر کلام در اتحاد کامل با ذات انسانی قرار نگیرد، چگونه می‌تواند نجات انسان را تضمین کند؟ همان‌گونه که گرِگوری نازیانزوسی می‌گوید: «آنچه مشمول تجسم نشده نمی‌تواند نجات یابد.»

در این فضای انتقادی، دومین شورای عمومی کلیسا که به سال ۳۸۱ در قسطنطنیه برگزار شد، بساط تعلیم آپولیناریس را جمع کرد چراکه توصیف آن را از تجسم رضایت‌بخش نیافت.

دومین بدعت با نام نِسْطوریوس[۳] گره خورده است که پیش از آنکه امپراتور در سال ۴۲۸ او را به مقام اسقفی قسطنطنیه منصوب کند، واعظی معروف در انطاکیه بود. استقرار در پایتخت امپراتوری، برای نسطوریوس امکان نشر عقایدش را فراهم کرد، و از این موضع او

---

۱. Apollinaris همچنین به‌صورت آپولیناریوس ضبط شده است (ناشر)

۲. چون با این جایگزینی، وجود انسان ناقص و از تمامیت ساقط شده و دیگر مسیح نمایندهٔ کل وجود انسان برای عمل‌کردن از سوی او نیست. (مترجم)

3. Nestorius

به دفاع از عقاید مربّی خویش در ایمان پرداخت. این شخص تئودور[1] اسقف موپسوئستیا[2] در نزدیکی انطاکیه بود. نسطوریوس نیز همانند تئودور، با توصیف رایج مریم همچون «حامل خدا، مادر خدا» که مورد پسند همگان بود، مخالفت کرد.

در رد این عبارت، نسطوریوس دیدگاه خود را به‌گونه‌ای مطرح کرد که گویی اعتقاد داشت مسیح مرکب از دو شخص است. او منکر الوهیت مسیح نبود؛ لیکن در تأکید بر واقعیت و یکپارچگی ذات انسانی نجات‌دهنده، نسطوریوس رابطهٔ بین دو ذات را به‌جای اینکه از نوع اتحاد ذاتی بداند، به‌صورت نوعی پیوستگی اخلاقی یا ادغام اراده‌ها تصویر کرد. با اینکه او هرگز وجود مسیح را به دو «پسر» تقسیم نکرد، یعنی پسر خدا و پسر مریم، از انتساب کارهای انسانی و رنج‌های عیسای انسان به ذات الاهی او خودداری ورزید. نسطوریوس در جایی گفته است: «برای من، دو ذات، جداست ولی عبادت یکی است.» وی اصرار داشت که اگر مریم را «مادر خدا» بخوانیم، درست مانند این است که اعلام کنیم ذات الاهی می‌تواند از زن به دنیا بیاید و یا خدا می‌تواند نوزادی سه روزه شود.

از قضای روزگار، نسطوریوس بیشتر به دلایل سیاسی محکوم شد تا عقیدتی. در قلب قدرت قسطنطنیه، دیری نپائید که نسطوریوس به‌سبب حملاتش به یهودیان و بدعت‌کاران، افکار عمومی را بر ضد خود برانگیخت. از آن سو هم، طولی نکشید که خصومت سیریل، پاتریارک اسکندریه (۴۱۲–۴۴) را متوجهٔ خود ساخت. سیریل واعظ و الاهیدانی ممتاز امّا در مباحثه بی‌رحم بود. او به‌خصوص از تعلیم نسطوریوس برآشفت و هنگامی که نسطوریوس پای درد دل روحانیونی نشست که سیریل آنها را سرزنش کرده بود، سخت از کوره به در شد.

بدین‌گونه، در اواخر سال ۴۲۸، سیریل حملات خود را به نسطوریوس آغاز کرد و در رُم که پاتریارک (یا پاپ) سِلِسْتین از نسطوریوس رنجیده بود که چرا به عده‌ای از تبعیدشدگان رُم روی خوش نشان داده، فرصت را مغتنم شمرد و به او اتهام زد و افترا بست.

در شورای عمومی کلیسا در افسس (۴۳۱) که به دستور امپراتور تئودوسیوس دوم برگزار شد که تا پیش از این حامی نسطوریوس بود، سیریل در غیاب هوادارن سوری نسطوریوس که با تأخیر به شورا رسیدند، ترتیب برکناری او را از مقام خود داد. هنگامی که این افراد به رهبریِ یوحنا، پاتریارک انطاکیه، به شورا رسیدند، سیریل و پیروانش را محکوم کردند. سرانجام، هیأت نمایندگی رُم از راه رسید و اقدام سیریل را تأیید کرد. کل این ماجرا به‌گونه‌ای زننده به بازی قدرت در عرصهٔ سیاسی آلوده بود و چنان‌که ویلیستون واکِر[3] صاحب‌نظر آمریکایی تاریخ کلیسا، گفته است: «یکی از زشت‌ترین رقابت‌ها را در تاریخ کلیسا رقم زد.»

سرانجام تئودوسیوس دوم به فشارها تسلیم شد و نسطوریوس را از پایتخت اخراج کرد. او در حدود سال ۴۵۰، زمانی که در مصر در تبعید به‌سر می‌برد، چشم از جهان فروبست. با این حال، اکثر هوادارانش مخالف تصمیم کلیسا به اخراج او بودند. تا به امروز روشن نیست که آموخته‌های نسطوریوس واقعاً تا چه اندازه نادرست بود و تا چه اندازه او قربانی کج‌فهمی و کج‌نمایی شد.

1. Theodore; 2. Mopsuestia; 3. Williston Walker

پیروان نسطوریوس به ایران گریختند و در آنجا کلیسای نسطوری را بنیاد نهادند که چندی نگذشته از حیاتی پویا برخوردار شد. زندگی رهبانی پویا، الاهیات برجسته، و فعالیت بشارتی موفق، گواه بر قدرت این کلیسا بود. مبشران این کلیسا به مالابار در هندوستان و ترکستان راه گشودند. بین سال‌های ۷۸۰ تا ۸۲۳، مسیحیان نسطوری حتی به تبت و مرکز چین رسیدند. در آغاز قرن چهاردهم، کلیسای نسطوری در آسیای مرکزی ده شعبهٔ مهم و روحانیون بومی پرشمار داشت. دردا و دریغا که جفاهای خونین فاتح مسلمان، تیمور لنگ (۱۳۸۰)، به این خدمت بشارتی پایان داد.

امروزه کلیسای نسطوری در خاور نزدیک و هندوستان در حدود هشتاد هزار و در آمریکا بیست‌وپنج هزار عضو دارد.

نسطوریوس در زندگی‌نامهٔ خودنوشتش تأکید می‌کند که اگر با اصطلاح «حامل خدا» مخالفت کرد، نه از آن روی بود که الوهیت مسیح را نمی‌پذیرفت، بلکه چون تأکید داشت عیسی همچون انسانی حقیقی، برخوردار از بدن و روح، زاده شد. دغدغه‌های او بی‌سبب نبود. با این حال، به‌حق یا به ناحق، کلیسا نام نسطوریوس را به دیدگاهی اطلاق کرده است که قائل به اتحاد ذات الاهی و انسانی مسیح نیست.

برخی از تعابیر لیبرالی اخیر دربارهٔ مسیح، برچسب نسطوری خورده‌اند. معتقدان به این دیدگاه‌ها استدلال می‌کنند که اگر نسطوریوس باور داشت که آنچه عیسای انسان را از حیث اخلاق و اراده در اتحاد با کلام الاهی قرار داد، قدرت ارادهٔ او بود، پس فرق مسیحیان با مسیح فقط در درجهٔ تبعیت آنها از خداست. مقصود اینکه، عیسی بیش از ما متوجه و تسلیم خدا بود. بنابراین، او ذات الاهی نداشت، بلکه فقط تصویری والا از درجهٔ نزدیکی انسان به خدا بود؛ از این‌رو، عیسی سرمشقی انسانی است نه نجات‌دهنده‌ای الاهی.

متأسفانه برخی از ایمانداران انجیلی دچار همین اشکال تعلیمی شده‌اند. آنها عیسی را فقط الگویی برای خودیاری می‌دانند و از دگرگونی حیاتبخشی که عمانوئیل - خدا با ما - می‌بخشد، غافل می‌شوند.

استوار کردن مرزهای حقیقت

چندی پس از شورای افسس (۴۳۱)، سومین بدعت پا گرفت. یوتیخوس[1] سرپرست روحانی صومعه‌ای نزدیک قسطنطنیه، به دفاع از این دیدگاه برخاست که فقط یک ذات در مسیح وجود دارد (تک‌ذات‌باوری[2]). او چنان پیوستگی نزدیکی میان دو ذات قائل شد که چنین می‌نمود ذات انسانی به‌تمامی در ذات الاهی جذب شده است. درست «همچون قطره‌ای عسل که در دریا فرو بچکد و در آن حل شود»، همچنان نیز ذات انسانی مسیح در ذات الاهی او حل شده است. بدین‌سان، یوتیخوس منکر کانونی‌ترین پیش‌شرط برای راز مسیح و مأموریت او در مقام نجات‌دهنده و رهاننده شد. تعلیم او، کل آموزهٔ مسیحی نجات را به خطر می‌انداخت.

1. Eutyches; 2. Monophysitism

جناب پاتریارک فلاویان[1] اهل قسطنطنیه، یوتیخوس را به حضور در شورا فراخواند و با دیدن امتناع او از ترک عقایدش، او را به بدعت‌گذاری محکوم کرد. با این حال، یوتیخوس از حمایت دیوسکوروس[2] پاتریارک اسکندریه برخوردار شد که پیرو عقاید سیریل بود. به درخواست پاتریارک، امپراتور تئودوسیوس دوم یک بار دیگر دستور تشکیل شورایی را داد که به سرپرستی دیوسکوروس در افسس برگزار شد (۴۴۹) و از یوتیخوس رفع اتهام کرد، هرچند سایر کلیساها تصمیمات این شورا را به رسمیت نشناختند. پاپ لئو اول[3] (۴۴۰–۴۶۱) این شورا را «شورای راهزنان»[4] خواند. او با دفاع از پاتریارکِ قسطنطنیه، از امپراتور درخواست کرد تا شورای جدیدی تشکیل دهد. جانشین تئودوسیوس، امپراتور مارکیان (۴۵۰–۴۵۷)، با این درخواست موافقت کرد و در سال ۴۵۱، چهارمین شورای عمومی خالْکِدون تشکیل شد.

در این شهر که چندان فاصله‌ای با قسطنطنیه ندارد، در حدود چهارصد اسقف گرد آمدند و دیوسکوروس را به‌خاطر اقداماتش در شورای راهزنان محکوم کردند. آنگاه پدران حاضر، با وجود بی‌رغبتی به افزودن متمم به مصوبات شورای نیقیه، تعریف جدیدی بدین عبارت ارائه دادند:

> ما همه به‌یک صدا اقرار می‌کنیم که خداوند ما، عیسای مسیح، پسر یگانهٔ واحد است، همزمان کامل در الوهیت و کامل در انسانیت، به‌راستی خدا و به‌راستی انسان، ... اذعان‌شده در دو ذات، بدون درآمیختگی، بدون دگرگونی، بدون بخش‌شدن، یا بدون جدایی؛ به‌گونه‌ای که تمایزاتِ دو ذات به‌هیچ‌وجه به‌سبب اتحادشان از میان نرفته است، بلکه ویژگیِ متمایز هر ذات، حفظ شده و به‌اتفاق شخصی واحد را پدید آورده.

تعلیمات نخستین شوراهای کلیسا دربارهٔ مسیح

«در عیسای مسیح، الوهیت حقیقی [برخلاف تعلیم آریوس] و انسانیت حقیقی [برخلاف تعلیم آپولیناریس] به‌گونه‌ای بخش‌ناپذیر در یک شخص، متحد شده‌اند [برخلاف تعلیم نسطوریوس] به‌گونه‌ای که با یکدیگر درآمیخته نمی‌شوند [برخلاف تعلیم یوتیخوس].»

نام شورا	سال تشکیل	نام فرد بدعت‌گذار	آنچه بدعت‌گذار در مورد آن شبهه ایجاد کرد	تعلیم بدعت‌گذار
نیقیه	۳۲۵	آریوس	الوهیت کامل پسر	• تعلیم داد که پسر مولود است/ مخلوق است/ از مخلوقات است. • پسر ازلی یا دارای ازلیت یکسان با پدر نیست؛ • «زمانی بود که پسر نبود.» • پسر در ذات یا طبیعت پدر شریک نیست. پسر، خدایی فروتر است.

1. Flavian; 2. Dioscorus; 3. Pope Leo I; 4. Robber Council

قسطنطنیه	۳۸۱	آپولیناریس	انسانیّت کامل پسر	تعلیم می‌داد که عیسی بدنی انسانی و روح/ نَفْسی فروتر داشت؛ روح/ نَفْسِ فراترِ انسانی‌اش - خِرَد یا ذهن - جا به کلام الاهی یا لوگوس سپرده بود؛ که ثابت و دگرگونی‌ناپذیر بود.
اِفِسُس	۴۳۱	نسطوریوس	اتحاد دو ذات الاهی و انسانی	معتقد بود که اتحاد میان دو ذات الاهی و انسانی مسیح، فقط در اخلاق و اراده است؛ در این دیدگاه، بازتابی از خطری می‌بینیم که نوعاً در تعلیمات مسیح‌شناختی مکتب انطاکیه وجود داشت. طبق این تعلیمات، نسبت دو ذات، از نوع رابطه[1] است. (مثال: مرد و زنی که تصمیم به ازدواج می‌گیرند.)
خالْکِدون	۴۵۱	یوتیخوس	تمایز و هم‌بودیِ[2] دو ذات الاهی و انسانی	معتقد به ادغام و یکی‌شدن دو ذات بود؛ در این دیدگاه بازتابی از خطری می‌بینیم که نوعاً در تعلیمات مسیح‌شناختی مکتب اسکندریه دایر بر انحلال یک ذات در ذات دیگر[3] وجود داشت. (مثال: قطره‌ای عسل که در اقیانوس حل می‌شود.)

بنابراین، در تقابل با آریوس، کلیسا تصدیق کرد که عیسی به‌راستی خداست، و در تقابل با آپولیناریس، کلیسا بر انسانیت حقیقی عیسی صحه گذاشت. در تقابل با یوتیخوس اقرار کرد که الوهیت و انسانیت عیسی دگرگون نشده‌اند؛ در تقابل با نسطوریوس نیز کلیسا اذعان داشت که وجود عیسی بخش نشده، بلکه او شخصی واحد است.

از آن تاریخ به بعد، اکثر مسیحیان، چه کاتولیک، چه پروتستان، و چه ارتودوکس، برای تبیین کیستیِ بنیاد و بنیان نجات خود، یعنی عیسای مسیح، این خدا-انسانِ یگانه، به تعلیم شورای خالْکِدون روی آورده‌اند.

با این همه، شماری از مسیحیان در خاور نزدیک، مصوبهٔ خالْکِدون را نپذیرفتند. از نظر این مسیحیان، چنین نیست که دو ذات الاهی و انسانی مسیح به‌هم پیوندند و شخصی واحد را تشکیل دهند، بلکه عیسی فقط یک ذات دارد که در آن حیات الاهی و انسانی تفکیک‌ناپذیرند. این تعلیمِ تک‌ذات‌باورانه یکی از عوامل مهم در جدایی کلیساهای تک‌ذات‌باور از بقیهٔ کلیساهای ارتودوکس شرقی بود. همگام با افول قدرت امپراتوری روم شرقی در مناطق دورافتادهٔ آن، آموزهٔ تک‌ذات‌باوری به کلیسای قِبْطی[4] رسید که بزرگ‌ترین جماعت مسیحی امروز مصر است. همچنین به کلیساهای مرتبط با آن، یعنی کلیسای اتیوپی یا حبشه و کلیسای به‌اصطلاح یعقوبی[5] سوریه راه یافت. بیشترین پیروان کلیسای اخیر در جنوب هند زندگی می‌کنند.

---

۱. Conjunctive Christology یعنی دو ذات الاهی و انسانی با هم دارای ارتباط ولی فاقد اتحاد هستند. (مترجم)

۲. Coexistence یعنی با هم وجود داشتن؛ اشتراک در وجود. (مترجم)

3. Unitive Christology; 4. Coptic Church; 5. Jacobite Church of Syria

آشــکارا، شورای خالْکِدون نتوانست این مسئله را حل کند که چگونه ذات الاهی با ذات انســانی در شــخصی واحد به اتحاد می‌رسند. در سطح انســانی، توضیح این مطلب ممکن نیســت. کتاب‌مقدس واقعهٔ تجسم را امری کاملاً یگانه می‌داند. با این حال، تقریری که شورا از مســئله به‌دست داد این خوبی را داشــت که مرزهایی برای حقیقت ترسیم کرد. در واقع، حصاری کشــید و گفت: «داخل این حصار، راز خدا-انســان قرار دارد.» با گذشت هزار و پانصد سال از این شورا، شاید بخواهیم از تعابیری استفاده کنیم که فهمیدن آنها آسان‌تر باشد، ولی حق نداریم به چیزی کمتر از آنچه کلیسا در این باره گفت، قائل شویم.

پیشنهادهایی برای مطالعهٔ بیشتر

Bevan, Edwyn. *Christianity*. New York: Henry Holt & Co., 1932.
*Ferguson, Everett. *Church History, Volume 1: From Christ to the Pre-Reformation*. Grand Rapids: Zonervan, 2005.
Hardy, Edward R., ed. *Christology of the Later Fathers*. Philadelphia: The Westminster Press, 1954.
Kelly, J. N. D. *Early Christian Doctrines, 5th ed*. New York: Harper, 1978. Continuum, 2000.
Prestige, G. L. *Fathers and Heretics*. London: S.P.C.K., 1963.
Wand, J. W. C. *Four Great Heresies*. London: A. R. Mowbray, 1955.

فصل دوازدهم

تبعیدشدگان از زندگی

پیدایش رُهبانیّت[1]

شبی در اوایل قرن چهارم، آنتونی، راهب گرانمایهٔ مصری، در بیابان ایستاده بود و به‌تمامی دل دعا می‌کرد. شیطان فرصت را مغتنم شمرد و حیوانات درندهٔ صحرا را به سراغش فرستاد؛ و چون آنها او را از هر سو در میان گرفتند،

و با نگاه‌های شرربار آمادهٔ جهیدن بر او شدند، آنتونی دلیرانه چشم در چشم آنها بدوخت و گفت: «اگر خداوند شما را بر من قدرت داده، پس بر من بتازید و هیچ درنگ مکنید، زیرا آماده‌ام؛ لیک، اگر به فرمان شیطان آمده‌اید، بی‌درنگ به همان جایی که از آن آمده‌اید، بازروید که من خدمتگزار عیسای پیروزمند هستم.» و چون راهب ربّانی این سخنان بگفت، شیطان به شنیدن نام مسیح، چونان گنجشکی از برابر شاهین، بگریخت.

تصاویر آرمانی از چنین توصیفاتی تشکیل شده‌اند. البته، شرح بالا از کتاب آتاناسیوس به نام سیرهٔ آنتونی مقدس است، لیکن برای تصویری که در آن از عظمت راهب ترسیم شده، می‌توان صدها نمونهٔ مشابه از شرح‌حال واعظان زندگی پرهیزکارانه در قرن چهارم ذکر کرد.

---

۱. به فتح «ر» نیز تلفظ می‌شود. (مترجم)

در این زمان، مسیحی نمونه، دیگر نه اسقف شجاعی که او را در میدان مسابقه جلوی حیوانات درنده می‌انداختند، بلکه راهبی بود که تک و تنها در دل صحرای دورافتادهٔ مصر، پنجه در پنجهٔ شیطان می‌افکند. فضا چیزی شبیه صحنهٔ هفت‌تیرکشی در فیلم‌های وسترن بود. منتها در اینجا، مسیح و شیطان بودند که بر سر روح یک انسان با هم جدال می‌کردند.

مردم امروز نمی‌دانند که چه نظری باید دربارهٔ راهب داشت. اکثر آنها مانند ادوارد گیبون هستند که در تمسخر راهبان می‌گفت: «تبعیدشدگان شوربخت از زندگی اجتماعی با مغزی اسیر خرافات تاریک.» به چه دلیل باید کسی از روابط جنسی چشم‌پوشی کند؟ در ضمن، اگر امروز اصلی وجود داشته باشد، چنین است: زندگی خوب یعنی داشتن خانه‌ای بزرگ پر از انواع و اقسام وسائل جدید که زندگی را بر انسان آسان می‌کنند.

حتی مسیحیان نیز - کاتولیک‌ها و پروتستان‌ها - دربارهٔ مزایا و معایب زندگی رهبانی اختلاف‌نظر دارند. مسیحیان کاتولیک معمولاً چنین استدلال می‌کنند که در کلیسا جا برای هر دو گروه از ریاضت‌پیشگان هست، چه آنهایی که در جستجوی کمال معنوی‌اند، و چه اعضای ضعیف و گناهکاری که نشانه‌هایی اندک از معنویت در آنها دیده می‌شود. کاتولیک‌ها می‌گویند که کلیسا باید آغوش خود را به روی همهٔ افراد، صرف‌نظر از دستاوردهای اخلاقی یا ناکامی‌های روحانی‌شان، بازکند.

پروتستان‌ها نظر متفاوتی دارند. اصلاحات کلیسا در قرن شانزدهم، ضربهٔ سختی بر پیکرهٔ رُهبانیّت وارد آورد. لوتر که در گذشته از راهبان بود، به جنگ تمام‌عیار با صومعه برخاست. او و سایر اصلاحگران، رهبانیت را مشوق این دیدگاه می‌دانستند که دو راه به‌سوی خدا وجود دارد، یکی والا و دیگری کم‌مایه. لیکن انجیل فقط یک راه به‌سوی نجات می‌شناسد، و آن عبارت از ایمان بدون هیچ‌گونه اضافات به عیسای مسیح خداوند است. با این همه، ایمانی که از آن سخن می‌گوییم ایمانی مرده نیست؛ بلکه فعالانه در پی محبت به خدا و همسایه است.

طبیعتاً این دیدگاه‌های ناسازگار دربارهٔ جایگاه رهبانیت در کلیسا، به تفسیرهای ناسازگار از تاریخ این جنبش نیز انجامیده است. توافق نظر وجود دارد که راهبان اهل ریاضت بودند، زیرا از مزایای زندگی اجتماعی دست شسته و با تن‌دادن به انضباط، در جستجوی پاداش‌های روحانی برآمده بودند. آنها باور داشتند که ترک خواسته‌های بدن، روح را برای مشارکت با خدا آزاد می‌سازد. ولی پرسش مهم این است که این چشم‌پوشی از نیازهای بدن چگونه به انجیل ارتباط می‌یابد؟ آیا این شکلی از تلاش برای کسب نجات نیست؟ آیا در حکم پارساشمردگی بر اساس کارها و تاوان‌دادن برای گناه از راه انکار نَفْس نیست؟ آیا این ریاضت‌پیشگی را باید شکلی پسندیده از توبه دانست که بدون آن، انسان از شنیدن خبرخوش نجات شاد نمی‌شود؟

کمال مطلوب برای راهبان

تردیدی نیست که طنین نغمه‌های ریاضت، از واعظان دورهٔ رسولان به گوش می‌رسد. یحییِ تعمیددهنده که شولای[1] زمخت در بر، بیابان یهودیه را می‌پیمود و بر مردم بانگ می‌کشید که توبه کنند، نمونه‌ای از یک ریاضت‌پیشه بود. خود عیسی دست‌کم به یک مرد جوان توصیه کرد که اگر خواهان زندگی جاودان است، باید دست از دارایی‌هایش بشوید. پولس رسول نیز چنین استدلال کرد: «زیرا تمایلات نَفْس برخلاف روح است و تمایلات روح برخلاف نَفْس؛ و این دو بر ضد هم‌اند» (غلاطیان ۱۷:۵؛ ترجمهٔ هزاره).

کمی بعد از دورهٔ رسولان، موضوعِ سطوح فراتر و فروترِ اخلاق مطرح شد. نمونهٔ آن را در نوشته‌ای متعلق به سال ۱۴۰ می‌یابیم که به *شبانِ هِرْماس* معروف است. بر طبق این کتاب، عهدجدید تعلیم می‌دهد که احکام ایمان، امید و محبت برای همه است. لیکن عهدجدید همچنین شامل اندرزهایی برای کسانی است که می‌خواهند از آنچه برای مسیحیان معمولی مقرر شده، فراتر بروند.

دیری نپائید که مسیحیان دیگری نیز به تحسین انکار نَفْس، به‌خصوص اختیار تجرّد و چشم‌پوشی از ازدواج پرداختند. با به‌میان آمدن این فکر، توبه و استغفار شامل این گردید که فرد برای جبران گناه، به اقداماتی معطوف به فضایل استثنایی رو بیاورد. بنابراین، ترتولیان، اُریگن، سیپریان، و دیگر رهبران مسیحی به حمایت از این فکر برخاستند که باید به سطح بالاتری از پرهیزکاری رسید. مدت‌ها پیش از توبهٔ کُنستانتین، بسیاری از مسیحیان سوگندِ پرهیز یاد می‌کردند، هرچند در ابتدا این کار شامل پرهیز از زندگی عادی در شهرها نبود.

رهبانیت در آغاز، به‌صورت انفرادی بود. کلمهٔ Hermit، یعنی راهب، برگرفته از بیابان در زبان یونانی و یادآور این امر است که کناره‌جویی راهبان از جهان در مصر آغاز شد، زیرا کافی بود راهب از نوار حاصلخیزِ باریکی که نیل را در برگرفته، اندکی به شرق یا غرب برود تا به بیابانی خشک برسد.

آنتونی که بسیاری او را نخستین راهب می‌دانند، در حدود سال ۲۵۰ در دهکدهٔ کوما[2] متولد شد. آنتونی با تأثیرپذیرفتن از آنچه مسیح به حاکم جوان توانگر گفت، اینکه «برو، تمام دارایی خود را بفروش و به فقرا بده، و گنجی در آسمان خواهی داشت. آنگاه بیا و از من پیروی کن»، در بیست‌سالگی، دار و ندارش را بخشید و پس از چندی، در مقبره‌ای گوشه‌نشین شد. افسانه‌هایی که بعدها ساخته و پرداخته شده‌اند، به شرح مبارزهٔ او با وسوسه‌هایی می‌پردازند که به‌صورت دیو و دَد و زن به او هجوم می‌آوردند. چنین می‌نماید که با همهٔ این فشارها، او زندگانی طولانی داشت و در ۱۰۵ سالگی چشم از جهان فروبست.

شیوهٔ زندگی آنتونی به دیگران نیز سرایت کرد؛ به‌گونه‌ای که صدها تن از او تقلید می‌کردند. دوست او، آتاناسیوس، نوشته است: «از این سر تا آن سر جهان پر از راهبان

---

۱. این کلمه را معادل Crude Garb آورده‌ایم که به معنای خرقهٔ درویشی است (نک. به فرهنگ عمید، ویراست جدید).
2. Koma

گوشه‌نشین شده.» این موج ناگهانیِ زندگی زاهدانه، کم‌وبیش، با محبوبیت‌یافتن مسیحیت که به‌همان‌اندازه ناگهانی بود، همزمان شد.

انگیزه‌های کنستانتین در پذیرش ایمان مسیحی هرچه بود، موجب سست‌شدنِ تعهد به ملزومات ایمان مسیحی شد. جای ایمانداران ثابت‌قدمی را که دیوکلتیان کشت، جماعتی درهم از بت‌پرستانی گرفتند که قلب خود را نصفه‌نیمه به مسیح سپرده بودند. زمانی مسیحیان جان در راه حقیقت نهاده بودند؛ ولی اکنون برای به‌دست‌آوردن امتیازات کلیسا، به جان هم افتاده بودند. گرِگوری نازیانزوسی ناله‌کنان می‌گفت: «کسی که بر صندلی ریاست نشسته است، مقام خود را نه مدیون فضیلت، بلکه فرومایگی خویش است؛ و مقامات کلیسایی نه به کسانی که شایسته‌ترند، بلکه به آنهایی که تواناترند رسیده است.»

بنابراین، راهب اغلب بیش از آنکه از دنیا گریزان باشد، از حضور دنیا در کلیسا، می‌گریخت. اعتراض او به نهادی فاسد، او را به دامان خطرات ناشی از فردگراییِ آشکار می‌انداخت. در برابر نهاد عظیم امپراتوری، که مجرای فیض الاهی دانسته می‌شد، راهبان نخستین، روح را بی‌هیچ واسطه‌ای در ارتباط مستقیم با خدا قرار دادند.

بدین‌ترتیب، وسوسه‌های دنیای بیرون جا به وسوسه‌های دنیای درون سپردند، یعنی: تکبر، رقابت، و رفتارهای غریب. بسیاری از راهبان مصر و سوریه در تحمل سختی‌ها، به افراط رفتند. برخی چیزی جز علف نمی‌خوردند، برخی دیگر بر درختان زندگی می‌کردند. برخی نیز از شست‌وشو پرهیز داشتند.

شهرت برخی از راهبان، جماعاتی انبوه را از شهرها به‌سوی آنها می‌کشید. برای مثال، شمعون مناره‌نشین[1] چنان از حضور انبوه جمعیت بر دهانهٔ غاری که در آن ساکن بود به تنگ آمد که ستونی ساخت و سی سال بر فراز آن زندگی کرد. شاگردانش غذای او را در زنبیل می‌گذاشتند و به بالا می‌فرستادند، و چنان‌که گفته شده، گاه‌به‌گاه، او از بالا برای انبوه جمعیت موعظه می‌کرد و هزاران تن به مسیحیت می‌پیوستند.

حرکت به‌سوی زندگی دسته‌جمعی

همچنان‌که محبوبیت راهبان در مصر ادامه داشت، نهضت رهبانیّت، گامی مهم به جلو برداشت و آن زمانی بود که در حدود سال ۳۲۰، فردی به نام پاکومیوس[2] که در گذشته سرباز بود، نخستین صومعهٔ مسیحی را بُنیاد نهاد. به‌جای اینکه راهبان به‌طور انفرادی یا با هم زندگی کنند و هرکس قوانین خود را برای زندگی رهبانی داشته باشد، پاکومیوس قواعدی برای زندگی مشترک راهبان تعیین کرد که به آنها این امکان را می‌داد تا برنامه‌ای مشترک برای غذا خوردن، کار و عبادت داشته باشند. این برنامه شامل ساعات مشخص برای فعالیت‌های مختلف، کار بدنی، پوشش یکسان و انضباط سفت‌وسخت بود. به این شکل از زندگی رهبانی Coenobitic گفته می‌شود که برگرفته از واژه‌های یونانی برای زندگی مشترک، یعنی *کوینوس بیوس*[3] است.

1. Simeon Stylites; 2. Pachomius; 3. Koinos Bios

این اصلاحات، کیفیت زندگی رهبانی را بهبود بخشید، زیرا راه بر بیهودگی و رفتارهای غریب بست. همچنین، زندگی رهبانی را برای زنان آسان‌تر کرد، زیرا سبک انفرادی این‌گونه زندگی، برای آنها ممکن نبود. همچنین، روشی پدید آورد که زندگی رهبانی را از رفتارهای افراط‌آمیز بازمی‌داشت. پاکومیوس به‌روشنی دریافته بود که «برای نجات جان‌ها باید آنها را نزد هم آورد.»

نهضت رهبانی در مصر آغاز شد و در سوریه، آسیای صغیر و سرانجام در سراسر اروپای غربی گسترش یافت. گرایش به رهبانیت در آسیای صغیر، به‌ویژه نتیجهٔ تأثیر باسیل، گرِگوری نازیانزوسی، و گرِگوری نوسایی بود، همان کسانی که مدافعان شورای نیقیه در نسلِ بعد از آتاناسیوس بودند. باسیل که در ۳۷۹ درگذشت، نقش ویژه‌ای در این میان داشت، زیرا قواعدی که برای زندگی رهبانی تعیین کرد تا به امروز مورد استفادهٔ راهبان کلیسای ارتودوکس یونانی است.

زندگی رهبانی با قدرتی بی‌سابقه بر امپراتوری مسیحی تأثیر نهاد، و در سده‌های چهارم و پنجم، جنبشی از کار درآمد که بر مسیحیان از هر قشر و لایه‌ای اثر گذاشت. بسیاری ریاضت را جایگزینی پسندیده برای کارهای قهرمانانهٔ روحانی در روزگار جفا می‌دانستند. آنچه راهبان زنده کردند، شور و حال و زهد و پرهیزی بود ویژهٔ دوره‌ای از مسیحیت در گذشته که افکار آخرزمانی‌اش پررنگ و خواسته‌هایش سخت‌گیرانه بود. آنها روح شهادت را به تعهد نهایی و کامل به خدا و تقلید ریاضت‌کشانه از مسیح دگرگون ساختند.

هدف از پیرویِ مسیح این بود که وجود شخص فقط برای خدا باشد و فقط به نیروی فیض او زندگی کند. برای رسیدن به این هدف و بازنماندن از آن، راهبان با ادای سوگند، خود را به سه چیز پای‌بند می‌کردند: تنگدستی، پاکدامنی، فرمانبرداری. بدین‌سان، جنگجویانِ راستین روحانی، به دارایی‌های مادّی خود، سعادت زناشویی، و آزادی انتخاب پشت می‌کردند؛ یعنی به همان چیزهایی که ما «حقوق اساسی» فرد می‌دانیم؛ لیکن، از نگاه راهب، اینها ریشهٔ خودپرستی و موانع اُنس با خدا بودند.

پس از آنکه تب تُند روزهای نخست فروخوابید و راهبان شروع به زندگی مطابق قواعدی کردند که پایدار و قابل‌اجرا بود، صومعه سرچشمهٔ خدماتی بزرگ به کلیسا و جهان شد. در قرون پنجم و ششم، عملاً تمام رهبران کلیسا یا خودشان راهب بودند و یا ارتباط نزدیکی با رهبانیت داشتند. حجرهٔ راهبان به اتاق پژوهش و مطالعه و راهبان به پژوهشگر تبدیل شده بودند. همان‌گونه که رولاند بِینْتون[1] می‌گوید:

> کسی که در پژوهش‌های راهبان مقام پیشکسوتی داشت، جروم (۳۴۰-۴۲۰) بود که کار خود را همچون راهب در صحرای سوریه آغاز کرد، ولی دریافت که برای غلبه بر وسوسه‌های جنسی راهی جز این ندارد که ذهن خود را سفت‌وسخت به اندیشیدن مشغول دارد. چنین بود که به فراگیری زبان عبری پرداخت و این کار

1. Roland Bainton

را چندان ســودمند یافت که حتی آمادهٔ بازگشت به جهان شد. او در رُم، به تعلیم اسقف داماسوس[1] و محفلی از بانوان اصیل‌زاده پرداخت.

آنها به مطالعه دربارهٔ مســائل مربوط به تفســیر کتاب‌مقــدس می‌پرداختند. با این همه، به‌مرور، دشمنی با راهبان در رُم مسیحی، که از نظر جروم همچنان شبیه بابل بود، او را بر آن داشت تا به صومعه‌ای در بیت‌لحم برود و در آنجا به‌یاری مهارت‌های زبانی‌اش، عهدعتیق و عهدجدیــد را از زبان‌های اصلی به زبان ادبی لاتین برگرداند. محصول این تلاش، وولگات[2] بود، یعنی ترجمهٔ مجاز کتاب‌مقدس در کلیسای کاتولیک رومی تا همین چندی پیش.

نخســتین شــخصی که رهبانیت را در غرب معرفی کرد، آتاناسیوس بود. در سال ۳۳۵، هنگامی که او به تریر[3] (در آلمان کنونی) تبعید شد، دو راهب او را همراهی می‌کردند. انتشار کتاب او، یعنی *ســیرهٔ آنتونی مقدس*، فکر رهبانیت را در غرب گسترش داد. اسقف آمبروز از میلان و آگوســتین در آفریقای شمالی حامیان پروپاقرص رهبانیت بودند. آگوستین نخستین قاعــدهٔ زندگی رهبانی غرب را برای جامعهٔ روحانیون خود در تاگاســت[4] و هیپو به نگارش درآورد. چندی بعد، در ۴۱۵، راهبی که جان کاســیان[5] نام داشت و از مصر بازدید کرده بود، صومعهٔ ســن ویکتور را در نزدیکی مارســی تأســیس کرد و دو کتاب ارزشمند با مضمون تأملات نوشت که می‌توان آنها را قواعد زندگی رهبانی دانست؛ ولی از همه مهم‌تر، بِنِدیکت اهل نورچا[6] اساسنامهٔ زندگی رهبانی در غرب را به نگارش درآورد.

نابغهٔ غرب

بندیکت در نورچا، حدود هشتادوپنج مایلی شمال شرقی رُم، در اواخر قرن پنجم میلادی زاده شــد. تحصیل خود را در رُم به‌تازگی آغاز کرده بود که به سخت‌ترین شیوهٔ ریاضت رو آورد و به‌تنهایی در غاری، در ارتفاعات منطقهٔ کوهستانی جنوب رُم، گوشه‌نشینی اختیار کرد. در آنجا سه سال به مطالعه و بررسی کتاب‌مقدس و انکار نَفْس شدید پرداخت تا آنکه «راهبان صومعه‌ای در آن نزدیکی او را به ریاســت دِیر برگزیدند.» به این مقام اصطلاحاً Abbot گفته می‌شــود که منظور از آن فردی است که همچون پدر، گروهی از راهبان را سرپرستی می‌کند. با این حال، انضباط سفت‌وســخت بندیکت به طبع راهبان خوش نیامد و چون خواستند او را مســموم کنند، کم مانده بود جان خود را از دســت بدهد. برای مدتی، بندیکت در غاری معتکف شــد، لیکن مخالفت‌هایی که از سر حسادت با او می‌شد، موجب گردید در حالی آن منطقه را ترک گوید که مردی فرزانه‌تر شده بود.

1. Damasus; 2. Vulgate; 3. Trier

۴. Tagaste امروزه سوق الرأس نامیده می‌شود. (مترجم)

۵. John Cassian صورت لاتینی این نام یوئانِس کاسیانوس است. (مترجم)

6. Benedict of Nursia

در سـال ۵۲۹، در بلندی‌های مونته کاسّینو، واقع در هشتادوپنج مایلی جنوب شرقی رُم، بندیکت معروف‌ترین صومعهٔ اروپا را تأسـیس کرد که به دیر اصلی و اولیهٔ طریقت بندیکتی تبدیل شـد. برای همین صومعـه بود که او «قاعده‌نامهٔ» معروف خود را نوشـت، و تا زمان مرگـش در ۵۴۲، در آنجا به تعلیم و موعظه پرداخـت و مطابق الگوی راهبان، زهد و پرهیز پیشه کرد.

ویلیسـتون واکِر می‌گوید که «بندیکت عالِم و دانشـمند نبود، لیکن از نبوغ رومیان برای مدیریت بهره داشـت، از صمیم قلب رهبانیّت را کمال مطلوب زندگی مسیحی می‌دانست، و شـناخت او از افراد عمیق بود.» هنگامی که بندیکت مقررات خود را برای زندگی رهبانی می‌نوشـت – همان که به «قاعده‌نامه[1]» معروف است – به آثار رهبران پیشین رهبانیّت توجه داشت، لیکن در این کار از خود میانه‌روی و قضاوت درستی نشان داد که نتیجهٔ باریک‌اندیشی او در سرشت انسان بود. او دریافت که زندگی رهبانی نیز مخاطرات خود را دارد. بسیاری از راهبان به‌گونه‌ای زندگی می‌کردند که شایستهٔ ایمان آنها نبود. «برخی در حد ولگردها بودند.» بندیکت می‌گفت که منشـأ این پلیدی‌ها عدم انضباط است. از همین‌رو، نقشی بنیادین برای انضباط قائل شـد، ولی نخواست از آن یوغی بسازد که برای افراد عادی زیاده سنگین است. آنچه «قاعده‌نامه» بندیکت را ممتاز می‌سـاخت، همین «ترکیب عالی میان خویشـتنداری و درجه‌ای از آزادی» بود.

چنیـن می‌نماید که این قدیس، زندگی رهبانی را نوعی پادگان روحانی برای مسـیح در دنیای دشمن‌خو می‌دید. هم ازاین‌رو، انضباط را برای آن ضروری می‌شمرد. او کسی را مجاز به اختیار زندگی رهبانی نمی‌دانست، مگر آنکه دست‌کم سالی را به آزمودن آن گذرانده باشد. در این مدت، داوطلب می‌توانسـت از ادامهٔ راه چشم‌پوشـی کند. پس از این دورهٔ آزمون، راهبِ آینده سـوگندهای سـه‌گانه را یاد می‌کرد که پیوند او را با دنیا می‌گسسـت و او را به زندگی همیشگی در صومعه پای‌بند می‌ساخت. سوگندها چنین بودند: تنگدستی، پاکدامنی، و فرمان‌بردن از «قاعده‌نامه» و رهبران صومعه.

ادارهٔ صومعه با سرپرسـت آن بود، و حکمت بندیکت بارزترین نمود خود را در روشی می‌یابد که او برای به‌کاربردن اقتدار در نظر گرفت. با آنکه هریک از راهبان سوگند یاد می‌کرد که به خواسته‌های سرپرسـت صومعه تن دهد، حتی اگر در ظاهر شدنی نبودند، سرپرست را راهبان برمی‌گزیدند و او تنها پس از شـنیدن رأی و نظر همهٔ آنها می‌توانست در امور مهم تصمیم‌گیری کند. «بندیکت از روی حکمت می‌دانسـت کـه فرد خردمند حتی اگر به‌لحاظ نظری از قدرت مطلق برخوردار شود»، نباید از شنیدن رأی و نظر دیگران در امور مهم غفلت ورزد.

همان‌گونـه که واکر توضیح می‌دهد، بـرای حفظ جدایی این قلعـهٔ روحانی از جهان، «بندیکت چنین مقرر داشـت که هر صومعه‌ای تا جـای ممکن در تأمین نیازهای حیاتی‌اش خودکفا باشـد.» چنین بود کـه راهبان برای خود لباس می‌دوختند، شـراب می‌انداختند، و

1. The Rule

کارهای مربــوط به نجّاری و بنّایی را خود انجام می‌دادند. بندیکت پرســه‌زدن در بیرون از دیوارهای صومعه را خطر روحانی بزرگی برای راهب می‌دانست.

از آنجا که بخش گسترده‌ای از زندگی رهبانی را عبادت تشکیل می‌داد، «قاعده‌نامه» شامل طرح‌های خاصی برای عبادت بود. بندیکت بنا به آنچه حکم کتاب‌مقدس می‌دانست، هفت عبادت برای بیست‌وچهار ساعت شبانه‌روز تعیین کرد، ولی به‌طور خاص برای ساعت دو بعد از نصفه‌شب، «نیایش شبانگاهی»[1] مقرر داشت. با این همه، برخلاف الزامات قاعده‌نامه‌های دیگر، نیایش‌هایی که بندیکت مقرر کرد، به اســتثنای نیایش شــبانگاهی، بسیار کوتاه بود و هریک نزدیک به بیست دقیقه طول می‌کشید و بیشتر شامل مزمورخوانی بود.

واکر می‌گوید که ســودمندترین قواعدی که بندیکت مقرر کــرد به کار بدنی اختصاص داشــت. بندیکت در قاعده‌نامه می‌گوید: «بطالت و بیکاری دشــمن روح اســت و بنابراین، برادران روحانی باید در ساعات مشــخص به کار بدنی و در ساعات تعیین‌شده به مطالعات دینی بپردازند.» آشــکارا، او به ارزش اخلاقی کار آگاه بود؛ و در تلقی خود از کار به‌ســبب وســعت نظری که داشت، کار را اعم از فعالیت ذهنی و بدنی می‌دانست. البته، نسبت هریک بنا به فصول مختلف تغییر می‌کرد. مثلاً در تابســتان که فصل درو محصول بود، کار در مزارع اولویت داشت، ولی در آرامش زمستان، و به‌خصوص در ایّام روزهٔ بزرگ قبل از عید رستاخیز مسیح، زمان بیشتری به مطالعه اختصاص می‌یافت.

بنابراین، صومعهٔ بندیکتی که به اهداف مؤســس خود وفادار بود «دنیایی کوچک در درون خود محســوب می‌شد که در آن زندگیِ سخت لیکن نه توانفرسای راهبان، شامل عبادت، کار سخت در مغازه و مزرعه، و مطالعهٔ جدی بود.» بنابراین، در هر صومعهٔ بندیکتی یک کتاب‌خانه وجود داشــت، و هرچند بندیکت خــود چیزی دربارهٔ آموزش کلاســیک نمی‌گوید، راهبان بندیکتی دیری نپائید که به نسخه‌برداری از آثار بزرگ ادبی کهن لاتینی و مطالعهٔ آنها پرداختند. ما در مورد حفظ آثار پدران لاتین کلیسا و شاهکارهای ادبیّات روم مدیون آنها هستیم.

برخی از محاسن و معایب

قواعد بندیکت برای زندگی رهبانی، به‌سرعت از ایتالیا در سراسر اروپای غربی گسترش یافت. در دورهٔ بعد از فروپاشی تمدن باستانی روم و برآمدن ملل جدیدی از ژرمن‌های فاتح به‌جای آن، دربارهٔ اهمیت خدماتی که این راهبان انجام دادند، هرچه بگوییم گزاف نیســت. قرون وسطیٰ از آن رو توانست بخش وسیعی از بهترین سرمایه‌های مسیحیت و دنیای باستان را حفظ کند که صومعه‌های بندیکتی سرتاســر حومهٔ اروپا را پوشانده بود. در قرون وسطیٰ فقط در این صومعه‌ها امکان مطالعه، ایمن‌ماندن از جنگ مســتمر، و برخورداری از آرامش وجود داشــت. آنها قدرت بزرگی در بشارت بودند و حضور آنها پیوسته به جامعه‌ای گستاخ یادآور می‌شد که انسان فقط به نان زنده نیست.

1. Vigil

همان‌گونه که ویلیستون واکر می‌گوید، مشاهدهٔ اشکالات رهبانیّت دشوار نیست. در حالی که راهب سوگند یاد می‌کرد در فقر زندگی کند، صومعه‌ها اغلب به‌خاطر هدایایی که دریافت می‌کردند، به‌خصوص زمین‌های اهدایی، ثروتی هنگفت به‌هم می‌زدند. در مسئلهٔ انضباط روحانی آسان‌گیری می‌کردند و شور و شتاب روزهای نخست غالباً فروکش می‌کرد. در تاریخ قرون وسطیٰ شاهد تلاش مستمر برای اصلاح صومعه‌ها و تأسیس دیرهای جدیدی هستیم که به هدف رفع فساد دیرهای پیشین ساخته می‌شد.

از همه مهم‌تر اینکه تصور بندیکتی‌ها از زندگی مسیحی ذاتاً غیرطبیعی بود. «ورود به صومعه به‌معنای جدایی از جهان، یعنی ترک روابط عادی اجتماعی»، اجتناب از ازدواج و کنار گذاشتن تمام مفاهیمی بود که خانوادهٔ مسیحی بر مبنای آنها استوار است. بر کلِ این تلاش، دیدگاه نادرستی دربارهٔ انسان غالب بود. راهبان می‌گفتند که روح اسیرِ تن است، همچون محبوسی که به جسد زنجیر شده باشد؛ ولی دیدگاه کتاب‌مقدس دربارهٔ زندگی انسان چنین نیست و همین از ایرادهای بنیادین رهبانیّت است.

با این حال، امروزه تشخیص این اشتباهات به این معنی نیست که کاستی‌های فوق بر کسانی هم که در امپراتوریِ رو به زوالِ روم یا در قرون وسطیٰ زندگی می‌کردند، آشکار بود. در کل، این افراد زندگی رهبانی را درست‌ترین شکل از زندگی مسیحی می‌دانستند. همچنین، وقتی از عیب و اشکالات رهبانیّت سخن می‌گوییم، نباید خدمت عظیم راهبان را به گسترش و رشد مسیحیت و تمدن، آن‌هم در دوره‌ای سخت از تاریخ اروپا، دستِ‌کم بگیریم.

پیشنهادهایی برای مطالعهٔ بیشتر

*Burton-Christian, Douglas. *The Word in the Desert--Scripture and the Quest of Holiness in Early Christian Monasticism.* New York: Oxford University Press, 1993.
Chittister, Joan. *The Rule of Benedict: Insights for the Ages.* New York: Crossroads, 1992.
Deferrari, Roy J., ed. *Early Christian Biographies.* Washington, DC: Catholic University Press, 1952.
Dowley, Tim. ed. *Eerdman's Handbook to the History of Christianity.* Grand Rapids: Eerdmans, 1977.
Noll, Mark A. *Turning Points: Decisive Moments in the History of Christianity.* Grand Rapids, Baker Books, 2000.
Waddell, Helen. *The Desert Fathers.* London: Constable, 1936.
Workman, Herbert B. *The Evolution of the Monastic Ideal.* Boston: Beacon Press, 1962.

فصل سیزدهم

فرزانهٔ دوران

آگوستین

رُم را شــهر ابدی می‌خواندند. پس از هانیبال[1] برای ۶۲۰ ســال هیــچ مهاجمی به پای دیوارهای رُم نرســیده بود. سپس، به‌ناگهان، آلاریک، رهبر ویزیگوت‌ها با همراهی لشکریان آریائی‌اش شــهر را به محاصره درآورد (۴۱۰ م.). تا برخاستن طوفان چیزی نمانده بود. همه می‌دانستند طوفانی در راه است، امّا اینکه چه‌وقت از راه می‌رسد، کسی خبر نداشت.

اولین هیأت صلح برای چانه‌زنی با آلاریک از پشت دیوارهای رُم بیرون آمد و به دست و پایش افتاد که بر آنها رحم کند. از آلاریک درخواســت شد شرایط خود را اعلام کند. جواب این بــود که از طلا و نقره هرچه دارید باید بدهید. از همــه مهم‌تر، تمام بردگان ژرمنِ خود را تســلیم کنید! رومیان در حالی که بدبختی از در و دیوار شــهر بالا می‌رفت، به خواهش و التماس خود ادامه دادند.

سرانجام، ویزیگوت‌ها از دروازه‌ها به درون ریختند و شهر را غارت کردند، معبد به معبد، قصر به قصر. ویرانی و نابودی در همه جا به چشــم می‌خورد، به‌جز در کلیساها. آلاریک که خود را مسیحی می‌دانست، هنگام بررسی غنائم، اشیای باارزش کلیسا را از بقیه جدا کرد و به سربازانش دستور داد تا ظروف مقدس را از داخل کوچه‌ها به کلیساهای وقف‌شده به پطرس و پولس ببرند و در همان‌جا بگذارند.

---

۱. Hanniball (۲۴۷–۱۸۳؟ ق.م.) سردار کارتاژی که به ایتالیا حمله کرد و با وجود پیروزی‌های اولیه نتوانست رُم را فتح کند. (به نقل از فرهنگ اَعلام سخن). (مترجم)

مدتی بعد، رهبر ویزیگوت‌ها و لشکریانش از رُم خارج شدند، ولی روزگارِ گذشته دیگر بازآمدنی نبود. شکوه «شهبانوی شهرها» از دست رفته بود. رُم ابدی دیگر ابدی نبود. جروم گفت: «صدا در گلویم یخ بسته. شهری که دنیا را به اسیری برد، اینک به اسارت درآمده.» کلمات او احساسات همهٔ مردم را از مسیحی و غیرمسیحی بیان می‌کرد.

رومیانِ گیج و سرگشته از این ضربه، مکان سابق خدایان کهن را نشان می‌دادند و با خود می‌گفتند اینها بودند که رُم را به عظمت رساندند و ای بسا اکنون نیز شهر را نجات می‌دادند. نکند خدایان از اینکه امپراتوران ما در سال‌های اخیر به خدای مسیحیان رو آوردند، خشمگین باشند؟

پناهندگان از رُم به هر سو می‌گریختند. در شهر ساحلی کوچک هیپو در آفریقای شمالی، مردی تکیده و بی‌ریش، با سری اصلاح کرده و بینی نوک‌تیز، آمدن پناهندگان آشفته‌حال را نظاره می‌کرد. به سؤال‌های آنها که در انتظار پاسخ بودند، و به تردیدهایی که ابراز می‌داشتند، گوش می‌سپرد. کسی باید توضیح می‌داد که چرا این بلا بر سر رُم آمد. درست در اینجا بود که آورلیوس آوگوستینوس[1] اسقف هیپو، بر آن شد تا به این پرسش‌ها پاسخ گوید: چرا رُم سقوط کرد؟ آیا ویرانی شهر ابدی به معنای نابودی مسیحیت بود؟ آیا پایان جهان نزدیک بود؟

پاسخ آگوستین به این سؤالات نه فقط بر روزهای تاریکی که در پیش بود نور افشاند، بلکه فلسفه‌ای برای بنیادهای مسیحیت ارائه داد. تا به امروز مسیحیان از عقل و روح آگوستین متأثرند. کلیسای کاتولیک رومی تعلیم آگوستین را دربارهٔ کلیسا و پروتستان‌ها دیدگاه‌های او را دربارهٔ گناه و فیض اخذ کرده‌اند.

در راهِ رسیدن به بزرگی

این مرد گرانمایه از آفریقای شمالی، در ۱۳ نوامبر ۳۵۴ در تاگاست، شهری کوچک در نومیدیا[2] زاده شد که سرزمینی پوشیده از تپه‌هاست و ما آن را به نام الجزایر می‌شناسیم. پدرش، پاتریسیوس[4] مُشرکی بی‌قید بود و مادرش، مونیکا[3] مسیحیِ دین‌داری بود. با وجود امکانات مالی محدود، این زوج مصمم بودند تا آگوستین از بهترین تحصیلات ممکن برخوردار شود. چنین بود که آگوستین ابتدا به مدرسه‌ای نزدیک خانه‌شان فرستاده شد و سپس برای ادامهٔ تحصیل روانهٔ کارتاژ، پایتخت آفریقای شمالی، شد. در این شهر بود که به وسوسه‌های جنسی تن داد. او دل به دختری باخت و نتیجهٔ این دلباختگی پسری شد به نام آدئوداتوس.[5] آنها سیزده سال با هم زندگی کردند، لیکن آگوستن مدام احساس می‌کرد که تمایلات جنسی، تمنایی است که او را به تباهی می‌کشانَد. این مسئله بر تصور او از گناه تأثیر گذاشت و به نشانهٔ فسادی تبدیل شد که بعدها آگوستین باور داشت به فیض خدا از آن رهایی یافته است.

1. Aurelius Augustinus; 2. Numidia; 3. Patricius; 4. Monica; 5. Adeodatus

با این همه، ذات برتر او پیوسته عرضه اندام می‌کرد. در نوزده‌سالگی، رساله‌ای از آثار سیسرو، نویسندهٔ رومی، به دستش افتاد. نوشتهٔ سیسرو از نظر عقلی او را قانع کرد که باید زندگی خود را وقف حقیقت‌جوئی کند. با این همه، وسوسه‌های قدیمی همچنان به او هجوم می‌آورد، و همانند پولس احساس می‌کرد در باطنش دو جنگجو که یکی شریف و دیگری رذل است برای تسلّط بر وجودش با هم در ستیزند. همچنان‌که درگیر این کشمکش‌ها بود به کتاب‌مقدس رجوع کرد، ولی جذابیتی در آن نیافت، چه، احساس می‌کرد سبک نگارش آن خام و نامتمدنانه است.

برای مدتی آگوستین آیین مانی را آزمود که هرچند پیروانش در امپراتوری روم مورد آزار بودند، برای مردی با تمناهای سرکش که باطن خود را عرصهٔ ستیز میان گرایش‌های ناساز می‌دانست، گیرایی داشت. مانی، بنیان‌گذار این آیین، در ایران تعلیم داده و در ۲۷۶ یا ۲۷۷ همچون شهید بر صلیب کشیده شده بود.

باور بنیادین این مذهب بر این بود که عالم صحنهٔ کشمکش ابدی میان دو قدرت است، یکی خیر و دیگری شر. انسان، چنان‌که او را می‌شناسیم، محصولی مرکب است: بخش روحانی وجود او شامل عنصر خیر و بخش جسمانی وجود او شامل عنصر شر است. بنابراین، انسان وظیفه دارد خیری را که در وجودش هست از بند شر برهاند، و وسیلهٔ او برای این کار عبارت از دعا و به‌خصوص اجتناب از تمامی لذت‌های برخاسته از شر است، یعنی: مال و مکنت و شهوت و شراب و گوشت و خانه‌های مجلل و چیزهایی از این‌گونه.

آیین مانی همانند آیین گنوسی تعلیم می‌داد که عیسای حقیقیِ روحانی، بدن مادّی نداشت و به‌راستی نمرد. هدف عیسی این بود که راه خروج از ملکوت ظلمت و ورود به ملکوت نور را به انسان‌ها بنمایاند. همانند گنوسی‌ها، پیروان مانی به حقیقتِ بخش بزرگی از عهدجدید باور داشتند، ولی تمام اشارات آن دال بر رنج‌بردن واقعی مسیح را نمی‌پذیرفتند و عهدعتیق را به‌تمامی قبول نداشتند.

آگوستن به‌مدت نُه سال، از ۳۷۴ تا ۳۸۳، به آموخته‌های مانی وفادار ماند، امّا سپس آنها را قانع‌کننده نیافت. در این سال‌ها، در زادبوم خود یعنی تاگاست به تدریس نحو[1] یا دستور زبان پرداخت، در کارتاژ ریطوریقا[2] یا فن خطابه تدریس کرد، و با آنکه در باطن به حقیقت فلسفهٔ مانی تردید داشت، به پیشنهاد دوستان مانی‌مذهب خود، در سال ۳۸۳ عازم رُم شد.

اندکی پس از ورود به پایتخت، به تدریس در دانشگاه دولتی میلان پرداخت (۳۸۴) و به این شهر شمالی رخت کشید. مادرِ بیوه و برخی از دوستان آفریقایی‌اش دیری نپائید به او پیوستند. در آن زمان او سی‌ساله و در اوج کامیابی شغلی بود و آینده‌ای روشن انتظارش را می‌کشید. با این حال، بیش از گذشته، از زندگی‌اش ناخرسند بود. در کمال سنگدلی، معشوقه‌اش، مادر آدئوداتوس را رها کرد تا با زنی جوان، پولدار و صاحب موقعیت نامزد کند؛ امّا نتوانست بر تمناهای خود لگام زند. چنین بود که خود را در «گردابی از معاشقه‌های پلید» یافت. بعدها چنین نوشت که «همانا که چیزی نیرومندتر از نوازش‌های یک زن در

1. Grammar; 2. Rhetoric

به زیر کشـــیدن روح یک مرد وجود ندارد.» رفته‌رفته، کشاکش‌های درونی او از حد تحمل فرا رفت.

با این همه، آگوستین زمانی که در میلان به‌سر می‌بُرد، موعظه‌های قدرتمند اسقفْ آمبروز در او کارگر افتاد. او نخست برای مطالعه در سبک موعظهٔ آمبروز به کلیسا رفت، ولی چندی نگذشت که پیام اسقف روح او را لمس کرد. با شنیدن موعظه‌های آمبروز، آگوستین دریافت که مسیحیت را می‌توان هم با بیانی فصیح و شیوا و هم در قالبی عقلانی عرضه داشت، و هم اینکه داستان‌های آشوبندهٔ عهدعتیق را می‌توان به‌گونه‌ای تمثیلی بازنمود و تفسیر کرد.

چنین می‌نماید که آنچه در فرجام کار، آگوســـتین را به توبه کشاند، الگوی زندگی راهبان بود. هنگامی که او از یک دوست، داستان آنتونی و راهبان مصری را شنید - اینکه چگونه در برابر وسوسه‌های دنیا ایستادگی می‌کردند - سخت شرمسار شد. چگونه این مردان کم‌دانش به چنین پیروزی‌های روحانی دســـت یافتند، حال آنکه سهم او با همهٔ آموخته‌هایش، ناکامی بود و بس؟ بدین‌گونه، وجودش از احساس گناهکاری و ناتوانی انباشته شد.

در حالی که آگوســـتین با دلی دردمند در باغش قدم می‌زد، لحظهٔ دگرگونی فرارســـید و آن زمانی بود که صدای کودکی را شـــنید که آواز می‌خوانْد: «بردار و بخوانش.» آگوســـتین عهدجدید را برداشـــت و وقتی آن را گشـــود، نگاهش بر کلماتی افتاد کـــه با حال او تطبیق داشت: «پس اوقات خود را در بزم‌ها و میگساری و هرزگی و عیاشی و جدال و حسد سپری نکنیم، بلکه عیســـای مســـیحِ خداوند را در بر کنید و در پی ارضای امیال نَفْس خود مباشید» (رومیان ۱۳:۱۳-۱۴؛ از ترجمهٔ هزاره). آگوســـتین می‌گوید: «همان دم که به پایان این جمله رسیدم، گویی نور آرامش به قلبم تافت و سایه‌های تردید را به‌تمامی تاراند.»

در شـــب پیش از عید رستاخیزِ ســـال ۳۸۷، آگوستین به همراه پســـرش، آدئوداتوس، و دوســـتش، آلوپیوس، به‌دســـت آمبروز در میلان تعمید یافتند. او می‌گوید: «ناآرامی که سهم زندگی گذشـــته‌مان بود، وجود ما را واگذاشت.» چند ماه بعد، آگوستین به همراه مادرش، در حالی رهســـپار آفریقای شمالی شد که انسانی تازه شده بود. با این همه، به نزدیکی رُم رسیده بودند که مادرش را در ســـفر از دســـت داد. در خزان ســـال ۳۸۸، یک بار دیگر آگوستین در تاگاست رحل اقامت افکند و در این زمان بود که پسرش را از دست داد و غم هجرت فرزند به غم رحلت مادر مزید گشت. در این برهه، آگوستین به همان اندازه مشتاق دوری‌گزیدن از جهان بود که زمانی برای زندگی دنیوی شوق داشت؛ امّا به خواسته‌اش نرسید زیرا عطایای او برجسته‌تر و نیاز کلیسا به رهبری او بزرگ‌تر از آن بود که او را به حال خود بگذارند.

ســـه ســـال بعد در هیپو، به تقاضای مردم ولی به خلاف خواست خود، آگوستین به مقام کشیشی دستگذاری شد. چندی نگذشته به درخواست جناب اسقف والِریوس، آگوستین به مقام کمک‌اســـقفی منصوب شد. یک سال بعد، با درگذشت والریوس، رهبری کلیسای هیپو را به او سپردند. در این زمان، آگوستین چهل‌وسه‌ساله بود و سی‌وسه سال تا زمان مرگش در ۴۳۰، در کانون طوفان‌های زمانه‌اش قرار گرفت.

مناقشهٔ مربوط به دوناتیست‌ها[1]

مسیحیت در آفریقای شمالی همچنان گرفتار مناقشه‌ای تب‌دار میان کاتولیک‌ها و جنبشی معروف به دوناتیسم بود. این مناقشه، دیرینه و ریشه‌دار بود و از آگوستین در مقام اسقف هیپو برنمی‌آمد که دربارهٔ آن سکوت کند.

زمانی که آگوستین رهبری کلیسا را بر عهده گرفت، صد سال از عمر دوناتیسم می‌گذشت. این جنبش بر پاکی کلیسا، تنبیهات کلیسایی، و ایستادگی نرمش‌ناپذیر در برابر اسقفان بی‌لیاقت تأکید داشت. دوناتیست‌ها می‌گفتند که کاتولیک‌ها با دستگذاری‌کردن کشیشان و اسقفان بی‌اخلاق، در تمام این موارد کوتاهی کرده‌اند.

نام این جنبش برگرفته از دوناتوس[2] یکی از نخستین اسقفان کارتاژ (۳۱۳-۳۵۵) است که اعتراض علیه رفتارهای کاتولیک‌ها را رهبری کرد. اتهامات دوناتیست‌ها علیه کاتولیک‌ها بر این واقعیت متمرکز بود که اسقفان کاتولیک در زمان جفای دیوکلتیان بر کلیسا، نسخه‌های کتاب‌مقدس را به مقامات سپرده بودند تا سوزانده شوند. دوناتیست‌ها تأکید داشتند که چنین عملی به منزلهٔ گناه جدی ارتداد است. آنها عقیده داشتند که کلیسای حقیقی مسیح را نه کاتولیک‌ها بلکه خودشان تشکیل می‌دهند، زیرا اسقفانِ دستگذاری‌کنندهٔ کشیشان کاتولیک، دست به گناهی چنین بزرگ زده بودند. در زمان آگوستین، دوناتیست‌ها کماکان در چهارگوشهٔ آفریقای شمالی پراکنده بودند و در برخی مناطق، جماعت آنها در اکثریت بود.

آگوستین دیدگاه دوناتیست‌ها را دال بر وجود کلیسای صددرصد مقدس رد کرد و گفت که تا روز داوری، کلیسا جماعتی مرکب از افراد خوب و بد خواهد بود. در دفاع از این نظر نیز به مَثَل عیسی دربارهٔ علف‌های سمّی در میان گندم‌ها (متی ۱۳:۲۴-۳۰) استناد کرد و هیچ به این واقعیت توجه نداشت که عیسی در این مثل نه به کلیسا، بلکه به کل جهان اشاره دارد.

آگوستین همچنین درک متفاوتی از آیین‌های کلیسایی مطرح ساخت. دوناتیست‌ها استدلال می‌کردند که اعتبار آیین کلیسایی متکی بر وضعیت اخلاقی خادمی است که آن را اجرا می‌کند. آگوستین با رد این دیدگاه، اظهار داشت که آیین نه به خادم، بلکه به مسیح تعلق دارد. عمل کشیش در این مورد به‌راستی متعلق به خداست، زیرا خدا اجرای آیین‌ها را به کشیش سپرده که به دستگذاری او ایرادی وارد نیست. بنابراین، از کشیش انتظاری جز این نیست که آگاه باشد وسیلهٔ انتقال فیض خدا به کل کلیساست.

چنین دیدگاهی کشیش را به مجرای انتقال فیض به اعضای کلیسا تبدیل می‌کند. بدین‌ترتیب، آگوستین نفوذ فراوان خود را پشتوانهٔ تلقی خود از کلیسا ساخت که در آن، کلیسا نقش کهانتی دارد (واسطهٔ فیض الاهی است[3]). همین دیدگاه بود که در مذهب کاتولیک قرون وسطیٰ به زیاده‌روی‌های ناگوار انجامید.

دفاع آگوستین از کلیسای کاتولیک در مناقشهٔ مربوط به دوناتیست‌ها، همچنین او را به دفاع از به‌کارگرفتن خشونت در سرکوب رقیبان سوق داد. در آغاز، او سخت مخالف زور

1. Donatist; 2. Donatus; 3. Sacerdotal

و اجبار بود. لیکن، رفته‌رفته به دیدگاه متفاوتی رسـید. در مقابل دوناتیسـت‌ها که در برابر فشـار فزایندهٔ دولت کوتاه نمی‌آمدند، آگوستین توسل به زور را در مورد مسئله‌ای دینی روا دانسـت. او در این باره گفت که آنچه در ظاهر عملی خشـن جلوه می‌کند، چه بسا خطاکار را به عادلانه‌بودن آن متوجه سـازد. مگر نه این است که خود خداوند در مَثَل خویش فرمود: «به‌اصرار مردم را بیاورید» (لوقا ۲۳:۱۴)؟ بدین‌ترتیب، جایگاه و بیانات آگوستین قرن‌ها بعد دستاویزی برای توجیه اعمال سنگدلانه‌ای شـد که در جریان تفتیش عقاید، علیه مسیحیان دگراندیش صورت می‌گرفت.

در باب گناه و فیض

اگر مناقشهٔ مربوط به دوناتیسـت‌ها موجب شد تا آگوستین به ابراز عقیده در باب کلیسا بپردازد، مناظره با پلاگیوس او را به تأکید بر نجات از راه فیض برانگیخت.

پلاگیوس[1] راهبی انگلیسی بود که از رُم به آفریقای شمالی آمد. یکی از شاگردانش به نام کوئلِسْتیوس که او را همراهی می‌کرد، امیداور بود در کارتاژ به مقام کشیشی دستگذاری شود، ولی در مناطقی که تحت نفوذ آگوسـتین بود، چندان حمایتی از او به‌عمل نیامد. دیدگاه‌های کوئلِسْتیوس به محض آنکه در کارتاژ مطرح شد، در نطفه خفه گردید.

در نتیجه، کوئلِسْـتیوس نیز همانند پلاگیوس راه شرق را در پیش گرفت. کلیساهای آن سامان بیشـتر پذیرای تعلیم پلاگیوس بودند. با این حال، آگوسـتین قلم به دست گرفت و ردیهٔ محکمی بر دیدگاه‌های پلاگیوس نوشـت. در سـال ۴۱۹ پیروان پلاگیوس را امپراتور هونوریوس به تبعید فرسـتاد، و در ۴۳۱ شورای عمومی کلیسا در افسس رأی به محکومیت آنها داد.

ولی چرا؟ مگر پلاگیوس چه تعلیمی می‌داد که چنین مخالفت آگوسـتین را برانگیخت؟ راهب انگلیسـی قبول نداشت که انسـان ذات گناه‌آلود خود را از آدم به ارث برده است. او می‌گفت که انتخاب میان زندگی پاک یا گناه‌آلود در اختیار انسـان است. وانگهی، مرگ نتیجهٔ نافرمانی آدم نیسـت. البته آدم گناه را به جهان آورد، ولی این کار را صرفاً با الگوی فاسـدی که از خود به‌جای گذاشـت انجام داد. هیچ ارتباط مستقیمی بین گناه او و وضعیت اخلاقی انسـان وجود ندارد. تقریباً همهٔ ابناء بشـر گناه کرده‌اند؛ ولی امـکان گناه‌نکردن وجود دارد و در واقـع بعضی از انسـان‌ها در زندگی خود گناه نورزیده‌اند. خدا کسـی را از پیش برای نجـات تعیین نمی‌کند، مگر به این معنی که از پیش می‌داند چه کسـی ایمان خواهد آورد و چه کسی تأثیرات فیض‌آمیز او را پذیرا نخواهد شد. بخشایش الاهی شامل حال تمام کسانی می‌شـود که «فقط از طریق ایمان» نجات را می‌جویند؛ اما، انسـان به مجردی که بخشـوده شـد، از این قدرت برخوردار است که با شیوهٔ زندگی خود، اسباب خشنودی خدا را فراهم سازد. بنابراین، پلاگیوس چندان نیازی به عمل خاصِ روح‌القدس برای تقویت فرد، احساس

1. Pelagius

نمی‌کرد. دیدگاه او در مورد زندگی مسیحی در عمل همان تعبیری بود که فیلسوفان رَواقی از ریاضت و خویشتنداری داشتند.

تمام این دیدگاه‌ها از بیخ و بُن با تجربهٔ شخصی آگوستین ناسازگار بود. او با تمام وجود، عمق گناه خود و به همین نسبت، عظمت نجات الاهی را احساس می‌کرد. آگوستین بر آن بود که چیزی مگر قدرتِ مقاومت‌ناپذیر الاهی (فیض) نمی‌توانست او را از بند گناه آزاد سازد و دوام زندگی مسیحی او فقط و فقط از برکت جریان مستمر فیض الاهی بود. آرمان مسیحی او، نه خویشتنداری به‌سبک فیلسوفان رواقی، بلکه همانا عشق به پارسایی بود که روح خدا به فرد می‌بخشید.

از نظر آگوستین، گناه آدم نتایج عظیمی داشت. او از به‌جاآوردن عمل درست ناتوان شد. در یک کلام، به مرگ روحانی دچار گشت، و طولی نکشید که مرگ جسمانی هم به سراغش آمد. ولی این نابودی فقط دامن او را نگرفت. آگوستین تعلیم می‌داد که کل نژاد بشر «در آدم» بود و در سقوط او سهیم شد. نوع انسان به «تودهٔ فساد» بدل گشت، چنان‌که آدمی بر هیچ کار نیک (که باعث نجات او شود) قادر نیست و هر انسانی، از نوزادی تا کهنسالی، فقط سزاوار لعنت است و بس.

از آنجا که انسان با قدرت خود نمی‌تواند کار نیکی انجام دهد، به‌طور کلی قدرت برای انجام اعمال خیر، هدیهٔ رایگان خدا، یعنی فیض اوست. از میان جماعت انبوهِ این نژاد سقوط‌کرده، خدا برخی را برای کسب این فیض برمی‌گزیند. سرچشمهٔ فیض همانا کار مسیح است، و فیض از طریق کلیسا و به‌خصوص از طریق آیین‌های مقدس کلیسایی شامل حال این افراد می‌شود. تمام کسانی که تعمید می‌یابند، از فیضی برخوردار می‌شوند که به آنها زندگانی جدید می‌بخشد و آزادی انسان را برای خدمت به خدا به او بازمی‌گرداند، گرچه این خدمت در بهترین حالت ناقص است و فقط به برکت جریان پیوستهٔ فیض ادامه می‌یابد.

همان‌گونه که ویلیستون واکِر توضیح می‌دهد: «کسانی که خدا فیض خود را شامل حال‌شان نمی‌سازد، هلاک می‌شوند. هیچ‌کس نمی‌تواند مطمئن باشد که حتی اگر اکنون از فیض خدا برخوردار است، فردا نجات خواهد یافت. فقط کسانی نجات خواهند یافت که خدا فیض پایداری در ایمان را هم به آنها می‌بخشد؛ یعنی از کمک الاهی تا پایان زندگی برخوردار می‌شوند.» بنابراین، انسان از خود قدرت یا شایستگی ندارد، بلکه نجات او از آغاز تا انجام، کار خداست.

آگوستین نیز مانند پولس «به تسخیر» فیض خدا درآمده بود. آنچه او را وارد ایمان مسیحی کرد، اموری بود که به‌نظرش فاجعه می‌نمود. فاجعهٔ اصلی هم این بود که باور داشت در گناه و بیگانگی با خدا زاده شده و یگانه راهی که برای رهایی از این فاجعه وجود دارد، تولد جدید است.

اصلاحگران پروتستان سخت به این دیدگاه آگوستین معتقد بودند که گناه توانایی انسان را در امور روحانی از او سلب کرده و فقط فیض خدا می‌تواند توانایی انسان را در این امور به او بازگرداند. این تعلیمات به‌خوبی با تعلیم آگوستین در زمینهٔ پیش‌تعیینی که اصلاحگران

بســط دادند، سازگاری داشت. لیکن، آنها اعتنایی به این مسئله نکردند که آگوستین نجات و فیض را به آیین‌های کلیسایی مرتبط می‌ساخت.

تعلیم پلاگیوس را شورای بزرگ افسس در ۴۳۱ محکوم کرد، زیرا از تأثیر عظیم و ویرانگر گناه غافل مانده و در آن به این نکته توجه نشــده بود که انسان بدون کمک فیض خدا محال است به‌سوی او بازگشت کند. لیکن، با گذشت یک قرن، کلیسا موضع خود را از دیدگاه‌های آگوســتین در بابِ فیضِ مقاومت‌ناپذیر و پیش‌تعیینی، جدا ساخت. برخی منتقدان استدلال می‌کردند که آرای آگوســتین اعتقاد دیرینه به اختیار انســان را زیر پا می‌گذاشت. وَنْسان از لِرنس[1] با اعتراض به این دیدگاه‌های نو چنین نوشــت که مسیحی باید به آنچه «همیشه و در همه جا مورد پذیرش تمامی مسیحیان بوده» معتقد باشد.

شهر خدا بر ویرانه‌های رُم

آگوستین شصت‌وپنج ساله بود که خبردار شد رُم غارت شده است. حتماً از شنیدن این خبر به شگفت آمد. او از نخستین گروه پناهجویان از رُم استقبال کرد و در صدد اِسکان‌دادن آنها و تشویق جماعت خود برآمد که بر شمارشــان افزوده شــده بود. او در موعظه‌اش، تسخیر رُم را با داوری ســدوم مقایسه کرد. حجم ویرانی عظیم بود، ولی آگوستین اظهار داشت که آنچه شهر را می‌سازد نه دیوار و حصار بلکه انسان‌ها هستند. برخلاف سدوم، رُم تنبیه شده ولی ویران نشده بود.

اندکی بعد، آگوستین به پرســش‌هایی عمیق‌تر دربارهٔ رابطهٔ میان شهرهای زمینی و شهر آســمانی یا شهر خدا پرداخت. شــهرهای زمینی مانند هر چیز دیگری که در محدودهٔ زمان اســت، دورهٔ رونق و ظهور و زوال خود را دارند، حال آنکه شــهر خدا جاودانی است. این مسئله به‌مدت شــانزده ســال، کم‌وبیش تا پایان زندگانی، ذهن آگوستین را به خود مشغول داشت و به خلق اثر عظیم او به نام *شهر خدا* انجامید. این کتاب تا پانزده قرن، چه به‌صورت مســتقیم و چه غیرمستقیم، بر افکار مســیحیان دربارهٔ اینکه چه تکلیفی در قبال خدا و قیصر دارند، اثر گذاشت.

آگوســتین در این کتاب می‌گوید که از زمان آدم تا آخر عالم، انســان‌ها از لحاظ زندگی در این شــهرها بر دو دســته‌اند: جماعت بی‌خدا که زندگی زمینــی و دنیوی اختیار می‌کند، و جماعت افراد روحانی که از فیض زاده شــده‌اند و برای ســکونت همیشگی، به شهر خدا خوانده شده‌اند. آگوســتین می‌گوید که عامل اتحاد در شهر زمینی، عشق به امور فانی است؛ در حالی که عامل اتحاد در شهر خدا، عشق به اوست.

رومیان را جز ستایش‌های مردمان چه چیز به دستاوردهای بزرگ رهنمون شد؟

> جز شــکوه و جلال چه چیز را می‌توانستند دوست بدارند؟ آنها مشتاق بودند تا با رســیدن به جلال، در تحسین‌های ستایشــگران خود جاودانه شوند ... شهر

1. Vincent of Lerins

آسمانی شکوهی افزون‌تر از رُم دارد، با آن سنجیدنی نیست. در شهر آسمانی، به‌جای پیروزی، راستی وجود دارد؛ به‌جای مراتب عالی، پاکی؛ به‌جای صلح، سعادت؛ و به‌جای زندگی، ابدیّت ...

و اما رابطهٔ کلیسا با حکومت چه می‌شود؟ آگوستین کلیسا را یگانه اجتماع انسانی می‌دانست که در بنای شهر خدا نقش دارد. از نظر آگوستین، نقش حکومت مبارزه با جرم و پاس‌داشتن صلح است، ولی چون پایه‌های آن بر قدرت گناه استوارند، حکومت باید تسلیم قوانین کلیسای مسیح باشد.

عظمت این چشم‌انداز روحانی، کتاب *شهر خدا* را به دل‌پسندترین اثر آگوستین در سراسر قرون وسطیٰ تبدیل کرد. این کتاب که تفسیری روحانی از تیره‌روزی‌های جهان به‌دست داد، به ما می‌گوید که چه بسا امور حاضر بد باشد، امّا آیندهٔ بهتری در راه است. عصر زرّین – یعنی پادشاهی خدا – از آنِ آینده است و نباید آن را در شکوهِ رو به افول حکومتی دُنیوی جست که از آن جز لرزیدن و فرو ریختن، انتظاری نمی‌توان داشت.

بر شمار سالیان زندگی آگوستین هرچه افزوده می‌شد، دشواری‌های‌اش نیز فزونی می‌گرفت. در هفتادوششمین سال زندگی‌اش، واندال‌های وحشی از تنگهٔ جبل‌الطارق گذشته بودند و به‌شتاب در جهت شرق به‌سمت هیپو می‌تاختند. در آخرین روزهای زندگی، آگوستین ترتیبی داد تا مزامیر توبه را بر پوست حک کنند و بر دیوار اتاقش بیاویزند تا او بتواند از بستر خود آنها را بخواند. این مرد که چیزی به پایان زندگی‌اش نمانده بود، باور داشت پایان جهان نزدیک است. در ۲۸ اوت ۴۳۰، آگوستین سرانجام در مسیح آرمید.

واندال‌ها برای چهارده ماه هیپور را محاصره کردند و سرانجام که در اوت ۴۳۱ از دیوارها به درون شهر ریختند، گرسنگی جان بیشتر مردم را گرفته یا آنها را به حال مرگ انداخته بود.

پیشنهادهایی برای مطالعهٔ بیشتر

*Bonner, Gerald. *St. Augustine of Hippo. Life and Controversies.* London: SMC, 1963.
Brown, Peter. *Augustine of Hippo: A Biography.* Berkeley: University of California Press, 2000.
Hansel, Robert R. *The Life of Saint Augustine.* New York: Fanklin Watts, 1969.
Knowles, Andrew and Pachomius Penkett. *Augustine and His World.* Downers Grove, IL: InterVarsity Press, 2004.
Martin, Thomas F. *Our Restless Heart: The Augustinian Tradition.* Maryknoll, NY: Orbis, 2003.
O'Meara, John J. *The Young Augustine.* Staten Island: Alba House, 1965.

فصل چهاردهم

پطرس در مقام «کاهن اعظم»[1]

سرآغاز نظام پاپی[2]

راهبی بانگ برداشت: «تو تازیانهٔ خدا هستی»؛ و این موقعی بود که آتیلا رهبر هون‌ها سواره‌نظام و پیاده‌نظام مسلح خود را از مراتع پهناور آسیای مرکزی برای حمله به نیمهٔ غربی امپراتوری روم هدایت می‌کرد. آتیلا با پیشروی به فرادست دانوب در قرن پنجم، ساکنان هر دو سوی دره را به فرار واداشت و سرانجام با لژیون‌های رومی و هم‌پیمانان گوت آنها در اروپای مرکزی رو در رو شد. راهب نبوت کرده بود که «بله، تو تازیانهٔ خدا هستی، ولی خدا وسیلهٔ انتقام خود را خواهد شکست. بدان که مغلوب خواهی شد!»

در ژوئن سال ۴۵۲ تازیانهٔ خدا راهی رُم شد. حمله‌ای ناگهانی بر فراز آلپ، آتیلا را به شمال ایتالیا رساند که در آنجا با مقاومت‌هایی چند روبه‌رو شد. ارتش توان‌باختهٔ روم از درگیری خودداری کرد و مردم پا به فرار گذاشتند. با وجود بیماری همه‌گیر و تمرد لشکریان، آتیلا اسبان و مردانش را همچنان به پیشروی خواند.

در نقطه‌ای کم‌عمق از رودخانهٔ پو[3] آتیلا با فرستادگان رُم، همان هیأت صلح، روبه‌رو شد. نزدیک بود آنها را روانه کند که شنید اسقف لئو[4] به‌عنوان فرستادهٔ امپراتور روم به آنجا آمده است.

---

1. Pontifex Maximus; 2. Papacy; 3. Po River; 4. Bishop Leo

لئـو به امید جلوگیری از هرج‌ومرج، مأموریت داشـت با یکی از قوی‌ترین مردانِ دنیای هراس‌زدهٔ آن روزگار مذاکره کند و تا می‌تواند برای حفظ شـهر بکوشد. امپراتور روم کاری برای محافظت از پایتخت کهن امپراتوری و مناطق اطرافش از ویرانی انجام نمی‌داد. بنابراین، جانشـین پطرس که اینک به نیابت از امپراتور پا به میدان نهاده بود، یکّه‌وتنها با آتیلا روبه‌رو شد.

دو مـرد در برابر هم قرار گرفتند، در مبارزه‌ای نابرابر. در یک سـو، قانونِ پیروزی حاکم بود؛ در سـوی دیگر، قانون ایمان. در یک طرف، پیروزی بر زخم‌دیدگان و غارت‌شدگان و مُحتضران رسم بود؛ در سوی دیگر، تن‌دادن به رازهای الاهی کلیسا. پادشاه بیگانگان در برابر پاپِ مؤمنان.

چه بسا مدت‌ها پیش از رسیدن فرستادگان رُم، آتیلا تصمیم خود را در مورد پیشروی‌های آتی گرفته بود. شـیوع بیماری در میان سربازان به گرسنگی مزید شده و او را بر آن می‌داشت تا از ادامهٔ پیشـروی خودداری کند. ولی کسـی این را نمی‌دانست. چنین بود که حاضر شد با فرسـتادهٔ امپراتور مذاکره کند و با درخواست امان‌خواهی پاپ برای پایتخت موافقت کند. حتی قول عقب‌نشینی از ایتالیا را داد و به سخن خود عمل کرد. در نتیجهٔ این اتفاقات، اسقف رُم در نقش جدیدی ظاهر شده و زمینه را برای طرح ادعای جدیدی در آینده فراهم کرده بود.

نظام پاپی موضوعی بسـیار بحث‌انگیز است. هیچ نهاد دیگری به این اندازه مورد مهر و کین واقع نشـده. برخی از مسیحیان پاپ را «نایب مسـیح» دانسته و تکریم کرده‌اند؛ برخی دیگر به او مُهر «دَجّال» زده‌اند.

با وجود این، هر دو گروه همداسـتان‌اند که با لئو مرحلهٔ مهمی از تاریخ این نهادِ بی‌نظیر آغاز شـد. او ثابت کرد که نظام پاپی قادرست خود را با محیط‌های گوناگون سازگار کند، و این را در سراسر تاریخ طولانی‌اش می‌توان دید: از تعامل آن با امپراتوری روم و پادشاهی‌های ژرمن‌ها در قرون وسـطیٰ گرفته تا با دولت‌های ملّی روزگار نو و کشورهای در حال توسعه در آسیا و آفریقا. امّا منصب پاپ بر چه بنیادی استوار است و در چه زمانی پایه‌گذاری شد؟

ادعای کلیسای کاتولیک رومی

طبق تعلیم رسمی کلیسای کاتولیک رومی که در شورای اول واتیکان (۱۸۷۰) بیان شده اسـت، عیسای مسیح نظام پاپی را با پطرس رسـول آغاز کرد و اسقف رُم به‌عنوان جانشین پطرس دارای اقتدار مطلق بر کل کلیسـا (یعنی دارای برتری مقام) اسـت. هم کلیسـاهای ارتودوکس شرقی و هم فرقه‌های پروتستان این دو ادعا را نفی می‌کنند. بنابراین، هر مطالعه‌ای دربارهٔ نظام پاپی مناقشه‌برانگیز و مانند دست فرو کردن در لانهٔ زنبور است.

با این حال، مهم‌ترین دغدغهٔ ما نفی و اثباتِ ادعاهای کلیسـای کاتولیک رومی نیسـت، بلکه بررسی تاریخ مسـیحیت است. ادعاهای مطلق مقامات کلیسـایی هرچه باشد، تاریخ گویای آن اسـت که مفهومِ حاکمیت پاپ بر کل کلیسـا به‌کندی و در طی مراحلی دردناک

شکل گرفت. لئو یکی از مهم‌ترین افراد در این جریان است، زیرا برای نخستین بار بنیادهای کتاب‌مقدسی و الاهیاتی این موضوع را پِی ریخت. از همین‌رو، تا قبل از لئو، از چیزی به نام نظام پاپی نمی‌توان یاد کرد.

خود کلمهٔ *پاپ* نقشی حیاتی در ظهور آموزهٔ برتری و تقدّم پاپ بر سایر رهبران کلیسا ندارد. عنوان *پاپا* در اصل بیانگر توجه پدرانهٔ هریک از اسقفان به گله‌اش بود. لیکن بعد از قرن ششم، یعنی مدت‌ها بعد از طرح ادعای برتری اسقف رُم بر سایر اسقفان، این اصطلاح منحصراً برای اسقف رُم کاربرد یافت.

نکتهٔ دیگر اینکه باید احترام کلیسای رُم را از موضوع اقتدار رئیس آن جدا کرد. در قرون نخست مسیحیت شواهد فراوانی دال بر جایگاه ممتاز کلیسای رُم در میان کلیساهای مناطق غرب امپراتوری وجود دارد. ارجمندی آن چند دلیل داشت. نخست اینکه، رُم پایتخت امپراتوری بود، شهر ابدی به‌شمار می‌رفت، و کلیسای رُم بزرگ‌ترین و ثروتمندترین کلیسا بود و به داشتن اعتقادات درست و نیکوکاری شهرت داشت. این کلیسا در غرب بی‌رقیب بود.

دوم، با وجود جفاهایی از همه نوع، جماعت کلیسای رُم به‌سرعت از لحاظ تعداد و اهمیت رشد کرد. شمار اعضای این کلیسا در میانهٔ قرن سوم احتمالاً به سی هزار نفر رسید که از این عده، ۱۵۰ نفر روحانی و ۱۵۰۰ نفر زنان بیوه و افراد تنگدست بودند. در آن زمان نیز مانند امروز، بزرگی یک کلیسا بر نفوذ آن می‌افزود.

سوم، جمعی از نویسندگان اولیهٔ مسیحی که نخستین‌شان ایرنایوس بود، پطرس و پولس را بنیان‌گذاران کلیسا در رُم و اسقفان بعدی این کلیسا را جانشینان رسولان دانسته‌اند. در روزگاری که معلمان گنوسی آموزش‌های خود را تعلیمات مسیح برای خواص می‌دانستند، مهم بود که کلیسا بدین‌گونه در عصر رسولان ریشه داشته باشد. به باور بسیاری از مسیحیان کاتولیک، فهرستی از اسقفان که سلسلهٔ آنها به پطرس و پولس می‌رسید، راهی مطمئن برای محافظت از پیام رسولان بود.

با این همه، احترام برای سنت‌های رُم سبب نشد مردان توانمندی همچون ایرنایوس و سیپریان هرگاه احساس می‌کردند کلیسا یا اسقف آن بر خطاست، به مخالفت با رُم نپردازند. تا زمان کنستانتین هیچ دلیل قاطعی در دست نیست که اسقف رُم حوزهٔ اختیارات قضائی خود را به بیرون از رُم گسترش داده باشد. درست است که احترام او از رُم فراتر می‌رفت، ولی اختیارات او چنین نبود.

تأثیر فزایندهٔ رُم بخشی از ساختار در حال ظهور کلیسا در قرون سوم و چهارم بود که پیچیدگی فزاینده‌ای می‌یافت. سازمان کلیسا به دو شیوهٔ مهم توسعه یافت: یکی، اقتدار یافتن شوراهای کلیسایی بود و دومی، اقتدار یافتن برخی از اسقفان بر اسقفان دیگر.

شوراها از زمانی تشکیل شد که کلیساهای مناطق مختلف برای گفتگو دربارهٔ مسائل مشترک، شروع به فرستادن کشیشان (یا اسقفان) خود به جلسات کردند. در ابتدا، تشکیل این شوراهای ایالتی نظم مشخصی نداشت، ولی از قرن سوم، جلسات آنها به‌طور منظم سالی

یک مرتبه تشـــکیل می‌شد. از لحاظ نظری، اسقفان کلیساهای مختلف با هم برابر بودند، ولی در عمل به‌ندرت چنین بود. کشیشـــان کلیساهایی که به‌دســـت رسولان بنا شده بود، به‌طور غیررســـمی از امتیازی ویژه برخوردار بودند و اسقفان شـــهرهای بزرگ‌تر در برخی مسائل، کشیشان شهرهای کوچک‌تر را به تمکین وا می‌داشتند.

همچنان‌که کلیسا رشد می‌کرد، طبعاً به پیروی از ساختار امپراتوری روم پرداخت. به این ترتیب، شـــهر ایالتی امپراتوری را کلیسا حوزهٔ اســـقفی قرار داد. در رأس ایالات امپراتوری، مِتروپولیس یا کلان‌شهر قرار داشت. از همین‌رو، دیری نپائید که اسقفانِ این شهرهای بزرگ‌تر به نظارت بر اســـقفان ایالات مربوط به ناحیهٔ خود پرداختنـــد. نکتهٔ آخر اینکه، امپراتوری به چندین منطقهٔ عمده تقسیم می‌شـــد، در نتیجه این تفکّر در کلیسا ایجاد شد که ایتالیا، کارتاژ در آفریقای شمالی، اســـکندریه در مصر، انطاکیه در سوریه و غیره تحت سرپرستی کلیسای رُم قرار دارند.

کلیساهای داخل ایالات فعالیت خود را معمولاً به این ترتیب در حومه گسترش می‌دادند که اســـقف به موعظه در آن نواحی می‌پرداخت؛ ســـپس، کلیســـاهایی برای پاسخگویی به نیازهای نوکیشان تأسیس می‌شد که در ابتدا، روحانیون آنها را کلیسای شهر ارسال می‌کرد. با این همه، خادمانی که به آنها خدمت می‌کردند، اسقف نبودند، بلکه کشیش خوانده می‌شدند. این عنوان برگرفته از واژهٔ یونانی پرِزْبیتِر[1] به معنی شیخ و ارشد است.

بنابراین، با آغاز قرن چهارم، کلیساهای کاتولیک از طریق تشکیل منظمِ شوراهای منطقه‌ایِ اســـقفان و رتق و فتق امور روزانه تحت سرپرســـتی اسقفان هر ناحیه، به تعیین سیاست‌های کلی پرداختند.

شـــوراهای عمومی کلیســـا بعد از گرویدن کنســـتانتین به مسیحیت تشـــکیل شد. برای حل‌وفصل مســـائل عمده‌ای که موجب آشفتگی در کلیساها می‌شـــد، امپراتور دستور داد تا شـــوراهایی با حضور اســـقفان نواحی مختلف برگزار شود. شـــورای آرْل[2] در ۳۱۴ نشست عمومی کلیســـاهای غرب بود، و شورای نیقیه در ۳۲۵ نخستین شورای عمومی کل کلیساها به‌شمار می‌رفت. مصوبات این دو شورا و شوراها بعدی به قانون کلیسا تبدیل شد.

اهمیت اسقف رُم بر بال همین تحولات اوج گرفت. شورای نیقیه برای اسقفان اسکندریه، انطاکیه و رُم در نواحی خود تفوق قائل شـــد. برای کلیسای اورشلیم نیز تقدّم افتخاری قائل شدند. بنابراین، در سال ۳۲۵، سیاست ادارهٔ کلیســـا توسط حوزه‌های پاتریارکی یا بِطْریقی، یعنی ادارهٔ امور کلیسا توسط اسقفانی از سه یا چهار شهر مهم، به تأیید شورا رسید.

انتقال مقر امپراتوری به شرق

در ســـال ۳۳۰ عامل مهم جدیدی ظهور کرد. کنســـتانتین مقر امپراتوری را به رُم جدید، یعنی به شـــهر باســـتانی بیزانتیوم بر تنگهٔ بُسْفُر انتقال داد. شهر کنســـتانتین (کنستانتینوپُل یا

1. Presbyter; 2. Arles

قسطنطنیه) مرکز قدرت سیاسی را به شرق منتقل ساخت و همچنان‌که بر قدرت قسطنطنیه افزوده می‌شد، اهمیت سیاسی رُم قدیم رو به افول می‌نهاد. دیری نپائید که کلیساها در امور روحانی و تعلیمی به همان اندازه به اسقف قسطنطنیه اقتدا کردند که به اسقفان سایر شهرهای مهم اقتدا می‌کردند.

چندی پس از آنکه امپراتور تئودوسیوس وارد قسطنطنیه شد، مسیحیت را دین رسمی کشور اعلام کرد. به این ترتیب، قربانی‌های بت‌پرستان ممنوع و پرستشگاه‌های آنها تعطیل شد و حتی برخی از آنها به‌دست مسیحیان افراطی ویران گردید.

در ماه مِی ۳۸۱ امپراتور جدید دستور تشکیل شورای عمومی جدیدی را در قسطنطنیه صادر کرد. همانند کنستانتین در شصت سال پیش، تئودوسیوس شخصاً در جلسهٔ افتتاحیه حضور یافت. او می‌خواست به کلیسای مسیحی خود نظم بدهد. با این همه، فقط اسقفان بخش شرقی امپراتوری را به شورا دعوت کرد. ایتالیائی‌ها، به‌خصوص داماسوس[1] اسقف رُم، در این شورا حضور نداشتند. این شخص حتی نماینده هم نفرستاده بود.

امپراتور خواهان چه چیزی بود؟ اینکه اعتقادنامهٔ نیقیه تأیید و پایبندی به آن مورد تأکید مجدد قرار گیرد. کار اصلی شورا همین بود، ولی در این شورا همچنین تصریح شد که «بعد از اسقف رُم، اسقف قسطنطنیه قرار دارد زیرا شهر او (قسطنطنیه) رُم جدید است.»

در غرب بلافاصله به اهمیت تقابل میان رُم قدیم و رُم جدید و ارتقای اسقف قسطنطنیه پی برده شد. آشکارا این حرکتی سیاسی برای افزایش قدرت اسقف در شرق بود. آیا قرار بود رُم را واگذارند تا به راه خود برود؟

داماسوس، اسقف رُم، به تصمیم شورا اعتراض کرد. یعنی چه که موقعیت کلیسا و اسقفان باید به جایگاه فلان و بهمان شهر در امپراتوری گره خورده باشد؟ داماسوس تأکید داشت که تفوق رُم به این خاطر نیست که گردش روزگار آن را به چنین جایگاهی رسانده یا فلان شورا چنین تصمیمی دربارهٔ آن گرفته است.

سال بعد، در شورای دیگری در رُم، اسقفان غرب چنین استدلال کردند که «تقدّم کلیسای رُم بر کلیساهای دیگر بر اساس مصوبهٔ شورا نیست، بلکه به این سبب است که خداوند و رهانندهٔ ما با این کلمات خود در انجیل برای آن تقدّم قائل شده است: "تو پطرس هستی، و من بر این صخره کلیسای خود را بنا می‌کنم."» به این ترتیب، نخستین اشاره به «برتری کلیسای رُم» شکل گرفت.

کلیسای قسطنطنیه و کلیسای رُم در مسیرهای جداگانه‌ای پیش می‌رفتند. این مسئله در پایان قرن چهارم محرز شد. تنش‌هایی که به جدایی کامل مسیحیت شرق و غرب انجامید از هم‌اکنون آشکار بود.

قسطنطنیه با اتکای فزاینده بر موقعیت سیاسی‌اش، به درون بازی‌های سیاسی امپراتوری شرق کشیده شد؛ تا بدانجا که دین و سیاست در شرق به‌هم آمیخت و از استقلال پاتریارک پایتخت کاسته شد.

---

1. Damasus

در رُم شـرایط به‌طور چشـمگیری تفاوت داشـت. ضعف امپراتوری روم در غرب به استقلال فزایندهٔ اسقف رُم، یعنی پاتریارک غرب انجامید. پاپ رُم رقیب قدرتمندی نداشت. اسـقفان رُم دیگر نمی‌توانستند بر این اساس که کلیسای رُم در پایتخت امپراتوری قرار دارد، مدعی تقدّم کلیسـای رُم باشـند. در نتیجه برای ادعای خود، به ارائهٔ دلیل از کتاب‌مقدس و سنت پرداختند و بُرهانی که اقامه می‌کردند، همانا تقدّم پطرس بود.

اسقف داماسوس (۳۶۶-۳۸۴) فصل جدیدی برای رُم قدیم گشود. او غرور شهر کهن رُم و امپراتوری آن را با مسیحیت درآمیخت. داماسوس به کلیساهای باشکوهی اشاره می‌کرد که به پطرس و پولس وقف شده بود. این کلیساها که سازنده‌شان کنستانتین بود بر مزارهایی قرار داشـت که تصور می‌شـد از آنِ این دو قدیس است. داماسوس می‌گفت: «با آنکه رسولان از شـرق فرستاده شدند، شهادت آنان این حق اختصاصی را به رُم داده است که آنان را شهروند خود بداند.» چنین بود مقدّمات فعالیت لئو.

استدلال لئو برای تقدّم رُم

پیش از انتخابش بـه مقام پاپی، لئو را که نجیب‌زاده‌ای از شـمال رُم بود، امپراتور برای حل‌وفصل یک نزاع به گُل فرسـتاده بود. هنگامی که اسـقف رُم درگذشت، روحانیون رُم با ارسال هیأتی به لئو خبر دادند که او به مقام اسقف جدید رُم برگزیده شده.

لئو در موعظه‌اش به‌مناسـبت قرارگرفتن در این مقام، زبان به ستایش «حضرت پطرس، رسول مبارک مسـیح» گشود که «قدرتش در کرسی او بقا دارد و اقتدارش از آن فرامی‌تابد.» شـهری که زمانی مفتخر بود پایتخت امپراتوری اسـت، محل شـهادت حضرت پطرس و پولـس، اکنون رهبر جدید قدرتمندی یافته بود. لئو به‌عنوان رهبر کل جهان مسـیحیت پا به تاریخ جهان نهاد. پاپ جدید به اسـتناد شهادتی که در سه انجیل آمده بود (متی ۱۶:۱۳-۱۹؛ لوقـا ۲۲:۳۱ و ۳۲؛ و یوحنا ۲۱:۱۵-۱۷) برای تقدّم پاپ، بنیاد نظری ایجاد کرد، و آن عبارت بود از اینکه: مسـیح وعده داد کلیسای خود را بر پطرس، صخره‌ای برای تمام اعصار، بنا کند و اسقفان رُم، جانشینان پطرس و وارثان اقتدار او هستند.

این حرکتی درسـت برخلاف سیاسـت کنستانتین بود که از مسـیحیت استفادهٔ ابزاری می‌کرد. او برای حفظ وحدت کلیسا، از نظر سیاسی و دینی بر اسقفان حاضر در شورای نیقیه فشـار آورده بود، زیرا چنین وحدتی را مایهٔ استحکام امپراتوری می‌دانست. درست یک قرن بعد، لئو مقام اسقف رُم را یک بار برای همیشه ارتقا بخشید. او مقام پاپ را از لحاظ تئوریک تا جایی که امکان داشـت، بالا برد. به این ترتیب، با قاطعیت و جدیت تمام، دودمان پطرس، گل سر سبد کلیسا، بنیاد نهاده شد.

با این همه، استفادهٔ لئو از متون انجیل در دفاع از تقدّم پطرس، با چند اشکال روبه‌رو بود: نکتهٔ اول، انجیل‌ها تصریح دارند که برتری و تقدّم در میان پیروان مسیح نباید همانند الگوی بزرگان این جهان باشد که بر زیردستان، خداوندی و تحکّم می‌کنند. شاگردان مسیح جماعت

خود را باید از طریق خدمت فروتنانه رهبری کنند. نکتهٔ دوم، پطرس در روایات انجیل‌ها، از ثبات رفتاری برخوردار نیست. حتی در متی ۲۳:۱۶ عیسی او را توبیخ کرد و «شیطان» خواند، زیرا «اموری را که از خداست» درک نمی‌کرد. بعداً نیز پطرس خداوندش را در زمان بحران انکار کرد، و پولس بر او خرده گرفت که شاگرد قابل‌اعتمادی نیست. سوم، نظریهٔ لئو بر این فرض استوار است که اقتدار نه به شخص پطرس، بلکه به منصب او به‌عنوان اسقف رُم داده شد، لیکن از این متون برنمی‌آید که اقتدار فوق به خدمت کلیسایی خاصی تعلق یافته باشد.

با این حال، چنین می‌نماید که استدلال لئو در زمانی که کلیسای رُم در شرایط ابهام به‌سر می‌برد، از سوی خدا بود. حملات اقوام وحشی به ایتالیا موجب شده بود تا دربار امپراتوری در راوِنّا[1] برای جلوگیری از فروپاشی امپراتوری در غرب، به هر مرجع قدرتی که می‌تواند متوسل شود. از همین‌رو، در سال ۴۴۵، امپراتور والِنتینیان سوم[2] طی صدور حکمی، به آتیوس[3] فرماندار رومی در گُل، دستور داد تا اگر اسقفی با پای خودش به دربار پاپ نیامد، او را به این کار مجبور سازد. با صدور حکم امپراتور، ادعای لئو به قانون تبدل شد. سند امپراتوری به این قرار بود:

> با عنایت بر اینکه تقدّم کرسی رسولی، قائم بر لقب حضرت پطرس، آن سرآمد منزلت اسقفی، بوده و بر عزت شهر رُم و بر تصمیم شورای مقدس استوار است، لذا هرگونه اقدامی بر ضد این کُرسی به‌منظور غصب اقتدار آن، ممنوع می‌باشد؛ زیرا یگانه راه برای حفظ صلح میان جمیع کلیساها، تمکین همگانی به رهبر آن است.

لقب پطرس که روشن بود؛ عزت و اعتبار رُم هم به تاریخش ارتباط داشت. امّا به‌هیچ‌وجه مشخص نیست که امپراتور کدام «شورای مقدس» را در نظر داشت.

چنین می‌نماید که دیدگاه لئو دربارهٔ منصب پاپ نه تنها از حمایت امپراتور برخوردار بود، بلکه همچنین از حمایت پدران مقدسی که در شورای خالْکدون حضور به‌هم رساندند. یک سال پیش از مواجهه با آتیلا، ۳۵۰ اسقف در اکتبر سال ۴۵۱، در حومهٔ قسطنطنیه بر ساحل آسیاییِ تنگهٔ بسفر، حضور به‌هم رساندند تا از ایمان حقیقی در برابر تفسیرهای نادرست از زندگی عیسای مسیح دفاع کنند.

با اینکه شخص امپراتور دستور تشکیل شورا در خالکدون را داده و خود نیز از آن بازدید کرده بود، روح پاپ لئو بر فضای این شورا تسلّط داشت. از نامه‌ها، تصمیمات و اقدامات او به‌اندازه‌ای نقل‌قول می‌شد که گاه فقط ذکر نام او باعث می‌شد اکثر اسقفانِ حاضر از شوق فریاد بکشند: «این است ایمان پدران مقدس، این است ایمان رسولان ... پطرس از دهان لئو سخن گفته است.»

با این حال، در جلسهٔ تاریخی شورا در ۳۰ اکتبر ۴۵۱، همین شورا به اسقف قسطنطنیه، به‌عنوان اسقف رُم جدید، اقتداری مساوی با لئو تفویض کرد. به این ترتیب، قسطنطنیه برای

1. Ravenna; 2. Valentinian III; 3. Aetius

شـــرق حکم رُم را برای غرب یافت، و ریاست مستقلِ پاتریارک قسطنطنیه بر کلیسای شرق، تصویب و تأیید شد.

نمایندهٔ لئو در شـــورا بلافاصله اعتراض کرد، ولی پدران حاضر در شورا تصمیم خود را گرفته بودند. چنین تصمیمی درســـت برعکس مواضع لئو بود. به این ترتیب، مســـیحیت نه یک، بلکه دو رهبر یافت: کلیســـای رُم در بخش غربی امپراتوری، و کلیسای یونانی در بخش شرقی آن.

ایستادن در میانهٔ ویرانه‌ها

بخش غربی امپراتوری ســـایه‌ای از گذشته‌اش بود. سه سال پس از مذاکرات موفقیت‌آمیز لئو با آتیلا، دیپلماســـی لئو با آزمون دیگری روبه‌رو شد. دشمن جدیدی به تهدید رُم پرداخته بود.

این بار تهدید از جانب واندال‌ها بود، یعنی طایفه‌ای مهاجر از اسکاندیناوی که با پیشروی گوت‌ها از مجارســـتان و عبورشان از گُل و اسپانیا، به جنوب غربی رانده شدند. واندال‌ها که برای مدتی دست‌شـــان از اروپا کوتاه شده بود، در ضعیف‌ترین کنج امپراتوری روم، یعنی در آفریقای شمالی، سکونت گزیده و ســـال‌ها به انتظار زمان مناسب برای تاختن بر رُم، نشسته بودند.

در پایان مارس ۴۵۵ گِنْسریک، شاه واندال‌ها، با صد کشتی که ملوانانش از کارتاژ بودند، به آب زد. ارتش او در شـــمال تیبر پیاده شـــد و رُم را وحشـــت فرا گرفت. شایعه پیچید که گِنْســـریک می‌خواهد شهر را به آتش بکشد. بسیاری پا به فرار گذاشتند. لشکریان امپراتوری سر به طغیان برداشتند. امپراتور ماکسیموس در حالی که سعی داشت فرار کند، به‌دست یکی از محافظانش کشـــته شد. جنازه‌اش را در شهر روی زمین کشیدند و تکه تکه کردند و سپس در رودخانـــه انداختند. هیچ‌یک از فرماندهان در صدد دفاع برنیامد و شـــیرازهٔ ارتش از هم پاشید. در دوم ژوئن ۴۵۵، واندال‌ها بدون هیچ مقاومتی وارد رُم شدند.

جلوی دروازه شـــهر، لئو به ملاقات گِنْســـریک رفت. او را نه ســـربازان، بلکه کشیشان همراهی می‌کردند. شاه واندال‌ها تقریباً شـــصت‌وپنج ساله بود؛ لئو هم در همین حدود سن داشت. گنسریک فرزند نامشروع یک خانوادهٔ قدیمی ژرمن و پسر نجیب‌زاده‌ای از توسکانی بود. او بر اثر ســـقوط از اسب لنگ شده بود، ولی آوازه‌اش همچون سالار غرب مدیترانه در همه‌جا بر سر زبان‌ها بود.

هنگامی که این دو رو در رو شـــدند، لئو درخواست ترحم کرد. او به‌التماس از گنسریک خواست جلوی سربازانش را بگیرد و شهر را به آتش نکشد. به او پیشنهاد پول داد. گنسریک بی‌آنکه کلامی بگوید، ســـر به نشـــانهٔ تأیید فرود آورد و در حالی که اســـبش را هِی می‌کرد خطاب به پاپ فریاد کشید: «چهارده روز غارت!»

واندال‌ها به‌طور نظام‌مند دست به تاراج شهر زدند و قصرها را یکی از پی دیگری خالی کردند. طبعاً نشان‌های افتخار، ظروف طلا و نقره و هرچه از متعلقات امپراتور بود به یغما رفت. معابد یکی پس از دیگری غارت شد. گنبدِ زراندود کاپیتول [معبد ژوپیتر] را از جا کندند و با خود بردند. ظروف مقدس معبد سلیمان که از اورشلیم آورده شده بود، به غنیمت برده شد. مجسمه‌های سوارکاری، ستون‌های مرمری و مفرغی، تصاویر خدایان: همه و همه به کشتی‌های واندال‌ها بار زده شد.

غنائم واندال‌ها شامل انسان هم بود: به‌گونه‌ای که ابتدا همسر امپراتور و دخترانش و سپس سناتورها و اعضای آریستوکراسی روم را برای مطالبهٔ فدیه با خود بردند. برای چهارده روز واندال‌ها شهر را در تصرف داشتند. سپس، غنائم را بار کشتی‌ها کردند و قشون به کارتاژ بازگشت.

پس از رفتن واندال‌ها، رومیان مراسم شکرگزاریِ پرشکوهی ترتیب دادند. رُم سوزانده نشده و از کشتار دسته‌جمعی مردم اجتناب شده بود و دست تطاول جز به چند کلیسا دراز نشده بود.

همهٔ رومیان می‌دانستند که اسقف‌شان چه کار بزرگی برای آنها انجام داده، لیکن جز انگشت‌شماری از مؤمنین به عبادت نیامده بودند. خاطرهٔ رعب‌آور قشون بیگانه و چپاول مستمر آنها هنوز از ذهنشان پاک نشده بود. حتی یک خانه هم از تاراج در امان نمانده بود. آیا رُم از زیر بار این فاجعه هرگز کمر راست می‌کرد؟

لئو با مخاطبانش از «روزهای تنبیه و آزادی ما» سخن گفت. آرزو داشت صدایش از دیوارهای کلیسا، از خیابان‌ها، بگذرد و به قلب کسانی برسد که آن روز باید می‌آمدند و نیامده بودند.

> از گفتن این سخن شرم دارم، ولی سکوت را نیز جایز نمی‌دانم. شما دیوان را بیش از رسولان ارج می‌گذارید. چه کسی امنیت این شهر را بازگردانده است؟ چه کسی آن را نجات داده و از کشتار به‌دور داشته است؟ به‌سوی خداوند بازگردید، معجزاتی را که آشکارا برای شما به‌عمل آورده قدر بشناسید، و آزادی ما را، همچون بی‌خدایان، نه به تأثیر اقمار و کواکب، بلکه به رحمت وصف‌ناپذیر خدای متعال منسوب کنید که از شدّت غضبِ وحشیان کاسته است.

با اینکه لئو برای دومین بار رُم را نجات داده بود، ذکری از خود به میان نیاورد. البته، ضرورتی هم نداشت. او عنوانی را که در گذشته مورد استفادهٔ بت‌پرستان بود، یعنی *پونتیفِکْس ماکسیموس* اخذ کرد که به معنی کاهن در سراسر امپراتوری بود، و همه دانستند چرا. آنکه مسئولیت حفظ شهر ابدی را بر دوش گرفت، لئو بود و نه امپراتور! و اینک، پطرس به قدرت رسیده بود.

پیشنهادهایی برای مطالعهٔ بیشتر

Barraclough, Geoffrey. *The Medieval Papacy.* New York: Harcourt, Brace & World, 1968.
Hollis, Christopher, ed. *The Papacy.* New York: Macmillan, 1964.
Jalland, T. G. *The Church and the Papacy.* London: S.P.C.K., 1944.
Kidd, B. J. *The Roman Primacy to AD 461.* London: S.P.C.K., 1936.
Ullmann, Walter. *A Short History of the Papcy in the Middle Ages.* London: Methuen, 1972.

فصل پانزدهم

جایی میان آسمان و زمین

کلیسای ارتودوکس شرقی

در بعد از ظهر یک روز تابستانی در سال ۱۰۵۴، اندکی پیش از شروع عبادت در کلیسای بزرگ ایاصوفیه [حکمت مقدس] در قسطنطنیه، جناب کاردینال هامْبِرت[1] و دو تن دیگر از نمایندگان (سُفرای) پاپ لئو نهم وارد ساختمان کلیسا شدند و یکراست به طرف محراب آن رفتند. البته، برای دعا نیامده بودند. آنها حکم رسمی تکفیر را از جانب پاپ بر مذبح گذاشتند و از کلیسا خارج شدند. کاردینال هامْبِرت در حالی که از در غربی بیرون می‌رفت، غبار پاهایش را تکاند و گفت: «خدا بنگرد و خدا داوری کند.» یکی از شماسان سراسیمه به‌دنبال او دوید و التماس کرد که حکم را پس بگیرد. هامْبِرت چنین نکرد و حکم در خیابان رها شد.

قرن‌های متمادی، مسیحیان این اتفاق را سرآغاز شقاق بزرگ میان کلیسای ارتودوکس در شرق و کلیسای کاتولیک در غرب دانسته‌اند. قرینهٔ این اتفاق در قرن شانزدهم، اقدام مارتین لوتر به نصب بیانیهٔ خود مشتمل بر ۹۵ مادّه بر سردرِ کلیسای ویتنبرگ در آلمان بود که به جدایی میان مذهب پروتستان و مذهب کاتولیک رومی شتاب بخشید. رویارویی فوق در قسطنطنیه، پس از روندی طولانی و پیچیده، پیش آمد.

از میان سه شاخهٔ بزرگ مسیحیت در دنیای امروز - کاتولیک رومی، ارتودوکس شرقی، و پروتستان - کلیسایی که در غرب از همه کمتر شناخته شده ارتودوکس شرقی است. اکثر

1. Humbert

مسـیحیان در اروپا و آمریکای شمالی، اگر تصوری هم از مسیحیان ارتودوکس داشته باشند، کلیسای ارتودوکس را چیزی شبیه کلیسای کاتولیک رومی می‌دانند منتها بدون پاپ.

چنین پاسـخ خامی قابل‌درک است. مسـیحیان غرب، هم پروتستان‌ها و هم کاتولیک‌ها، عموماً از سؤالات یکسانی شروع می‌کنند: انسان چگونه نجات می‌یابد؟ کلیسا چیست؟ اقتدار دینی به کدام حوزه تعلق دارد؟ پروتسـتان‌ها و کاتولیک‌ها در مورد پاسخ این پرسش‌ها توافق ندارند. با این همه، در مسـیحیت ارتودوکس فقط پاسخ‌ها متفاوت نیست؛ بلکه پرسش‌ها نیز فرق دارد. مسیحیت ارتودوکس از تاریخچهٔ متمایز و فرهنگ منحصربه‌فردی برخوردار است.

رویدادهای مهم در دورهٔ آغازین مسیحیت ارتودوکس

۱. این کلیسا سـنت‌های یونانی کلیسـای اولیه را ارج می‌گذارد. مسیحیان ارتودوکس به ما یادآوری می‌کنند که عهدجدید، همچنین عهدعتیقِ مورد اسـتفادهٔ کلیسـای کهن (یعنی «ترجمهٔ هفتادی» که ترجمهٔ یونانی کتاب‌های مقدس عبرانی اسـت) و نخستین تقریرهای ایمان، همه به زبان یونانی هستند. در مقابل، کلیسای غرب عمیقاً متأثر از زبان و تأثیرات فرهنگ لاتین است.

۲. کلیسـای ارتودوکس نقشی کلیدی در توبهٔ مردم اسـلاو[1] داشت. شاهزاده ولادیمیر در ۹۸۸ تعمید یافت و صمیمانه برای پیشـرفت کلیسا کوشش کرد. به‌مدت هزار سال، مسیحیت ارتودوکس به طرز فکر این مردم بزرگ شکل داده.

۳. در سال ۱۰۵۴ رهبران ایمان کاتولیک و ارتودوکس رسماً قطع رابطه کردند.

۴. برادران ارتودوکس بیش از سـایر مسیحیان در معرض گسترش نظامی مسلمین قرار گرفتند. غرب نیز از تنگنایی که برای برادران ارتودوکس پیش آمده بود، بهره‌برداری کرد. جنگجویان صلیبی به‌جای آنکه به یاری مسیحیان ارتودوکس بیایند، به آنها ضربه زدند. در ۱۴۵۳ قسطنطنیه به‌دست ترکان افتاد. حاکمان ترک تا حدی مسیحیان ارتودوکس را تحمل می‌کردند، هرچند حقوق شهروندی پایین‌تری برای آنها قائل بودند.

کلید فهم مسیحیت ارتودوکس

مسـیحیت ارتودوکس شـرقی چیست؟ امروزه این شاخه از مسـیحیت صاحب پانزده کلیسـای مجزاست که اکثراً در اروپا قرار دارند و ایمان و تاریخچه‌ای مشترک، آنها را به هم پیوند زده است. با این همه، شاید برای درک کلیسای ارتودوکس بهتر باشد به‌جای آموزه‌های بنیادین آن به سراغ تصاویر مقدسش برویم که تِمْثال یا شمایل[2] خوانده می‌شود. اکثر غربیان

۱. این لفظ به سفیدپوستان اروپای شرقی اطلاق می‌شود که شامل روس‌ها، اوکراینی‌ها، بلغارها، صرب‌ها، لهستانی‌ها، مُلداوی‌ها و اسلواک‌ها می‌شوند (نک. به مدخل واژه در فرهنگ فارسی). (مترجم)

۲. در این متن تمثال و شمایل به یک معنی و هر دو معادل Icon به‌کار رفته‌اند. (مترجم)

با تصاویر معروف مقدسینی با هالهٔ زرّین به‌دور سرشان، آشنا هستند. این تصاویر برای درک مسیحیت ارتودوکس نقش اساسی دارند. مسیحی ارتودوکس پس از ورود به کلیسا برای عبادت یا به هر منظوری، ابتدا به دیوار تمثال‌ها[1] نزدیک می‌شود. این دیوار که محل نصب تمثال‌های مقدس است، محراب را از شبستان کلیسا جدا می‌کند. در آنجا تمثال‌ها را بوسه می‌دهد و سپس به جماعت می‌پیوندد. مهمان که وارد خانهٔ یک مسیحی ارتودوکس می‌شود، تمثالی را می‌بیند که در کنج شرقی اتاق پذیرایی یا اتاق خواب به دیوار آویخته است. اگر خودش هم ارتودوکس باشد، به محض ورود به اتاق، ابتدا در برابر تمثال‌ها بر خود صلیب می‌کشد و تعظیم می‌کند. پس از اینکه ابتدا شمایل را درود گفت به صاحب‌خانه سلام می‌دهد.

ایماندار ارتودوکس این شمایل عیسی و مقدسین را نه آثار انسانی، بلکه تجلّیات وجود حقیقی آسمانی آنها می‌داند. بنابراین، تمثال‌ها پنجره‌ای میان زمین و آسمان‌اند. از طریق تمثال‌ها، موجودات آسمانی خود را بر جماعت عبادت‌کننده آشکار می‌سازند و با آنها متحد می‌شوند. بنابراین، عبادت در کلیسای ارتودوکس را نمی‌توان بدون توجه به نقش تمثال‌ها درک کرد.

در مسیحیت ارتودوکس، موضوعِ تصویر، کلید درک رابطهٔ خدا با انسان است. انسان «بر صورت خدا» خلق شده؛ بنابراین، درِ وجود خود حاملِ تمثال خداست.

به این ترتیب، شاهد بروز تفاوتی عمیق میان مسیحیت شرقی (ارتودوکس) و مسیحیت غربی (کاتولیک رومی و پروتستان‌ها) هستیم. مسیحیان غربی رابطهٔ بنیادین میان خدا و انسان را در قالب کلمات حقوقی درک می‌کنند. بنابراین، آنها موضوع نجات را عبارت از این می‌دانند که انسان چگونه پارسا [برحق] شمرده می‌شود و از عدالت الاهی برخوردار می‌گردد. اختلاف‌نظری که بعدها بر سر این موضوع پیش آمد، موجب درگیری الاهیاتی مهمی میان کاتولیک‌ها و پروتستان‌ها شد.

دیدگاه کلیسای کاتولیک رومی دربارهٔ مقام و اختیارات پاپ، همان ترتیبات قانونی رومیان را منعکس می‌کند. از نظر این کلیسا، عیسای مسیح به پطرس برتری داده و اختیارات قانونی تام در مورد کل کلیسا بخشیده است. همان‌گونه که خواهیم دید، این نظریه در روزگارِ اوج خود، پاپ را به رهبر مطلق کل جهان تبدیل می‌کرد!

مسیحیت ارتودوکس تضاد جالبی با مسیحیت کاتولیک رومی دارد. موضوع برجسته در الاهیات ارتودوکس، تجسم خدا و بازآفرینی انسان است. در الاهیات کلیسای ارتودوکس، ارتکاب گناه در حکم نقض رابطه‌ای که خدا از نظر قانونی بین خود و انسان برقرار کرده، نیست (حال آنکه این تصویر بر تعلیم کلیساهای کاتولیک و پروتستان مسلّط است). انسان با ارتکاب گناه، از شباهت خود به خدا می‌کاهد؛ و تصویر اصلی خدا را در وجود خود مخدوش می‌سازد.

1. Iconostasis

بنابراین، نجات عبارت از تکمیل یا رفع نقص از تصویر کامل خدا در انسان است. مسیح، خدای مجسم، به زمین آمد تا تمثال خدا را در انسان احیا کند. بنابراین، موضوعات عمدهٔ مسیحیت ارتودوکس عبارتند از تولد دوباره و آفرینش دوبارهٔ انسان و دگرگونی او. کلیسا نهادی تشریفاتی نیست، بلکه بدن عرفانی مسیح است که پیوسته بر اثر جریان حیات روح‌القدس در آن نو می‌شود. در این پیوند پرمحبت است که انسان برای پیوستن به مشارکت ازلی میان پدر، پسر، و روح‌القدس آماده می‌شود. ایمانداران ارتودوکس این فرایند را *تئوسیس*[1] یا تأله[2] [خداگونه شدن] می‌خوانند. عبارت «خداگونه شدن» مسیحیان غرب را برمی‌آشوبد. ولی باید توجه داشت که معلمان ارتودوکس به‌هیچ‌وجه مدعی نیستند که مسیحیان به پدر، پسر و روح‌القدس تبدیل خواهند شد، بلکه با استفاده از این عبارت می‌خواهند تحولی را تصویر کنند که ایمانداران را آماده می‌سازد تا با خدای تثلیث و در خدای تثلیث، مشارکت ابدی داشته باشند. الاهیدان برجستهٔ یونانی، آتاناسیوس، تعلیم می‌داد که عیسی به‌طور کامل در جهان فاسد انسان‌ها سهیم شد تا ما در مشارکت فسادناپذیرِ خدا سهیم شویم؛ او انسان شد تا انسان‌ها خدا شوند. الاهیدانان غربی همچنین مفاهیم دیگری تعلیم دادند که طبق آنها، پیش از سهیم‌شدن در ابدیت با خدا، انسان باید تن به تحولی اجتناب‌ناپذیر و ضروری دهد. اخیراً پروتستان‌ها *تئوسیس* را با اتحادی مقایسه کرده‌اند که مسیح با ایمانداران برقرار می‌کند.

این تفاوت‌های بنیادین به محض رسیدن انجیل به رُم و قرنتس، در کلیسا وجود داشت. لیکن، ایمان مسیحی با خصیصه‌های شرقی برای نخستین بار در زمان کنستانتین ظهور یافت.

توبهٔ کنستانتین در تکوین مسیحیت ارتودوکس حیاتی بود، زیرا او برای نخستین بار، اتحادی میان حکومت و کلیسا برقرار ساخت، و درستی آموزه‌های مسیحی را به یکی از مهم‌ترین دغدغه‌های امپراتوری تبدیل کرد. کمتر رخدادی به این اندازه موجب تغییر در کلیسا شده است.

برخی از مسیحیانی که تفکّر مستقل دارند این تحولات را سرآغاز اسیرشدن کلیسا در دستان حکومت، و یا حتی *سقوط* آن از قلّه‌های رفیعِ آزادی مسیحیِ پیشین می‌دانند. با این همه، در نگاه مسیحیان شرق [ارتودوکس‌ها] کنستانتین همچنان فردی مقدس و پدیدآورندهٔ حکومت و ملّت مسیحی و قهرمان پیروزی نور بر ظلمت است که مجاهدت‌های دلیرانهٔ شهیدان مسیحی را به نتیجه رساند.

مسیحیت ارتودوکس حکومت کنستانتین را اوجِ تکامل امپراتوری روم می‌داند. روم رفته‌رفته به سلطنتی دینی تبدیل شده بود. امپراتور همچون حلقهٔ رابط میان خدا و جهان عمل می‌کرد، در حالی که حکومت بازتاب زمینیِ شریعت الاهی بود. آیین خورشیدِ شکست‌ناپذیر که امپراتور آورلیان[3] در میانهٔ قرن سوم به مذهب امپراتوری تبدیل کرده بود، در روزگار

1. Theosis

۲. Deification برای این مفهوم در ادبیات عرفانی ما از لفظ «تأله» استفاده شده است. (مترجم)

3. Aurelian

کنستانتین رابطهٔ نزدیکی با دیدگاه دینی جدید سلطنت داشت. حضور امپراتوری در جهان همانند حضور خورشید در آسمان بود؛ به‌گونه‌ای که در جلال آن سهیم و نماینده‌اش بر زمین محسوب می‌شد. در این فضا بود که کنستانتین پس از روی‌آوردن به خدای مسیحیان، بر رقیبانش پیروز شد. خدا خود ترتیبی داد تا امپراتور مورد حمایت صلیب قرار بگیرد و مستقیماً بر مسیح اتکا کند.

اجرای ارادهٔ خدا در جامعهٔ بشری

با این همه، این بدان معنا بود که کنستانتین نه همچون فردی معمولی، بلکه همچون امپراتور ایمان آورده بود. خود مسیح قدرت او را تأیید کرده و او را نمایندهٔ خدا قرار داده بود، و از طریق شخص کنستانتین، خدای آسمان‌ها امپراتوری را با رشته‌های خاص به خود پیوند داده بود. به‌هرحال، مسیحیان شرقی چنین دیدگاهی داشتند.

ذهن مسیحیان چنان از ایمان‌آوردن کنستانتین به حیرت آمده بود که کلیسا نه تنها به اتکای پیام انجیل، در برابر اقتدارگرایی امپراتوری نایستاد که برعکس، این اقتدارگرایی به بخشی جدایی‌ناپذیر از جهان‌بینی مسیحی تبدیل شد. کنستانتین حکومت را *حامل* دین می‌دانست، زیرا مستقیماً ارادهٔ خدا را برای جهان در جامعهٔ بشری بازتاب می‌داد و بیان می‌کرد. دیری پس از کنستانتین، این اعتقاد به یکی از خصیصه‌های ماندگار مسیحیت شرقی تبدیل شد. چنین دیدگاهی دربارهٔ جهان کاملاً فرق دارد با تأکید دنیای امروز بر جایگاه فرد و حکومتی که مشروعیت خود را از مردم کسب می‌کند[1] و قدرت آن توسط حقوق مسلّم فرد محدود می‌شود.

نماد دورهٔ جدیدِ حضور کلیسا در جامعه، قسطنطنیه، پایتخت جدید امپراتوری، یعنی رُم جدید بود. این شهر در تاریخ طولانی و پرافتخارش به‌عنوان کانون تمدنی بالنده و پایگاه قدرت اقتصادی و سیاسی، منزلگاه مسیحیت ارتودوکس و قطب تمدن جدید بیزانسی بود، و اثر خود را بر صفحات هزار سال از تاریخ بر جای گذاشت.

برای قرن‌های متمادی، این تصویر عرفانی از قسطنطنیه به‌عنوان شهر مقدس، گسترش یافت و عیمق‌تر شد، ولی بدون شک، ایجاد آن کار نخستین امپراتورش بود. از ابتدا بنا بر آن بود که قسطنطنیه کانون مسیحی امپراتوری باشد. در کلیسای موسوم به «دوازده رسول» که به‌دست کنستانتین ساخته شد، او در بین دوازده مقبرهٔ نمادین رسولان، مقبرهٔ سیزدهمی قرار داد که به خودش تعلق داشت. مگر با گرائیدن امپراتوری به مسیحیت، پیشگویی رسولان تحقق نیافته بود؟ این مقبرهٔ سیزدهم موجب شد که امپراتور به «هم‌ترازِ رسولان» ملقب شود.

پنجاه سال پس از بنیان‌گذاری این شهر، اهمیت دینی رُم جدید بر همه آشکار بود. پدران دومین شورای عمومی کلیسا اعلام کردند که اسقف قسطنطنیه پس از اسقف رُم، دومین رهبر محترم کلیساست، زیرا قسطنطنیه «رُم جدید، شهر امپراتور و محل مجلس سنا» بود.

---

1. Nation-state

با این همه، کنستانتین دریافت که مسیحیت خود بر سر مسائل تعلیمی و عملی دچار شقاق و چنددستگی است. او به‌طور خُرافی نگران این بود که خدا شخص او را به‌خاطر وجود این جدایی‌ها و نزاع‌ها در میان مسیحیان مسئول بداند. مسیحیتی فاقد انسجام و اتحاد، چگونه می‌توانست دین مناسبی برای کل امپراتوری باشد؟ در نتیجه، کنستانتین و امپراتورانِ پس از او، از هیچ کوششی برای ایجاد توافق دربارهٔ اصول ایمان مسیحی فروگذار نکردند.

کنستانتین روشی برای حل اختلافات عقیدتی بین مسیحیان در پیش گرفت که مسیحیان قبلاً در سطوح محلی و منطقه‌ای به آن عمل کرده بودند. او از رهبران کل کلیسا دعوت به‌عمل آورد تا در نشستی با حضور او، در مورد آموزه‌های صحیح به توافق برسند و آنها را تعریف کنند. خود این فرآیند به بخشی از سنت مسیحیت شرقی تبدیل شد. از نخستین شورای عمومی (یا وحدت‌گرایانه) که در نیقیه برگزار شد (۳۲۵) گرفته تا هفتمین شورای عمومی که آن نیز به سال ۷۸۷ در نیقیه برگزار شد، امپراتور بود که دستور برگزاری شورا را داد و ریاست آن را، چه شخصاً و چه از طریق نایب خود، بر عهده گرفت. امروزه مسیحیان شرقی تأکید بسیاری بر این هفت شورای عمومی دارند. آنها گاه خود را «کلیسای شوراهای هفت‌گانه» می‌خوانند.

محصول شوراها که پنج قرن را در بر می‌گیرند، نوشته‌های آموزندهٔ پدران و اعتقادنامه‌هایی بود که مصوبات این شوراهای کلیسایی را در بر می‌گرفت. لیکن این تلاش و تقلا برای رسیدن به حقیقت، از طرفی هم نقش حکومت را پررنگ ساخت، به‌گونه‌ای که مسئله دیگر صرفاً کلیسایی نبود، بلکه بُعد سیاسی یافت. به این ترتیب، مسیحیت ارتودوکس شرقی با پشت‌سرگذاشتنِ این سده‌های مملو از مناقشه، با درد و زحمت به شکوفایی رسید.

نماد حرکت شرق و غرب در جهاتی که آنها را از هم دور می‌کرد در سال ۳۹۵ ظهور یافت. در این زمان، امپراتور تئودوسیوسِ کبیر در بستر مرگ، امپراتوری را میان دو پسرش تقسیم کرد. بخش غربی به هونوریوس[1] و بخش شرقی به آرکادیوس[2] داده شد. از لحاظ تئوری، امپراتوری همچنان یک حکومت با دو امپراتور بود، ولی در عمل، از این برهه به بعد، راه‌های شرق و غرب به‌ناگزیر از هم جدا شد.

یوستینیان و حذف مرزها

ویژگی بیزانسیِ مسیحیت شرقی در زمان دومین امپراتور قدرتمند، یعنی یوستینیان که در ۵۲۷ بر تخت امپراتوری نشست، نمایان شد. در زمان یوستینیان (۵۲۷-۵۶۵) ترکیب بی‌نظیر بیزانسی که عبارت بود از قانون رومی، ایمان مسیحی، و فلسفهٔ یونانی (هلنی) - با چاشنی شرقی - آمیزهٔ عالی و مرغوبی از کار درآمد. در هنر بیزانسی که سخت مورد تشویق یوستینیان بود، مسیحیت سبک متمایز شرقی‌اش را به نمایش گذاشت، به‌گونه‌ای که جهان آشنای مادّی در تجربهٔ انسان، مطیع عالم اعلیٰ و برین شد؛ و هیچ اثری به اندازهٔ ساختمان کلیسا در قلب امپراتوری، عرش را ملموس نساخت.

1. Honorious; 2. Arcadius

هنگامی که یوستینیان کلیسای موسوم به حکمت مقدس یا *ایاصوفیهٔ* کنستانتین را بازسازی و در سال ۵۳۸ تقدیس کرد، اعلام داشت که به کاری بزرگ‌تر از سلیمان دست زده است. معاصران می‌گفتند که گنبد این کلیسا گویی با زنجیری طلایی از آسمان آویخته و همچون رشته‌ای است که در قوس صعودی، محدود را به نامحدود و در قوس نزولی، خالق را به مخلوق می‌پیوندد. این گنبد همچون آسمان، دسترسی‌ناپذیر می‌نمود و موزائیک‌های زیر آن درخششی خیره‌کننده داشت. در آنها کنستانتین و یوستینیان در حالی نقش شده بودند که یکی نمونهٔ قسطنطنیه، یعنی رُم جدید را به مادر خدا تقدیم می‌کرد و دیگری نمونهٔ کلیسای حکمت مقدس را.

ربط‌دادن این امور با کنستانتین به‌جا بود، زیرا یوستینیان نقشه‌های کنستانتین را به نتیجهٔ منطقی‌شان رسانده و خود نیز مسیر آیندهٔ مسیحیت ارتودوکس را تعریف کرده بود.

یوستینیان هرگز سنت حکومت رومی را از مسیحیت جدا نکرد. او خود را کاملاً امپراتور رومی و در همان حال نیز کاملاً امپراتور مسیحی می‌دانست. اساس نظریهٔ او بر اتحاد امپراتوری و دیانت مسیحی استوار بود. او مأموریت امپراتور دین‌دار را چنین تعریف می‌کرد: «حفظ خلوص ایمان مسیحی و نگاهبانی از کلیسای مقدس کاتولیک و رسولی در برابر هرگونه آشفتگی.»

یوستینیان همواره خود را خادم خدا و مُجری ارادهٔ او، و امپراتوری را وسیلهٔ اجرای نقشهٔ خدا در جهان می‌دانست. امپراتوری به‌گونه‌ای برگشت‌ناپذیر خود را زیر نماد صلیب قرار داده بود، بنابراین هدف آن پاسداری از مسیحیت و گسترش‌دادن آن در میان مردم بود. تغییرات آن از نخستین روزهای ایمان، چشمگیر بود.

کلیسای اولیه خود را یک بدن، اُرگانیسمی زنده، قومی جدید، و کاملاً ناسازگار با هر قوم و ملّت یا جامعهٔ طبیعی دیگر می‌دانست. از لحاظ نظری، تمام اتباع امپراتوری دعوت داشتند تا به این بدن بپیوندند، ولی حتی در این صورت نیز دنیا به کلیسا تبدیل نمی‌شد، زیرا در خانوادهٔ خدا و از طریق آن، انسان‌ها با دنیایی دیگر، حیاتی دیگر، ارتباط می‌یابند که پس از پایان این عصر، در جلال و شکوه خواهد آمد.

با این همه، در تعلیم رسمی بیزانسی، کشور به بدن تشبیه می‌شد، لیکن نه به این معنای مسیحی اولیهٔ آن، و نه به این سبب که تمام اتباع امپراتوری به اعضای واقعی کلیسا تبدیل شده بودند. تصور امپراتوری همچون بدن، از اندیشهٔ آیین‌های شرک‌آمیز ناشی می‌شد. کشور جامعه‌ای به‌شمار می‌رفت که پدیدآورنده‌اش خداست و تمام وجوه زندگی انسان را در بر می‌گیرد. نمایندهٔ مرئی خدا در آن که ارادهٔ خدا را اجرا و برکاتش را در میان مردم توزیع می‌کرد، شخص امپراتور بود. به این ترتیب، مرزهای قدیمی کلیسا به‌تدریج از میان می‌رفت و جامعهٔ مسیحی بیش از پیش با جامعهٔ بیزانسی در کلیّت آن یکی می‌شد.

در نظریهٔ یوستینیان، کلیسا تقریباً در جامعهٔ مسیحی حل و جذب می‌شود، و در این تفکّری که کشور را اصل می‌داند، مطلقاً جا برای این اندیشه نیست که کلیسا به‌ذاته با جهان و امپراتوری بیگانه است.

توازن شـــکنندهٔ این عناصر عمده در مســـیحیت شرقی، به‌آســـانی بر هم خورد. قدرت امپراتور مســـیحی، دغدغهٔ دستگاه حاکمه در خصوص درستی آموزه‌ها، و باور مردم در باب تمثال‌ها که آنها را پنجره‌ای به‌ســـوی دنیای نادیده می‌انگاشتند، همهٔ این عوامل، طی مناقشهٔ معروف (یا غیرمعروف) تمثال‌شکنی[1] دچار اغتشاش و خشونت شد.

تعارض بر سر تمثال‌ها

در ظاهـــر امر، موضوع این تعارض که بیش از یـــک قرن به‌طول انجامید، اختلاف‌نظر بر سر استفاده از تمثال‌ها بود. ولی در سطحی عمیق‌تر، اختلاف بر سر این بود که چه چیزهایی آن‌قدر مطهر یا مقدس‌اند که شایستهٔ عبادت باشند. برخی می‌گفتند که روحانیون مسیحی از طریق دستگذاری، برای خدمت جدا شده و بنابراین مقدس‌اند. ساختمان‌های کلیسا نیز چون تقدیس و از سایر ابنیه جدا شده‌اند، مقدس‌اند. شهیدان و قهرمانان ایمان نیز با اعمال خود از سایر انسان‌ها جدا شده، و معمولاً *قدیس* خوانده می‌شوند. پس آیا شایستهٔ همان احترامی که به روحانیون گذاشته می‌شود، نیستند؟

از قرن ششـــم، هم کلیســـا و هم حاکمان امپراتوری مشـــوق ایجاد تمثال‌های مسیحی و تکریمِ راهبان مقدس شدند و هیچ به این مسئله توجه نداشتند که با تکثیرِ بی‌ضابطهٔ تمثال‌ها و مردانِ مقدس، مردم ارادت مســـیحی خود را متوجـــهٔ زیارتگاه‌ها و مقربین محلی خواهند کرد. به این ترتیب، مسیحیان معمولی تفاوت بین شیء یا فرد مقدس با حقیقت روحانیِ مورد اشارهٔ آنها را تشخیص نخواهند داد و به دام بت‌پرستی خواهند افتاد.

این نوعِ بت‌پرســـتی پیشینهٔ خود را داشت. در روم باســـتان تمثال امپراتور طوری تکریم می‌شـــد که گویی خود امپراتـــور بود. حتی پس از مسیحی‌شـــدن امپراتورها، تمثال امپراتور کماکان در اردوگاه‌های ارتش، کاخ‌های دادگســـتری و اماکن مهم در شهرهای مهم به‌چشم می‌خورد. بر روی سکه‌ها نیز تصویر امپراتور نشان اعتبار بود.

در زمان یوســـتینیان، امپراتور دستور داد تا مجسمهٔ غول‌پیکری از مسیح بر دروازهٔ اصلی شـــهر، یعنی «دروازهٔ مفرغی» کاخ امپراتوری در قســـطنطنیه، بر پا داشته شود. در پایان قرن ششـــم، تمثال‌های مسیح یا مریم، جایگزینِ بسیاری از تمثال‌های امپراتور شد؛ سرانجام هم، تمثال مسیح بر روی دیگر سکّه نقش زده شد.

با این همه، در آغاز قرن هشـــتم، امپراتور لئوی سوم (۷۱۷-۷۴۱) به استفاده از تمثال‌ها حمله کرد. شاید آنچه به او انگیزه می‌داد این بود که احساس می‌کرد امپراتوری بر خطاست. مســـیحیت تعلیم می‌داد که خدا فرزندان اسرائیل را به‌ســـبب بت‌پرستی‌شان تنبیه کرد. چه بسا شکســـت‌ها و ناکامی‌های تحقیرآمیز سدهٔ گذشته، همچنین زمین‌لرزهٔ فاجعه‌بار در اوایل رهبری لئو، به این ســـبب رخ داد که «قوم برگزیدهٔ جدید خدا» بر سر عقل بیاید. در هر حال، پیش از پایان قرن هفتم، احساسات منفی در مورد تمثال‌ها شکل گرفت و گسترش یافت.

---

1. Iconoclastic Controversy

پس از دفع موفقیت‌آمیز دومین حملهٔ عمدهٔ مسلمین به قسطنطنیه (۷۱۷-۷۱۸) لئو برای نخستین بار آشکارا مخالفت خود را با تمثال‌ها اعلام کرد. فردی که مأموریت داشت صلیبی را جایگزینِ تمثال مسـیح بر دروازهٔ مفرغی کند به‌دست جماعت خشمگین از پا درآمد. در سراسـر امپراتوری، مردم سر به طغیان برداشتند. به دستور امپراتور، موزائیک‌ها را از دیوارها درآوردند؛ تمثال‌ها را سـفید کردند، و لئو ترتیب بازنشستگی پاتریارک قسطنطنیه و تقدیس پاتریارک جدیدی را داد که با دیدگاه‌های او همسویی داشت.

تمثال‌شکنان (یا شـکنندگان تصویرها) بر آن سر بودند که نمادهای مسیحی سنتی مانند صلیب، کتاب (کتاب‌مقدس)، و عناصر عشـای ربانی را جایگزین شـمایل دینی کنند. آنها تأکید داشتند که فقط همین اشـیاء باید مقدس شمرده شوند. به غیر از اینها، فقط روحانیون دستگذاری‌شده و ساختمان‌های موقوف به امور روحانی، از گونه‌ای تقدّس برخوردارند.

همان‌گونه که هارلی کِی گالاتین[1] در توضیح این بحران می‌گوید، راهبان و ریاضت‌پیشگان، به‌همراه جماعتی بی‌سـواد، طرفدار شـمایل بودند؛ ولی حتی همهٔ راهبان نیز با آنها موافق نبودند، و این در حالی بود که برخی از صومعه‌ها در زمینهٔ سـاخت و فروش شمایل مقدس فعالیت داشتند. کسی که به دفاعی سـنجیده از موضع طرفداران شمایل پرداخت، به دیاری دوردست تعلق داشت:

> یوحنا منصور[2] (حوالی ۷۳۰-۷۶۰) در صومعه‌ای دوردست در فلسطین که تحت کنترل حُکام عرب بود، به فرموله‌کردن دیدگاه‌هایی پرداخت که در نهایت برای توجیه اسـتفاده از شمایل دینی به‌کار رفت. منصور که بیشتر به یوحنای دمشقی (با توجه به محل ولادتش) معروف اسـت، بزرگ‌ترین الاهیدان قرن هشتم بود. امروزه کلیسای ارتودوکس او را آخرین معلم بزرگ کلیسای اولیه، یعنی از پدران کلیسا، می‌داند.
>
> یوحنا توضیح داد که تصویر هرگز با اصل آن از یک جوهر نیسـت، بلکه صرفاً تقلید آن است. یگانه اهمیت تمثال در این است که رونوشتی از اصل و یادآورندهٔ آن اسـت. استدلال او متکی بر این نظر افلاطون بود که هر آنچه در این جهان به حواس ما درمی‌آید در واقع تقلیدی از «مثال» ازلی و اصلی آن شیء است که فقط نَفْس در عالم غیرمادّی به آن معرفت می‌یابد.
>
> بنابراین، اگر مانند تمثال‌شکنان منکر آن شویم که تمثال حقیقی می‌تواند مسیح را تصویر کند، به‌واقع، تجسم را انکار کرده‌ایم. با اینکه پرستش تمثال اشتباه است، وجود تمثالی از مسـیح می‌تواند هادی و یاورِ ایماندار در عبادت مسیح حقیقی باشـد. تمثال‌ها کم‌وبیش باید مانند کتاب‌مقدس یا نماد صلیب، تکریم و احترام شوند.

1. Harlie Kay Gallatin; 2. John Mansour

به این ترتیب، یوحنا زمینه را برای پذیرش شمایل مریم، رسولان، مقدسین، و حتی فرشتگان آماده کرد؛ ولی این تصاویر صرفاً از راه یادآوری، به مؤمنین کمک می‌کردند تا برای حقایق روحانی عزت و احترام مناسب قائل شوند.

مرحلهٔ بعدی مناقشهٔ تمثال‌شکنی طولانی و پیچیده بود. با مساعدت پاتریارک تاراسیوس[1] (۷۸۴-۸۰۶)، هفتمین شوارای عمومی با حضور ۳۵۰ اسقف سرانجام در سال ۷۸۷ در نیقیه برگزار شد. شورا ضمن محکوم‌کردن کل نهضت تمثال‌شکنی، از موضع یوحنای دمشقی حمایت کرد.

با این همه، تمثال‌شکنی به این سادگی‌ها از میان نرفت. گرایش‌های قوی به تمثال‌شکنی در آسیای صغیر و در میان نظامیان حرفه‌ای باقی ماند. لیکن با گذشت قرن نهم، تب این مناقشه فروکش کرد. شورایی که در اوایل ۸۴۳ برگزار شد، جان گریماتیکوس[2] را عزل و به‌جای او مِتودیوس[3] را به مقام پاتریارکی برگزید، تمام تمثال‌شکنان را محکوم ساخت، و همهٔ مصوبات شورای هفتم را تأیید کرد. کلیسای ارتودوکس تا به امروز، هر ساله اولین یکشنبهٔ ایّام روزهٔ بزرگ را به «عید ارتودوکسی» اختصاص می‌دهد که به مناسبت پیروزی طرفداران شمایل برگزار می‌شود.

شرق در برابر غرب

در این سال‌های عظمت یوستینیان و مناقشه بر سر شمایل، اختلافات بین کلیسای ارتودوکس در شرق و کلیسای کاتولیک در غرب گسترش یافت. آموزه‌ها و مناسکِ دو بخش کلیسای مسیحی به‌آرامی از هم فاصله گرفت. این کلیساها به افزوده‌ها در اعتقادنامه معترض بودند؛ مناسک متفاوتی برای ایام روزهٔ بزرگ داشتند؛ و در مورد نوع نان مراسم عشای ربانی بین آنها اختلاف‌نظر بود. با توجه به تفاوت فرهنگی و تاریخی آنها، ظهور دو رهبر جاه‌طلب کار را یکسره کرد و شکاف میان دو کلیسا دائمی شد.

در سال ۱۰۵۴ پاپ لئو نهم کاردینال هامْبِرتِ فتنه‌انگیز را با پیامی راهی قسطنطنیه کرد که نتیجه‌ای جز ناکامی و توهین نداشت. امپراتور به همکاری با غرب علاقه‌مند بود، ولی پاتریارک قسطنطنیه، میکائیل کِرولاریوس[4] تُندروی هامْبِرت را با تُندروی پاسخ داد و فرستادگان پاپ را تحقیر کرد. هامْبرت حکم تکفیر را درست در زمان عبادت، بر محراب کلیسای حکمت مقدس گذاشت!

شکست‌های نظامی و ظهور بدعت‌های مختلف، به‌مرور امپراتوری بزرگ کنستانتین و یوستینیان را تحلیل برد. پس از حملهٔ فوج‌های بربر، نوبت به گسترش اسلام رسید. در قرون وسطیٰ، سرزمین‌های اصلی کلیسای ارتودوکس یونانی به غرب ترکیه، بالکان، و قبرس محدود شد. در سال ۱۴۵۳ حتی خود شهر کنستانتین نیز به‌دست ترکان افتاد. پس از یازده قرن، امپراتوری اصلی مسیحی به پایان رسید، و مسیحیان در جامعه‌ای که به‌دست مسلمین

1. Tarasius; 2. John Grammaticus; 3. Methodius; 4. Michael Cerularius

اداره می‌شد، به اقلیت تبدیل شدند. در نبود امپراتور، آنها برای کسب هدایت در امور سیاسی، نگاه خود را متوجهٔ پاتریارک کردند. مسلمین نیز با محترم‌شمردن تصمیم مسیحیان، پاتریارک را سخنگوی جامعهٔ مسیحیان دانستند.

امروزه از امپراتوری پهناوری که کنستانتین آن را در مسیر مسیحیت قرار داد، فقط یونان و نیمی از قبرس همچنان پیرو کلیسای ارتودوکس یونانی هستند. با این حال، مسیحیت ارتودوکس مسیر جدیدی برای گسترش یافته بود. با وجود فشارهایی که از جانب کلیسای کاتولیک رومی در غرب و اسلام در شرق وارد می‌آمد، دهلیز باریکی به‌سمت شمال بازماند. بوریس[1] شاه بلغارها، در قرن نهم به مسیحیت گروید، و ولادیمیر[2] دوک بزرگ کِیف و تمام روسیه نیز در قرن دهم به مسیح ایمان آورد.

شکوه بهت‌انگیز قسطنطنیه و هیبتی که نیایش کلیسایی برمی‌انگیخت، قلب فرستگان ولادیمیر را که برای تحقیق دربارهٔ ایمان مسیحی به رُم جدید آمده بودند، تسخیر کرد.

پس از شرکت در نیایش‌های کلیسای بزرگ «حکمت مقدس»، فرستادگان به سَرور خود چنین گفتند: «نمی‌دانستیم در آسمان هستیم یا بر زمین، زیرا چنین زیبایی و شکوهی را در هیچ جای زمین نمی‌توان یافت. وصف آن در زبان نمی‌گنجد؛ همین‌قدر می‌دانیم که خدا در میان این مردمان حضور داشت و نظیر عبادت آنها را در هیچ پرستشگاهی نمی‌توان یافت. این همه زیبایی را از یاد نمی‌توان برد.»

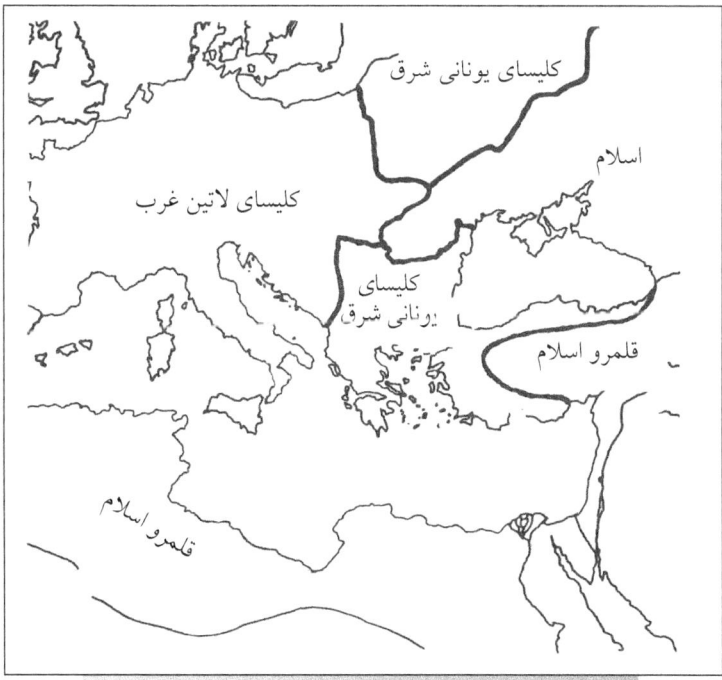

کلیسا دو قسمت می‌شود ۱۰۵۴ میلادی

1. Boris; 2. Vladimir

با گذشــــت سال‌ها، روسیه زیبایی‌های باشکوه مســـیحیت ارتودوکس را از آنِ خود کرد. به‌تدریج، مســـکو خود را در مقام رهبری دنیای ارتودوکس دید. این نظریه تکوین یافت که یک رُم در ایتالیا بوده که به‌دســـت بربرها و بدعت کاتولیک رومی افتاد. رُم دومی هم وجود داشـــت، یعنی قسطنطنیه که وقتی به‌دست ترکان افتاد، رُم سومی پدیدار شد: مسکو. امپراتور روس درست به‌همان‌گونه که دین امپراتوران رُم دوم را برای خود برگزیده بود، لقب خود را نیز از امپراتوران رُم اول اخذ کرد، چون تزار همان سزار یا قیصر است.

حتی در دهه‌های اخیر کرملین یادآور گذشـــته‌ای غنی و الهام‌بخش بوده است. گنبدهای پیازی‌شکل، یادگار شکوه پیشین کلیسای ارتودوکس، بر جای مانده‌اند و رو به‌سوی آسمان دارند.

پیشنهادهایی برای مطالعهٔ بیشتر

Benz, Ernst. *The Eastern Orthodox Church: Its Thought and Life.* Garden City, NY: Doubleday, 1957.

Clendenin, Daniel B. *Eastern Orthodox Christianity: A Western Perspective. 2nd ed.* Grand Rapids: Baker, 2003.

Fairbairn, Donald, *Eastern Orthodoxy through Western Eyes.* Louisville: Westminister John Knox Press, 2002.

Pelikan, Jaroslav. *The Spirit of Eastern Christendom (600-1700).* Chicago: University of Chicago Press, 1974.

Ware, Timothy. *The Orthodox Church.* Baltimore: Penguin, 1963.

فصل شانزدهم

واداشتن فاتحان به سر فرود آوردن

بشارت در میان بربرها

جنگل‌های اروپای شمالی با درختان سربرکشیده‌اش سکونت‌گاه قبایل بربر بود که حیوانات را قربانی می‌کردند و ارواح طبیعت را در میان درختان و در کنار نهرها می‌پرستیدند. هر مبشری که به میان آنها می‌رفت و امیدوار بود پیامش در دل مردم کارگر بیفتد، می‌بایست برتری قدرت ارواح مسیحی را بر ایشان اثبات می‌کرد.

معروف است که یکی از مبشران قرن هشتم به نام بونیفِس وارد زیارتگاهی در آلمان شد، یعنی جنگل مقدس ثور[1] خدای تندر. درخت بلوطی تناور شیء مورد پرستش این آیین خرافی بود. در داستان آمده است که بونیفِس تبری برگرفت و بر آن فرود آورد و به فرودآمدن نخستین ضربت، خدا تندبادی فرو فرستاد و درخت را بر زمین انداخت. بت‌پرستان به شگفت آمدند و ایمان آوردند. بونیفِس از چوب این درخت، کلیسایی ساخت و آن را به حضرت پطرس وقف کرد.

و این سرمنشأ ایمان مسیحی اروپا شد. راهبانی که به میان بربرها گسیل شده بودند، جادوی آنها را با یاری‌گرفتن از قدرت‌های برتر الاهی باطل کردند. خدا دمید و درخت فرو افتاد. اینجا، معجزه‌ای، آنجا، نبردی پیروزمندانه؛ و چنین، آلمان‌ها برای تعمید آماده شدند.

---

1. Thor

نکته این است که قبایل ژرمن با گذشتن از مرزهای راین و دانوب و برآشفتن امپراتوری روم که زمانی قدرتمند بود، مسیحیت را در برابر معضلی جدید و بزرگ قرار دادند. تمدنی که از این ویرانه‌ها سر برآوَرْد، خصلت مسیحی داشت، زیرا مهاجمان به‌جای سلاح‌های خود، خدایانشان را فرو گذاشتند.

چه شد که بربرها پذیرفتند در محلِ پیشین درخت بلوط مقدسِ ثور، پرستشگاهی وقف‌شده به حضرت پطرس وجود داشته باشد؟ چه شد که ژرمن‌ها به پرستش خدای دشمنِ شکست‌خورده‌شان تن دادند؟

آمدن بربرها

سال ۴۷۶ معمولاً پایان امپراتوری مسیحی روم در غرب دانسته می‌شود. در این سال بود که رشتهٔ دراز امپراتورانی که از آوگوستوس شروع می‌شدند (۲۷ ق.م. - ۱۴م.) به پایان رسید و آشکارا فرمانروایی حاکمان ژرمن آغاز شد.

آنچه رخ داد هیچ چیز چشمگیری نداشت. سربازان مزدوری که قدرت واقعی را از جانب امپراتور در اختیار داشتند عموماً ژرمن بودند و به این ترتیب، ژرمن‌ها ژرمن‌ها را می‌کشتند.

در ۴۷۵ اورِسْتِس[1] فرماندهٔ بربرِ لشکریان امپراتوری، سنا را واداشت تا پسر جوانش رومولوس آوگوستولوس[2] (آوگوستوس کوچک) را به‌عنوان امپراتور غرب انتخاب کند. با این حال، یک سال بعد، فرماندهٔ ژرمن دیگری به نام اودوآکِر[3] اورِسْتِس را به قتل رساند و چون دلیلی بر ادامهٔ سلسلهٔ جعلی امپراتوری نمی‌دید، رومولوس آوگوستولوس را عزل و خود را رئیس دولت اعلام کرد. به همین سادگی! کسی هم شگفت‌زده نشد. تمام این اتفاقات یک نسل قبل در مورد آلاریک، گِنْسریک و آتیلا افتاده بود.

این اربابان جدید اروپا چه کسانی بودند؟ رومیان آنها را «بربر» می‌خواندند، زیرا نخستین بار که به آنها بر خوردند، آنها نه یونانی می‌دانستند نه لاتین. لیکن این طوایفِ عمدتاً شمالی که در اصل به اسکاندیناوی یا اطرافش تعلق داشتند عبارت بودند از: واندال‌ها، فرانک‌ها، آنْگِل‌ها، ساکسون‌ها، گوت‌ها، لومباردها، بورگاندی‌ها، و دیگران.

هنگامی که مزاحمت‌های آنها در قرن سوم برای رومیان شروع شد، از نظر فرهنگی در نیمه‌راه بین اقتصاد روستایی و کشاورزی قرار داشتند. میزان تجارت آنها به‌اندازه‌ای کم بود که شاخص ثروت در میان آنها به‌جای پول، گاو و گوسفند بود.

به گفتهٔ تاسیتوس، مورخ رومی، ژرمن‌ها سخت اهل باده‌نوشی و قمار بودند. لیکن تاسیتوس آنها را به‌سبب شجاعت، احترام‌شان به زنان، و دوری از بسیاری از رذیلت‌های رومیان می‌ستاید. یکی از سرگرمی‌های مورد علاقهٔ ژرمن‌ها گوش‌دادن به نَقّال‌های طایفه بود که حکایات کهن قهرمانان و خدایان را بازگو می‌کردند. امروزه اثری از این حکایات نمانده، ولی نام خدایان آنها را در اسامی برخی از روزهای هفته که وقف آنها بود می‌توان

1. Orestes; 2. Romulus Augustulus; 3. Odovacar

دید، مانند ثور در Thursday یعنی پنجشنبه، و نام خدایی دیگر به نام وُدین[1] در Wednesday یعنی چهارشنبه.

ژرمن‌ها زندگی می‌کردند تا بجنگند. هریک از جنگ‌سالاران افرادی داشت که سوگند وفاداری به رهبر خود یاد کرده بودند. به‌گفتهٔ تاسیتوس، جنگجویی که اربابش در جنگ کشته شده و او زنده مانده بود، تا پایان عمر باید در ننگ و بدنامی می‌زیست. «رؤسا برای پیروزی می‌جنگند و افراد آنها برای رئیس خود.»

طی قرن‌هایی که رومیان و ژرمن‌ها با گذشتن از مرز راین-دانوب با یکدیگر روبه‌رو شدند، برخوردهای بی‌شمار آنها با یکدیگر، گاه صلح‌آمیز و گاه خصمانه بود. تجارت رومیان به آلمان رسید، و ژرمن‌ها به‌عنوان برده وارد امپراتوری شدند.

در سدهٔ آشوب‌زدهٔ سوم، بسیاری از بربرها برای سکونت در سرزمین‌های تهی‌شده از جمعیت و یا پیوستن به هنگ‌های رومی، فراخوانده شدند. در پایان قرن چهارم، ارتش روم و فرماندهانش در غرب، کم‌وبیش همه از ژرمن‌ها بودند.

ظهور ناگهانی هون‌ها، این قدرت جدید مهارناپذیر، رومیان را با بحران حملات دسته‌جمعی روبه‌رو کرد. در اواخر قرن چهارم، این فوج از اقوام آسیایی از رود وُلگا عبور کرد و طولی نکشید که اُستروگوت‌ها[2] یعنی قبیله‌ای از ژرمن‌ها را که در شرقی‌ترین نقطه سکنیٰ داشت، به انقیاد درآورد. ویزیگوت‌ها (یا گوت‌های غربی) از وحشتِ افتادن به دست قوای در حال پیشروی هون‌ها، از رومیان درخواست کردند که به‌عنوان هم‌پیمان در داخل امپراتوری ساکن شوند. روم با این درخواست موافقت کرد و در سال ۳۷۶ کل قبیله با گذشتن از دانوب وارد قلمرو رومیان شد. با این همه، چیزی نگذشته بود که مقامات فاسد رومی شروع به بدرفتاری با ویزیگوت‌ها کردند و بربرهای مغرور بنای سرکشی نهادند. امپراتورِ بی‌دست‌وپای بخش شرقی، یعنی والِنس[3] خواست این شورش را بخواباند، ولی در ۳۷۸ هم ارتش و هم زندگی‌اش را در نبرد آدریانوپول[4] (واقع در ترکیه امروزی) از دست داد.

برخی از مورخان نبرد آدریانوپول را یکی از تعیین‌کننده‌ترین نبردهای تاریخ برمی‌شمارند چراکه به افسانهٔ شکست‌ناپذیریِ هنگ‌های رومیان پایان بخشید و یک قرن و نیم هرج‌ومرج پدید آورد. برای چند سال، امپراتورِ توانمند، یعنی تئودوسیوس اول، ویزیگوت‌ها را عقب راند، ولی پس از مرگ او در سال ۳۹۵ آنها به رهبری آلاریک، شروع به مهاجرت کردند و دست به غارت زدند. آلاریک به ایتالیا حمله برد و در سال ۴۱۰ افرادش رُم را تاراج کردند.

برای رفع تهدید آلاریک برای ایتالیا، رومیان اکثر لشکریان خود را در سال ۴۰۶ از مرز راین و در سال بعد از بریتانیا عقب کشیده بودند. نتیجهٔ بسیار مهم این اقدام، سرازیرشدن اقوام ژرمن از مرزهای بی‌دفاع به داخل امپراتوری بود. واندال‌ها با فشاری که وارد ساختند خود را از گُل به اسپانیا رساندند و پس از مواجهه با فشار ویزیگوت‌ها، رهسپار آفریقا شدند. در سال ۴۵۵ قوای مهاجم دیگری از واندال‌ها خود را با کشتی از آفریقا به رُم رساند و این شهر برای دومین بار غارت شد.

---

1. Wodin; 2. Ostragoths; 3. Valens; 4. Adrianople

در همین حال، بورگاندی‌ها در درهٔ رون[1] سکونت گزیدند؛ فرانک‌ها به‌تدریج در سراسر گُل شمالی پراکنده شدند و آنْگِل‌ها، ساکسون‌ها، و جوت‌ها[2] به بریتانیا حمله بردند. با آنکه هریک از این چند قوم یک پادشاهی ژرمن در محدودهٔ امپراتوری بر پا کرد، فقط فرانک‌ها در گُل و آنْگِل‌ها و ساکسون‌ها در بریتانیا موفق شدند پادشاهی خود را برای مدتی بیش از چند قرن حفظ کنند.

امروزه می‌توان گفت که حملات ژرمن‌ها آن‌قدرها هم که زمانی تصور می‌شد فاجعه‌بار نبوده است. مهاجمان زمین‌های وسیعی را متصرف شدند، ولی اکثر این زمین‌ها یا خالی از سکنه بود و یا به امپراتوران تعلق داشت؛ تعداد اندکی از مالکان خصوصی در نتیجهٔ این تاخت‌وتازها مجبور به جابه‌جایی شدند. در اکثر جاها جمعیت ژرمن‌ها کماکان در اقلیت بود و به‌آهستگی، درآمیختن فرهنگ و خون دو ملّت آغاز شد. به این ترتیب، بربرها به‌مرور آداب و رسوم، دین، و گویش ژرمنی خود را از دست دادند. از همین‌روست که رد چندانی از زبان‌های ژرمنی در ایتالیا، فرانسه، و اسپانیا باقی نمانده است.

بشارت در شمال

دعوت مردمان شمالی به ایمان مسیحی کار شاقی بود؛ هرچند اگر به یک ایمان اسمی بسنده می‌شد، کار خیلی سخت نبود، چون به‌هرحال آنها طالب ورود به شکوه زندگی رومی بودند و مسیحیت را دین رومیان می‌دانستند. امّا اینک کار متفاوتی در پیش بود، زیرا هدف فرق می‌کرد و عبارت بود از: رام‌کردن و تهذیب این افراد و آموزش‌دادن به آنها، انتقال بهترین سرمایه‌های فرهنگ باستان و آموزش اعتقادنامهٔ مسیحی به ایشان، و از همه مهم‌تر، پای‌بندکردن آنها به حداقلی از رفتار مسیحی.

بربرها از دو خاستگاه متفاوت به مسیحیتِ درست‌باور دعوت شدند: مستقیماً از آیین شرک، و از بستر باورهای آریوسی، یعنی همان بدعتی که ازلی‌بودن عیسای مسیح را به‌عنوان پسر خدا منکر می‌شد. تعلیم آریوس از همان زمان در قرن چهارم که آریانیسم در امپراتوری قوی بود، در میان بربرها گسترش یافت. با این همه، این آریانیسم بیشتر به کلیسا مربوط می‌شد تا به الاهیات، زیرا ژرمن‌ها به ریزه‌کاری‌های بحث‌های انتزاعی در الاهیات چندان علاقه‌ای نداشتند. مسیح برای آنها نخست‌زادهٔ مخلوق بود، همین و بس. آنها خوش داشتند مسیح را جنگ‌سالاری باجبروت تصور کنند. لیکن تفاوت اصلی میان پیروان آریوس و مسیحیان درست‌باور در غرب، به ساختار کلیسا بازمی‌گشت. آریوسی‌ها مرکز کلیسایی نداشتند. آنها کلیسای رُم را به‌رسمیت نمی‌شناختند و جایگزینی هم برای آن نداشتند. کلیساهای آنها متعلق به قبیله بود. این ژرمن‌های آریوسی حتی پس از آنکه به درست‌باوری گرائیدند، مرکزیّت کلیسای رُم را نفی کردند.

1. Rhone valley; 2. Jutes

نفوذ تعلیمات آریوس ظاهراً با فعالیت بشارتی در میان ویزیگوت‌ها آغاز شد. نیم قرن پس از شورای نیقیه (۳۲۵)، مبشری به نام اولفیلاس[1] (یا وولفیلا) از دانوب گذشت و به‌مدت چهل سال در میان آنها فعالیت کرد. اولفیلاس با یاری مبشران گمنام دیگر، ویزیگوت‌ها را به‌سوی ایمان به مسیح، مطابق موعظه‌ای که از آریوس شنیده بود، هدایت کرد. گرائیدن گوت‌ها به ایمان جدید، قطعاً علتی فراتر از تن‌دادن به فشارهای اجتماعی داشت. چنان‌که می‌دانیم، اولفیلاس تمام کتاب‌مقدس را به استثنای کتاب‌های پادشاهان به زبان گوت‌ها ترجمه کرد. امتناع او از ترجمهٔ کتاب‌های اخیر به این سبب بود که محتوای آنها را برای قومی چنین خشن و ستیزه‌جو مفید نمی‌دانست. از گوت‌ها نیز مسیحیت آریوسی به سایر قوم‌های ژرمن رسید.

برخی از نخستین شمالی‌هایی که به مسیح ایمان آوردند در فراسوی مرزهای امپراتوری سکونت داشتند و خودشان ژرمن نبودند. ایرلندی‌ها از اقوام سِلْت بودند و کسی که آنها را به‌سوی مسیح هدایت کرد، پاتریک[2] نام داشت و در اوایل قرن پنجم می‌زیست. از شرح مختصری که او دربارهٔ زندگی خود نوشته چنین دستگیرمان می‌شود که وقتی هنگ‌های رومی برای دفاع از اروپا عقب کشیده شدند، ایرلندی‌ها که در آن زمان اسکاتلندی خوانده می‌شدند، به‌سرعت به ساحل انگلستان یورش بردند و با راندن قایق‌های خود به فرادست رودخانه، دست به چپاول آبادی‌ها زدند و غنائم و بردگان را با خود بردند. پاتریک در میان اسیران بود. بنابراین، قدیس محافظ ایرلند خودش ایرلندی نبود! او در خانواده‌ای مسیحی بالیده و پدرش شَمّاس بود، ولی اعتقادات دینی استواری نداشت تا آنکه وقتی سرگرم نگهداری از خوک‌ها بود، با تمام وجود برای رهایی از اسارت دعا کرد. بنابراین، او در همین دورهٔ اسارت بود که قلبش را به روی مسیح گشود. پاتریک در این باره می‌گوید: «خداوند بی‌ایمانی‌ام را به من نشان داد.» پس از شش سال، او توانست فرار کند و خود را به ساحلی برساند که در آن یک کشتی با باری از سگ‌های شکاری در آستانهٔ حرکت به سمت فرانسه یا اسکاتلند، به‌درستی نمی‌دانیم کدام یک، بود. داستان‌های سفر پاتریک به فرانسه چه بسا زادهٔ خیال باشند، ولی این را می‌دانیم که او مشتاق دیدن خانواده‌اش بود و پس از تحمل سختی‌های فراوان به خانه بازآمد.

پاتریک به‌شادی و شادکامی در انگلستان می‌ماند اگر شبی در خواب ندیده بود که کودکان ایرلند به‌التماس از او می‌خواهند به کشورشان بازگردد و از مسیح برای آنها بگوید. پاتریک تصمیم به بازگشت گرفت، اما ابتدا باید بر دانش خود از مسیحیت می‌افزود. مدت‌ها بعد، و به گفتهٔ برخی با تأیید پاپ، او فرستاده شد تا به مردمی که زمانی در بین آنها اسیر بود، پیام انجیل را برساند.

از اینجا به بعد دیگر پاتریک چیزی از زندگی‌اش ننوشته و آنچه می‌دانیم جز افسانه نیست؛ امّا همین اندازه بر ما روشن است که یک قرن بعد، ساختار کلیسای ایرلند بیشتر رهبانی بود. ظاهراً جماعت راهبان که نیازهای خود را با زراعت تأمین می‌کردند بهتر توانستند با جوامع

---

1. Ulfilas (Wulfila); 2. Patrick

کشاورزی سِلْت‌ها سـازگار شوند تا سازوکارِ کلیسـای محلی که در امپراتوری روم بسیار مرسوم بود.

همچنین می‌دانیم که ایرلند پایگاهی برای بشـارت در بریتانیا شد. در ایرلند، همه به فکر مهاجرتند! و راهبان مبشـر نیز از این قاعده برکنار نبودنـد. همان‌گونه که می‌دانیم، پیش از پاتریک کلیسـاهایی در بریتانیا وجود داشت، ولی یک قرن پس از روزگار او، راهبی ایرلندی به نام کولامبا[1] صومعه‌ای در آیونا[2] جزیره‌ای نزدیک ساحل اسکاتلند، تأسیس کرد. مسیحیتی که در آیونا پا گرفت، متقابلاً، به موعظهٔ انجیل مسیح در بریتانیا شور و شتاب تازه‌ای بخشید.

شگفت آنکه راهبان سِـلْتیِ ایرلند و بریتانیا نیز به مبشرانی برای قارهٔ اروپا تبدیل شدند. میل دائمی این راهبان به سـفر، آنها را پیوسـته از خانه دورتر می‌ساخت. آنها صومعه‌هایی در آلمان و سـوئیس و حتی در شمال ایتالیا تأسـیس کردند. این صومعه‌ها به مراکز تبشیر و فراگیری علوم دینی تبدیل شدند. در این عرصه، کولامبانوس آوازه‌ای بلند داشت، اگرچه او یک تن در میان بسیاری بود؛ همچنین دو صومعهٔ سن گال و بوبّیو معروف‌ترین صومعه‌های سلتی بودند. تمام اینها متعلق به روزگاری بود که هنوز اسقفان رُم به‌عنوان پاپ رسمیت نیافته بودند؛ بنابراین، تأثیرگذاری سلت‌ها بر قارهٔ اروپا به‌نحوی که ذکر شد، و روح مستقل راهبان ایرلندی و بریتانیایی، رفته‌رفته مسیحیت رومی را برآشفت.

انجیل در میان فرانک‌ها

تأثیرگذاری کلیسای کاتولیک رومی در نیمهٔ شـمالی گُل آغاز شد، یعنی میان فرانک‌ها، قومی که قرار بود به‌تنهایی در شـکل‌دادن مسـیحیت اروپایی به عظمت برسد. مؤسس این ملّت کِلوویس[3] (۴۸۱-۵۱۱) بود، نخسـتین سرکردهٔ مهم بربر که به مسیحیت درست‌باورانه گروید. او با شـاهدخت مسـیحی بورگاندی ازدواج کرده بود. کلوتیلدا[4] اغلب با کلوویس دربارهٔ خدای یگانه سـخن می‌گفت که آسمان و زمین را از هیچ آفرید و انسان را خلق کرد. کلوویس هم در پاسـخ می‌گفت: «همه‌اش مزخرف است!» ولی هنگامی که اولین پسرشان بـه دنیا آمد، کلوویس با تعمید او موافقت کرد. نوزاد در همان ردای تعمیدش مرد. کلوویس گناه را به گردن تعمید انداخت، ولی کلوتیلدا خدا را شکر کرد که روح پسرش را مستقیماً به بهشت و سعادت ابدی منتقل کرده است.

خدا پسر دیگری به آنها داد که او هم تعمید داده شد و او هم بیمار گردید. کلوویس ادعا کرد که تعمید، این پسرشـان را هم از آنها خواهد گرفـت، ولی کلوتیلدا دعا کرد و او بهبود یافت. سـپس، در نبرد با قبیلهٔ آلامان‌ها[5] کلوویس نزدیک بود با شکست سختی روبه‌رو شود که بانگ برداشت: «ای عیسای مسـیح، کلوتیلدا می‌گوید که تو پسر خدای زنده هستی و به کسـانی که به تو امید دارند پیروزی می‌بخشی. اگر به من پیروزی بدهی، قول می‌دهم تعمید بگیرم. خدایان خودمان را امتحان کرده‌ام و ازشـان خیری ندیده‌ام. بنابراین، تو را می‌خوانم.

1. Columba; 2. Iona; 3. Clovis; 4. Clothilda; 5. Alamanni

فقط التماس می‌کنم نجاتم بده.» شـــاهِ آلامان‌ها هلاک شد و سربازانش فرار کردند. کلوویس بازگشت و ماجرا را برای کلوتیلدا بازگفت.

کلوتیلدا اسقف رایم را فراخواند. او پادشـــاه را به ترک خدایانش توصیه کرد. کلوویس پاســـخ داد: «چشم، پدر مقدس. ولی مردم من قبول نخواهند کرد. با این حال، با آنها صحبت می‌کنم.» کلوویس با مردم ســـخن گفت و همه یک‌صدا خدایـــان ژرمن خود را ترک گفتند. بر محل تعمید پرده‌های نقش‌بافت آویخته بود، شـــمع‌های معطـــر فضا را عطرآگین کرده و رایحـــۀ بخور چنان زیارتگاه را از بوی خوش می‌آکند که بســـیاری خود را در میان عطرهای دل‌آویز بهشتی تصور می‌کردند. کلوویس همچون کنستانتینی دیگر به حوض تعمید نزدیک شـــد و اسقف گفت: «سر خود را فرود بیاور. آنچه را سوزاندی عبادت کن و آنچه را عبادت می‌کردی بســـوزان.» بدین‌گونه، شاه به نام پدر و پسر و روح‌القدس تعمید یافت، و سه هزار تن از سربازانش نیز از او پیروی کردند.

این نخستین مورد از بســـیاری تغییرِ دین‌های دســـته‌جمعی در قرون وسطی[1]، پرسش‌های مهم دربارۀ رســـوخ عادات بت‌پرستان به مسیحیت پیش می‌کشـــد. فعالیت‌های بشارتی به دو روش ممکن اســـت انجام شوند. یک روش عبارت از *توبۀ شخصی* است که در آن فرد پیش از تعمیدیافتن، آموزش می‌یابد. به‌طور کلی، مبشران پروتستان در نهضت‌های انجیلی قرن نوزدهم که بر تغییر باطنی فرد تأکید داشـــتند، از این روش استفاده می‌کردند. ایراد این روش این است که نوکیشـــان مسیحی به‌سبب ایمان جدید خود، از فرهنگ بومی‌شان که هرچند آلوده به شرک، لیکن فرهنگ بومی آنهاست، برکنده می‌شوند و به قلمروی بیگانه با این فرهنگ سوق می‌یابند.

روش دیگر عبارت از *توبه یا تغییر دین دسته‌جمعی* است، و همین شیوه بود که اروپائیان را به دین مســـیح درآورد. پادشـــاهانی مانـــند کلوویس ایمان مســـیحی را پذیرفتند و مردم همان‌گونه که در امور زمینی از آنها تبعیت می‌کردند، در ورود به شـــهر آسمانی نیز تابع آنها شـــدند. به این ترتیب، رابطۀ فرد با فرهنگ خود نمی‌گسســـت، امّا از سوی دیگر، نوکیشان خرافه‌ها و رفتارهای مربوط به آیین قبلی‌شان را با خود به کلیسا می‌آوردند.

این امر که از خود کلوویس آغاز شـــد، در بسیاری موارد مشهود است. عیسی از نظر او، نوعـــی خدای قبیله‌ای جنگ بود. فرانک‌ها به حضرت پطرس ارادت خاص داشـــتند، چون کار برجســـته‌اش از نظر آنها این بود که در دفاع از عیسی شمشیر کشید و گوش خادم کاهن اعظم را قطع کرد. تحسین شخصیت‌های مذهبی و نظامی را همچنین می‌توان در مدح جورج مقدس[1]، قدیس حامی انگلستان، و جیمز مقدس[2] قدیسِ حامی اسپانیا در نبرد با عرب‌ها دید.

مردم به قدیسان، که به هریک وظیفه‌ای خاص منسوب بود، احتمالاً بیش از خود مسیح عنایت داشـــتند. آنتونی مقدس را حافظ خوک‌ها و گُل مقدس را حافظ ماکیان می‌دانســـتند؛ آپولونیای مقدس[3] که فک او در زمان جفا شکسته بود، شفادهندۀ دندان‌درد دانسته می‌شد. ژنویِو مقدس[4] تب را پایین می‌آورد، و بلِز مقدس[5] هم گلودرد را شـــفا می‌بخشـــید. تقریبـــاً برای تمام نیازهای انسانی، این ژرمن‌هایی که یک پایشان هنوز در کیش قدیمی بود، قدیسی در آستین داشتند.

1. St. George; 2. St. James; 3. St. Apollonia; 4. St. Genevieve; 5. St. Blaise

افســانه‌های زیادی از کرامات قدیسیان دهان به دهان می‌گشت. مثلاً می‌گفتند که دو گدا که یکی لنگ بود و دیگری کور، اتفاقی بین جماعتی گیر افتادند که نیایش‌کنان در حال حمل بقایای مطهر حضرت مارتین بودند. این دو ترس برشــان داشــت که مبادا شــفا پیدا کنند و نتوانند از ملّت صدقه بگیرند. به این ترتیب، آنکه می‌دید و پا نداشت پرید روی شانهٔ آنکه پا داشــت ولی نمی‌دید تا هرچه زودتر فلنگ را ببندند و از شعاع کرامات حضرت مارتین دور بمانند، ولی زهی خیال باطل که قدیس عزیز کار خود را کرده بود!

سفر به انگلستان

با وجود تأثیرِ نصفه‌کارهٔ انجیل بر فرانک‌ها، درآمدن آنها به دین جدید راهی از گُل به‌سوی بریتانیای کبیر گشــود. حملهٔ آنگلوساکسون‌ها (یا انگلیسیان) به بریتانیا به چنان دشمنی‌های بزرگی دامن زد که فکرِ بشــارت‌دادن بریتانیایی‌ها به ژرمن‌ها در مخیله نمی‌گنجید. رساندن پیام انجیل به انگلیسیان تصمیم رُم بود. در سال ۵۹۶ پاپ گرِگوری کبیر (۵۹۶-۶۰۴) هیأتی از راهبان بندیکتی را به رهبری آگوستین - یک آگوستین مقدس دیگر که بعدها به آگوستین مقدس کانتربری معروف شد - به انگلستانِ دوردست و نامتمدن فرستاد.

آگوستین و راهبانش خدمت خود را در کِنت[1] یکی از دوازده منطقهٔ تحت کنترل مهاجمان آنگلوساکســونِ انگلستان، آغاز کردند. با عنایات شهبانو بِرتا[2] یکی دیگر از ملکه‌های مشتاق به ایمان‌آوردن همســر بت‌پرستشان، آگوستین به حضور شــاه اِتِلْبِرت بار یافت، لیکن از او خواســته شد تا از پشــت دَرْ عرایضش را بیان کند تا مبادا از نیروهای جادویی استفاده کند. شــایع بود که اگر آگوســتین از کسی خوشش نمی‌آمد، دُمی پشــت او سبز می‌کرد. سخنان آگوســتین چنان شــاه را مجاب کرد که زمینی برای احداث صومعهٔ کانتربری در اختیارش گذاشت تا برای همیشه مقر رهبر دینی انگلستان باشد. گرِگوری آگوستین را به‌عنوان نخستین اسقف اعظم کانتربری تعیین کرد.

مبشرانی که از آگوســتین پیروی می‌کردند تا نقاط دوردست شمال پیش رفتند. در زمان آسوی شــاه[3] در اواخر قرن هفتم، دو جریان بشارتی به‌هم رسیدند، پیروان سلتی کولامبا که به ســمت جنوب پیش می‌رفتند و پیروان آگوستین که جهت شمال را در پیش گرفته بودند. همســر آسوی اهل جنوب بود و از آداب کلیسای کاتولیک رومی پیروی می‌کرد، ولی آسوی ایمان مســیحی‌اش را از شمال کســب کرده و پیرو آداب ســلتی بود. یکی از موارد مناقشه بین شــاه و ملکه، تاریخ عید رستاخیز بود. زمانی که شــاه روزهٔ بزرگ را پشت سر گذاشته و عید رســتاخیز را برگزار می‌کرد، ملکه و اهل خانه‌اش هنــوز روزه‌دار بودند؛ همین برای خراب‌کردن عید هر خانواده‌ای کافی است!

در شــورای ویتبی[4] در سال ۶۶۴، آسوی این موضوع را به شور گذاشت. طرف سلتی در تأیید موضع خود به کولامبا اســتناد کرد؛ طرف رومی نیز به پطرس، ضمن اینکه خاطرنشان

1. Kent; 2. Bertha; 3. King Oswy; 4. Whitby

کرد کلیدهای آســـمان را مسیح به پطرس سپرده است. آسوی از طرف سلتی پرسید: «راست می‌گویند؟ واقعاً پطرس نگهبان دروازه‌های بهشت است؟» آسوی همین که پاسخ مثبت شنید، تصمیم گرفت دربان بهشـــت را دلخور نکند! در نتیجه، تصمیم به پیروی از آداب کلیســـای کاتولیک رومی گرفت. پس از شورای ویتبی، جزایر بریتانیا بی‌وقفه به مدار روم می‌پیوستند.

مســـیحیت پس از آنکه در انگلستانِ آنگلوساکسون با خیال راحت ریشه دواند، با نیرو و توان تازه‌ای به قارهٔ اروپا بازگشت. مشـــهورترین مبشر بریتانیایی قرون وسطیٰ وینفرید[1] نام داشت که بیشتر به بونیفِس معروف بود. بونیفس در دِوِن‌شایر متولد شد و در سال ۷۲۹ پاپ گِرگوری به او مأموریت داد تا پیام انجیل را به مردم انگلستان برساند. وظیفهٔ اصلی او دعوت مردم بت‌پرســـت این کشور به مســـیحیت بود و در این کار به توفیق بزرگی دست یافت. در همین حال، او باعث شد تا راهبان مبشر ایرلندی و بریتانیایی و کسانی که آنها به‌سوی مسیح هدایت کرده بودند روابط نزدیک‌تری با اسقف رُم پیدا کنند.

بونیفِس با همهٔ وجود در پی تحقق هدف خود بود. بنابراین، از یک طرف می‌آمد درخت مقدس را جلوی چشم جماعت ترسیده فرو می‌انداخت، آن‌هم در حالی که هر لحظه منتظر نزول آتش آسمانی بر او بودند، و از طرف دیگر، جماعت‌های انبوه را به سوی ایمان مسیحی هدایت می‌کرد و با سازمان‌دهیِ مناطقی که کراماتش را در آنها بروز می‌داد، کلیسایی از خود بر جا می‌گذاشت که با قدرت مرکزی در رُم پیوندی مستحکم داشت.

بونیفس اســـقف اعظم ماینْتْس[2] شد و چه بســـا می‌توانست خدمت تحسین‌برانگیز خود را در همان‌جـــا، در آرامش به پایان برد، لیکن فکر آزاردهندهٔ تلاش‌های ناکام نخســـتین‌اش در فریزیا[3] (هلند) او را به آن خطهٔ کماکان بت‌پرســـت بازگرداند. در آنجا بود که ایمانش را با شـــهادت مُهر کرد. اگر این اتفاق، همان‌گونه که عموماً تصور می‌شود، در سال ۷۵۴ افتاده باشـــد، چارلز[4] شاهزادهٔ جوان فرانک که مقدّر بود در آینده امپراتور شارلمانی[5] معمار اروپای جدید و «مسیحی»، شود در آن زمان دوازده ساله بود.

پیشنهادهایی برای مطالعهٔ بیشتر

Davis, R. H. C. *A History of Medieval Europe.* London: Longmans, 1957.
Deanesley, Margaret. *A History of the Medieval Church 590-1500.* London: Methuen, 1969.
Neill, Stephen. *A History of Christian Missions.* Middlesex: Penguin, 1964.
Pirenne, Henri. *A History of Europe from the Invasions to the XVI Century.* New York: Murray Printing Company, 1938.
*Southern, R. W. *Church and Society in the Middle Ages.* New Haven, CT: Yale University Press, 1992.

1. Winfrid; 2. Mainz; 3. Frisia; 4. Charles; 5. The Emperor Charlemagne

قرون وسطای مسیحی

۱۵۱۷-۵۹۰

دِین اروپا به مســـیحیت بیش از آن اســـت که اکثر مردم می‌اندیشند. هنگامی که بربرها امپراتوری روم را در غرب نابود کردند، کلیسا بود که نظم جدیدی تحت عنوان اروپا پدید آورد. کلیسا هدایت امور را از طریق قانون، نمودهای فرهنگی، و کوشـــش در راه کسب دانش به‌دست گرفت. در بنیاد تمام اینها مسیحیت قرار داشـــت که مایهٔ اتحاد کلیسا و امپراتوری بود. این امر در زمان شارلمانی در قرن هشـــتم آغاز شـــد، لیکن به‌تدریج بر قدرت پاپ‌ها افزوده شد تا آنکه اینوسِنْت ســـوم (۱۱۹۸–۱۲۱۶) اروپاییان را قانع کرد که پاپ را حاکم جهان بدانند. با این همه، در سده‌های بعد که قدرت موجب فساد پاپ‌ها شد، اصلاحگرانِ سرسخت به‌صدای بلند خواهان تغییر شدند.

قرون وسطای متقدم

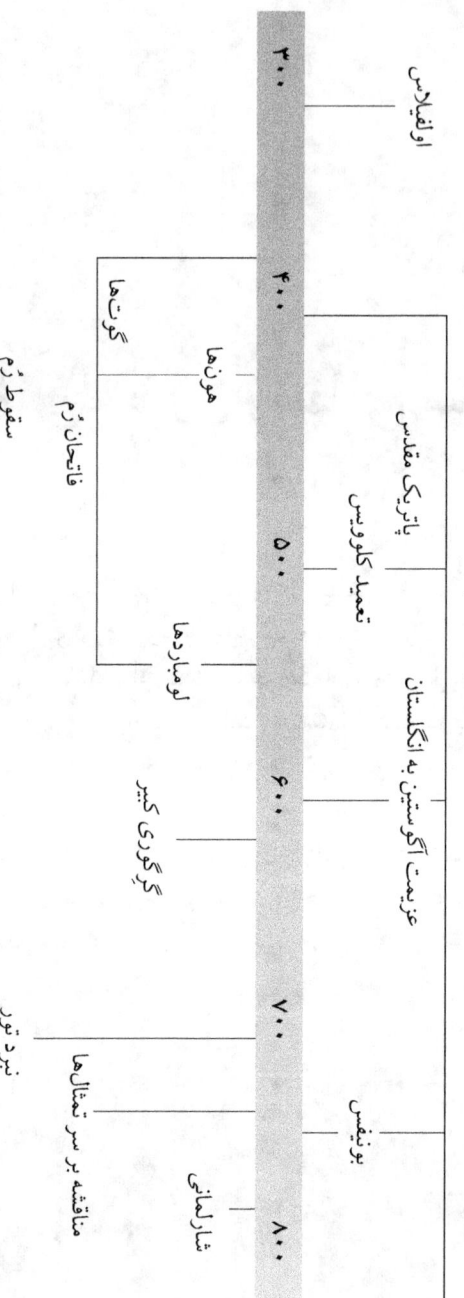

فصل هفدهم

ایلچیِ[1] خدا

گرِگوری کبیر

در اوایل سال ۵۹۰ رُم ملتهب بود؛ شــــهری دچار عواقب طوفان و فجایع جنگ که فقط مانده بود شــــیوع بی‌وقفهٔ طاعون ضربهٔ مرگبارش را بر آن فرود آورد. اول کمی گلودرد، بعد تاول‌های سیاه و مرگی ســــریع. روی گاری‌ها پشته‌پشته جسد بار شده بود. عقل از سر مردم پریده بود. رُم شــــده بود بیابان و حتی خود پاپ، پلاگیــــوس دوم[2] در حالی که از درد فریاد می‌کشید، جان سپرد.

به‌مدت شش ماه، کلیسای حضرت پطرس[3] پاپ نداشت. هنگامی که رهبران کلیسا بر آن شــــدند راهبی به نام گرِگوری را برگزینند، او از قبول این مقام خودداری کرد و حتی از شهر گریخت و در جنگل پنهان شد تا اینکه او را پیدا کردند و کشان‌کشان به رُم بازگرداندند. پس از اینکه موضوع به اطلاع قســــطنطنیه رســــید، مقامات کلیسایی جانشین جدید پطرس را در سوم سپتامبر ۵۹۰ به این مقام تقدیس کردند.

---

۱. به معنای کنســــول و فرستادهٔ مخصوص و یادآور کلمات این سرود روحانی: «ما ایلچیان خداوند آسمان و زمینیم ...» (مترجم)

2. Pelagius II

۳. St. Peter's Basilica معمولاً این کلیسا را با نام سن پیتر می‌شناسیم. (مترجم)

به‌عظمت‌رسیدن هر کسی را می‌شد تصور کرد به‌جز گرگوری. پنجاه‌ساله، کلهٔ بی‌مو، زار و نزار، و بی هیچ تمایلی به مقام پاپی. گِله می‌کرد که «چنان باری از اندوه به دل دارد که زبانش را بند آورده.» با این حال، او خدمت خود را با درخواست از عموم برای ابراز خشوع و فروتنی آغاز کرد، زیرا طاعون به زندگی پاپ قبلی پایان داده بود. به این ترتیب، هفت دسته از مؤمنین برای سه روز ضمن حرکت دسته‌جمعی در خیابان‌ها، دعا کردند و مزمور خواندند. لیکن نتیجهٔ فوری حاصل نشد. طاعون همچنان از مردم شهر قربانی می‌گرفت. مدتی گذشت و به لطف خدا موج بیماری فروکش کرد.

بعدها افسانه‌ای ساختند که توقف این مصیبت را به اقدام گرگوری منسوب می‌کرد و در آن به ظهور فرشتهٔ اعظم، میکائیل اشاره شده بود که شمشیر آخته‌اش را بر فراز مزار امپراتور هادریان غلاف کرد. از آن زمان به بعد، رومیان این محل را «قلعهٔ فرشتهٔ مقدس»[1] نامیدند و برای تکریم آن، مجسمه‌ای از یک فرشته نصب کردند. جهانگردان برای دیدن این قلعه می‌توانند به ساحل رود تیبر بروند.

رُم نماد قارهٔ اروپا بود. آنچه امروز اروپا می‌خوانیم همچون قُقنوس از میان خاکستر ویرانه‌های امپراتوری برآمد. بیش از هر نیروی دیگری، مسیحیت بود که از دلِ آشفتگی و بی‌سامانی، زندگی و سامان برآورد.

اما چگونه؟ مسیحیت برای برپاداشتن نظم نوینی که اروپای مسیحی خوانده شد، چه تدبیری برای این ویرانی اندیشید؟

جایگاه گِرگوری در تاریخ

کلیسا از راهبان سلتی و بندیکتی یاری خواست تا همچون سربازان ایمان، قلب بربرها را برای مسیح فتح کنند. از دستگاه پاپ نیز یاری جُست تا ساختاری پایدار برای شیوهٔ جدیدی از زندگی ایجاد کند. کلیسا همچنین آنچه را الاهیات آگوستین کمال مطلوب می‌دانست، مطالعه و بازگو کرد تا قالبی برای معنای روحانی داشته باشد. در استفاده از این ابزارها برای ساختن آینده، کسی چیره‌دست‌تر از گرگوری نبود.

گرگوری در کتاب خود به نام *مراقبت شبانی* تأکید دارد که پیشوای روحانی هرگز نباید چنان غرق در مسائل بیرونی باشد که حیات درونی روح را فراموش کند و از طرفی هم نباید چنان سرگرم باطن باشد که از امور بیرونی غافل بماند. گرگوری می‌گوید که «خداوند ما بر کوه به دعا ادامه داد» لیکن «معجزه‌های خود را در شهرها به انجام رساند و به شبانان نشان داد که با هرچه در توان دارند برای ترقی در زندگی روحانی بکوشند و در همان حال، با همدلی به نیازهای ضعیفان رسیدگی کنند. نیکیِ مهربانانه هرچه بیشتر فروتنی می‌کند، بیشتر بلندی و بزرگی می‌یابد.» و البته این توصیه‌ها شرح احوال خود گرگوری بود.

1. Castle of St. Angelo

هنگامی که گرگوری در سال ۶۰۴، پس از سی سال به‌اصطلاح «دعا در کوه و معجزه در شهر» دیده از جهان فرو بست، بر سنگ مزارش نوشتند: «ایلچی خدا.» این مناسب‌ترین توصیف برای مردی بود که با همهٔ توان کوشید فقط از آنِ خدا باشد و تا واپسین دم، چه در ادارهٔ امور کلیسایی چه امور دنیایی، همچون دولتمردان رومی عمل کند.

چندی از مرگ او نگذشته بود که کلیساها از او به «گرگوری کبیر» یاد کردند. سرانجام نیز کلیسای کاتولیک با افزودن نام او به آگوستین، آمبروز و جروم، وی را جزو «پدران لاتین کلیسا» قرار داد. اگر صرفاً توانایی‌های فکری را در نظر بگیریم، احتمالاً جای گرگوری در این فهرست نیست. لیکن او توانمندی خود در امور اجرایی را با توجه عمیق به نیازهای انسان‌ها ترکیب کرد؛ و اگر نیکویی، برترین شکل بزرگی است، پس تصمیم کلیسا در اطلاق لقب «کبیر» به گرگوری درست بود. مسلماً هیچ‌کس، نه در میان مردان نه زنان، به‌خوبی گرگوری حال و هوای قرون وسطای متقدم را بازتاب نمی‌دهد. گرگوری در حدود ۵۴۰ در خانوادهٔ قدیمی و ثروتمند سناتوری رومی متولد شد و برای خدمت در دولت آموزش دید. او در دوره‌ای بر صحنهٔ تاریخ پدیدار شد که روزگاری خشمگین‌تر از آن نمی‌توان تصور کرد. در کودکی او، رُم بارها دست‌به‌دست شد. در ۵۵۴، گرگوری چهارده‌ساله بود که نارسِس[1] نایب‌السلطنهٔ ایتالیا در زمان امپراتور یوستینیان گردید که مقرش در قسطنطنیه بود. سرانجام نیز با پایان‌یافتن سلطهٔ ویزیگوت‌ها بر ایتالیا، چند سالی صلح برقرار بود تا اینکه لومباردهای وحشی دست به آتش‌زدن کلیساها، کشتن اسقف‌ها، غارت صومعه‌ها، و تبدیل مزرعه‌های آباد به بیابان زدند. رُم دیگر آن کلان‌شهری که آمبروز و آگوستین سراغ داشتند نبود. شهر قیصرها به‌سرعت در حال تبدیل به شهر پاپ‌ها بود؛ و این از اقبال گرگوری بود که در این زمان گُذار بر صحنه پدیدار شد.

گرگوری ۳۳ ساله بود که ناگهان امپراتور یوستین او را والی (یعنی شهردار) رُم تعیین کرد و این بالاترین مقام غیرنظامی در رُم و نواحی اطرافش بود. بارِ کل اقتصاد رُم – تدارک غلات، برنامهٔ رفاهی برای تنگدستان، احداث ساختمان، حمام، شبکهٔ فاضلاب و کرانهٔ رودخانه – بر شانهٔ گرگوری بود. انتصاب او به این مقام در سال ۵۷۳ مصادف شد با مرگ پاپ و نارسِس، و همین بر بارِ مشکلات او افزود.

با این همه، گرگوری هرگز میل به قدرت دنیوی نداشت و انزوای حجرهٔ راهبان را ترجیح می‌داد. این بود که ظرف چند سال، از خدمت عمومی کناره گرفت و دل از دنیا بُرید. پس از مرگ پدر، بخش اعظم سرمایه‌اش را صرف احداث هفت صومعه کرد. مابقی دارایی‌اش را هم به فقرا داد و اثر و نشانی از ردهٔ اجتماعی‌اش باقی نگذاشت و قصر پدری را به صومعه‌ای تبدیل کرد که به حضرت اندریاس وقف شده بود. بالاپوش ارغوانیِ موسوم به توگا را با ردای زبر و خشن راهبان عوض کرد و ریاضت شدیدی در پیش گرفت، به‌گونه‌ای که فقط میوه و سبزی خام می‌خورد، بیشتر شب را در دعا می‌گذراند، جامهٔ پشمینهٔ زبر توبه‌کاران را می‌پوشید، و به وظایف پرشمار راهبان بندیکتی عمل می‌کرد. بنیهٔ او هرگز قوی نبود و

1. Narses

روزه‌داری‌های طولانی به دستگاه گوارش و قلب او صدمه زد. با این حال، گرگوری چون به گذشته می‌نگریست، این سال‌ها را خوش‌ترین ایام زندگی‌اش می‌دانست.

با این همه، عطایای گرگوری نمی‌توانست مخفی بماند. در ۵۷۹ پاپ پلاگیوس دوم او را به‌عنوان یکی از هفت شَمّاس کلیسا تعیین کرد و در مقام سفیر به دربار امپراتور در قسطنطنیه فرستاد. تحصیلات سیاسی گرگوری و توانایی اجرایی‌اش موجب شده بود او برای احراز این مقام کاملاً واجد شرایط باشد. گرگوری در ۵۸۵ بازگشت و به سرپرستی صومعه‌اش، یعنی صومعهٔ حضرت اندریاس، منصوب شد، لیکن برای کارهای مهم در دسترس ماند.

گرگوری از اینکه سرپرست صومعه باشد کاملاً خرسند بود و چه بَسا به این سلوک عرفانی ادامه می‌داد اگر آن طاعون هولناک شهر را در ننوردیده و به زندگی پاپ پلاگیوس دوم (۵۷۹-۵۹۰) پایان نبخشیده بود.

بندزدنِ دنیایی درهم‌شکسته

چندی پس از انتخاب گرگوری به مقام پاپی، لومباردها رُم را محاصره کردند و پاپ جدید به‌ناچار موعظه‌اش را دربارهٔ کتاب حزقیال ادامه نداد و گفت: «ناگزیرم تفسیر این کتاب را متوقف کنم، چون از زندگی خسته‌ام. مگر در این شرایط که از ساز من جز سوز برنمی‌خیزد و از گفتارم جز نالهٔ سوگواران به‌گوش نمی‌رسد، می‌توان از من توقع موعظه داشت؟»

سراسر اروپای غربی گرفتار آشوب بود. مردان جدی که گرگوری نیز جزو آنها بود، گمان داشتند که پایان دنیا نزدیک است. گرگوری در یکی از موعظه‌های خود می‌پرسد: «در این دنیای حاضر چه چیز می‌تواند اسباب خوشی ما شود؟ همه‌جا مصیبت است، همه‌جا عزاست. شهرها ویران می‌شوند، قلعه‌ها فرو می‌ریزند، مزارع نابود و زمین‌ها متروک می‌شوند. دهکده‌ها خالی است، در شهرها جز عده‌ای اندک باقی نمانده، و حتی همین بقایای بینوای نوع انسان نیز هر روز به کام نیستی می‌روند. تازیانهٔ عدالت الاهی دَمی بازنمی‌ایستد، چون در زیر این تازیانه توبه‌ای صورت نمی‌گیرد. می‌بینیم که چگونه برخی را به اسارت می‌برند، برخی دیگر قطع عضو و برخی نیز کشته می‌شوند. به چه چیز، ای برادران من، به چه چیز این زندگی دل خوش کرده‌ایم؟ اگر چنین دنیایی را دوست بداریم، نه به خوشی‌های خویش که به زخم‌های خود عشق ورزیده‌ایم.»

کلیسای رُم که تقریباً یگانه بازماندهٔ تمدن سازمان‌یافتهٔ غرب بود، در برابر این حملات تاب آورد. در حالی که گرگوری ارتقا به مقام پاپی را مجازات خود می‌دانست، بی‌درنگ به ایجاد نظم در دل بی‌نظمی و پریشانی همت گماشت.

او به گردانندگان املاکش در سیسیلی نامه‌های فوری به این مضمون نوشت: «شما برای من یک یابوی نزار فرستادید با پنج الاغ خوب. یابو رنجورتر از آن است که بتوان سوارش شد و از الاغ‌ها هم نمی‌توان سواری گرفت، چون الاغ‌اند.»

با اسقفانش نیز مکاتبات گسترده‌ای آغاز کرد و نوشت: «ظاهراً به آخرین نامه‌ام توجه نشان نداده‌اید.»

گرگوری اصول خدمت مسیحی را در کتاب خود به نام *قاعدهٔ شبانی* چنین بیان می‌کند: «کسی که به اقتضای موقعیت خود باید عالی‌ترین اصول را بیان کند، به اقتضای همان موقعیت نیز باید عالی‌ترین اصول را در زندگی خود به‌کار بندد.»

مقام پاپ، منزلت خود را در قرون وسطیٰ تا حد زیادی مدیون اقدامات عملی گرگوری در آن روزگار آشفته بود. او دمی آسایش نداشت. هیچ کاری را آن‌قدر بزرگ یا کوچک نمی‌دانست که از دایرهٔ توجه او بیرون بماند. آنچه در مورد تلاش‌های او ما را بیشتر به حیرت می‌آورد این است که تندرست نبود و اغلب در بستر بیماری به‌سر می‌برد. به یکی از دوستانش در سال ۶۰۱ چنین نوشت: «مدت‌هاست بر بستر افتاده‌ام. دردهای نقرس امانم را بریده است. گویی آتش به جانم افتاده. همه‌اش درد می‌کشم و در آرزوی مرگی هستم که با آمدنش این دردها دوا می‌شوند.» در نامه‌ای دیگر می‌گوید: «هر روز می‌میرم و باز زنده‌ام.»

در زمان گرگوری کلیسای رُم ادارهٔ سرزمین‌های وسیعی را در اطراف رُم، در قسمت پنجه و پاشنهٔ ایتالیا[1] و در سیسیلی بر عهده داشت. به این مناطق «میراث حضرت پطرس» گفته می‌شد. این زمین‌ها روی هم - با وسعتی معادل ۱۸۰۰ مایل مربع - کلیسا را به توانگرترین زمین‌دارِ ایتالیا تبدیل کرد. بنابراین، هنگامی که لومباردها به ایتالیای مرکزی حمله بردند و دستگاه امپراتوری را نابود کردند، طبیعی بود که متولیان این زمین‌ها برای رساندن مواد غذایی به مردم و جمع‌آوری مالیات مربوط به زمین اقدام کنند، درست همان‌گونه که زمانی این کار بر عهدهٔ مقامات امپراتوری بود. مسئول این نظام مالیاتی و رفاهی کسی نبود جز گرگوری.

افزون بر این، در حالی که لومباردها هر لحظه به رُم نزدیک‌تر می‌شدند، گرگوری دفاع از ایتالیای مرکزی را بر عهده گرفت. او فردی نظامی را شهردار کرد و با دو تن از رهبران لومبارد مذاکرات صلح انجام داد. در نتیجه، پس از ۵۹۵، اهمیت پاپ در مناسبات سیاسی لومباردها بیش از نمایندگان امپراتوری بود.

این مشارکت در سرنوشت سیاسی ایتالیا، به عنصر مهمی از وظایف پاپ در سده‌های بعدی تبدیل شد. پس از گرگوری، پاپ صرفاً یک رهبر مسیحی نبود؛ بلکه همچنین شخصیتی سیاسی در امور سیاسی اروپا بود، به‌عبارتی: ایلچی یا کنسول خدا.

رهبری قدرتمندانهٔ گرگوری اقتدار کرسی پاپی را پررنگ ساخت. یک مورد تنش مهم او با پاتریارک قسطنطنیه نمایان‌کنندهٔ دیدگاه او در مورد منصب پاپ است. جان چهارم، پاتریارک قسطنطنیه، در تمام نامه‌هایش نام خود را به‌عنوان *اسقف تمام جهان* ذکر می‌کرد. این عنوان، لقبی افتخاری بود که امپراتوران، لئو و یوستینیان، به پاتریارک‌ها اعطا کرده بودند و شورایی که در سال ۵۸۸ در قسطنطنیه تشکیل شد این عنوان را به جان و جانشینانش بخشید.

---

۱. اشاره به نقشهٔ ایتالیا که شبیه چکمه است. (مترجم)

با این حال، گرگوری از این حرکت برتری‌جویانهٔ رقیب شـــرقی‌اش دلگیر شد. در نتیجه، منتهـــای تلاش خود را برای لغو این عنوان به‌کار گرفـــت. او آن را احمقانه، تکبرآمیز، قبیح، شرارت‌آمیز، آزاردهنده، کفرآمیز، و دخل‌وتصرف اهریمنی خواند و تمام استفاده‌کنندگان از آن را با شیطان مقایسه کرد. او تهدید کرد که رابطه‌اش را با پاتریارک قطع می‌کند و از امپراتور خواست تا سزای این گستاخی را بدهد.

برخلاف این القاب و عناوین دهان‌پُرکن، گرگوری خود را به‌سادگی «خادمِ خادمان خدا» می‌خوانْـــد. این لقب به یکی از القاب دائمی پاپ‌ها تبدیل شـــد، اگرچـــه زمانی که آن را به ادعاهای عجیب‌وغریب بعدی ارتباط می‌دهیـــم، وارونه‌گویی[1] جلوه می‌کند. زمانی که یکی از مقامات کلیســـایی، خودِ گرگوری را پاپ تمام جهان خطاب کرد، او ضمن مخالفت اظهار داشـــت: «قبلاً گفتـــه‌ام که نه خطاب به من و نه خطاب به هیچ‌کـــس دیگر حق ندارید چنین چیزهایی بنویســـید. دیگر از این کلماتی که انســـان را دچار تکبـــر می‌کند و نیکویی را از او می‌گیرد، استفاده نکنید!»

از طرف دیگر، در حالی که گرگوری به این عناوین گزاف معترض بود، تا جایی که امکان داشت، حق نظارت بر امور تمام کلیساها را، چه در کلام و چه در عمل، برای خود محفوظ می‌دانست.

بنابراین، چه جای تعجب که جانشـــینان گرگوری بی هیچ پروایی از القابی استفاده کردند به‌مراتب کبرآمیزتر از لقبی که او در اعتراض جدی به آن، هشـــدار داده بود: «خدا با متکبران مقاومت می‌ورزد، لیکن به فروتنان فیض می‌بخشد.»

گرگوری تکبر را سگ خطرناک خبیثی می‌دانست که بی‌وقفه به دنبال او می‌آید. او چنان به‌افراط از تکبر ســـخن می‌گوید که آشـــکارا دربارهٔ آن دچار وسواس است. گرگوری تکبر را در تمام مظاهرش می‌بیند. در تفســـیر خود بر کتاب ایوب به نام *امور اخلاقی*، به بررســـی تکبر از تمام زوایا می‌پردازد و می‌گوید: «تکبر که آن را ریشـــهٔ تمامی رذیلت‌ها خوانده‌ایم، به نابودکردن تنها یک فضیلت بســـنده نمی‌کند، بلکه تمامی اعضای جان را درگیر می‌سازد، و همچون مرضی عالمگیر و مرگبار کل بدن را به تباهی می‌کشاند.»

پیداســـت که خود گرگوری هم به این مرض مبتلا بود. تمام شـــور و شتابی که به خرج می‌داد، نامه‌های فوری که چپ و راست به تمام دنیای مسیحیت می‌فرستاد، اینکه عزم کرده بود یک لحظه آســـوده ننشیند – تمام اینها ناشی از این بود که از وجود غرور و تکبر در خود اطلاع داشت و از صمیم قلب خواهان رویارویی با این رذیلت و پیروزی بر آن بود. این تلاش و تقلایِ سراسر عمر، در هماهنگی کامل با دلسپردگی او به زندگی رهبانی بود.

دولتمردِ مبشر

بـــا گرگوری، رهبانیت برای نخســـتین بار بر کرســـی پاپ تکیه زد. او به ساده‌زیســـتیِ سفت‌وســـخت خود ادامه داد و راهبان را به دور خود جمع کرد و برخی از آنها را اســـقف

1. Irony

و برخی را نمایندهٔ خود ساخت، قاعده‌نامهٔ حضرت بندیکت را در یکی از شوراهای رُم تصویب کرد، اختیار و حق مالکیت صومعه‌ها را به‌رسمیت شناخت، و با سرمشق زندگی و تأثیر خویش بیشترین خدمت را به زندگی رهبانی انجام داد.

داستانی دهان به دهان می‌گشت که احتمالاً بخشی از آن حقیقت و بخشی افسانه بود و آن اینکه گرگوری پیش از انتصاب به مقام پاپی، به سه پسر جوان انگلیسی برخورد که آنها را در بازار رُم به فروش گذاشته بودند. توجه گرگوری بلافاصله به آنها جلب شد.

او با هیجان گفت: «افسوس! صد افسوس که این چهره‌های تابناک باید اسیر باطنی تاریک باشند. حیف از این جوانان زیبارو که ذهنشان بیمار و از فیض خدا محروم است.» سپس، از برده‌دار پرسید که آنها از کدام مردمان‌اند.

مرد جواب داد: «آنگِل هستند.»

گرگوری پاسخ داد: «البته که هستند؛[1] ظاهر به فرشته‌ها برده‌اند و باید با فرشتگان آسمان هم‌ارث شوند. به کدام ایالت تعلق دارند؟»

فروشنده جواب داد: «از دئیرا[2]». در گذشته‌های دور به نورتامبرلند[3] دئیرا می‌گفتند.

«گفتی دئیرا؟ پس حقا که باید از خشم خدا (*دِی ایرا*)[4] نجات یابند و در ظل رحمت مسیح قرار گیرند. شاه آنها کیست؟»

«هالا[5]».

گرگوری با شنیدن این پاسخ گفت: «پس این جوانان باید در سرزمین هالا هللویاه بخوانند.»

گرگوری خود می‌خواست به‌عنوان راهبِ مبشر به انگلستان برود، ولی خدا و پاپ مانع او شدند؛ ولی زمانی که بر مسند پاپی نشست، آگوستین را که از فرقهٔ بندیکتی بود به همراه چهل تن دیگر از راهبان فرستاد تا بذر انجیل را در خاک انگلستان بکارند. کامیابی این مأموریت در کِنت، چنان‌که از آن سخن رفت، ایمان مسیحی در انگلستان و آمریکا را مستقیماً به کلیسای اولیه پیوند می‌زند.

مدافع اعتقادات درست مسیحی

گرگوری نه تنها اشتیاق داشت ایمان مسیحی را در سرزمین‌های دوردست گسترش دهد، بلکه دعوت الاهی خود را نیز به دفاع از اعتقادات درست مسیحی جدی می‌گرفت. گرگوری ایمان را در مکتب آمبروز، آگوستین و جروم آموخته بود، لیکن از توانایی‌های ذهنی آنها بی‌بهره بود. او اندیشه‌های تازه‌ای به الاهیات مسیحی نیفزود و فصل جدیدی در آن آغاز

---

۱. در انگلیسی کلمهٔ Angle به‌معنی قوم آنگِل و Angel به‌معنی فرشته، بسیار شبیه‌اند و فقط یک حرف در آنها پس‌وپیش شده است. (مترجم)

2. Deira; 3. Northumberland

۴. نمونهٔ دیگری از بازی با کلمات در این متن. این عبارت به لاتین است و شباهت چشمگیری با دئیرا دارد. (مترجم)

5. Aella

نکرد. گرگوری ایمان رایج در زمان خود را صورتبندی کرد و به کلیسای کاتولیک قرون وسطیٰ سپرد. ایمانی که از آن سخن می‌گوییم نه تنها شامل اعلامیه‌های رسمی شوراهای کلیسایی و آموزش‌های پدران بود، بلکه باورهای تودهٔ بی‌سواد مردم را نیز که اغلب خام و خرافی و گاه حتی شرک‌آمیز بود، در بر می‌گرفت. گرگوری مقام خود را ضامن اعتبار این مطالب کرد و در نتیجه، آنها را به بخشی جدایی‌ناپذیر از آنچه کلیسای غرب، الاهیدانان و اسقفان و همچنین راهبان و افراد عامی باور داشتند، تبدیل ساخت. بررسی اندیشهٔ قرون وسطیٰ بدون توجه به آرای گرگوری ممکن نیست.

گرگوری در آموزهٔ خود دربارهٔ انسان تأکید داشت که سقوط آدم بر تمامی نسل‌های بعد از او تأثیر گذاشت و با آنکه آزادی اراده، یعنی اختیار آنها را سست کرد، آن را از بین نبرد. بنابراین، انسان پس از آنکه از فیض الاهی تأثیر می‌پذیرد، می‌تواند با آن همکاری کند و با کارهای نیک که محصول مشترکِ فیض الاهی و ارادهٔ انسان است، شایستگی کسب کند.

در زمان تعمید، خدا فیض بخشاینده‌اش را به‌رایگان و بدون در نظر گرفتن شایستگی انسان به او اعطا می‌کند، ولی انسان موظف است برای گناهانی که پس از تعمید ارتکاب می‌یابد، با تنبیه خود تاوان دهد. این تنبیه شکلی از مجازات است که به‌جای خدا، به‌دست انسان صورت می‌گیرد: «زیرا یا انسان با تنبیه خود، گناه را در خویش مجازات می‌کند یا با مجازات شدید خدا روبه‌رو می‌شود.» تنبیه شامل توبهٔ صادقانه و از صمیم قلب، اعتراف، و به‌جاآوردن کارهایی است که به انسان شایستگی می‌بخشند.[1]

کارهایی که ایجاد شایستگی می‌کنند و مکمل تنبیه خویش‌اند شامل فداکاری یا رنج‌کشیدن هستند؛ مانند صدقه‌دادن، ریاضت، و دعاهای مختلف در تمام ساعات روز. گناهان ما هرچه بزرگ‌تر باشد برای جبران آنها بیشتر باید مایه گذاشت، و برای جلوگیری از تکرار آنها در آینده هم باید هوشیارتر بود. در ضمن، اینکه تاوان آنها را کامل داده‌ایم یا نه چیزی است که تا بعد از مرگ روشن نمی‌شود.

خوشبختانه گناهکاران از یاری قدیسان برخوردارند. اعتقاد به میانجی‌گریِ قدیسان و رسم توسّل به آنها برای وساطت در حضور مسیح، با گرگوری آغاز نشد؛ این باور و این رسم به دیری پیش از او بازمی‌گشت؛ امّا گرگوری بر آنها تأکید کرد و جایگاهی محوری در پرهیزکاری مسیحی برای آنها قائل شد. او می‌نویسد: «بدانید و آگاه باشید که قاضی سخت‌گیر، عیسی، به‌زودی می‌آید؛ آن شورای مخوفی که با حضور فرشتگان و فرشتگان اعظم تشکیل خواهد شد در پیش است. در این مجمع است که به پروندهٔ ما رسیدگی خواهد شد، ولی ما هنوز در فکر آن نیستیم که از وجود مبارک قدیسان استمداد بجوئیم تا در آن روز شفاعت ما را بکنند. شهیدان مقدس ما حاضرند دفاع از ما را بر عهده گیرند؛ مشتاق‌اند که برای این کار از آنها درخواست شود. اگر گفتنِ آن روا باشد، حتی درخواست می‌کنند که از آنها برای این کار درخواست شود. از آنها برای تقویت دعاهای خود کمک بخواهید؛ به آنها روی آورید تا هنگامی که جرم شما احراز شد، به یاری شما بشتابند.»

---

1. Meritorious works

چیز دیگری که به عبادت کمک می‌کرد بقایای[1] قدیسین بود. گرگوری مشوق جمع‌آوری و تکریمِ بقایای مطهرِ قدیسین و شهدای مسیحی بود: دسته‌مو، ناخن، شست پا، تکّه‌هایی از لباس. گرگوری تعلیم می‌داد - و اکثر معاصرانش باور داشتند - که این اشیا از قدرت‌های عظیم، از جمله دفاع از خود، برخوردارند.

اگر هم قدیسان و بقایای مطهر برای نیل به پارسایی در این زندگی افاقه نمی‌کرد، امکان کَفّاره‌کردن گناهان در برزخ وجود داشت. برزخ محل پالایش و رنج است، اما نه برای کسانی که در زمان مرگ هنوز گناهان کبیره‌شان بخشوده نشده، بلکه برای کسانی که هنوز به درجهٔ لازم از پارسایی نرسیده‌اند. در زمان مرگ، کسانی که در تقدّس کامل هستند مستقیماً به بهشت می‌روند و شریران هم راهی جهنم می‌شوند؛ در همین حال، کسانی که در وضعیت بِینابینی هستند و خُرده گناهانی هست که باید به‌خاطرشان تنبیه شوند، مدتی مهمان برزخ‌اند.

با این همه، بی‌گمان، بالاترین معجزه، کلید سایر تجلّیات قدرت الاهی، همانا عشای مقدس ربانی [قربانی مقدس] بود. از نظر گرگوری، عشای ربانی عبارت از مشارکت با مسیح است که بدن و خون او واقعاً در نان و شراب حضور دارند؛ و ما با تناول آنها، زندگی روحانی‌مان را تغذیه و تقویت می‌کنیم.

با این همه، قدرت حیرت‌انگیز عشای ربانی در این خاصیت آن نهفته که قربانی برای گناه است. این قربانی به‌دست کشیش برای گناه انسان تقدیم می‌شود - البته، نه مانند مرگ مسیح بر صلیب که برای گناهان تمام انسان‌ها بود، بلکه فقط برای گناهان شرکت‌کنندگان در مراسم، و یا کسانی که مراسم مختص آنها اجرا شده است. برای تمام این اشخاص، عشای ربانی همان تأثیر تنبیه‌کردن خود را دارد، یعنی آنها را از تحمل عذابی مشخص معاف می‌سازد که اگر تأثیر عشا نبود، باید به آن تن می‌دادند. عشا برای مُردگان هم مانند زندگان می‌تواند مفید باشد، البته نه برای اهل دوزخ، بلکه برای مردگانی که در برزخ به‌سر می‌برند. عشا می‌تواند خلاصی این گروه از مردگان را جلو بیندازد.

مثالی بهتر برای اعتقاد گرگوری به قدرت این آیین مقدس، در کتاب او به‌نام *گفتگوها* دیده می‌شود. با اینکه شرح ماجرا قدری طولانی است، تصویری روشنگر از معنای پرهیزکاری در قرون وسطیٰ ارائه می‌کند. گرگوری پس از تعریف داستان مرگ یکی از راهبانش که به اتهام مال‌اندوزی، تنبیه سختی شده بود، چنین می‌نویسد:

> چون سی روز بگذشت، دلم برای یوستوس بیتاب شده بسوخت. با دلی گرانبار از اندوه، به عذابی اندیشه کردم که آن بینوا گرفتارش شده بود و چاره‌ای از برای رهانیدن او از این عذاب الیم بیافتم. برخاستم و پِرِتیوسوس، سرپرست روحانی را به حضور بخواندم و با دردمندی گفتمش: «این یوستوس بیچاره دیرگاهی است که در آتش، زجر همی کشد. وقتش است لطفی در حق او بکنیم و از آنچه از دستمان برآمد برای نجات روحش دریغ نورزیم. پس حالیا تو برو و از اکنون

1. Relics

سی روز، پیاپی به‌جهت آرامش روح او قربانی مقدس بگذران. به‌هوش باش که روزی از قلم نیفتد. پس هــر روزه آیین مقدس به نیّت خلاصی او به‌جای آوَر.»
سرپرست روحانی فرمان من به گوشِ هوش بشنید و برفت.
روزها بگذشت و من که یک سر و هزار سودا داشتم، حساب ایّام از کفم برفت. پس، شبی، یوستوس بر برادرش کوپیوسوس ظاهر بشد و او درحال از او بپرسید که ازبرای چه آمده و بر چه حال است. یوستوس در جواب بگفت: «تا امروز در عذابی الیم بودم، لیکن فرجی حاصل شد، که از صبحدمان مرا در جمع بهشتیان راه بداده‌اند.»

کوپیوسوس به‌ســرعت این خبر خوب را به اطلاع راهبان رساند و با محاسبهٔ دقیق ایّام، مشخص شد که آن روز، سی‌اُمین روزی بود که برای نجات روح یوستوس آیین عشای ربانی را اجرا کرده بودند. کوپیوسوس از پیش نمی‌دانست که برادران روحانی برای آرامش روح یوســتوس آیین مقدس را برگزار می‌کنند، برادران هم نمی‌دانستند که کوپیوسوس یوستوس را در رویا دیده اســت. بنابراین، در آن لحظه وقتی همگی دانســتند چه اتفاقی افتاده است، دریافتند که ظهور یوســتوس در رویا، همزمان با ســی‌امین اجرای آیین قربانی مقدس بوده اســت. آنها اکنون خاطرجمع بودند که برادرِ مرحوم‌شان به لطف اجرای آیین قربانی مقدس، از مجازات رسته است.

این آموزه از زمان گرگوری به‌طور گسترده در غرب پذیرفته شد و تأثیر خاص خود را بر مسیحیت قرون وسطیٰ بر جای گذاشت.

پیشنهادهایی برای مطالعهٔ بیشتر

Deanesly, Margaret. *A History of the Medieval Church 590-1500*. London: Methuen, 1969.
Duckett, Eleanor Shipley. *The Gateway to the Middle Ages: Monasticism*. Ann Arbor: University of Michigan Press, 1961.
Gontard, Friedrich. *The Chair of Peter*. New York: Holt, Rinehart, and Winston, 1964.
*Kardong, Terrence G. *Together Unto Life Everlasting: An Introduction to the Rule of Benedict*. Richardton, ND: Assumption Abbey, 1984.
*Markus, Robert A. *Gregory the Great and His World*. Cambridge: Cambridge University Press, 1997.
Zimmerman, Odo John, trans. *Saint Gregory the Great: Dialogues*. New York: Fathers of the Church, 1959.

فصل هجدهم

تلاش برای اتحاد

شارلمانی و مسیحیت

۲۵ آوریل ۷۹۹ بود، روز حضرت مرقس، روز تعیین‌شده برای توبه و دعا؛ ولی در این سال، حوادث ناگوار و آسیب شدید به محصول، مؤمنان را به ستوه آورده بود. در نتیجه، پاپ لئو سوم (۷۹۵-۸۱۶) برای آنکه خدا مزرعه‌ها و محصول را برکت دهد، جمعیتی از مسیحیان را که دعاخوانان در رُم راهپیمایی می‌کردند، هدایت می‌کرد.

راهپیمایان از کلیسای لاتران به راه افتادند و از وسط شهر به سمت کلیسای حضرت پطرس رفتند. همین‌که جماعت صومعهٔ حضرت استیفان و سیلوِسْتِر را پشت سر گذاشت و به کنج خیابان رسید، مردان مسلح ناگهان به‌سوی پاپ هجوم آوردند، همراهانش را متواری کردند، او را از اسب به زیر کشیدند و با سرعت تمام وی را به صومعه‌ای یونانی بردند.

این اتفاق، شورشی بود که مقامات عالی‌رتبه و صاحب‌منصبانِ وفادار به پاپ پیشین، آدریان اول[1] هدایت آن را بر عهده داشتند. زِنا و شـهادت دروغ از جمله اتهامات علیه لئو بود. حامیان پاپ با اسـتفاده از تاریکی شب توانستند پاپ را از دست شورشیان نجات دهند و به کلیسـای حضرت پطرس بازگردانند. لیکن، ادامهٔ زد و خوردها در خیابان لئو را متقاعد سـاخت که باید از بیرون کمک بخواهد. به این ترتیب، دسـت به دامن حافظ سنتی دستگاه پاپ، یعنی شاه فرانک‌ها، شارل کبیر، شد.

---

1. Adrian I

فصل هجدهم

در سال بعد، شارل با سربازانش از آلپ گذشت تا مشکل پاپ را یک بار برای همیشه چاره کند. در ماه دسامبر، او ریاست مجمع بزرگی متشکل از اسقفان، نُجبا، سیاستمداران، اعضای خانوادهٔ سلطنتی، و شورشیان را بر عهده گرفت. در ۲۳ دسامبر، پاپ در حالی که انجیل را با دستی که حلقه به انگشت آن داشت گرفته بود، با ادای سوگند، خود را از همهٔ اتهامات مبرا دانست. این کار به شورش پایان داد، لیکن صحنه برای اتفاقی به‌مراتب مهم‌تر آماده شد.

در روز کریسمس، شارل با همراهان بسیار برای عبادت به کلیسای حضرت پطرس آمد. لئو آیین قربانی مقدس را اجرا کرد و شارل در برابر مزار پطرس رسول بر زانوانش دعا کرد. ناگهان شارل دید که پاپ با تاجی طلایی در دست به سمت او می‌آید. لئو تاج را بر سر شارل نهاد و در همین حال جماعت به‌صدای بلند گفت: «زنده و پیروز باد شارل دیندار، امپراتور کبیر که خدایش بر سر او تاج گذاشته و او را بانی بزرگ صلح قرار داده!» پاپ نیز سر تعظیم فرود آورد. شارل کبیر، شاه فرانک‌ها، امپراتوری مسیحی روم را احیا کرده بود.

امروزه دیدگاه رایج در غرب عبارت از این است که دولت باید مستقل و خودمختار و فاقد تعلقات دینی باشد و کلیسا هم نهادی اختیاری و مستقل از مابقی جامعهٔ سازمان‌یافته است؛ لیکن هیچ‌یک از این دیدگاه‌ها در قرون وسطیٰ وجود نداشت.

شارل کبیر با دست‌مایه قرار دادن تصور آگوستین از «شهر خدا»، مفهوم مسیحیِ کلیسای کاتولیک جهانی را با دیدگاه سنتی رومی دربارهٔ امپراتوری پیوند زد و به دنیای قرون وسطیٰ، جهان مسیحی را داد که مراد از آن جامعه‌ای یکپارچه بود که دغدغه‌های دینی (یا ابدی) را با امور زمینی (یا گُذرا) در می‌آمیخت.

این اتفاق چگونه افتاد؟ چگونه ملکوتی که عیسی می‌گفت «از این جهان نیست» چنین سهم مهمی در قدرت این‌جهانی یافت؟

پاسخ در استمرار یک دیدگاه خاص و برآمدن سلطنتی قدرتمند است.

افکار به این زودی‌ها نمی‌میرند

امپراتوری روم در غرب قرن‌ها پس از سرنگونی‌اش به‌دست بربرها، کماکان در یاد و خاطر مردم باقی ماند. بربرها پادشاهی‌های بسیاری داشتند و اغلب با یکدیگر زد و خورد می‌کردند. ولی مردم همچنان در آرزوی اتحادی بودند که زمانی مشخصهٔ امپراتوری بود و انتظار روزی را می‌کشیدند که امپراتوری جدید روم ظهور کند. همان‌گونه که یونانیان باور داشتند رُم جای خود را به قسطنطنیه داده، مردم رُم و همسایگان ژرمن‌شان نیز بر این باور بودند که امپراتوری باری دیگر در میان آنها سر از خاکستر بر خواهد داشت.

در ترکیبی که از مردم رُم و اقوام ژرمن و فرهنگ‌هایشان پدید آمده بود، فرانک‌ها از دیگران پیشی جستند و گویا مقدر بود که اقتدار امپراتوری را بازگردانند. کلوویس با حمایت فعالانهٔ کلیسای کاتولیک، پادشاهی فرانک‌ها را به قدرتی مسلّط در میان اقوام ژرمن تبدیل کرده بود.

با ایـــن همه، پس از مرگ کلوویـــس، خاندان او بر اثر ضعف داخلـــی رو به افول نهاد. ژرمن‌ها بنا به عادت، ســـلطنت را جزو اموال شـــخصی می‌دانستند و شاه آن را میان فرزندان خود تقســـیم می‌کرد و همین به جنگ داخلی تلخ و مستمر می‌انجامید. به این ترتیب، وارثان تاج‌وتخت هریک نقشهٔ قتل دیگری را می‌کشید و در خیانت و دسیسه‌چینی از دیگران پیش می‌افتاد.

در همین حال، مرکز قدرت جدیدی در میان اشـــراف زمین‌دار پا گرفت و روز به روز بر قدرت اشـــراف افزوده شد. در میان این زمین‌داران قدرتمند آنکه بیش از همه در دربار نفوذ داشت، «دیوان‌سالارِ کاخ»[1] نامیده شد.

در ســـال ۷۱۴ روز جدیدی برای پادشـــاهی فرانک‌ها دمید و این اتفـــاق زمانی افتاد که شـــارل مارْتِل[2] پدربزرگ شارلمانی، دیوان‌سالار کاخ شـــد. مارتل به شاهان مِرُوِنژی[3] اجازه داد تاج‌وتخت خود را حفظ کنند؛ ولی آنها دست‌نشـــاندگانی بیش نبودند و قدرت واقعی در دست دیوان‌سالار کاخ بود.

چیزی که بســـیاری از دانشجویان تاریخ از شارل به خاطر دارند، پیروزی او بر مهاجمان عرب به اروپا اســـت. این پیروزی او را شایســـتهٔ لقب مارتِل یعنی «چکش» ساخت. در سال ۷۱۱، سپاهی از مســـلمین از آفریقای شمالی به اسپانیا تاخته بود و در ۷۱۸ پادشاهی ضعیف ویزیگوت‌ها ســـرنگون شـــده بود. فاتحان در حالی که بخش اعظم شبه‌جزیره را در دست داشـــتند، حملات خود را به آن‌سوی رشـــته کوه پیرِنه[4] آغاز کردند. در ۷۳۲ شارل مارتل در نزدیکی تور، جایی در اعماق پادشاهی فرانک‌ها، با مهاجمان روبه‌رو شد و تلفات سنگینی بر آنها تحمیل کرد. در نتیجه، شـــب‌هنگام مهاجمان به خاک اسپانیا عقب نشستند و دیگر هرگز تهدید عمده‌ای از جانب آنها متوجهٔ اروپای مرکزی نشد.

پســـر شـــارل مارتل، یعنی پِپِن کوتاه[5] (۷۴۱-۷۶۸) جانشین شایســـته‌ای برای پدر خود بود. با این همه، به‌نظر او زمان آن رســـیده بود که قدرت شاهانهٔ دیوان‌سالاران کاخ از لحاظ قانونی رســـمیت پیدا کند. در نتیجه، از پاپ درخواست صدور فرمانی کرد که به‌موجب آن هر دیوان‌ســـالاری که دارای قدرت واقعی بود می‌بایست حاکم قانونی شمرده شود. خواستهٔ او برآورده شـــد و با تأیید پاپ، بونیفِس، مبشر بزرگ انگلیســـی در میان ژرمن‌ها، پِپِن را در ســـال ۷۵۱ به‌عنوان شـــاه فرانک‌ها تاجگذاری کرد. این آخرین مِرُوِنْژی، بی‌ســـروصدا در صومعه‌ای پرت‌افتاده به‌ســـر می‌برد. سه ســـال بعد، پاپ در تأیید این *کودتا* از آلپ گذشت و شخصاً پِپِن را به شیوهٔ عهدعتیق به‌عنوان برگزیدهٔ خداوند تدهین کرد.

همان‌گونه که یکی از تاریخ‌نویســـان توضیح می‌دهد، آنچه به پاپ برای این عمل انگیزه داد نیاز خود او به داشـــتن حامی قدرتمند بود. در سال ۷۵۱ لومباردها قلمرو امپراتوری را در راوِنا، یعنی مقری که حکومت بیزانس در ایتالیا داشـــت، تصرف کرده بودند و با باج‌خواهی از پاپ او را تهدید می‌کردند که رُم را متصرف خواهند شـــد. پس از تاجگذاری پِپِن، پاپ از او قول گرفت که در ایتالیا مداخلهٔ نظامی کند و پس از فتح راوِنا، آن را به پاپ بازگرداند. در

1. Mayor of the Palace; 2. Charles Martel; 3. Merovingian kings; 4. Pyrenees Mountains; 5. Pepin the Short

۷۵۶ لشکری از فرانک‌ها شاه لومبارد را مجبور به واگذاری تصرفات خود کرد و پِپِن قلمرو راونا را رسماً به پاپ بازگرداند. این پیشکش که به «اهدایی پِپِن» معروف است، پاپ را رسماً به حاکم ایالات پاپی، یعنی باریکهٔ منطقه‌ای که از یک ساحل به ساحل دیگر ایتالیا کشیده شده، تبدیل کرد و بدین‌گونه، پطرس شمشیرش را بازیافت.

این ائتلاف میان فرانک‌ها و پاپ، برای چندین قرن بر جریان سیاست اروپا و مسیحیت تأثیر گذاشت؛ به‌گونه‌ای که جدایی کلیسای لاتین را از کلیسای یونانی سرعت بخشید، زیرا متحد غربی توانمندی را به‌جای بیزانسی‌ها در اختیار پاپ گذاشت که تا آن زمان یگانه محافظ او در برابر لومباردها بود؛ همچنین ایالات پاپی را ایجاد کرد که تا اواخر قرن نوزدهم نقشی برجسته در امور سیاسی ایتالیا ایفا کرد. وانگهی، اجرای مراسم تدهین، به پادشاهان غربی نوعی اعتبار مذهبی بخشید که به‌مرور موجب رقابت میان پاپ و امپراتور شد.

فقط یک گام مهم برای احیای امپراتوری مسیحی در غرب مانده بود. این گام زمانی برداشته شد که پسرِ نامدار پِپِن یعنی شارل به قدرت رسید. امروزه او را به نام شارلمانی، یعنی شارل کبیر، می‌شناسیم.

هنگامی که شارل در سال ۷۶۸ جانشنین پدر شد، ذهنش بر سه هدف تمرکز داشت: قدرت نظامی برای درهم‌شکستن دشمنانش، قدرت دینی برای هدایت معنوی مردمش، و قدرت فکری برای آموزش‌دادن به نفوس و اذهان. توفیق شارلمانی در این زمینه‌ها، اروپا - یعنی نظم جدید سیاسی را - خوب یا بد، برای هزار سال اسماً مسیحی ساخت.

معمار یک امپراتوری

> آینهارت[1] در زندگی‌نامهٔ معروفش دربارهٔ شارلمانی، پادشاه خود را رهبر ذاتی مردم تصویر کرده است: مردی بلندبالا، قوی‌پیکر، و سواری چالاک که همواره جلودار شکارچیان بود. شارلمانی جنگجو-پادشاهی به‌غایت کامیاب بود و سربازانش را هر ساله در عملیات نظامی هدایت می‌کرد؛ امّا همچنین نیز می‌کوشید تا دستگاه اداری کارایی برای قلمرو خود ایجاد کند.

او به کمک نیروی نظامی، با موفقیت توانست چهار منطقه را به پادشاهی خود ضمیمه کند. شارلمانی با بهره‌گیری از اختلافات داخلی مسلمین در اسپانیا کوشید تا قلمرو مسیحیت را در آن سرزمین گسترش دهد. در ۷۷۸ او از رشته‌کوه پیرِنه گذشت و توفیق اندکی به‌دست آورد. با این همه، در لشکرکشی‌های بعدی، مسلمین را تا رود اِبْرو[2] عقب راند و منطقه‌ای مرزی معروف به «مرز (یا سرحد) اسپانیا»[3] ایجاد کرد که پیرامون بارسلون بود.

نکتهٔ دوم اینکه شارلمانی باواریائی‌ها[4] [بایرن‌ها] و ساکسون‌ها، یعنی آخرین اقوام مستقل ژرمن را شکست داد.

---

1. Einhard; 2. Ebro River; 3. Spanish Mark (or March); 4. Bavarians

> پس از سی‌ودو بار لشکرکشی، سرانجام ساکسون‌ها که سخت بت‌پرست بودند و بین رودهای راین و اِلب می‌زیستند، تسلیم شدند. شارلمانی قلمرو ساکسونی را به حوزه‌های اسقفی تقسیم کرد، صومعه‌هایی ساخت، و قوانین سختی علیه بت‌پرستی اعلام کرد. خوردن گوشت در ایّام روزهٔ بزرگ، سوزاندن مردگان (یکی از آداب قدیمی بت‌پرستان)، و تظاهر به داشتن تعمید، جرائمی بود که مجازات مرگ در پی داشت.

بی‌رحمی شارلمانی در غلبه بر ساکسون‌ها و درآوردن آنها به دین جدید، هر طور که در نظر بگیریم، افراط‌کارانه بود.

سومین نقطه‌ای که شارلمانی را به دردسر می‌انداخت، مرز شرقی قلمرو او بود که پیوسته با تهدید اسلاوها و آوارها روبه‌رو می‌شد، یعنی آسیائیان چادرنشینی که به هون‌ها مربوط بودند. «با شش مرتبه قشون‌کشی، شارلمانی آوارها را تارومار کرد و سپس با ایجاد منطقه‌ای نظامی برای خود در درهٔ رود دانوب، راه بر هرگونه شبیخون چادرنشینان شرقی بست. این منطقه که "مرز شرقی"[1] نام گرفت بعدها به اتریش تبدیل شد.»

نکتهٔ آخر اینکه، شارلمانی نیز همانند پدر خود، در امور سیاسی ایتالیا مداخله می‌کرد. شاهِ لومبارد به‌سبب گسترش‌خواهیِ جاه‌طلبانه‌اش دوباره به قلمرو پاپ حمله برد. به دستور پاپ، شارلمانی در ۷۷۴ بر لومباردها چیره شد و خود را پادشاه آنها اعلام کرد. شارلمانی زمانی که در ایتالیا به‌سر می‌برد، با تأیید اهدایی پِپِن، ائتلاف پدرش را با کلیسای رُم تقویت کرد.

این نخستین حمله به داخل ایتالیا، مقدمه‌ای شد بر حمله‌ای که در سال ۸۰۰ صورت پذیرفت و به تاجگذاری شارلمانی به‌عنوان امپراتور انجامید. پاپ به محافظت نیاز داشت؛ شارلمانی هم به تأیید الاهی.

پس از تاجگذاری روز کریسمس، شارلمانی اظهار داشت که از این برنامه اطلاع قبلی نداشته است. با این حال، کاملاً مسئله را جدی گرفت و در مکاتبات خود چنین نوشت: «شارل، امپراتور روم، آوگوستوس ... در سال اول کنسولی[2] ما.» او ترتیبی داد تا همهٔ مقامات، چه کلیسایی و چه غیرکلیسایی، به او در مقام امپراتور سوگند وفاداری یاد کنند. همچنین، سفیرانی برای فرونشاندن خشم امپراتور به قسطنطنیه فرستاد و در سال ۸۱۲، دربار شرق، مقام او را به‌رسمیت شناخت.

مراسم تاجگذاری شارلمانی در کلیسای حضرت پطرس ثابت کرد که خاطرهٔ امپراتوری روم به‌عنوان سنتی که حفظ آن ضرورت دارد، در ذهن و ضمیر اروپا باقی مانده بود و اشتیاقی شدید به برقراری مجدد وحدت سیاسی وجود داشت؛ ولی از طرفی هم، با این اتفاق کشمکشی طولانی میان امپراتوری احیاشده و دستگاه پاپ آغاز شد.

---

1. East Mark

۲. کنسول بالاترین مقام سیاسی به‌شمار می‌رفت و زمانی رسید که صرفاً به امپراتور تعلق یافت. (مترجم)

در قرون وسطیٰ عقیده بر این بود که کلیسا و حکومت در واقع دو جنبهٔ دنیای مسیحیت هستند که یکی نمایان‌کنندهٔ جامعهٔ مسیحی است که برای تأمین برکات روحانی سازمان یافته است، و دیگری نیز همان جامعه است که برای پاسداری از عدالت و رفاه انسان متحد شده. بنابراین، از لحاظ نظری، کلیسا و حکومت در تعاملی هماهنگ قرار داشتند و هر دو خیر انسان را می‌خواستند.

لیکن در واقعیت امر، پاپ و امپراتور رقیب هم بودند، و سؤال همیشگی این بود: آیا زمام حکومت باید به دست کلیسا باشد یا برعکس، زمام کلیسا باید به دست حکومت باشد؟ برای نشان‌دادن این رقابت، از موارد ریز و درشتِ بی‌شمار در سراسر قرون وسطیٰ می‌توان نمونه آورد. جناح طرفدار تقدم پاپ بر این عقیده بود که چون زمان متکی به ابدیّت است، امپراتور نیز متکی بر پاپ است. ولی از آنجا که کنستانتین و شارلمانی نشان دادند خدا حکومت مسیحی را نیز تقدیس می‌کند، جناح طرفدار امپراتور استدلال می‌کرد که امپراتور مستقل از پاپ است؛ و در صورت غفلت پدر مقدس از عمل به وظایف روحانی‌اش، امپراتور مجاز به اصلاح پاپ و حتی به‌دست گرفتن اختیار اوست.

شارلمانی در تمام عمر، تردیدی دربارهٔ برتری خود در امپراتوری‌اش باقی نگذاشت. او از خود تصویر پدری را برای اروپا ساخت که مافوق همه است، به‌طوری که همگان به او پاسخ‌گو هستند. برای حل مسئلهٔ نظارت بر مقامات محلی، دغدغه‌ای که ذهن تمام حاکمان ژرمن را به خود مشغول می‌داشت، شارلمانی دستور تشکیل هیأت موسوم به missi dominici یعنی نمایندگان شاه را داد. این مقامات سَیّار که معمولاً زوجی متشکل از یک اسقف و یک نجیب‌زادهٔ غیرکلیسایی بودند، سراسر قلمرو امپراتوری را برای بررسی دستگاه‌های اداری محلی زیر پا می‌گذاشتند. حتی شخص پاپ هم زیر رصد دائمی شارل بود.

شارلمانی همچنین موجب احیای یادگیری و هنرها شد؛ به‌گونه‌ای که مورخان از این دوره به «نوزایی فرهنگی» یاد می‌کنند. در ۷۸۹ شارلمانی چنین مقرر کرد که هر صومعه‌ای باید مدرسه‌ای برای آموزش «سرودخوانی، علم حساب، و دستور زبان» به پسران داشته باشد. امپراتور در اِکْسْ لاشاپِل، پایتخت خود، از تأسیس مدرسه‌ای در کاخ برای آموزش خاندان سلطنتی و ترغیب فراگیری در سراسر منطقه حمایت به‌عمل آورد. دعوت او از عالمان ایتالیا و ایرلند باعث ارتقای مطالعات یونانی و لاتین شد. اَلکوئین[1] دانشمند آنگلوساکسونی که ادارهٔ مدرسه را بر عهده داشت، در نخستین گام خود در راه احیای فراگیری که وظیفه‌ای دشوار بود، اقدام به نوشتن کتاب‌درسی دربارهٔ دستورزبان، هِجی کلمات، فن سخنوری، و منطق کرد. اَلکوئین شاگردانش را چنین اندرز می‌داد: «پسران، سن شما مناسب یادگیری است، تا می‌توانید درس بخوانید! سال‌های عمر درست مانند آب روان در گذرند. این روزها را که ذهن آمادهٔ یادگیری است به بطالت نگذرانید!»

شارلمانی ادعای عظمت داشت، زیرا خود را از مهم‌ترین سازندگان تاریخ جهان می‌دانست و کمتر مورخی منکر این امر است. او به‌جای مدیترانه، از کانون جدیدی که در

1. Alcuin

شـــمال پدید آورده بود، تمدن مسیحی را در اروپا گسترش داد. پس از سه قرن آشفتگی، او تا حدی توانســـت نظم و قانون برقرار کند. پشتیبانی او از امر آموزش، میراثی فرهنگی بر جای گذاشـــت که شـــالوده‌ای برای نسل‌های آتی شـــد. افزون بر اینها، او اقدام به احیای مفهومی از امپراتوری کرد که همچون قدرتی سیاســـی تا ســـال ۱۸۰۶ بر جای ماند، یعنی تا آنگاه که امپراتورِ خودخواندهٔ دیگری آمد و به امپراتوری مقدس روم پایان بخشـــید؛ و او کسی نبود جز: ناپلئون بُناپارت.

نزول به فئودالیسم[۱]

دریغ و افسوس که امپراتوری شارلمانی زنگ تنفسی بیش نبود. قلمروهای آن پهناورتر و نجیب‌زادگانش قدرتمندتر از آن بودند که در شرایطی که پس از درگذشت بنیان‌گذار مقتدر آن پیش آمد، انسجام گذشته حفظ شود. در زمان جانشینان ضعیف شارلمانی، امپراتوری در میانهٔ بَلوای جنگ‌های داخلی و حملات ویرانگر جدید دچار تجزیه شد. با خروج وایکینگ‌ها از نورثلند و آغاز تاخت‌وتازشـــان، مردم همین‌طور زمین‌ها و افرادشان را به کُنت‌ها، دوک‌ها و سایر اربابان محلی می‌بخشیدند تا در مقابل، از حمایت آنها برخوردار شوند. تجزیه‌ای که به این ترتیب اتفاق می‌افتاد، کلیســـا و اتحاد اروپا را با مشکل جدیدی روبه‌رو کرد که ما آن را فئودالیسم می‌خوانیم.

فئودالیسم شکلی از حکومت بود که در آن قدرت سیاسی به‌جای آنکه در دست کارگزاران دولت مرکزی باشـــد، در اختیار اربابان محلی بود. در متنی غیرتخصصی، در شـــرح آن آمده است: «*فئودالیسم* توسعه‌یافته ترکیبی از این سه عامل بود: شخص، یعنی ارباب یا واسالی که خود را به تبعیت از نجیب‌زاده‌ای قوی‌تر که ارباب (یا صاحب تیول) بود، متعهد می‌ساخت. ۲) دارایی که تیول خوانده می‌شـــد (و معمولاً زمین بود) و واســـال آن را از اربابش دریافت می‌کرد تا به وظایف واسالی خود عمل کند؛ و ۳) حکمرانی، یعنی فرمان‌راندن بر واسال‌ها و ادارهٔ تیول. ریشـــه‌های هر سه عامل یادشده به دورهٔ متأخر امپراتوری روم و روزگار ژرمن‌ها بازمی‌گشت.»

آنچه در فئودالیســـم نقش محوری داشت، رابطهٔ شـــخصی بین ارباب و واسال بود. در مراسمی که به بیعت معروف بود، واسال در برابر اربابش زانو می‌زد و قول می‌داد که "در رکاب او باشد." در ســـوگند وفاداری که متعاقب این مراسم انجام می‌شد، واسال به کتاب‌مقدس یا شـــیء مقدس دیگری ســـوگند می‌خورد که به اربابش وفادار خواهد ماند. سپس، در مراسم *تفویض*، نیزه، دســـتکش و یا حتی پَرِ کاهی به واسال داده می‌شد نماد اختیارات قانونی (ولی نه مالکیّت او) در مورد تیول بود.

---

۱. منظور همان نظام ارباب و رعیتی است. در این نظام اقتصادی، زمین‌های بزرگ در اختیار زمین‌داران یا فئودال‌ها بود و کشـــاورزان برای آنها کار می‌کردند. با تغییر هر زمین‌دار، زمین و کشاورزان یکجا به صاحب جدید زمین تعلق می‌یافتند. (مترجم)

دستان دعا

در پایان قرن یازدهم، مراسم شامل این بود که واسال جلوی اربابِ فئودال زانو می‌زد، دستانش را به هم می‌چسباند و به‌سوی او دراز می‌کرد. اربابِ فئودال دستان واسال را در دستانش می‌گرفت، او را بلند می‌کرد و می‌بوسید. این حرکت که واسال دستانش را به‌هم می‌چسبانید و دراز می‌کرد، امروزه به نماد و حالت دعا تبدیل شده است.

پیمان فئودالی که به این نحو میان ارباب و واسال انعقاد می‌یافت، مقدس و برای دو طرف الزام‌آور دانسته می‌شد. نقض این تعهد دوجانبه جرم به‌شمار می‌رفت، زیرا عهد و میثاقی بنیادین در جامعهٔ متقدّم قرون وسطیٰ بود. ارباب موظف به حفاظت از واسال و رعایت انصاف دربارهٔ او بود. مهم‌ترین وظیفهٔ واسال نیز خدمت نظامی به ارباب بود، به‌طوری که از او انتظار می‌رفت سالیانه چهل روز به‌رایگان در خدمت ارباب باشد.

از آنجا که کلیسا حضور وسیعی در جامعهٔ قرون وسطیٰ داشت، نمی‌توانست از قرارگرفتن در نظام فئودالی اجتناب کند. *اوضاع* به‌هم‌ریخته‌ای که مهاجمان جدید درست کرده بودند (منظور وایکینگ‌ها از شمال و اقوام مجار از آسیا) مقامات کلیسا را بر آن داشت تا به یگانه قدرتی که توان محافظت از آنها را داشت نزدیک‌تر شوند: یعنی بارون‌های فئودال در فرانسه و شاهان در آلمان. به این ترتیب، اسقفان و سرپرست‌های صومعه‌ها به واسال تبدیل شدند و تیولی دریافت کردند که در ازای آن موظف به ارائهٔ خدمات معمول در نظام فئودالی بودند. این وفاداری به اربابان فرادست، تنش‌های خاصی برای آن اسقفانی ایجاد کرد که عقیده داشتند پاپ از طرف خدا برای شبانی کلیسا تعیین شده است. در سده‌های دهم و یازدهم، پاپ در موقعیتی نبود که به کسی بگوید بالای چشمت ابروست. این منصب کلیسایی پس از تبدیل‌شدن به جایزه‌ای که نجیب‌زادگان محلی رُم برای به‌دست آوردنش سر و دست می‌شکستند، طریق زوال پیمود.

با این حال، از طرف مثبت قضیه، کلیسا به‌مرور کوشید تا رفتار بارون‌های فئودال را اصلاح کند. کلیسا همچنان که می‌کوشید فضائل مسیحی را به آداب خاص شوالیه‌ها، موسوم به آیین سلحشوری بیفزاید، محدودیت‌هایی نیز برای نبردهای فئودالی وضع کرد. در قرن یازدهم اسقفان دست به ایجاد نهضت‌های «صلح خدا» و «آتش‌بس خدا» زدند. نهضت «صلح خدا» تمام اشخاصی را که دست به غارت مکان‌های مقدس یا کشتار غیرنظامیان می‌زدند، از شرکت در آیین‌های کلیسایی منع می‌کرد. نهضت «آتش‌بس خدا» نیز «ایّام ممنوع» برای نبرد مقرر داشت؛ برای مثال، از شامگاه چهارشنبه تا سحرگاه دوشنبه، همچنین در برخی دوره‌های طولانی‌تر مانند ایّام روزهٔ بزرگ، جنگیدن ممنوع اعلام شد. متأسفانه هر دو نهضت در کل مفید نبودند.

چیزی که تا اندازه‌ای موجب بازگشت اتحاد شد، احیای امپراتوری روم در غرب بود که در سال ۹۶۲ به‌دست اوتوی کبیر[1] شاهِ ژرمن، صورت گرفت. با این حال، احیای امپراتوری موجب بازگشت رقابت دیرینه میان کلیسا و حکومت شد.

> اوتو مدعی جانشینی آوگوستوس، کنستانتین، و شارلمانی بود، هرچند در عمل قدرت او به قلمرو آلمان و ایتالیا محدود می‌شد. در آغاز، پاپ از شاه ژرمن درخواست کرد تا از دستگاه او در مقابل نجیب‌زادگانِ یاغی ایتالیایی محافظت به‌عمل آورد، اینها برای مدت یک قرن منصب پاپی را به جایزه‌ای برای خود تبدیل کرده بودند. با این حال، از نگاه کلیسا، این تمهید نیز اشکالات خود را داشت، زیرا دست شاهان ژرمن را بازگذاشت تا در امور کلیسا - حتی در انتخاب پاپ - مداخله کنند.

در قرن یازدهم، کلیسا و حکومت بر سر انتصاب افراد به مقامات کلیسایی به‌دست غیرروحانیون[2] مناقشه داشتند. به‌لحاظ نظری، تفویض مقام به اسقف یا سرپرست صومعه از دو مسیر صورت می‌گرفت: اقتدار روحانی را مقام کلیسایی به او می‌بخشید و اقتدار فئودالی یا مدنی را شاه یا یک نجیب‌زاده. با این حال، در واقعیت امر، اربابان فئودال و شاهان، هم تعیین و هم انتصاب مقامات کلیسایی را در دست گرفته بودند. این روند به‌خصوص در آلمان باب بود، زیرا سلطه بر کلیسا بنیاد قدرت شاه را تشکیل می‌داد. کلیسای آلمان در واقع کلیسای حکومتی بود.

نظم‌بخشیدن به خانهٔ خدا

کلیسا آمادگی لازم برای به‌پرسش‌گرفتنِ شاهان و امپراتوران را نداشت، و نخست می‌بایست وضعیت روحانی خود را ترمیم کند. شروع این امر، احیای دینیِ گسترده‌ای بود که در فرقهٔ بندیکتیِ اصلاح‌شدهٔ کلونی[3] صورت گرفت. این فرقه در سال ۹۱۰ تأسیس یافته بود. از صومعهٔ اصلی در بورگوندی، انگیزهٔ قدرتمندی برای اصلاحِ کلیسای فئودالی‌شده پدید آمد. برنامهٔ کلونی در آغاز نهضتی برای اصلاح راهبان بود، لیکن این نهضت به‌مرور خواستار الزام شدید به تجرد روحانیون و لغو خریدوفروش مناصب کلیسایی شد. (به این عمل در انگلیسی Simony [طریق شمعون] می‌گویند که برگرفته از نام شمعون جادوگر است که قصد داشت عطیهٔ روح‌القدس را از رسولان خریداری کند؛ نک. به اعمال رسولان ۸:۹-۲۵). هدف نهایی اصلاحات کلونی این بود که کلیسا را از تسلّط غیرروحانیون برهاند و تابع اقتدار پاپ سازد. چنین بود که در حدود سیصد مرکز متعلق به فرقهٔ کلونی از تسلّط غیرروحانیون خارج شد، و در سال ۱۵۰۹ با ایجاد شورای کاردینال‌ها که عهده‌دار گزینش پاپ گردید، خودِ منصب پاپ نیز از شر مداخله‌جویی غیرروحانیون خلاص شد.

---

1. Otto the Great; 2. Lay Investiture; 3. Cluny

کسی که در پشت اصلاحات دستگاه پاپ قرار داشت، شَمّاس اعظمی بود به نام هیلدِبراند.[1] در سال ۱۰۷۳ او به مقام پاپی برگزیده شد، و به‌عنوان گرِگوری هفتم[2] (۱۰۷۳–۱۰۸۵) مدعی قدرتی بی‌سابقه برای منصب پاپی گشت. آرزوی گرگوری ایجاد یک جامعهٔ هم‌سود[3] مسیحی بود که رهبری آن به‌دست پاپ باشد. او به تساوی میان کلیسا و حکومت قائل نبود، بلکه تأکید داشت قدرت روحانی مافوق قدرت دنیوی است. در سال ۱۰۷۵ رسماً اعلام داشت که تفویض مقامات کلیسایی به‌دست غیرروحانیون ممنوع است و تهدید کرد که اگر فردی غیرروحانی به این کار اقدام کند و مقامی کلیسایی هم به آن تن دهد، هر دو را از کلیسا اخراج خواهد کرد. این شدّت‌عمل تقریباً به مثابهٔ اعلام جنگ علیه حاکمان اروپایی بود، زیرا بیشتر آنها اقدام به تفویض مقامات می‌کردند. این درگیری در تنش گرگوری با امپراتور هنری چهارم[4] به اوج خود رسید.

پاپ هنری را متهم کرد که ضمن اقدام به خرید مقامات کلیسایی، فرد مورد نظر خود را به‌عنوان اسقف اعظم شهر میلان منصوب کرده است. در نتیجه، هنری را به رُم خواند تا دربارهٔ اقدامش توضیح بدهد. هنری نیز در پاسخ، شورایی با حضور اسقفان آلمانی در سال ۱۰۷۶ تشکیل داد که اعلام داشتند گرگوری کرسی اسقفی رُم را غصب کرده است و سزاوار تصدی این مقام نیست: «بدینوسیله، ما هرگونه تبعیت از شما را، چه در حال و چه در آینده، نفی می‌نمائیم.» گرگوری نیز در اقدامی تلافی‌جویانه، هنری را از کلیسا اخراج و از مقام خود برکنار و سوگند وفاداری پیروانش را به او لغو کرد.

سرانجام، هنری به‌سبب شورشی که میان نجیب‌زادگان آلمانی درگرفت، از در صلح درآمد و برای دلجویی از پدر مقدس رُم، در ژانویهٔ ۱۰۷۷ رهسپار کانوسّا[5] قلعه‌ای در کوهستان ایتالیا، شد. امپراتور در حالی که جامهٔ توبه‌کاران را به تن داشت، سه روز پابرهنه در برف ایستاد و درخواست آمرزش کرد تا آنکه به‌گفتهٔ خود گرگوری: «ما زنجیر لعنت را از گردنش بازکردیم و پس از مدتی مدید، به او اجازه دادیم به آغوش کلیسای مقدّس مادر بازگردد.»

یکی از مورخان می‌گوید:

> «این تحقیرِ غم‌انگیزِ امپراتور به مجادله پایان نداد؛ در گزارش‌های این اتفاق نیز چندان اهمیتی به آن داده نشد، چراکه توبهٔ افراد و حتی پادشاهان در حضور عموم، در آن روزگار شایع بود. لیکن پاپ با موفقیت توانسته بود دست غیرروحانیون را از دخالت در امور کلیسا کوتاه کند و بر قدرت و منزلت مقام پاپ بیفزاید. مسئلهٔ تفویض مقامات کلیسایی به‌دست غیرروحانیون نیز با توافقی که در سال ۱۱۲۲ صورت گرفت و به پیمان وُرْمس[6] موسوم است، حل شد. به‌موجب این پیمان، حق انتخاب افراد برای احراز مقامات کلیسایی برای کلیسا محفوظ ماند،

1. Hildebrand; 2. Gregory VII

۳. Commonwealth این کلمه را به مشترک‌المنافع نیز اصطلاح کرده‌اند. (مترجم)

4. Henry IV; 5. Canossa; 6. The Concordat of Worms

لیکن اقدام به این امر صرفاً می‌بایست در حضور امپراتور یا نماینده‌اش صورت می‌گرفت.»

پاپ‌های بعـــدی چندان چیزی به نظریه‌هـــای گرگوری دربارهٔ مقـــام و اختیارات پاپ نیفزودند. آنها نیز همچون گرگوری تأکید داشتند که جامعهٔ مسیحی تحت رهبری پاپ، یعنی سَرِ مرئی آن، تشکّل یافته است و آنچه پاپ را از ارتکاب خطا مصئون می‌دارد، حضور دائمی پطرس در جانشینانش، یعنی در اسقفان رُم، است.

امروزه پذیرش بســـیاری از ادعاهای گرگوری ســـخت می‌نماید. لیکن باید پذیرفت که گرگوری و جانشینان قدرتمندش به دفاع از دو اصل برخاستند که برای مسیحیان قطعیّت تام دارنـــد. این اصول عبارتند از ۱) پای وفاداری که بـــه میان آمد، امور روحانی بر دنیوی مقدّم اســـت؛ و ۲) خانواده‌های انسانی فقط در مسیح و در اطاعت از شریعت خدا به اتحاد حقیقی می‌رسند. جامعهٔ قرون وســـطیٰ از کمال فاصله داشت، امّا در همین دوران، اروپا به درکی از یکپارچگی خود رسید که از مرزهای نامشخص امپراتوری مقدس روم فراتر می‌رفت؛ کلیسا نیز به چنان قدرت و نفوذی بر زندگی انسان‌ها رسید که تا آن زمان بی‌سابقه بود و عمدتاً نیز از آن در راه درست استفاده کرد.

پیشنهادهایی برای مطالعهٔ بیشتر

Baldwin, Marshall W. *The Medieval Church.* Ithaca, NY: Cornell University Press, 1953.
Barraclough, Geoffrey. *The Crucible of Europe.* Berkeley: University of California Press, 1976.
Barraclough, Geoffrey. *The Medieval Papacy.* New York: Harcourt, Brace & World, 1968.
Fremantle, Anne. *Age of Faith.* New York: Time-Life Books, 1968.
*Logan, Donald. *History of the Church in the Middle Ages.* New York: Routledge, 2003.
Noll, Mark A. *Turning Points: Decisive Moments in the History of Christianity.* Grand Rapids: Baker Books, 2000.
Russell, Jeffrey Burton. *A History of Medieval Christianity: Prophecy and Order.* Arlington Heights, IL: AHM Publishing Corporation, 1968.
*Southern, R. W. *Western Society and the Church in the Middle Ages:* The Penguin History of the Church, Vol. 2. New York: Penguin, 1990.

فصل نوزدهم

در صعودی عرفانی

پاپ و جنگجویان صلیبی

در پاریس، بر جزیرهٔ کوچکی در رود سِن[1] عمارتی برپاست که سنگ‌هایش زیر باد و باران فرسوده شده‌اند. این عمارتِ ساخته‌شده به سبک گوتیک، کلیسای اسقف‌نشین نوتردام[2] است. کلیسای پرآوازهٔ نوتردام که به جلال خدا و به تکریم «بانوی ما» وقف شده است، تصویر جالبی از حیات و فضای مسیحیت در قرون وسطیٰ به نمایش می‌گذارَد.

نوتردام در فاصلهٔ بین سال‌های ۱۱۶۳ و ۱۲۳۵ که از مهم‌ترین دوره‌های مسیحیت در غرب بود، ساخته شد. در حالی که کارگران مشغول ساختن پشت‌بند معلّق بودند یا با کمال دقت پنجره‌ای زیبا را در محل خود نصب می‌کردند، دانشجویان به پُل معروف به پوتی‌پون[3] [پل کوچک] که به کرانهٔ چپ[4] منتهی می‌شود تکیه می‌دادند و به ردوبدل اخبار دربارهٔ پیروزی‌های جنگجویان صلیبی در سرزمین مقدس و یا به بحث‌وجدل دربارهٔ فضائل الاهیاتی[5] می‌پراختند. برخی از این دانشجویان دیری نمی‌پائید که لباس اسقفی به‌تن می‌کردند، و مقدّر بود که یکی از آنها پاپ اینوسِنْت سوم[6] شود و منصب پاپی را به اوج قدرت دنیوی برساند.

---

1. Seine; 2. Cathedral of Notre Dame; 3. Petit Pont; 4. Left Bank

۵. منظور فضائل سه‌گانهٔ ایمان، امید، و محبت است. (مترجم)

6. Pope Innocent III

کلیسای نوتردام فقط یک نمونه از تبِ احداث کلیسا بود که سراسر اروپا را فرا گرفت. در فاصلهٔ سال‌های ۱۱۷۰ و ۱۲۷۰ فقط در فرانسه، بیش از پانصد کلیسای بزرگ به سبک گوتیک ساخته شد. برای نخستین بار، در بازسازی کلیسای صومعهٔ سَنْ دِنیس[1] در حوالی پاریس بود که از سبک گوتیک استفاده شد. سرپرست روحانی سَنْ دِنیس، یعنی سوژه[2] این عملیات را طرح‌ریزی کرد و کار بازسازی کلیسا را در سال‌های بین ۱۱۳۷ و ۱۱۴۴ پیش برد. او واکنش خود را به این عملیات با کلماتی توصیف کرده است که تقریباً بهترین ستایش از سبک گوتیک‌اند: «گویی در نقطه‌ای عجیب از عالم بودم که نه به پستی دنیا بود نه به صفای آسمان، ولی به فیض خدا، گویی به‌شیوه‌ای عرفانی، از عالم پایین به عالم بالا صعود کرده بودم.»

صعود. عزم. آرزو. اینها کلمات کلیدی این دوره هستند. قرون وسطیٰ همان‌گونه که صدها کلیسای گوتیک شهادت می‌دهند، به‌هیچ‌روی دوره‌ای تاریک و ظلمانی نبود.

مسیحیان در جامعهٔ انسانی چه امیدی می‌توانند داشت؟ اگر ارادهٔ خدا همچنان‌که در آسمان اجرا می‌شود، بر زمین نیز اجرا شود، زمین چگونه خواهد بود؟ این پرسش‌ها در سراسر دوره‌های تاریخی برای مسیحیان مطرح بوده، امّا هیچ‌گاه به‌اندازهٔ دورهٔ به‌اصطلاح «قرون وسطیٰ»، آمال و آرزوهایی چنین بزرگ وجود نداشته است.

پادشاهی تو بیاید

در سده‌های دوازدهم و سیزدهم، دستگاه پاپ کوششی تحسین‌برانگیز برای ایجاد جامعه‌ای کامل بر زمین به‌عمل آورد. در این زمان، کلیسا به قدرت و شوکتی عظیم دست یافت. ساختمان کلیسای قرون وسطیٰ نیز همانند کلیسای گوتیک رو به آسمان داشت و هر آنچه را در زیر آن واقع بود به تجلیل خدا فرامی‌خواند. ولی دستگاه پاپی نیز درست مانند کلیساهای گوتیک، برای رسیدن به آنچه رسیدن به آن ممکن نبود خیز برداشت و ابتدا شکافی بر آن پدیدار شد، و آنگاه، فرو ریخت.

این اتفاقی بود که به معنی واقعی کلمه برای کلیساها می‌افتاد. نخستین سازندگان کلیساهای گوتیک، با مصالحی که در اختیار داشتند تا می‌شد بر ارتفاع ساختمان می‌افزودند. مثلاً، ارتفاع کلیسای شارْتِر[3] به‌اندازهٔ یک آسمان‌خراش سی‌طبقه است. ارتفاع کلیسای استراسبور[4] هم به چهل طبقه می‌رسد. تلاش سازندگان کلیسا برای رسیدن به چنین ارتفاعی، بیشتر وقت‌ها به شکست می‌انجامید. یکی از متخصصان تاریخ کلیساهای گوتیک می‌گوید که از راهنمای بازدیدکنندگان این کلیساها باید پرسید: «این برج چه زمان فرو ریخت؟»

با کوشش برای رسیدن به بالاترین ارتفاع ممکن، معمار می‌خواست تصور صعود و اوج‌گرفتن را القا کند. استفاده از پشت‌بندهای معلّق جایگزین دیوارهای حجیم کلیساهای قدیمی شد و امکان استفاده از ستون‌های باریک‌تری را ایجاد کرد. آنها را نیز به‌صورت دسته‌ای از تیرهایی درازتر و باریک‌تر شکل می‌دادند که دل آسمان را می‌شکافت و بالا

1. St. Denis; 2. Suger; 3. Cathedral of Chartres; 4. Strasbourg Cathedral

می‌رفت، بالا به‌سوی ابدیت. حتی مجسمه‌های قدیسان و فرشتگان که بر تاقچه‌های داخل دیوار نصب شده بودند، ابعادی درازتر از حد معمول داشتند به‌گونه‌ای که گردن، دست‌ها و پاهایشان به‌نظر می‌رسید به‌سوی آسمان کشیده شده‌اند.

شاید این بهترین راه برای درک مسیحیت غرب در قرون دوازدهم و سیزدهم است. منصب پاپی از جامعهٔ اروپا بالاتر رفت و بر فرازِ شکوهِ روبه‌زوال امپراتوری قرار گرفت. با ظهور دولت‌های ملّی متحد، امپراتوری به سایه‌ای از قدرت جهانی سابق خود تبدیل شد. امپراتوران کماکان خود را «امپراتور کبیر روم» می‌خواندند و همچنان برای مراسم تاجگذاری خود به رُم می‌رفتند، ولی در عمل فقط حاکمانِ پادشاهی‌ها و جمهوری‌های مستقلی بودند که سرزمین آلمان را در اواخر قرون وسطیٰ تشکیل می‌داند.

در مقابل، منصب پاپی با اصلاحاتی که پاپ گرِگوری هفتم در آن ایجاد کرده بود به قوی‌ترین مقام در اروپا تبدیل شد. حکومت پاپ در واقع نوعی تک‌سالاری جهانی بود که روز به روز بیشتر بر شخص پاپ متمرکز می‌شد. تمام اسقفان به پاپ سوگند وفاداری می‌خوردند، هیچ فرقهٔ روحانی بدون اجازهٔ پاپ نمی‌توانست اعلام موجودیت کند، دربار پاپ در رُم عریضه‌هایی از تمام دنیای مسیحیت دریافت می‌کرد، و در هر کشوری نمایندگان پاپ بر اجرای فرمان‌های او نظارت داشتند.

با این توضیحات، اگر رهبر قدرتمندی به مقام پاپی تعیین می‌شد، قدرت پاپ بر تمام پادشاهان دنیوی می‌چربید. پاپ اینوسِنْت سوم (۱۱۹۸-۱۲۱۶) چنین رهبری بود، نوع جدیدی از پاپِ مدیر و مدبِّر. برخلاف گرگوری هفتم و سایر پاپ‌های اصلاح‌طلب قبلی که راهب بودند، اینوسِنْت و دیگر پاپ‌های بزرگ در اواخر سده‌های دوازدهم و سیزدهم، در زمینهٔ قوانین و مقررات کلیسایی آموزش دیده و متخصص امور حقوقی و اداری کلیسا بودند. با این حال، اینوسِنْت نیز همانند گرگوری هفتم، برتری خاصی برای مقام پاپ قائل بود. وی اعلام داشت که «جانشین پطرس، نایب مسیح است: مقرر شده که او میانجی بین خدا و انسان باشد. مقام او پایین‌تر از خدا و بالاتر از انسان است؛ او کمتر از خدا و بیشتر از انسان است؛ او دربارهٔ همه می‌تواند قضاوت کند، ولی کسی اجازهٔ قضاوت دربارهٔ او ندارد.»

اینوسِنْت سوم به شاهزادگان اروپایی می‌گفت که پاپ مانند خورشید و شاهان مثل ماه‌اند. همان‌طور که ماه نور خود را از خورشید می‌گیرد، پادشاهان نیز قدرت خود را از پاپ کسب می‌کنند. مهم‌ترین سلاح پاپ که پشتوانهٔ اقتدار او را تشکیل می‌داد، وضع مجازات‌های روحانی بود. در آن روزگار تقریباً همه به بهشت و جهنم باور داشتند و معتقد بودند که پاپ می‌تواند افراد را از فیض خدا برخوردار یا محروم سازد.

بنابراین، نخستین سلاح پاپ برای به‌زانودرآوردنِ روستایی و شاهزاده، تهدید به اخراج آنها از کلیسا بود. اگر آنها را لعنت می‌کرد به منزلهٔ این بود که از کلیسا «جدا» و از فیضی که لازمهٔ نجات است محروم شده‌اند. در این مراسم، پس از آنکه اسقف بیانیهٔ رسمی اخراج فرد از کلیسا را قرائت می‌کرد، ناقوس مثل موقع مراسم خاکسپاری نواخته می‌شد، کتابی را می‌بستند و شمعی را خاموش می‌کردند که همهٔ اینها نمادی از قطع ارتباط با فرد مجرم

بود. چنین شخصی اگر در زمان اجرای مراسم عشای ربانی وارد کلیسا می‌شد، او را بیرون می‌انداختند یا مراسم را متوقف می‌ساختند.

فردی که از کلیسا اخراج شده بود حق نداشت قاضی، عضو هیأت منصفه، شاهد، و یا وکیل شود. او مجاز نبود قیم، وصی، یا طرف قرارداد باشد. پس از مرگ نیز برای او مراسم تدفین مسیحی اجرا نمی‌شد، و چنانچه بر حسب اتفاق در زمینی مقدس به خاک سپرده می‌شد، کلیسا دستور نبش قبر و امحای جنازه را صادر می‌کرد.

دومین سلاح در زرّادخانهٔ پاپ، استفاده از تحریم بود. در حالی که اخراج از کلیسا در مورد افراد اجرا می‌شد، تحریم دامن کل یک ملّت را می‌گرفت و به‌موجب آن، عبادت عمومی در سرزمین حاکم نامطیع به حال تعلیق درمی‌آمد و اجرای آیین‌های مقدس کلیسایی به‌استثنای تعمید و تدهین مُحتضران[1] متوقف می‌شد. پاپ اینوسِنْت سوم هشتادوپنج مرتبه توانست با این حربه یا با تهدید به استفاده از آن، شاهزادگان چموش را به راه آورد.

پاپ در اِعمال قدرت دنیوی و همچنین روحانی خود چنان کامیاب بود که بسیاری از ایالات، از کوچک و بزرگ، پاپ را به‌عنوان ارباب فئودال خود به‌رسمیت شناختند. جان[2] پادشاه انگلستان با اینوسِنْت بر سر انتخاب اسقف اعظم کانتربری اختلاف پیدا کرد و اینوسِنْت انگلستان را تحریم و جان را از کلیسا اخراج کرد. جان زیر فشار بارون‌هایش به اینوسنت تسلیم شد، و به این ترتیب حاضر شد واسال او باشد، انگلستان را به‌عنوان تیول پس بگیرد، و سالانه خراج هنگفتی به پاپ پرداخت کند.

در فرانسه، اینوسنت شاه فیلیپ آگوست[3] را واداشت تا با تمکین به قانون اخلاقی کلیسا، پیمان ازدواج خود را با ملکه که او را با اجازهٔ اسقفان فرانسوی طلاق داده بود، تجدید کند.

در داخل مرزهای امپراتوری مقدس روم (یعنی آلمان) نیز اینوسنت در جنگ داخلی که بین دو مدعی تاج‌وتخت جریان داشت، مداخله کرد و از اولی در برابر دومی، حمایت به‌عمل آورد. در پایان، اینوسنت ترتیبی داد تا فردریک دوم[4] وارث جوان خاندان هوئنشتاوفن[5] بر تخت بنشیند. فردریک وعده داد که به حقوق پاپ احترام بگذارد و به جنگ صلیبی برود.

اینوسنت و جانشینانش در قرن سیزدهم با استفاده از این سلاح‌های کلیسایی، مسیحیت را به اوج اثرگذاری سیاسی و فرهنگی رساندند. بدون شناخت از این دوران، درکی از جایگاه پاپ در روزگار خودمان نخواهیم داشت.

رویاهای بزرگ - و همچنین خیالات باطلِ - پاپ‌ها در این دوره از تاریخ، بیش از همه در جنگ‌های صلیبی و اسکولاستیسیسم، یعنی فلسفه و حکمت مَدْرَسی[6] نمود می‌یابند. در اوّلی، پاپ مدعی اقتدار بر آرمان مقدس در تاریخ بود؛ در دوّمی، اقتدار خویش را بر نفوس انسان‌ها حتی در ابدیّت نیز حفظ می‌کرد. در این فصل نگاهی به جنگ‌های صلیبی خواهیم انداخت و در فصل بعدی، فلسفهٔ مَدْرَسی را بررسی خواهیم کرد.

---

۱. مراسمی که طی آن فردِ در حال مرگ با روغن مقدس مسح می‌شود. (مترجم)

2. King John; 3. King Philip Augustus; 4. Frederick II; 5. Hohenstaufen; 6. Scholasticism

به‌دوش گرفتن صلیب برای مسیح

جنگ‌های صلیبی نشـــان از تحول جدیدی در مسیحیت داشـــت. قبلاً دین اسلام ظهور یافته بود. این دین محصول وحی و رویاهایی بود که پیامبر آن، حضرت محمد (ولادت: ۵۷۰ میلادی) اعلام داشت بر او نازل شـــده‌اند. ایشان در بیست‌وپنج سالگی ناگاه از کار شتربانی بـــه نظارت بر امور کاری و مالی بانوی بیوهٔ ثروتمندی ترقی یافت. این بانو چنان تحت تأثیر خصائل پیامبر قرار گرفت که هرچند ســـن او پانزده سال بیش از پیامبر بود، به ایشان پیشنهاد ازدواج داد. با آنکه پیامبر چندین همســـر اختیار کرد، در مدتِ حیاتِ همســـر نخست خود، شریکی جز او در زندگی نداشت.

در چهل‌ســـالگی، حضرت محمد به غاری می‌رفت و در آنجا مدت‌های مدید به مراقبه و تعمق می‌پرداخت. روزی در بازگشـــت از اعتکاف، به همسر خود اظهار داشت که فرشته‌ای در غار بر او نازل شـــده و فرمان داده اســـت: «اقراء»[1] یعنی «بخوان». نام قرآن نیز برگرفته از همین فرمان و در لفظ به‌معنای «قرائت‌کردن» است.

در آغاز، این امور موجب سرگشـــتگی پیامبر شد، لیکن همســـر ایشان گفت که چه بسا خداست او را می‌خوانَد. ابتدا، همسر پیامبر و سپس جمعی از خویشان به او پیوستند. بسیاری نیز ادعای پیامبری او را نپذیرفتند. سرانجام، پس از جدال‌ها و مجادله‌ها و غزوات بسیار بود که حضرت محمد پیروان فراوان در شبه‌جزیرهٔ عربستان یافت.

در یکصد ســـال نخستی که از ظهور اسلام می‌گذشت، مسلمین بر پایتخت‌های متعددی همچون اورشلیم، دمشق، و قاهره دست یافتند. لیکن پس از درگذشت ناگهانی پیامبر در سال ۶۳۲ میلادی، موضوع خلافت به مســـئله‌ای حاد و جدایی‌افکن تبدیل شد. از آنجا که پیامبر جانشـــینی برای خود تعیین نکرده بود، موضوع رهبری نهضت بلافاصله محل مناقشه شد.[2] یک گروه، یعنی *اهل تسنن*، اصرار داشتند که اولین خلیفه باید از طریق آرا انتخاب شود. گروه دوم، یعنی *اهل تشـــیع* یا *شیعیان*، اســـتدلال می‌کردند که جانشین پیغمبر باید از سلالهٔ ایشان باشد که در این صورت این شخص، حضرت علی، یعنی پسرعمو و داماد پیامبر می‌بود.

در این زمان که عصر کلیساهای بزرگ و باشکوه در غرب بود، جنگجویان صلیبی از غرب اروپا راه افتادند تا ســـرزمین مقدس را از مسلمین بازپس‌گیرند. مورخان انگیزه‌های متعددی به آنها نســـبت داده‌اند که صرفاً در مقولهٔ غیرت مذهبی نمی‌گنجد. آیا این جنگجویان به‌دنبال ماجراجویی در این ســـرزمین‌های بیگانهٔ غریب بودند؟ یا به انگیزهٔ کســـب منافع شخصی یا اجر معنوی پا به میدان نبرد گذاشـــته بودند؟ با آنکه امروزه انگشت‌شمارند مسیحیانی که از

۱. اشاره به نخستین کلمه از آیهٔ اوّل در سوریهٔ نودوششم قرآن، یعنی سورهٔ العلق است: «*اقْرَأْ بِاسْمِ رَبِّكَ الَّذِي خَلَقَ*» یعنی «*بخوان به نام پروردگارت که آفرید.*» (مترجم)

۲. البته باید توجه داشـــت که این قول نویسنده با تفسیر شـــیعیان از واقعهٔ قدیر خم که در آن پیامبر اسلام، حضرت علی را «ولی» تعیین کردند منافات دارد. طبق تفســـیر شیعیان، لفظ «ولی» نه فقط به‌معنی دوستی و نزدیک‌بودن، بلکه متضمن معنای «ولایت» و «حکومت» است. (مترجم)

۲۳۰ فصل نوزدهم

فکر جنگ‌های صلیبی یا زشت‌ترین اتفاقات آن دفاع کنند، لیکن نباید این واقعیت ساده را از نظر دور داشت که به‌هر روی، مسیحیان سعی داشتند جلو پیشروی نظامی دین جدید را بگیرند و دژهای جغرافیایی خود را از افتادن به‌دست مهاجمان حفظ کنند. در قرن هشتم، نیمی از مسیحیان تحت حکومت اسلامی زندگی می‌کردند. تمام مسیحیانِ نامدار این دوره درگیر هدف فوق بودند که فکر و ذهن همه را به خود مشغول داشته بود، از پطرسِ راهب[1] گرفته که آتش نخستین جنگ صلیبی را بر افروخت تا لوئی نهم[2] پارسا، پادشاه فرانسه، که الهام‌بخش جنگ‌های ششم و هفتم صلیبی شد.

قرن‌ها بود که زائران مسیحی با صلح‌وصفا به زادگاه مسیح می‌رفتند تا در آنجا عبادت کنند. در قرن هفتم، ظهور و گسترش اسلام در خاور نزدیک خللی در این روند ایجاد نکرد. در قرن دهم، اسقفان مسیحی جماعات انبوه از زائران را سازمان‌دهی می‌کردند تا برای زیارت به سرزمین مقدس بروند؛ بزرگ‌ترینِ این جماعات که در سال ۱۰۶۵ از آلمان راهی شد، شامل بیش از هفت هزار زائر بود.

با این همه، در قرن یازدهم، زائران مسیحی با آزار و اذیت روبه‌رو شدند و وقتی تُرکان سلجوقی که تازه به دین جدید گرویده و افراطی بودند به تاخت‌وتاز و غارت در خاور نزدیک پرداختند، وضع به‌مراتب بدتر شد. سلجوقیان اورشلیم را از هم‌دینان مسلمانشان گرفتند و از راه شمال خود را به آسیای صغیر رساندند.

قوای امپراتوری شرقی با همهٔ توان کوشید تا جلو پیشروی مهاجمان را بگیرد، ولی در جنگ مَلازْگَرْد[3] (۱۰۷۱) تُرکان امپراتور را به اسارت گرفتند و ارتش او را پراکنده ساختند. ظرف چند سال، آسیای صغیر که منبع اصلی درآمد و تأمین ارتش امپراتوری بیزانس بود از دست رفت، و امپراتور دست به قلم برد و از شاهزادگان غربی و پاپ درخواست کرد تا قشونی برای آزادسازی مناطق ازدست‌رفته در اختیارش بگذارند. از طرف دیگر، داستان‌هایی از بدرفتاری ترکان با زائران مسیحی در سراسر اروپا دهان به دهان می‌گشت و با آنکه شواهد نشان می‌دهد این داستان‌ها جعلیاتی بیش نبوده، وجود همین شایعات برای برانگیختن مردم کافی بود.

در سال ۱۰۹۵ پس از آنکه آلکسیوس اول[4] امپراتور روم شرقی، درخواست کمک فوری کرد، پاپ اوربان دوم[5] نخستین جنگ صلیبی را برای آزادسازی سرزمین مقدس اعلام داشت. پاپ که در شورای کلرمون در جنوب شرقی فرانسه موعظه می‌کرد، مسیحیان را ترغیب نمود تا صلیب خود را بردارند و رسیدن به هدفی را وجههٔ همت قرار دهند که نه تنها اجر روحانی، بلکه اجر مادّی در پی داشت:

> این سرزمینی که در آن زندگی می‌کنید ... برای جمعیت پُرشمار شما کوچک است؛ ثروت چندانی ندارد، و برای کسانی که در آن کِشت‌وکار می‌کنند خوراک کافی فراهم نمی‌کند. به‌همین علت، چنین به جان هم می‌افتید و همدیگر را تکّه‌پاره

---

1. Peter the Hermit; 2. Louis IX 3. Manzikert; 4. Alexius I; 5. Pope Urban II

می‌کنید ... پس هرچه زودتر قدم در راهی بگذارید که به ایاصوفیه ختم می‌شود، و آن سرزمین را از دست غاصبانش در آورید و اختیارش را به‌دست گیرید.

همین‌که اوربان نطق خود را تمام کرد و جمعیت را به شـــور آورد، فریادی در میان جمع پیچید و همه به لاتین بانگ برداشـــتند: «Deus Vult!» یعنی «خـــدا چنین می‌خواهد!». اوربان همان‌جا اعلام کرد که جنگجویان صلیبی با شـــعار «خدا چنین می‌خواهد!» به جنگ دشمن خواهند رفت.

برای هفت قرن مســیحیان سعی کرده‌اند خاطرهٔ جنگ‌های صلیبی را از ذهن خود خارج کنند، ولی یهودیان و مســلمانان اجازهٔ چنین کاری به آنها نخواهند داد. در نسل ما که خود را از قیدوبندها آزاد کرده، به‌آســانی ممکن است کل این اتفاقات خونین را به حساب تعصبات احمقانهٔ مذهبی بگذاریم و زمینهٔ تاریخی وقوع آنها را فراموش کنیم.

ولی جنگجویان صلیبی انسان بودند و انگیزه‌های آنها مانند انگیزه‌های ما، مرکب و اغلب ضدونقیض بود. خود کلمهٔ Crusade که به جنگ صلیبی ترجمه شــده، برگرفته از «برداشــتن صلیب» مطابق الگوی مســیح است. به‌همین ســبب، جنگجوی صلیبی وقتی عازم سرزمین مقدس بود، صلیب را بر سینهٔ خود و در بازگشت، بر پشت زرهٔ خود، نقش می‌زد.

جنگجویـــان به‌خوبی از پاداش‌های روحانی که اوربان وعده‌شـــان را داده بود، از جمله وعدهٔ آمرزش کامل گناهان گذشته‌شان، آگاهی داشتند. بیشتر آنها نیز برای زمینی که مسیح بر آن راه رفته بود، حرمت عمیقی قائل بودند.

بعدها شکسپیر این احساس عمیق را از زبان هنری چهارم، پادشاهِ ستیزه‌جوی انگلستان، چنین بیان داشت:

ما را باید پای در میدان نبرد نهادن،
در پی دشمن به آن سرزمین مقدس تاخت‌بردن،
که بر خاکش گام همی زد آن پای‌های فرخنده،
که هزار و چهارصد سال به زمان ما مانده،
گشت میخکوب بر صلیبِ غمبارِ افراخته.

برای اوربان و پاپ‌هایی که از او پیروی کردند، جنگ‌های صلیبی نوع جدیدی از جنگ، یعنی جنگ مقدس، به‌شـــمار می‌آمد. قبلاً آگوســـتین اصولی برای «جنگ موجه» وضع کرده بود. از نظر آگوســـتین، جنگ موجه را حکومت آغاز می‌کرد؛ هدف آن دفاع از عدالت، یعنی دفـــاع از زندگی و دارایی مـــردم بود؛ و در آن باید به غیرنظامیان، اســیران، و زندانیان توجه شایسته می‌شد. تمام این اصول در تب جنگ‌های صلیبی بخار شد و به هوا خاست. اوربان به نیابت از کلیسا دست‌به‌دامان جنگجویان صلیبی شد. رهانیدن هم‌دینان مسیحی تبدیل گردید به پیروزی بر غیرمســـیحیان در ســـرزمین مقدس؛ و گویی این هدف مهم، بی‌اعتنایی کامل جنگجویان را به غیرنظامیان و زندانیان توجیه می‌کرد.

با شروع جنگ‌های صلیبی، حملات هولناکی به یهودیان صورت گرفت، و حتی هم‌دینان مسیحی جنگجویان نیز به‌دست آنها مورد تجاوز و غارت قرار گرفتند. فجایع هولناکی علیه مسلمین رخ داد. جنگجویان برای یافتن طلا، بدن‌های مردگان را با اره می‌شکافتند. گاه نیز گوشت بدن آنها را می‌پختند و می‌خوردند، چون به‌گفتهٔ یکی از وقایع‌نگاران این دوره، این غذا به کام‌شان لذیذتر از «طاووس ادویه‌زده» بود.

اتفاقات جنگ‌های صلیبی

از اواخر قرن یازدهم تا اواخر قرن سیزدهم، اروپای مسیحی به رهبری پاپ‌ها هفت جنگ صلیبی مهم و چندین قشون‌کشی کوچک تدارک دید.

نخستین جنگ صلیبی با شرکت نجیب‌زادگان فئودال از فرانسه، بخش‌هایی از آلمان، و جنوب ایتالیا، یعنی سکونت‌گاهِ مهاجمان نورمان (یا وایکینگ) انجام شد. صلیبیون از راه خشکی، خود را به قسطنطنیه رساندند و امپراتور آلکسیوس کومننوس که انتظار داشت نیرویی مرکب از سربازان اجیرشدهٔ اروپایی او را در نبرد با ترکان سلجوقی یاری دهد، با کمال تعجب قشونی از اراذل و اوباش دید که شخص پاپ اوربان آنها را «راهزنان سابق» خوانده بود.

از میان هفت جنگ صلیبی، اولی از همه موفق‌تر بود. در این جنگ که فقط پنج‌هزار شوالیه و پیاده‌نظام حضور داشتند، مقاومت ترکان که انسجام خود را از دست داده بودند، در هم شکست. از همه مهم‌تر اینکه جنگجویان صلیبی، شهر مقدس، یعنی اورشلیم، را متصرف شدند. در یکی از گزارش‌های آن‌زمان دربارهٔ ورود مسیحیان به اورشلیم چنین آمده است:

> برخی از مردان ما ... سر از افراد دشمن جدا کردند؛ برخی دیگر آنها را با نیزه هدف قرار دادند و از بالای برج به زیر افکندند؛ برخی نیز، برای آنکه عذاب دشمن را دو چندان کنند، آنها را به لهیب آتش سپردند ... و چنین، مجبور بودی راه خود را از میان اجسادِ آن‌همه انسان و اسب بازکنی؛ ولی اینها هنوز در قیاس با آنچه در معبد سلیمان گذشت هیچ است ... در آنجا مردان ما تا زانو و افسار اسب‌هاشان در خون فرو رفته بودند. حقا که داوری عادلانه و بی‌نقص خدا بود که این مکان را چنین از خون دشمنان پر ساخت، زیرا دیری بود که در آن سخنان ناصواب می‌گفتند.

شب که شد جنگجویان صلیبی در کلیسای ایاصوفیه زانو زدند و دستانِ هنوز خون‌آلود خود را برای دعا به‌هم چسباندند و «از فرط ذوق‌زدگی هق‌هق گریه سر دادند.»

در اولین جنگ صلیبی با تصرف باریکه‌ای طولانی از یک سر ساحل مدیترانه تا سر دیگر آن، پادشاهی فئودالی لاتینِ اورشلیم پدید آمد. این پادشاهی تا سال ۱۲۹۱ که آخرین بقایایش به‌دست مسلمین افتاد، برقرار بود.

هنگامی که پادشـــاهی اورشـــلیم با نخستین بحران خود مواجه شـــد، و در ۱۱۴۷ بر لبهٔ نابودی قـــرار گرفت، برنارد، عارفِ قدرتمند اهلِ کلِرووِ، بـــرای دومین جنگ صلیبی اعلام جهاد کرد. با وجود نطق غرای برنارد و حضور شاهان اروپایی، این جنگ دستاوردی نداشت و پس از دو سال، آتش آن فرو خُفت.

از شـــور و هیجان روزهای نخســـت خبری نبود و نشـــانه‌های انحراف از آرمان مقدس جنگ، نمایان بود. پاپ‌ها برای تأمین هزینه‌های اقداماتی چون گسیل نماینده به سرزمین‌های جدید مســـیحی در شرق، به پول نیاز داشتند و همین هم انگیزه‌ای شد تا با وعده و وعیدهای خود دربارهٔ مزایای روحانی، جیب‌شان را پر کنند.

در قرون وســـطیٰ، عفو گناه منوط به اعتراف آن بود. کشیش پس از شنیدن اعتراف، اعلام می‌کرد که گناه فرد توبه‌کار (به برکت شایستگی مسیح) عفو شده است، اما در همان حال نیز از فرد توبه‌کار می‌خواســـت تا به نشانهٔ صداقت خود در توبه‌اش، جریمه یا *تاوانی*[1] پرداخت کنـــد که در واقع «تحمل نوعی مجازات برای تلافی گناه» بود. اگر فرد توبه‌کار پیش از تلافی گناه درمی‌گذشت، برزخ به‌منزلهٔ فرصتی برای او در زندگی بعد از مرگ بود. این نوع مجازات، خواه در این زندگی خواه در برزخ، تنبیه «موقت» خوانده می‌شد.

ســـال‌ها کلیســـا اعلام کرده بود که قدرت دارد فرد را از بخشـــی از این تنبیه معاف کند، ولی امکان معافیت کامل از آن وجود نداشـــت تا آنکه اوربان دوم در کلرمون اعلام داشـــت جنگجویانی که «با خلوص کامل دینی» راهی اورشـــلیم می‌شـــوند، از معافیت کامل یا «عفو تنبیه موقت»[2] برخوردار خواهند شد.

به این ترتیب، تنها یک گام به اعطای امتیازاتی مشابه به کسانی مانده بود که هرچند توان شرکت در جنگ را نداشتند، از آن حمایت مالی می‌کردند. فرد می‌توانست کسی را به نیابت از خود برای شـــرکت در جنگ اجیر کند. بدین‌گونه، امکان جمع‌آوری کمک‌های مالی برای مقاصد مختلف فراهم شد، از جمع‌آوری پول برای احداث بیمارستان گرفته تا ساخت کلیسا.

در سال ۱۱۸۷ مســـلمین از رهبریِ جدید و قدرتمندِ صلاح‌الدّین ایّوبی، سلطان مصر و سوریه، برخوردار شدند. هنگامی که اورشلیم به‌دست آنها افتاد، مسیحیان از اعلام سومین جنگ صلیبی (۱۱۸۹) چندان اســـتقبالی نکردند. رهبران این جنگ ســـه نفر از معروف‌ترین شاهان در قرون وسطیٰ بودند: فردریک بارباروسا[3] از آلمان، ریچاردِ شیردل[4] از انگلستان، و فیلیپ آگوست از فرانسه. فردریک در آسیای صغیر غرق شد؛ فیلیپ نیز پس از بارها مرافعه با ریچارد، به خانه بازگشـــت و چنین بود که صلاح‌الدّین و ریچارد تنها رقیبانی بودند که در میدان باقی ماندند.

برای حفظ اتحاد مسلمین، صلاح‌الدّین بر ضد مسیحیان حکم *جهاد*، یعنی جنگ مقدّس، داد لیکن او در میدان سیاســـت همچنان شـــکیبا و در میدان جنـــگ همچنان جوانمرد باقی مانـــد. در جایی نیز گفته اســـت: «از خون و خون‌ریزی حذر کنید، چـــون خونی که ریخته شـــد بر زمین نمی‌ماند.» برای صلح نیز تدبیری عاقلانه اندیشید و پیشنهاد کرد که ریچارد با

1. Satisfaction; 2. Indulgence; 3. Frederick Barbarossa; 4. Richard the Lion-Hearted

خواهرش ازدواج کند و فلسطین را به‌عنوان هدیهٔ ازدواج دریافت نماید؛ اروپائیان از این پیشنهاد جا خوردند.

ریچارد و صلاح‌الدّین سرانجام در مورد سه سال آتش‌بس و دسترسی آزادانهٔ زائران مسیحی به اورشلیم، توافق کردند. از آنجا که صلاح‌الدّین هر آن این اجازه را می‌داد، آتش‌بس نتوانست هزینه‌های هنگفت چنین جنگی را جبران کند.

جنگ صلیبی چهارم از خوابی که پاپ برای شرق دیده بود و از تباهی آرمانِ صلیبیون پرده برداشت. اینوسنت سوم پس از نشستن بر کرسی پاپی در سال ۱۱۹۸ با همهٔ توان دوباره بر طبل جنگ‌های صلیبی کوبید، ولی شوالیه‌های انگشت‌شماری که به دعوت او لبیک گفتند، از پَسِ هزینه‌های سرسام‌آورِ سفر دریایی که ونیزی‌ها مطالبه می‌کردند، برنمی‌آمدند. ونیزی‌ها برای تأمین این هزینه، جنگجویان صلیبی را مجاب کردند که شهر مسیحیِ زادار[1] را بر ساحل دریای آدریاتیک تصرف کنند.

این شهر سال‌ها برای کشتی‌های ونیزی دردسر درست کرده بود. بدین‌گونه، در سال ۱۲۰۲، جنگجویان صلیبی زادار را غارت کردند. اینوسنت هم اعتراض کرد که در پس تمام این زیاده‌خواهی‌ها، شیطان قرار دارد و عاملان این اقدام را از دَم تکفیر کرد.

با این همه، ونیزی‌ها در ادامهٔ منفعت‌طلبی خود، به جنگجویان صلیبی فشار آوردند تا به قسطنطنیه لشکر بکشند. قسطنطنیه هم که درگیر کشمکش‌های داخلی بین احزاب مختلف بود، به‌دست جنگجویان افتاد و آنها پس از آنکه شهر را به خاک و خون کشیدند، امپراتوری لاتین قسطنطنیه را در ۱۲۰۴ پایه‌گذاری کردند و هیچ نشده «آزادسازی سرزمین مقدس» را به فراموشی سپردند.

خبر فتح قسطنطنیه که به اینوسنت رسید، او قلم برداشت و با عصبانیت نوشت: «شما هیچ چیز مقدسی باقی نگذاشته‌اید، نه حرمت سن را نگه داشته‌اید و نه جنسیّت را. خود را در مقابل چشمان همهٔ دنیا، تسلیم فحشا و فِسْق و فجور کرده‌اید.» با این همه، اینوسنت کسی نبود که حتی از یک امتیاز سیاسی هم چشم‌پوشی کند. در نتیجه، اسقف اعظمی برای قسطنطنیه تعیین کرد تا حافظ منافع رُم باشد.

امپراتوری لاتین در قسطنطنیه تا سال ۱۲۶۱ دوام آورد، ولی این شهرِ کُهن از آنچه بر آن گذشته بود کاملاً التیام نیافت. فتح قسطنطنیه شکافی را که میان کلیساهای یونانی و لاتین وجود داشت، گشوده‌تر کرد و سقوط آن را به‌دست ترکان در سال ۱۴۵۳ شتاب بخشید.

در این سال‌ها، جنگجویان صلیبیِ دیگری به تاخت‌وتاز در شرق پرداختند، لیکن هیچ‌یک از این تلاش‌هایِ به‌ظاهرمقدس، سرنوشت محتوم سرزمین مقدس را که افتادن مجدد به‌دست مسلمین بود، تغییر نداد. دورهٔ جنگ‌های صلیبی در سال ۱۲۹۱ به پایان رسید و این زمانی بود که شهر عَکّا[2] آخرین دژ مسیحیان در سرزمینی که مسیح بر آن گام زده بود، به‌دست منکران الوهیتش افتاد.

---

۱. Zara یا زارا شهری است بندری در کرواسی و بر ساحل دریای آدریاتیک. (مترجم)

2. Acre

عصر جنگ‌های صلیبی

قرون وسطای متأخر

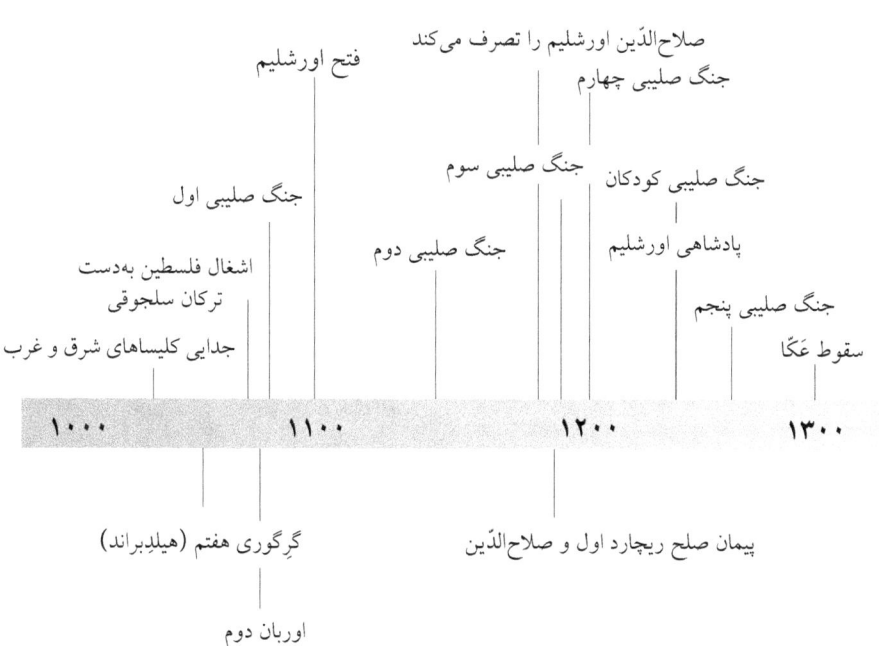

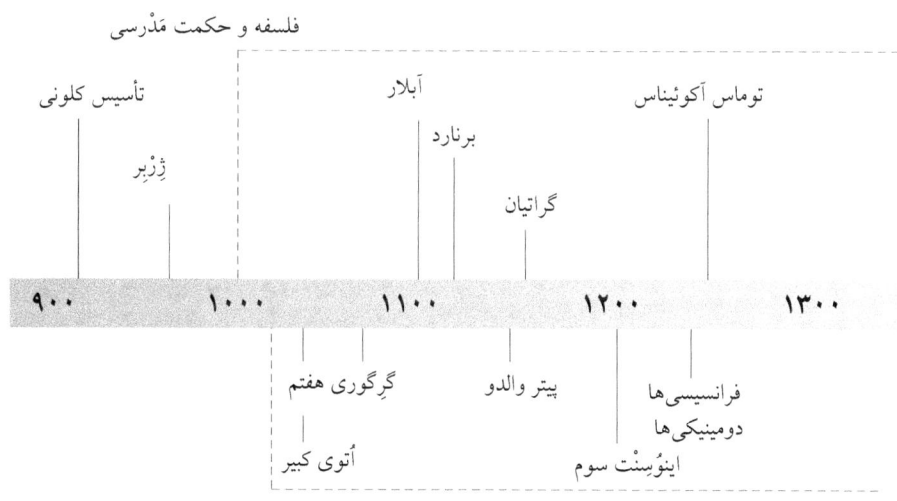

جنگ‌های صلیبی سه فرقهٔ نیمه‌رهبانیِ نظامی پدید آورد که عبارت بودند از: یاران معبد[1] (یا شوالیه‌های معبد) که نخستین ستادهای فرماندهی آنها در محل معبد کهن اورشلیم واقع بود؛ فرقهٔ تیمارگران[2] (یا شوالیه‌های [بیمارستان] حضرت یوحنای اورشلیم) که در اصل برای مراقبت از بیماران و مجروحان تأسیس شد؛ و شوالیه‌های توتُنی[3] که فرقه‌ای مختص آلمانی‌ها بود. هدف این فرقه‌ها که رهبانیت را با نظامی‌گری ترکیب کرده بودند، محافظت از تمام زائران و جنگ مستمر با مسلمانان بود. این مردانِ صلیبی می‌توانستند پانصد شوالیهٔ مسلح را به میدان بفرستند و قلعه‌های بزرگ آنها از جاده‌ها و ورودی‌ها در برابر حملهٔ مسلمین دفاع می‌کرد. برای دو قرن در شهرک‌هایی که به‌دست صلیبیون ساخته شده بود، صحنه‌ای که مدام دیده می‌شد عبارت بود از رفت‌وآمد شوالیه‌های معبد که ردای سفید با نقش صلیب قرمز به تن داشتند، شوالیه‌های تیمارگر که ردای مشکی با علامت صلیب سفید پوشیده بودند، و شوالیه‌های توتُنی که ردای سفید با علامت صلیب مشکی در بر داشتند.

احتمالاً مهم‌ترین نتیجهٔ جنگ‌های صلیبی این بود که بر اُبهت پاپ افزود. نه فقط کسی که اولین جنگ صلیبی را به راه انداخت، یک پاپ، یعنی اوربان سوم، بود بلکه در تمام این مدت، کسانی که انگیزهٔ لازم برای قشون‌کشی‌های جدید را ایجاد می‌کردند، پاپ‌ها بودند. به‌جای امپراتوران، اینها بودند که می‌کوشیدند مسیحیت را در برابر دین جدید متحد سازند. فرقه‌های جدید نظامی و اسقفان جدید در سرزمین مقدس و در قسطنطنیه، مورد حمایت پاپ و در خدمت او بودند. جنگ مقدس در واقع تلاش و کوششِ پاپ بود برای رسیدن به برتری جهانی و تشکیل کلیسای واحدِ شرق و غرب.

امّا درست مانند معماران کلیسای گوتیک که چندان به ارتفاع کلیسای خود می‌افزودند که سرانجام برج آن شکاف برمی‌داشت و فرو می‌ریخت، پاپ‌ها نیز سودایی محال در سر داشتند. کلیسای اروپا هیچ نیازی به سوریه یا اورشلیم نداشت و در اقدامی برخاسته از هیجانات، به سراغ تصرف آنها رفت بی‌آنکه قدرت حفظ آنها را داشته باشد. هنگامی که تجارت و شهرها حاکمان و مردم را به‌سوی منافع تازه‌ای که در وطن برای آنها مهیا بود، سوق داد، پاپ‌ها هنوز این سودای قدیمی را در سر می‌پختند که مسیحیان بر سرزمین مقدس تسلّط یابند. ذهن آنها دمی از این موضوع فارغ نمی‌شد.

دو حقیقت مبنایی وجود دارد که نباید آنها را از یاد برد، و متأسفانه پاپ‌ها هرگز به آنها توجه نکردند: نخست اینکه، بزرگ‌ترین و شیرین‌ترین دستاورد برای مسیحیت، تسلّط بر برخی نقاط خاص نیست، و دوم اینکه، خدا هرگز به ضرب شمشیر راه گسترش کلیسای مسیح را هموار نمی‌کند. غفلت از این نکات سبب شد تا کل عمارت از نظر روحانی فرو بریزد.

---

1. The Templars; 2. The Hospitalers

۳. Teutonic Knights منسوب به قوم توتُن که سفیدپوست و ساکن اروپای مرکزی بوده‌اند. (مترجم)

پیشنهادهایی برای مطالعهٔ بیشتر

Barraclough, Geoffrey. *The Medieval Papacy.* New York: Harcourt, Brace & World, 1968.
Madden, Thomas. *A Concise History of the Crusades.* New York: Rowman & Littlefield, 1999.
Riley-Smith, Jonathan. *The Crusades: A Short History.* New Haven, CT: Yale University Press, 1987.
*Stark, Rodney. *The Battalions: The Case for the Crusades.* New York: Harper One, 2012.

فصل بیستم

شَهْدِ یادگیری

فلسفهٔ مَدْرَسی

به‌مدت هشت قرن، کلیساهای گوتیک در سراسر اروپا مایهٔ الهام عبادت‌کنندگان بوده‌اند و در گردشگران احساس هیبت ایجاد کرده‌اند. استادانِ قرون وسطاییِ سبک گوتیک کوشیدند تا مهم‌ترین جستجوی دینی انسان را، بر سنگ و شیشه نقش کنند. آنها می‌خواستند تا تنشی را به تصویر کشند که در آن، از یک سو، انسان در آرزوی رسیدن به اوج آسمان‌ها بود؛ و از سوی دیگر، خدا فرود می‌آمد تا با فرودست‌ترینِ انسان‌ها سخن گوید.

از این‌رو، نهضت سبک گوتیک، دوسویه است. ستون‌ها، طاق‌ها، و برج‌ها همچون موشک‌هایی که در کنار هم قرار گرفته و آمادهٔ شکافتن دل آسمان‌اند، رو به بالا دارند. ولی از پنجره‌های رنگینِ مات، نور خدا برای ملاقات با انسان‌های بی‌قدر و مقدار فرود می‌آید. معمار سبک گوتیک چنین تصویری از عقل و از مکاشفهٔ الاهی ترسیم کرده است.

پنجره‌ها در سازهٔ گوتیک ممکن بود فراوان و بزرگ باشند، زیرا ستون‌های بیرونی و پشت‌بندهای معلّق، ساختمان را از دیوارهای قطور بی‌نیاز می‌ساخت. بین ستون‌های سنگی باریک، معماران پنجره‌هایی با شیشه‌های رنگین کار می‌گذاشتند. هنرمندان از رنگ‌های درخشان – مانند زرشکی، آبی، بنفش، و یاقوتی – برای بیان داستان نجات، از آفرینش تا داوری آخر، استفاده می‌کردند. به این ترتیب، عبادت‌کنندگان می‌توانستند دربارهٔ قربانی اسحاق، عبور بنی‌اسرائیل از دریای سرخ، تولد عیسی، و مبارزهٔ آنتونی قدیس با شیاطین، تعمق کنند.

نتیجهٔ ایــن همه، حیرت‌انگیز بود. به‌هنگام غروب، همچنان‌که خورشــید پرتوهای گرمِ دلربایش را بر سنگِ ســردِ خاکستری می‌پاشید، حتی پینه‌دوز نیز از نیمکتی که بر آن نشسته بود، با موسی، اشعیا، عیسی، پولس، آگوستین، و بندیکت احساس نزدیکی می‌کرد.

نور که بــر پنجره‌های رنگارنگ به رقص درمی‌آمد، همواره نمــادی از خدا و روابط او با انســان‌ها بوده است. یوحنای رسول نوشته اســت: «خدا نور است» و «هیچ تاریکی در او نیست» (اول یوحنا ۱:۵). عیسی نیز با به‌کار بردنِ همین تصویر از تجسم خود، اعلام داشت: «من نور جهان هستم.»

بنابراین، کلیســای گوتیک نمایش‌دهندهٔ دو حرکتی بود که در فضای روحانی مسیحیت، در خلاف جهت یکدیگر صورت می‌گرفت: یعنی بالاترین اشــتیاق انسان و فرودآمدن نور خدا. به‌عبارتی، انسان صعود و خدا نزول می‌کند. البته، چنین زبانی مجازی است، یعنی خدا در معنای مکانی کلمه، همان‌قدر که در پایین نیست، در بالا هم نیست. لیکن، انسان، همواره نیاز خود را، در قالب صعود و رسیدن، و حقیقت خدا را، در قالب نزول توضیح داده است.

ظهور دانشگاه‌ها

بنابراین، فرزندِ شایســتهٔ مدارسی که در این کلیساها تشــکیل می‌شد، دانشگاه بود؛ زیرا عالی‌ترین وظیفهٔ دانشــگاه چیزی نبود مگر فهمیدن و توضیح‌دادنِ نور حقیقتِ آشکارشــدهٔ خدا. درســت به‌همان‌گونه که جنگ‌های صلیبی از شور و شــوقِ وسیع برای گسترش‌دادن حاکمیّت خدا در سرزمین‌های غیرمسیحی حکایت داشت، دانشگاه نیز نشان از عطش عمیق برای درک حقیقت خدا داشت که فرقی نمی‌کرد از کدام سرزمین به‌دست آید.

امّا دنیای اندیشه‌ها و ایده‌ها چگونه در برابر حاکمیّت خدا سر فرود آورد؟ چگونه عقل کنیز ایمان شــد؟ ما این دوره از تاریخ اندیشهٔ مسیحی را «مَدْرَسی یا اسکولاستیک» می‌خوانیم، زیرا روش متمایزی برای پژوهش‌های علمی شکل گرفت و نوعی الاهیاتِ ویژهٔ قرون وسطیٰ ظهور یافت. هدف معلمان این مکتب که گاه به آنها اصحاب مدرسه گفته‌اند، دو چیز بود: آشتی‌دادن آموزه‌های مسیحی با عقل انسانی و عرضهٔ تعلیمات کلیسا به‌شکل مجموعه‌ای منظم.

تحقیق مستقل برای رسیدن به حقیقت، هرگز در برنامه نبود، زیرا آموزه‌های اصلی ایمان مسیحی واجد حقیقت نهایی دانسته می‌شد. بنابراین، هدف از مناظره نشان‌دادن معقول‌بودنِ این تعلیمات و توضیح نتایج منطقی آنها بود.

ایــن تلاش از ابتدا تا انتها بر بال‌های کنجــکاوی عقلانی پیش می‌رفت. گفته‌های زیر از عالِم قرن‌یازدهمیِ اهل لی‌یژ[1] نمونه‌ای از دیدگاه انبوهی از عالمان دیگر این دوره است:

> اولبرت[2] نمی‌توانست عطش خود را برای آموختن مهار کند. همین‌که می‌شنید کسی مقامی ممتاز در علوم انسانی دارد، بلافاصله خود را به او می‌رساند و هرچه تشنه‌تر

1. Liege; 2. Olbert

> می‌شد، معارفِ دلپذیرتری از محضر استادان جذب می‌کرد ... سپس، درست مانند زنبوری در میان گل‌ها، سرمست از شهد آموختن، به کندو بازمی‌گشت و زندگی علمی خود را با دین‌داری و دین‌داری‌اش را با دانش‌اندوزی پِی می‌گرفت.

«دین‌داریِ همراه با دانش‌اندوزی» مشخصهٔ نظام آموزشی در قرون وسطیٰ بود. هدف محوری این نظام، رسیدن به نجات ابدی بود. با این حال، در گذشته، آموزش اختصاص به روحانیون داشت. بِندیکت اهل نورچا به راهبانش تأکید کرده بود که با تحقیق و مطالعه، خود را از نظر روحانی پرورش دهند. در نتیجه، صومعه‌های بندیکتی نوعی آموزش ابتدایی را به زبان لاتین ترتیب دادند.

بعدها در قرن هشتم، شارلمانی که رویای امپراتوری مسیحی را در سر داشت، فرصت‌های بیشتری برای یادگیری فراهم ساخت، زیرا به تمام صومعه‌ها دستور داد مدرسه دایر کنند و به همهٔ کسانی که «به لطف خدا، از استعداد تحصیل برخوردارند» آموزش دهند. خود امپراتور در این راه پیش‌قدم شد و در کاخ سلطنتی مدرسه‌ای برای فرزندان خود و درباریان بر پا کرد.

مدارس کلیساهای اسقف‌نشین بهترین فرصت را برای تحصیل افراد عادی فراهم کرد. از آنجا که این کلیساها که در انگلیسی به آنها کاتدرال می‌گویند، در شهرها قرار داشت، دَرِ مدارس خود را که مخصوص تربیت کشیشان بود، کم‌کم به‌روی همه بازکرد.

برنامهٔ درسی مدارس کلیساهای اسقف‌نشین محدود به صرف‌ونحو، فن بلاغت، منطق، علم حساب، هندسه، موسیقی، و علم نجوم بود؛ به‌عبارتی، فنون یا هنرهای هفت‌گانهٔ آزاد[1] که به این علت چنین نامیده می‌شدند که در روم باستان، آموختن این فنون مختص liberi، یعنی *افراد آزاد* بود. متون محدود آموزشی عبارت بود از نوشته‌های معدودی از عالمانِ قرون وسطای متقدّم. یکی از آنها کاسیودُروس[2] نویسندهٔ رومی قرن ششم بود که رساله‌ای داشت به نام *کتاب راهنمای تعلیمات دینی و دنیوی* که شرحی بر فنون آزاد و شامل تفسیری بر کتاب‌مقدس بود. نفر بعدی، بوئتیوس[3] معاصر کاسیودُروس، بود که کتاب خود به نام *تسلّای فلسفه* را زمانی نوشت که به اتهام توطئه علیه پادشاه بربر، تئودوریک[4] در زندان به‌سر می‌بُرد. او در این کتاب کوشیده بود تا موضوع تیره‌روزی‌های انسان را با مفهوم وجود خدایی نیک‌خواه و قادر مطلق سازگار کند. این مردان، به‌همراه آگوستین، پاپ گرِگوری کبیر، و چند تن دیگر از پدران کلیسا، به Auctores یعنی *مَراجع* معروف بودند که مُحصلان قرون وسطیٰ به‌سادگی نمی‌توانستند سخنی خلاف گفته‌های آنها بر زبان آورند.

جاذبهٔ معلمی توانا

با ظهور معلمان بزرگ، روزی نو دمید. تولد دانشگاه‌ها مرهون جاذبهٔ معلمان محبوبی بود که مهارت و شور و شوق آنها برای یادگیری، دانشجویان را از همه‌جا به‌سوی آنها روانه می‌کرد.

---

1. Liberal arts; 2. Cassiodorus; 3. Boethius; 4. King Theodoric

همان‌گونه که آن فریمَنْتِل[1] در شـــرح آنها گفته است، نخستین معلم از این نسلِ نوظهور، ژِرْبِر، استاد مدرسهٔ کلیسای اسقف‌نشینِ رَنْس[2] بود که در نیمهٔ دوم قرن دهم می‌زیست. برای ژِرْبِر، پســـر یک رعیت، چنین مقدر بود که به‌عنوان پاپ سیلوِسْتِر دوم[3] (۹۹۹-۱۰۰۳) جهان را ترک کند. لیکن او با پژوهش‌های علمی‌اش تأثیری به‌مراتب عمیق‌تر بر تاریخ گذاشـــت. «ژربر، آنگاه که راهبی جوان بود، چنان اســـتعداد درخشانی در کسب علم از خود نشان داد که سرپرســـت صومعه در اقدامی نامعمول، او را برای فراگیری ریاضیات به اسپانیا فرستاد. با آنکه هدایت و سرپرستی روحانی ژربر در اسپانیا با اسقفی مسیحی بود، او فرصت یافت تا با مظاهر فرهنگ گســـتردهٔ مسلمانان حاکم که اهل مدارا بودند، آشنا شود.» این یکی از چندین خدمت مهمی بود که مسلمین به احیای علوم عقلی در نزد مسیحیان انجام دادند.

ژربر در حالی به رَنْس بازگشـــت که عمیقاً از ذهن کاونده و جستجوگرِ عالمان مسلمان متأثر بود. او در آغازِ تدریس در رَنْس اعلام کرد که دیگر نمی‌توان به آنچه بزرگان کلیســـا در گذشـــته از آثار قدما نقل کرده‌اند اکتفا نمود و شاگردانش از آن پس می‌بایست آثار کلاسیک رومی را به زبان اصلی آنها مطالعه کنند. «به این منظور، ژربر تا آنجا که دســـتش می‌رســـید نسخه‌های آثار مختلف را جمع‌آوری کرد و کتاب‌خانه‌ای بزرگ ساخت؛ و البته چنین توفیقی به‌ســـادگی حاصل نشد آن‌هم در زمانی که نســـخه‌برداری از یک کتاب گاه یک سال به طول می‌انجامید و هزینهٔ آن حداقل به اندازهٔ درآمد سالانهٔ یک مقام کلیسایی بود.»

ســـرزنده‌ترین چهره در این مرحلهٔ نخستین از انقلاب فکری، پیتر آبلار (۱۰۷۹-۱۱۴۲) بود. او که پسر ارشد نجیب‌زاده‌ای خُرد اهل بریتنی (شمال غربی فرانسه) بود «به‌سبب عشقی که به یادگیری داشـــت، حقوق مربوط به میراث خود را به برادران کوچک‌ترش واگذار کرده بود و مدام در فرانســـه از این‌سو به آن‌ســـو می‌رفت و پای درس استادان بزرگ می‌نشست، به آنها گوش می‌داد و علناً در کلاس، آنها را به پرســـش می‌گرفت.» به‌مرور، او جایگاه خود را به‌عنوان ســـخنران در پاریس تثبیت کرد و دانشـــجویان گروه گروه پای سخنرانی‌های او می‌نشستند. آبلار همچنین شروع به نوشتن کرد.

در رســـاله‌اش که *Sic et Non* یعنی «بله و نه» نام داشـــت، ۱۵۸ پرسش از تعلیمات مسیحی مطرح کرد و با نقل‌قول‌هایی متعارض از کتاب‌مقدس، پدران کلیسا، و آثار کلاسیک مشرکان به آنها پاســـخ داد. آبلار اظهار داشت که «نخستین کلید حکمت عبارت از طرح پرسش‌های مســـتمر و پی‌گیرانه اســـت ... زیرا از تردید، به تحقیق می‌رسیم و از تحقیق به حقیقت.» این دیدگاه که در میان یونانیان مرسوم بود، چندان جایگاهی بین اروپائیان قرون وسطیٰ نداشت. یکـــی دیگر از کتاب‌های آبـــلار که دربارهٔ ماهیت تثلیث بود موجـــب محکومیت او در یک شورای کلیسایی شـــد که در سوئاسون[4] به سال ۱۱۲۱ تشکیل گردید و دانشمند درخشان ما خود را پشت دیوارهای صومعه یافت.

آبلار که طبق معمول فردی چاره‌جو بود، از صومعه اجازه خواست تا سال دیگر آنجا را ترک و در بیابانی در جنوب شـــرقی پاریس سکونت کند. «شاگردان به نزد او هجوم بردند. سرپناهی

1. Anne Fremantle; 2. Rheims; 3. Pope Sylvester II; 4. Soissons

برای او ساختند، زمین‌اش را شخم زدند، و به‌التماس از او خواستند تا یک بار دیگر کلاس درس و بحث دایر کند. آبلار که بار دیگر جستجوی خرد را در پیش گرفته بود، بارها و بارها با افراد محافظه‌کار در کلیسا تنش پیدا کرد و این بار از چشم برنارد اهل کِلِروو که رئیس دِیر و تأثیرگذارترین فرد در دنیای مسیحیت آن روزگار بود، افتاد.» برنارد موضوع آبلار را با همان شور و حرارتی تعقیب می‌کرد که در تهییج مردم برای به‌راه‌انداختن جنگ صلیبی دوم، از خود بروز می‌داد. او اعلام می‌کرد: «عادلان ایمان دارند، جر و بحث نمی‌کنند.» به تحریک برنارد، شورای کلیسایی که در سانس به‌سال ۱۱۴۰ تشکیل شد، آبلار را به بدعت‌گذاری محکوم کرد. آبلار به صومعهٔ کلونی بازگشت و در دو سال پایانی زندگی‌اش در آنجا انزوا گزید.

با این حال، کسی نمی‌توانست از روئیدن بذرهایی که او افشانده بود، جلوگیری کند. مدارس در سراسر قارهٔ اروپا سر برآوردند. کمتر از صد سال پس از مرگ او، دانشگاه‌ها در پاریس، اورلئان، و مونپلیه در فرانسه، و در آن‌سوی کانال مانش، در آکسفورد و کمبریج، و در بولونیا و پادوئا در ایتالیا شکوفا شدند.

رویدادی که سبب شکوفایی دانشگاه‌ها شد این بود که استادان و دانشجویان جمع شدند و انجمن‌های صنفی[1] تشکیل دادند. فریمَنْتِل در توضیح می‌گوید: «همان‌گونه که پیشه‌وران قبلاً این کار را کرده بودند» پژوهشگران به‌منظور تأمین منافع متقابل و محافظت از یکدیگر، به هم پیوستند و خود را به لاتین universitas نامیدند که در قرون وسطیٰ دلالت بر هر نوع گروه مُتشکّل داشت.

> در ایتالیا اکثر دانشجویان مردان بالغی بودند که تحصیلات پیشرفته در حقوق و طب انجام می‌دادند و انجمن‌های آنها قدرت زیادی داشت، به‌طوری که استخدام و پرداخت حقوق استادان و تعیین دروس با دانشجویان بود و اگر استادی فصلی از بحث را جا می‌انداخت، جریمه‌اش می‌کردند.

در دانشگاه‌های فرانسه و انگلستان که دانشجویان جوان‌تر بودند، انجمن‌های استادان دست بالا را داشت. آنها قدغن کرده بودند که دانشجویان ناسزا بگویند یا قمار بازی کنند، آنها را به‌خاطر نقض قانون رفت‌وآمد در ساعت‌های تعیین‌شده جریمه می‌کردند و از آنها می‌خواستند تا آداب نشستن بر سر میز غذا را رعایت کنند. یکی از این قواعد می‌گفت: «لای دندان‌های خود را با کارد و چنگالی که آماده شده تا هم‌سفره‌های شما با آن غذا بخورند، پاک نکنید.»

کلمهٔ «دانشگاه» را که می‌شنویم، معمولاً ساختمانی پوشیده از پیچک و باغچه‌هایی به‌شکل مربع تصور می‌کنیم. ولی دانشگاه‌ها در قرون وسطیٰ هیچ شباهتی به مکان‌های دائمی تحصیل نداشتند. در آغاز، از سرپناه‌های کنار راه در آکسفورد و کمبریج، از رواق‌های کلیساهای اسقف‌نشین در پاریس، و از میدان‌ها در ایتالیا برای تدریس استفاده می‌شد. به‌مرور، معلمان در اتاق‌های اجاره‌ای به تدریس پرداختند. دانشجویان نیز روی زمین می‌نشستند که سطح آن با کاه پوشانده شده بود تا جلوی رطوبت را بگیرد. دانشگاه‌ها که اسیر استادیوم ورزشی و

---

1. Guild

کتاب‌خانه و چیزهای دست‌وپاگیری از این قبیل نبودند، اگر اختلافی با ساکنان محلی بروز می‌کرد، بار و بنه‌شان را جمع می‌کردند و به جایی دیگر رخت می‌کشیدند.

روش تدریس علاوه بر سخنرانی عبارت از *بحث‌وجدل* بود. دو یا چند استاد و گاه نیز دانشجویان متنی را که خوانده می‌شد مورد بحث قرار می‌دادند و از روش پرسش‌وپاسخ آبلار استفاده می‌کردند. فلسفهٔ مَدْرسی در این فضا تکوین یافت و از طریق پرسش و بررسی و تنظیم جزئیات به‌صورت یک نظام منطقی، با تلاشی سخت و دقیق به نتایج منطقی رسید. بحث‌وجدلِ مَدْرَسی تنش‌های شدید و احساسات تلخ برانگیخت. مجادله بر سر موضوعات منطق سال‌ها میان استادان جریان داشت و طرفداران هریک، قهرمان خود را با کف و سوت و پایکوبی و ابراز هیجانات مهارگسیخته تشویق می‌کردند. در این فضای ناخوشایند اتفاق مهمی می‌افتاد. دانشجویان یاد می‌گرفتند که فکر کنند. به این ترتیب، دیگر خبری از قبول دربست دیدگاه‌های مراجع سنتی وجود نداشت؛ حتی نتیجه‌گیری‌هایی که از تعلیمات مسیحی می‌شد نیز مورد بررسی قرار می‌گرفت.

دفاع از یکّه‌سالاری پاپ

با این همه، تمام این فعالیت‌های تب‌دار را پاپ با نهایت دقت رصد می‌کرد. برخی از مجادلات برای چندین نسل ادامه یافت، ولی پاپ‌ها تلاش خود را کردند تا نتیجهٔ نهایی این جروبحث‌ها چارچوب فلسفی جدیدی در حمایت از یکّه‌سالاری پاپ پدید آوَرَد. به این ترتیب، از یک طرف، قانون و مقررات کلیسا بیانی جدید می‌یافت و از طرف دیگر، تقریری نظام‌مند از الاهیات مسیحی صورت می‌گرفت.

دانشگاه بولونیایِ ایتالیا در سال‌های پایانی قرن دوازدهم به مرکز مطالعات قانون مدنی روم و کلیسا یا، چنان‌که گفته می‌شود، *قوانین کلیسایی*، تبدیل شد.

قانون کلیسا درست به همان ترتیبی در خدمت کلیسا بود که قانون مدنی از دولت دنیوی حمایت می‌کرد. در این قانون، حقوق و وظایف و اختیارات همهٔ افراد و کشیشان در کلیسا، تعریف شده بود و این قوانین در همهٔ دادگاه‌های کلیسایی، از دادگاه‌های اسقفان گرفته تا پاپ، محل استناد بود.

در حدود سال ۱۱۴۰، گراتیان، راهب صومعهٔ فِلیکس مقدس، کتابی تحت عنوان *رفع تعارض از قوانین کلیسایی* منتشر کرد تا تمام مجموعه‌های پیشین از قوانین کلیسا را با هم هماهنگ کند. از آنجا که او نقل‌قول‌های خود را از مراجع کلیسایی به‌صورت موضوعی دسته‌بندی کرده بود، طولی نکشید که کتاب او به تنها راهنمای معلمان و قُضات کلیسایی تبدیل شد.

این کتاب مبنایی شد برای افزوده‌های بعدی به *مجموعهٔ قوانین کلیسا*. بنابراین، در قرن چهاردهم، کلیسای رُم مجموعه‌قوانینی معتبر برای هدایت و کنترل زندگی انسان‌ها داشت که البته این قوانین در ۱۹۱۸ مورد بازبینی قرار گرفت.

قوانین کلیسا در جنگ‌ها اجرا می‌شد و مراقبت از بیوه‌زنان را الزام می‌کرد. این قوانین ایّام روزه و جشن تعیین نمود و چنین مقرر داشت که حداقل سالی یک مرتبه اعتراف صورت

بگیرد و عشـــای ربانی اجرا شود. همچنین مصادیق اعمالی را که موجب اخراج یک مسیحی از کلیسا می‌شد تعیین کرد.

ولی در همان حال، صمیمانه‌ترین روابط انســـانی نیز مشـــمول این قوانین بود. به‌سبب اهمیت تعمید، در این قوانین معیارهایی برای جزء جزء امورِ قبل از تولد تا خود تولد و انواع شـــرایطی که تولد تحت آنها صورت می‌گرفت، وضع شد. به این ترتیب، همین‌که مرد و زن اولین لبخند معنی‌دار را به هم می‌زدند، سایهٔ نگاه قوانین کلیسا بر آنها می‌افتاد. همچنین، این قوانین مجازاتی برای انواع زِنا و شروط دوام و استمرار عقد ازدواج تعیین کرد.

خلاصه اینکه قانون کلیسا نه فقط مشمول کشیشان، بلکه همچنین افراد عادی، شخم‌زنان و شاهزادگان می‌شد؛ نه فقط مدعی اعلام راه نجات بود، بلکه دربارهٔ سرشت خصوصی‌ترین اعضای زن و مرد نیز اظهار نظر می‌کرد.

این میل مفرط به کنترل، این شـــوق شـــدید برای تســـلّط بر تمام شـــئون زندگی افراد، چه‌بسا بازتاب نوعی شریعت‌گرایی مســـیحی باشد که تلاش داشت آزادی انسانی را به‌طور تأســـف‌باری به حداقل ممکن برســـاند، و از یاد برده بود که خدا چنین مقرر داشت تا آزادی زمینه‌ساز ظهور ایمان حقیقی باشد.

با این حال، قانون کلیســـایی توانســـت مبنایی برای حاکمیت پاپ فراهم کند که دارای وجاهت قانونی و عقلی بود و در حکومت‌های قرون وسطیٰ نظیر نداشت. در نتیجه، پاپ به قدرتی بی‌رقیب در حیات عمومی اروپا رســـید و از لحاظ بین‌المللی چنان منزلتی کسب کرد که پادشاهی‌های فئودال آن روزگار به گرد پایش هم نمی‌رسیدند.

در روز تقدیس اینوسِـــنْت سوم به مقام پاپی، او موعظهٔ خود را بر اساس سخنان خدا در کتاب ارمیا ۱:۱۰ ایراد کرد: «بِدان که امروز تو را بر قوم‌ها و حکومت‌ها برگماشتم، تا از ریشه بَرکَنی و منهدم نمایی، هلاک کنی و سرنگون سازی، بنا کنی و غرس نمایی.» این دقیقاً کاری بود که اینوسنت به‌مدت سه دهه انجام داد؛ زیرا به برکت اقتدار عالم‌گیری که قانون کلیسا به او بخشیده بود، «نایب مسیح» بر زمین به شمار می‌رفت.

دومین قدمی که دانشگاه‌ها برای خدمت به منصب پاپ با اقتدار جهانی‌اش برداشتند ایجاد مفهومی تزلزل‌ناپذیر، معقول و الاهیاتی از جامعهٔ مسیحی بود. در قرن سیزدهم، دانشگاه‌ها با موضوع مناقشه‌برانگیزی روبه‌رو شدند. چندین اثر از ارسطو در دانشگاه‌های جدید دوباره به غرب شناسانیده شده بود، از جمله آثار گمشدهٔ این فیلسوف که پس از سقوط رُم، مسیحیان شرق و به‌خصوص مسلمین آنها را حفظ کرده بودند. با این همه، رو کردن به فلسفهٔ ارسطو، معضلات خاص خود را داشـــت؛ مثلاً، اگر قرار بود از مبانی فلسفهٔ ارسطویی استفاده شود، لازم بود بستر یا چارچوب جدیدی، یعنی یک جهان‌بینی تازه، ایجاد شود و این در حالی بود که اکثر الاهیدانان در گذشته، مطالب خود را در چارچوب فلسفهٔ افلاطون بیان کرده بودند.

نتیجهٔ استفاده از مبانی فلسفهٔ افلاطونی، رسیدن به ثنویت بود؛ به این معنی که الاهیدانان بیـــن عالم مادّی که مـــا در آن زندگی می‌کنیم و قلمـــرو ذهنی یا معقول[1] (یعنـــی عالمِ مُثُل

1. Intellectual realm

افلاطونی[1]) فرق می‌گذاشتند. قلمرو مفاهیم شامل ایده‌ها یا به‌عبارتی صورت‌های معقول[2] اساسی بود، یعنی تمام ایده‌ها، از ایدهٔ دایره (مُستدیر یا دایره‌وار بودن) گرفته تا ایدهٔ عدالتِ ذاتی. ایده‌ها کامل، غیرمادّی، و ابدی‌اند. لیکن دنیای محسوس[3] ما کپی‌برداری ناقص، مادّی، و فسادپذیری از این ایده‌های کامل است. مثلاً در دنیای ما دایره‌های متعددی هست، ولی اگر دایره‌ای مادّی و محسوس باشد، ناقص است (یعنی کاملاً دایره نیست) و زمان‌مند است (یعنی تابع زمان و آثار زمان است و بنابراین ابدی نیست).

الاهیدانانی مانند اُریگن و آگوستین روایتی بر پایهٔ همین فلسفه از مسیحیت ارائه کرده بودند. به این ترتیب، می‌شد تصور کرد که خدا و ایده‌هایش در قلمرو ابدی قرار دارند و دنیای فاسد و ناقص مادّی هم در پایین است. با آنکه ارسطو با همهٔ دیدگاه‌های افلاطون مخالفت نورزید، بر آن بود که ایده‌ها یا مُثُل در واقعیت‌های ملموس دنیای مادّی حضور دارند. بنابراین، کشف مُثُل در گرو کَندوکاو در دنیای محسوس یا به‌عبارتی، دنیای ملموس مخلوقات بود. از این‌رو، ارسطو قصد نداشت دو بُعد ناسازگار (یعنی مفهومی و مادّی) را از هم تفکیک کند، بلکه در پی کشف آن بود که چگونه بهترین اندیشه با دنیای مادّی که محصول طرح و نقشهٔ خاص خداست، سازگار می‌شود. این تغییرِ چشم‌انداز دربارهٔ جهان و عقل، چه در مقیاس، چه در تازگی، و چه از نظر آیندهٔ مبهم آن، وضعیت دشواری ایجاد می‌کرد.

شناخت بسیاری از عالمان مسیحی از ارسطو در حد تفسیری بود که فیلسوف معروف مسلمان، ابن سینا، از اندیشه‌های او ارائه کرده بود. ابن سینا بر استقلال فلسفه یا عقل از مکاشفه [وحی] یا ایمان تأکید داشت. تفاسیر ابن سینا این تأثیر را در مخاطب ایجاد می‌کرد که با دنبال‌کردن عقل به نتیجه‌ای می‌رسیم که چه بسا با دنبال‌کردن مکاشفه یا همان وحی، به نتیجه‌ای یکسر متفاوت با آن برسیم. گاه ابن سینا با پیروی از ارسطو و مسیر عقل به نتایجی می‌رسید که با حقایق مسیحی در تضاد بود، مانند قدیم‌بودن[4] مادّه (به این معنی که مادّه از ازل وجود داشته و نامخلوق است). با ظهور توماس آکوئیناس[5] تحولی در این اندیشه‌ها ایجاد شد. یک عمر فعالیت او معطوف بر تأکید به این نکته بود که اندیشهٔ درست، هرگز جوینده را از حقیقت الاهی دور نمی‌سازد. حقیقتی که خدا آشکار می‌سازد فراتر از حقیقتی است که به یاری عقل و منطق می‌توان به آن رسید، لیکن این دو هیچ‌گاه رویاروی یکدیگر نیستند؛ به‌قول معروف: «هر حقیقتی از خداست.»

بالاترین قُلهٔ عقل

برای رسیدگی به ستیزه‌هایی که در زمینهٔ آموزه‌های مسیحی جریان داشت، توماس آکوئیناس (۱۲۲۴-۱۲۷۴) از پاریس به ایتالیا فرستاده شد. توماس آکوئیناس (که به‌خاطر نام زادگاه پدرش، آکوئینو، چنین نامیده می‌شد) راهبی دومینکی و نجیب‌زاده بود با ذهنی درخشان، اراده‌ای خستگی‌ناپذیر، و خُلق‌وخویی ملایم. توماس نیز به سراغ فلسفهٔ ارسطو

1. Plato's world of Forms; 2. Ideas; 3. Concrete; 4. Matter being Eternal; 5. Thomas Aquinas

رفته، لیکن به‌سبب وفاداری‌اش به کلیسا، راه خود را متمایز کرده بود. برخلاف ابن سینا، توماس چنین تعلیم می‌داد که عقل با مکاشفه/ وحی سازگار است.[۱] نتیجهٔ این باور، اثر توماس به نام *Summa Theologica* (یعنی جمع‌بندی یا جامع معارف الاهیاتی) بود.

این اثر کل عالم را در نظر دارد. توماس در آغاز می‌گوید: «در آموزهٔ مقدس (یعنی الاهیات) همه‌چیز از نظرگاه خدا بررسی می‌شود و بخشی از محتوای الاهیات، خود خداست و بخش دیگر آن، ارتباط چیزهای دیگر با وجود اوست.»

آکوئیناس تمایز روشنی میان فلسفه و الاهیات، عقل و مکاشفه، قائل شد، ولی اینها را متضاد یکدیگر نمی‌دانست. هر دو، سرچشمهٔ شناختند و هر دو از یک خدا نشأت می‌گیرند.

توماس آکوئیناس (۱۲۲۴-۱۲۷۴) به توضیح عقلانی تعلیمات مسیحی پرداخت. شاهکار او جامع الاهیات نام دارد و همچنان مورد استقبال الاهیدانان و فیلسوفان است.

این دو در روش خود برای جستجوی حقیقت با هم فرق دارند. عقل به نمودهای مرئی خلقت توجه دارد و می‌تواند به مفاهیمی دسترسی یابد که با «دهلیز ایمان سروکار دارند.»

---

۱. متأسفانه داوری نویسنده دربارهٔ شیخ‌الرئیس ابوعلی سینا، فیلسوف بزرگ اسلامی، سطحی می‌نماید و نشان‌دهندهٔ ناآشنایی او با فلسفهٔ اسلامی و به‌خصوص حکمت مشاء است. کافی است به شاهکار ابن سینا، *الاشارات و التنبیهات* و به‌خصوص کتاب *«نجات»* او نظر اجمالی انداخت تا سطحی‌بودن دیدگاه نویسنده آشکار شود. ابن سینا اساساً سعی دارد تا موضوعات دینی را که به‌واسطهٔ وحی یا به‌عبارت مسیحی آن، مکاشفه، آشکار شده و اصطلاحاً استدلال برای آنها از نوع اقامهٔ دلایل نقلی است، تعبیر عقلانی کند. برای مثال، در اثبات و توضیح معاد، نبوت، نَفْس و غیره، بر اساس فلسفهٔ ارسطو و تفاسیری که از فلسفهٔ ارسطو وجود داشته دلائل عقلی ارائه می‌کند. البته، این نیز درست است که توانایی عقل را به استقلال از وحی محدود می‌داند و در مواردی راه متکلم و فیلسوف را متمایز می‌شمارد. از جملهٔ این موارد موضوع حدوث و قِدَم عالم است. حدوث یعنی جهان از آغاز وجود نداشته و مخلوق است و قِدَم یعنی جهان از ازل وجود داشته است. متکلم یا به‌عبارتی الاهیدان، به نظر اوّل و فیلسوف، به نظر دوّم قائل است. در هر صورت، همین کوشش ابن سینا برای تعبیر عقلانی از موضوعات دینی یا وحیانی نشانهٔ آن است که او به ناسازگاری ذاتی میان عقل و مکاشفه قائل نیست. (مترجم)

مکاشـــفه، به خدا چنان‌که او در ذات خود است، می‌نگرد و بنابراین، چه از نظر قطعیت و چه از نظر موضوعی که به آن می‌پردازد، بالاتر از عقل است.

مثلاً، عقل می‌تواند وجود خدا را ثابت کند. توماس با قبول اصل علّیّت در فلسفهٔ ارسطو (اینکـــه هر معلولی علّتی دارد و اگر در زنجیرهٔ علّت‌ها عقـــب برویم در نهایت به علّت اوّل می‌رسیم) اعلام داشت که خلقت، معلولِ علّت اوّل، یعنی خالق است.

با این همه، شناخت کامل خدا – مثلاً، اینکه وجود خدا به‌صورت تثلیث است – فقط از طریق مکاشفه ممکن است. از راه همین شناخت، خاستگاه و سرنوشت انسان [مبدأ و معاد] او را کشف می‌کنیم.

انســـان گناهکار اســـت و به فیض خاص خدا نیاز دارد. عیسای مســـیح با قربانی‌کردن خویش، امکان آشـــتی بین خدا و انسان را فراهم کرده اســـت. تمام کسانی که از مزایای کار مســـیح بهره‌مند می‌گردند، پارسا شمرده می‌شـــوند، ولی کلید این امر، همچنان‌که در تعلیم سنتی کلیسای کاتولیک آمده، در روش به‌کاربســـتن مزایای اقدام مسیح است. مسیح امکان برخورداری از فیض را ایجاد کرد؛ کلیســـا هم آن را بـــه ایمانداران انتقال می‌دهد. آکوئیناس تعلیم می‌داد که مسیحیان می‌باید مدام از «فیض یاری‌گر» بهره‌مند شوند که فضائل مسیحی – و بالاتر از همه، فضیلت محبت را – در جان انســـان برمی‌انگیزد. به یاری این فیضِ یاری‌گر، مســـیحیان می‌توانند کارهایی برای جلب خشنودی خدا انجام دهند و در نظر او، شایستگی خاص به‌دست آورند.

آکوئیناس می‌گفت که راه انتقال این فیضِ نجات‌بخش به انســـان، فقط و فقط آیین‌های کلیسایی است که خدا مقرر داشـــته و در اختیار کلیسا، این پیکرهٔ سازمان‌یافتهٔ دینی در رُم و در فرمان پاپ، نهاده است. آکوئیناس چنان اطمینان داشت که منصب پاپ از سوی خدا مقرر شده که تسلیم‌شدن به پاپ را برای نجات ضروری می‌شمرد.

آکوئیناس از پیتر لامبارد[1] پیروی کرد که نخستین درسنامهٔ معیار را برای آموزش الاهیات نوشـــته و در آن به هفت آیین کلیسایی پرداخته بود، یعنی: تعمید، تأیید، عشای ربانی، اعمال توبه‌کارانه، تدهین محتضران، ازدواج، و دستگذاری.

با این همه، جایگاه نخســـت را در میان آیین‌ها، عشای ربانی دارد که صرفاً فرصتی برای مشارکت مسیحیان اولیه نبود. همچنان‌که کلیسای کاتولیک قرن‌ها تعلیم داده بود، آکوئیناس باور داشـــت که این آیین شـــامل قربانی واقعی و ادامهٔ قربانی‌شدن مسیح بر صلیب است و خدا را بر آن می‌دارد تا به کســـانی که این آیین برای آنها انجام می‌گیرد، رحم و شفقت نشان دهد. در آیین عشا، ذات یا وجود حقیقیِ نان و شراب بی‌آنکه ظاهر آنها تغییر یابد، به‌گونه‌ای معجزه‌آســـا به بدن و خون واقعی مسیح دگرگون می‌شـــود. توماس ارائه‌کنندهٔ بیان کلاسیک این آموزه، معروف به تغییر جوهری[2] اســـت. از آنجا که مسیحیانِ تعمیدیافته همچنان درگیر گناه‌اند، خدا آیین تنبیه را مقرر داشـــته که برای شفای روحانی است. از نظر توماس، این آیین شامل ســـه بخش است: احساس ندامت یا اندوه و پشـــیمانی به‌خاطر ارتکاب گناه؛ اعتراف

1. Peter Lombard; 2. Transubstantiation

به کشیش که طبیب روحانی است و درمان درست را به‌کار می‌بندد و آمرزش فرد را اعلام می‌کند؛ و جلب رضایت که شامل رفع نتایج پلید گناه است و معمولاً «جبران عملی گناه»[1] خوانده می‌شود.

شهرهای مهم
کلیسای قرون وسطی

توماس ضمن برخی ملاحظات، همچنین «عفو تنبیه موقت»[2] را که در زمان جنگ‌های صلیبی رواج یافته بود، پذیرفت. آکوئیناس تعلیم می‌داد که به برکت کار مسیح و اعمال شایستهٔ مقدسین، کلیسا به «گنجینهٔ شایستگی‌های قابل انتقال» دسترسی دارد که نوعی مخزن عظیم روحانی است. کشیشان می‌توانند از این مخزن برای کمک به مسیحیانی که شایستگی آنها به‌قدر کفایت نیست، استفاده کنند.

مرگ، پدیدآورندهٔ بزرگ‌ترین جدایی است. توماس می‌گوید که پس از مرگ، شریران به دوزخ می‌روند و مؤمنین که در استفاده از لوازمِ فیض عقل و خرد به خرج داده‌اند، بلافاصله وارد بهشت می‌شوند. لیکن تودهٔ مردم که قلباً مسیحی بوده و در آیین‌های کلیسایی شرکت کرده‌اند، ولی چنان‌که باید و شاید از مسیح پیروی نکرده‌اند، برای برخورداری از خوشی‌های آسمان، ابتدا باید رنج پالایش بیشتر در برزخ را بر خود هموار کنند. امّا جای شکرش باقی است که کلیسا می‌تواند به این نفوس کمک کند. دعا به مقدسین در آسمان، می‌تواند درد برزخیان را تسکین دهد.

---

۱. همان اظهار عملی ندامت که شامل جبران گناه و تنبیه خود است و پیشتر دربارهٔ آن سخن رفت. (مترجم)

۲. یادآوری می‌کنیم: عفو مجازات در برزخ. (مترجم)

به این ترتیب به نقطه اوج آرزوهای کلیسا – و همین‌طور تکبر آن – می‌رسیم. گویی زمین هم دیگر برای ارباب کلیسا کافی نیست! پاپ و کشیشانش نه فقط از طریق قربانی مقدس و دعاهای خود برای مردگان، واسطهٔ انتقال فیض خدا به گناهکاران بر زمین هستند، بلکه خدمات خود را به ماورای قبور، به عالم اموات معذب هم گسترش داده‌اند.

البته، این مسئله تازگی نداشت، و قبلاً بارها عنوان شده بود. لیکن توماس تعلیمات سنتی کلیسای کاتولیک را در چارچوبی باشکوه، و حتی می‌شود گفت جهانگیر، قرار داد. همانند کلیساهای اسقف‌نشین گوتیک، نظام الاهیاتی او، هماهنگی کامل میان آرزوهای انسان و پرتو حقیقت خدا را نشانه گرفته بود، و برای یکّه‌سالاری پاپ، دیدگاه ماورای‌طبیعیِ اثرگذاری دربارهٔ این جهان و جهان دیگر دست‌وپا کرد.

امّا چه بسا الاهیات مَدْرَسی نیز مانند جنگ‌های صلیبی، پا از حد خود فراتر نهاد و ادعاهای گزافی دربارهٔ خود و کلیسا مطرح ساخت. در بیان اوج این تکبر همین بس که پاپ اینوسنت سوم مدعی شد پاپ داور جهان است: «در جایگاهی میان خدا و انسان، به‌طوری که پایین‌تر از خدا و بالاتر از انسان قرار دارد.» البته، این لافِ گزاف بی‌پاسخ نماند؛ زیرا جمع بزرگی از عوام کم‌سواد که مدام هم بر تعدادشان افزوده می‌شد، این شهادت رسولان را به یاد آوردند که «خدا یکی است و میانجی هم یکی.»

پیشنهادهایی برای مطالعهٔ بیشتر

*Barron, Robert. *Thomas Aquinas: Spiritual Master. 2nd ed.* New York: Cross-road, 2008.
*Bauerschmidt, Frederick. *Holy Teaching: Introducing the Summa Theologiae of St. Thomas.* Grand Rapids: Brazos, 2005.
Daniel-Rops, H. *Cathedral and Crusade.* London: J. M. Dent, 1957.
Dauphinais, Michael, and Matthew Levering. *Knowing the Love of Christ: An Introduction to the Theology of St. Thomas.* Notre Dame: University of Notre Dame Press, 2002.
Fremantle, Anne. *Age of Faith.* New York: Time-Life Books, 1968.
Haskins, Charles Homer. *The Rise of the Universities.* Ithaca, NY: Cornell University Press, 1957.
*Healy, Nicholas. *Thomas Aquinas: Theologian of the Christian Life.* Burlington, VT: Ashgate, 2003.
McGiffert, Arthur C. *A History of Christian Thought: From Tertullian to Erasmus.* New York: Scribner's, 1954.
Nicholas, Aidan. *Discovering Aquinas: An Introduction to His Life, Work, and Influence.* Grand Rapids: Eerdmans, 2003.

فصل بیست‌ویکم

سرودی برای بانوی فقر

زندگی به شیوهٔ رسولان

ما می‌دانیم که هر دلی را دلداری بباید. از دیرباز، ترانه‌هایی در وصف دلسپردگی بی‌پایان سروده شـــده اســـت. تصنیف‌های تروبادورها[1] در قرن دوازدهم رواج تام داشت. همهٔ آنها دربارهٔ عشـــقِ شهســـوارانه بود: شهســـواران دلیر، افســـون‌گران پلید، قصرهای طلسم‌شده، حیوانات سخن‌گو، و، بله، پای ثابت همه‌شان، دوشیزگان ماهرو.

شاید از همین‌رو بود که بسیاری، مجذوب سَنْ فرانسیس اهل آسّیز شدند. سن فرانسیس نغمهٔ خود را برای «بانوی فقر» ســـاز کرده بود، یعنـــی همان‌چیزی که او کمال مطلوب برای مسیحیت حقیقی و زندگی پاک می‌دانســـت. در آغاز خدمت موعظه، «این شهسوارِ دریادل مســـیح»، چنان‌که نخستین نویسندهٔ زندگی‌نامه‌اش او را نام نهاده، قلب و وجودش را سراسر به فقر وقف کرد.

در یکی از داستان‌های فراوانی که دربارهٔ سن فرانسیس نقل شده، آمده است که او و تنی چند از یارانش به جستجوی بانوی فقر برآمدند. دو مرد کهنسال به او گفتند که بانو در بالای کوهستان زندگی می‌کند. فرانسیس با صعود از کوه، بانو را «نشسته بر کُرسی مسکنت خویش» یافت. بانو مَقْدَمِ مسافر را گرامی داشت و فرانسیس بی‌درنگ او را همچون «شهبانوی تمامی

---

۱. Troubadour شاعران اشرافی که از عشق میان مرد و زن مفاهیم والا پدید می‌آوردند. (مترجم)

فضیلت‌ها» ستود. بانو در پاسخ گفت که با آدم در بهشت بود، امّا از روزی که آدم گناه ورزید، او آواره‌ای بی‌خانمان شد. سپس، عیسی آمد و او بانوی سوگلی‌اش شد و ایمانداران بسیاری پدید آورد. خاصه، راهبان به او پیوستند. چندی گذشت و دشمن بانو، یعنی طمع، فراز آمد و جیب راهبان را از پول و دل‌شان را از عشق دنیا انباشت. بدین‌گونه، بانو را جز این راهی نماند که دنیای راهبان را ترک گوید. فرانسیس به شنیدن داستان بانوی فقر، سوگند یاد کرد که به او وفادار بماند. او بانو را به همسری گزید و با او از کوه به زیر آمد.

فرانسیس تنها شهسوار روحانی نبود که خود را وقف بانوی فقر می‌کرد. این بانو در قرون دوازدهم و سیزدهم لشکری از عاشقان سینه‌چاک به گرد خود داشت.

واعظِ سَیّاربودن و فقرِ داوطلبانه اختیارکردن بر ذهن و ضمیر بسیاری از مسیحیان مسلّط شده بود. شمارِ روزافزونی از غیرروحانیون، به‌جای اتکا به دعاهای راهبان و اسقفان، کتاب‌مقدس را به زبان خود می‌خواندند و سوگند یاد می‌کردند که از این دستور انجیل پیروی کنند: «آنچه داری بفروش، به فقرا بده، آنگاه بیا و از من پیروی کن.» برخی از این مسیحیان، از تعلیمات درست مسیحی پیروی کردند، برخی دیگر سراغ بدعت‌ها رفتند، و گاه تفاوت این‌دو به‌اندازهٔ سر سوزنی بود.

در هر صورت، یک نکته روشن بود: تصویری که اینوسنت ترسیم کرده بود، یعنی مسیحِ صعودکرده به آسمان که از طریق نایب خود، بر تمامی ملل جهان و بر همهٔ معارف، حاکم است و تمامی الطاف، چه در عالم فانی و چه در عالم باقی، در اختیار اوست، با رقیبی سرسخت روبه‌رو شده بود، یعنی با این تصویر دیرینه از نجات‌دهندهٔ جهان که فرمود: «روباهان لانه و پرندگان آشیانه دارند، لیکن پسر انسان را جایی برای سر نهادن نیست.» سرانجام، مسیحیت حقیقی را در کجا می‌بایست یافت؟ در نهادی که آیین‌های دینی را اجرا می‌کرد یا در روشی از زندگی که مبتنی بر انکار نَفْس بود؟

فقر، بدعت، و خشونت

نهضت طرفدار فقر که در قرون وسطیٰ به راه افتاد همواره یادآور این نکته است که مسیحیت سیاسی فقط بخشی از مسیحیت است. ایمان مسیحی فراتر از سیاست‌های دستگاه پاپ است – بسیار فراتر! برای کلیسا نیز همچون برای انسان‌ها، چه فایده دارد که دنیا را به‌دست آورد، ولی روح خود را از دست بدهد؟ مجموعه‌قوانین کلیسایی، جنگ‌های مقدس، تعیین اسقفان، و مباحثات مَدْرَسی چه فایده دارند وقتی به مردم عادی هنگامی که نان درخواست می‌کنند، سنگ داده شود؟

انجیلِ فقرِ داوطلبانه نیروی خود را از انزجارِ عمیق و گستردهٔ مردم از کشیشان فاسد و بی‌اعتنا کسب می‌کرد. نهضتِ «بازگشت به سبک و شیوهٔ رسولان» اغلب با ناآرامی سیاسی و اقتصادی در جامعه‌ای که به‌سرعت در حال تغییر و گسترش بود، همراه می‌شد. لیکن در قلب این نهضت، گرسنگی روحانی مردم وجود داشت.

در زمانی که به مراقبت شبانی نیاز مبرم وجود داشت، خبری از آن نبود. رابرت گروستِست[1] اسقف توانمند شهر لینکلن در انگلستان (۱۲۳۵-۱۲۵۳)، در سرزنش حرص و طمع و بی‌بندوباری روحانیون گفت: «از آنجا که زندگی کشیشان کتاب مردم عامی است، به‌روشنی می‌توان دید که چنین‌اند واعظانِ همهٔ خطاها و زشتی‌ها.» گروستِست می‌گفت که مسئول تمام این بدبختی‌ها دم‌ودستگاه رُم است، چون به‌جای شبان جان‌ها، بلای جان‌ها منصوب می‌کند.

گلایهٔ گروستست طنینی آشنا داشت، زیرا از قرن دهم راهبانی که اندیشه‌های اصلاح‌طلبانه داشتند، راهبان را به بازگشت به زندگی فقیرانهٔ کلیسای اولیه فرا می‌خواندند. هر واعظ غیوری می‌دانست که اگر فقر رسولان همانا بهترین شیوهٔ زندگی مسیحی است، پس اسقفان که در کاخ‌های باشکوه و راهبان که در صومعه‌های ثروتمند زندگی می‌کنند، اصول زندگی مسیحی را زیر پا گذاشته‌اند.

با این همه، در قرون پیشین، تمام این دعوت‌ها به فداکاری، خیلی راحت در قالب نوعی اصلاحات جدید در زندگی رهبانی ظاهر می‌شد و در خود کلیسا آب از آب تکان نمی‌خورد. لیکن این وضع در قرون دوازدهم و سیزدهم تغییر کرد. چنین نبود که تمام واعظانی که خواستار بازگشت به فقر رسولان بودند، در چارچوب مورد قبول کلیسا باقی بمانند. به این ترتیب، زمانی که آنها با کلیسا سرشاخ شدند، به صف بدعت‌کاران پیوستند.

برای مسیحیانِ امروز، درک نگرش قرون وسطیٰ به بدعت، تقریباً ناممکن است. امروزه ما سخت بر این باوریم که دین مسئله‌ای شخصی است و در باورهای دینی، موضوع مرگ و زندگی در میان نیست. چرا باید کسی برای ایمانش بمیرد یا جان کس دیگری را بگیرد؟

با این همه، مسیحیان قرون وسطیٰ هرگز ایمان را موضوعی شخصی نمی‌دانستند. اعتقادات مسیحی مایهٔ قوام و دوام جامعه بود و بنابراین، نفی هریک از آموزه‌های دینی حکم خیانت به مملکت را داشت. اگر بخواهیم از تصویر دیگری استفاده کنیم، دنیای مسیحیت همچون پیکری اجتماعی-سیاسی بود که ایمان مسیحی در آن روح حیات می‌دمید. بنابراین، وجود بدعت در دنیای مسیحیت همان اندازه نامطلوب بود که وجود سرطان در بدن.

ولی بدعت چیست؟ در قرن دوازدهم اگر فردی تعمیدیافته هریک از حقایقِ مکاشفه‌شدهٔ ایمان مسیحی را انکار می‌کرد، این کار در حکم بدعت بود. یکی از این حقایق عبارت بود از اتحاد کلیسا و تعیین پاپ از سوی خدا به‌عنوان رهبر کلیسا. بنابراین، نافرمانی در برابر اقتدار مرجعیّتِ مستقر، خودش مصداق بدعت بود.

بنابراین، در برخورد با بدعت‌کاران، کلیسا دو هدف اصلی و اساسی داشت: به‌توبه‌کشاندن فرد بدعت‌کار و محافظت از جامعهٔ مسیحی. ولی کلیسا برای محافظت از جامعه تا کجا می‌توانست پیش برود؟ آیا این درست است که جان کسی برای حفظ جان دیگران گرفته شود؟

برخورد با بدعت، کلیسای کاتولیک را به‌سوی یکی از جدی‌ترین کشمکش‌های داخلی‌اش سوق داد: کلیسا چگونه می‌تواند با توسل به خشونت، آرامش جامعه را حفظ

1. Robert Grosseteste

کند؟ کلیسا آگاهانه دست به اقداماتی زد که با پادشاهی ابدی که در آرزوی رسیدن به آن بود منافات داشت. کلیسا دستگاه تفتیش عقاید به راه انداخت تا نه فقط بدعت‌کاران را حذف کند، بلکه آنها را متحمل شکنجهٔ عمدی و طولانی‌مدت سازد. به این ترتیب، یک روح خبیث را بیرون راند، ولی دری گشود که از آن هفت روح خبیث وارد شدند.

این تضاد و تناقض در آن زمان چندان آشکار نبود. همان کلیسایی که جنگاوران صلیبی را به نبرد با کافران می‌فرستاد، همان هم دستور سوزاندن بدعت‌کاران را صادر می‌کرد. تقریباً همه توافق داشتند که ارادهٔ خدا این است که کلیسا پاک و منزه باشد.

فقیران در پادشاهی خدا

ولی کلیسای واحد مقدس کجاست؟ در کاخ پاپ در رُم؟ در جان‌دادن جنگجویان صلیبی یا در فروش بخشش‌نامه‌ها به فقیران؟ اگر کلیسای واحد مقدس نه در هیچ‌یک از اینها، بلکه در سیرکردن گرسنگان و پوشاندن برهنگان و پناه‌دادن به غریبان باشد، چه؟ اگر پادشاهی آسمان به فقیرانِ در روح متعلق باشد چه؟ این بود پرسشی که بانوی فقر پیش کشید.

یکی از نخستین کسانی که علیه دنیادوستی کلیسای کاتولیک سخن گفت، فردی به نام آرنولد[1] سرپرست صومعه‌ای در برشّا[2] شهری در شمال ایتالیا، بود. در مجموعه‌ای از موعظه‌های خود در برشّا، آرنولد تأکید کرد که مفاسد روحانیون نتیجهٔ تلاش کلیسا برای تسلّط بر جهان است. او مصرانه تأکید داشت که کلیسا باید اموال و اختیارات دنیوی خود را به حکومت واگذارد و خودش به فقر و سادگی کلیسای اولیه بازگردد. او می‌گفت که کلیسای حقیقی و خادمانش باید از ثروت اجتناب کنند، زیرا ثروت و قدرت مخل نجاتند.

در ۱۱۳۹ آرنولد توانست مردم را علیه اسقف‌شان بشوراند. پاپ اینوسنت سوم هم آرنولد را از ایتالیا اخراج کرد. از ظواهر چنین برمی‌آید که او به پاریس گریخت و در آنجا پای درس آبلار نشست و خشم برنارد اهل کلروو را برانگیخت، درست به‌همان‌گونه که قبلاً استادش چنین کرده بود. برنارد نیز دربارهٔ او گفت: «باز هم یک گرگ درنده در لباس گوسفندان.»

پس از پنج سال تبعید، آرنولد به رُم بازآمد و فوراً به نهضتی پیوست که می‌خواست پاپ را سرنگون کند. مردم که دل در گرو خاطرات جمهوری روم کهن داشتند، هنگامی که پاپ برای موعظه دربارهٔ دومین جنگ صلیبی دوره افتاده بود، قدرت را به دست گرفتند و آرنولد رهبریِ دولت جدید را که کاملاً غیردینی بود به دست گرفت. او چنین موعظه کرد که روحانیون باید به سبک رسولان، زندگی فقیرانه پیشه کنند. همچنین، به نکوهشِ مجمع کاردینال‌ها برآمد و آن را غار دزدان خواند.

این تجربه تقریباً ده سال به‌طول انجامید تا آنکه پاپ هادریان چهارم[3] رُم را تحریم کرد و از امپراتور فردریک بارباروسا[4] برای دستگیری آرنولد یاری گرفت. در ۱۱۵۵ آرنولد به شعله‌های آتش سپرده شد و خاکسترش را در رود تیبر ریختند.

1. Arnold; 2. Brescia; 3. Pope Hadrian IV; 4. Frederick Barbarossa

مردم هنوز آرنولد را فراموش نکرده بودند که فرد دیگری در شـــرق فرانسه به طرفداری از فقر برخاســـت. این شـــخص پیتر والدو[1] (در حدود ۱۱۴۰–۱۲۱۸) نام داشت که تاجری ثروتمند اهل لیون بود.

روزی والدو شـــنید که تروبادورِ ســـرگردانی ترانه‌هایی در وصف فضیلت‌های زندگی رهبانی می‌خواند. تصنیف او دربارهٔ آلِکسی[2] جوان بود که والدین اشرافی‌اش می‌خواستند او را به اختیار همسر وا دارند. امّا دامادِ بی‌رغبت که خود را وقف آرمانِ پاکدامنی کرده بود، در شـــب ازدواج، با عروس پیمان بست که به او نزدیک نشود و بی‌درنگ روی در راهِ سرزمین مقدس نهاد.

والدین آلکســـی بیهوده به جســـتجویش بر آمدند. ســـال‌ها بعد او در فقر کامل به خانه بازگشـــت، چنان لاغر و تکیده بر اثر مرارت‌های فقر که کسی او را نمی‌شناخت. آلکسی در حیاط خانه به‌سر می‌برد و از پسمانده‌های غذای خانواده شکم خود را سیر می‌کرد.

آلکســـی هنگام مرگ پرده از هویت راستین خود برداشت، آنگاه که دیگر کاری از دست خانوادهٔ ســـوگوارش برای نجات او برنمی‌آمد. داستان نکتهٔ مشخصی داشت: مسیحی واقعی کسی است که در این زندگی فانی از همه‌چیز خود برای زندگی باقی، دست می‌شوید.

والدو که سخت تحت تأثیر این داستان قرار گرفته بود، به سراغ کشیشی رفت تا از او بپرسد چطور می‌تواند مانند مســـیح زندگی کند. کشیش توجه او را به پاسخی جلب کرد که عیسی به حاکم جوان ثروتمند داد: «اگر می‌خواهی کامل شوی، برو و آنچه داری بفروش و بهایش را به تنگدستان بده که در آســـمان گنج خواهی داشت. آنگاه بیا و از من پیروی کن» (متی ۲۱:۱۹). همین متن نُه قرن پیش آنتونی را برانگیخته بود تا نهضت رهبانی را در مصر به راه اندازد.

والدو تصمیم گرفت تا به توصیهٔ کشـــیش عمـــل کند. در نتیجه، پـــول کافی در اختیار همسرش گذاشت، دو دخترش را به صومعه سپرد، و مابقی اموالش را به فقرا بخشید.

والـــدو فعالیـــت خود را در میان فقرا بـــه این ترتیب آغاز کرد که دو کشـــیش را مکلف ســـاخت تا بخش‌هایی از کتاب‌مقدس را به فرانسه ترجمه کنند. سپس، قسمت‌های مفصلی از کتاب‌مقدس را به حافظه سپرد و به مردم عادی تعلیم می‌داد که برای پیروی از مسیح، فقر داوطلبانه اختیار کنند. بنابراین، ابتکار او در این بود که تعلیم می‌داد همهٔ مســـیحیان و نه فقط راهبان می‌توانند زندگی خود را به فقر، شاگردی، و موعظهٔ کلام وقف کنند.

والـــدو پس از آنکه پیروان معدودی یافت، آنها را درســـت مانند رســـولان، دو به دو به روســـتاها و مراکز دادوســـتد فرســـتاد تا کتاب‌مقدس را تعلیم و توضیح بدهند. آنها خود را «فقیران در روح» می‌خواندند؛ ولی نزد ما به والدنسی‌ها[3] مشهورند.

اقـــدام غیرمجاز والدو به موعظه، دیری نپائید که با مخالفت شـــدید اســـقف اعظم لیون روبه‌رو شد که به او دستور داد تا فعالیت خود را متوقف کند. والدو زیر بار نرفت و با نقل‌قول از پطرس رسول، گفت: «خدا را باید بیش از انسان اطاعت کرد» (اعمال ۲۹:۵). اسقف اعظم نیز در واکنش، او را تکفیر کرد.

1. Peter Waldo; 2. Alexis; 3. Waldenses

۲۵۶ فصل بیست‌ویکم

والدو و پیروانش تصمیم گرفتند به پاپ متوسل شوند. هنگامی که به رُم رسیدند، با ازدحام مقامات کلیسایی روبه‌رو شدند که برای شرکت در سومین شورای لاترن[1] (۱۱۷۹) آمده بودند. آنها توانستند عرایض خود را به گوش شورا برسانند، ولی از بخت بد، مرد انگلیسی خوش‌زبان و زیرکی به نام والتر مَپ[2] آنها را به تمسخر گرفت.

پاپ آلکساندر سوم در سخنان آنها اثری از بدعت نیافت و تحت تأثیر فقرشان قرار گرفت. با این همه، چون آنها افراد معمولی بودند، چنین مقرر داشت که فقط به دعوت اسقفان می‌توانند موعظه کنند، شرطی که تحقق آن بعید بود.

والدو از صمیم قلب اعتقاد داشت که نظر اسقفان چه مساعد باشد چه نباشد، او به‌دستور کتاب‌مقدس، مکلّف است تا به فقرا موعظه کند. چنین بود که به‌همراه گروهی فزاینده از پیروان، همچنان به زندگی فقیرانه مطابق الگوی رسولان ادامه داد و دربارهٔ آن موعظه کرد. این نهضت به جنوب فرانسه رسید، از آلپ گذشت و وارد ایتالیا شد. در ۱۱۸۴ نافرمانی والدو و یارانش پاپ لوکیوس سوم[3] را بر آن داشت تا به اخراج آنها از کلیسای مقدس کاتولیک فرمان دهد.

البته، وقوع این تنش قابل درک است. والدنسی‌ها از طریق بازگشت به زندگی سادهٔ رسولان، در پی تهذیب کلیسا بودند، و این به معنای الزام کلیسا به دست‌شستن از قدرت دنیوی‌اش بود. آنها نیز، مانند کلیسای رُم، در پی نجات و رستگاری بودند، لیکن به روشی از زمین تا آسمان متفاوت. دستگاه پاپ نه می‌توانست آیین‌ها یا مناصب روحانی‌اش را کنار بگذارد و نه می‌توانست بپذیرد که ایمان به خدا ممکن است چیزی سوای عمل به دستورهای رُم باشد. والدنسی‌ها بیش از پیش اطمینان می‌یافتند که تعلیمی جز آنچه از مسیح صادر شده، الزام‌آور نیست. کتاب‌مقدس باید حاکم باشد. ولی اگر همه به زندگی فقیرانه به سبک رسولان رو می‌آوردند، چه کسی از آرمان آنها حمایت مالی می‌کرد؟ چنین بود که به‌آرامی آنها نیز مانند جماعت‌های رهبانی نخستین، قائل به دو سطح از تعهد مسیحی شدند. به این ترتیب، «فقیران در روح»، یعنی جماعت آنها به معنای اخص، سوگند یاد می‌کرد که به اصول خاصی پایبند باشد و مراسم ساده‌ای برای عبادت داشت. لیکن، حلقهٔ دیگری از «یاران» در کلیسای کاتولیک می‌ماند تا اعضای جدید و منابع لازم را برای نهضت تأمین کند.

نهضت والدنسی‌ها در بازگشت به اصول کتاب‌مقدس چنان صراحت داشت که سال‌هاست بسیاری از انجیلی‌ها کوشش کرده‌اند تا آنها را «اصلاحگرانِ قبل از نهضت اصلاحات» جلوه بدهند. در مقایسه با تعلیم کلیسای رُم دربارهٔ مرجعیت پاپ، دعوت والدنسی‌ها به بازگشت به کتاب‌مقدس واقعاً مانند آرای لوتر یا کالوَن است. امّا دیدگاه آنها دربارهٔ نجات، یعنی عمری را در حالت توبه و فقر گذراندن، فاقد طنین رسا و قدرتمندی است که فیض خدا در نهضت اصلاحات داشت.

1. Lateran; 2. Walter Map; 3. Pope Lucius III

خطر بدعت‌های جدید

سومین نهضتی که عَلَم مخالفت برافراشت و در آن زمان بیش از هر نهضت دیگری برای کلیسای کاتولیک دردسرساز شد، مربوط به گروهی بود که *کاتارها*[۱] یعنی *پاکان* خوانده می‌شدند. از آنجا که این افراد به‌خصوص در شهر آلبی و اطراف آن در جنوب فرانسه، برو و بیایی برای خود داشتند، عده‌ای آنها را آلبیگایی[۲] خواندند.

اکثر آنچه دربارهٔ نهضت آلبیگایی می‌دانیم، بر اساس گفته‌های دشمنانشان است. چارلز ویلیامز[۳] درست می‌گوید که از بین هزار تَن، یک تَن نیز سخن مخالفان را درست بیان نمی‌کند، چه رسد به افکار آنها.

با این همه، به احتمال قوی، پای کاتارها از بلغارستان به اروپا بازشد. در بلغارستان یکی از مهم‌ترین شاخه‌های این فرقه، بوگومیل‌ها[۴] خوانده می‌شد. کاتارها نیز مانند گنوسی‌ها در کلیسای اولیه، معتقد بودند که عالم صحنهٔ تعارض ابدی میان دو قدرتِ نیک و بد است. مادّه، از جمله بدن انسان، آفریدهٔ این قدرت پلید، یعنی خدای عهدعتیق است که به ادعای کاتارها، روح انسان را در بدن زمینی محبوس کرده.

برای فرار از قدرت جسم، کاتار واقعی می‌بایست از ازدواج، رابطهٔ جنسی، خوردن گوشت، و دارایی‌های مادّی اجتناب کند. در اینجا نیز با فقر اساسی روبه‌رو هستیم، ولی فقری که چندان هم بر پایهٔ الگوی عیسی یا ذات عالم قرار ندارد. تصور می‌شد که جنگی کیهانی میان مادّه و روح در جریان است و کاتارها به صفوف روح می‌پیوستند.

کاتارها چنین تعلیم می‌دادند که خدای نیک مسیح را فرستاد تا راه نجات را به انسان نشان دهد؛ مسیح از نظر یک کاتار، نه انسان بلکه روحی حیات‌بخش بود. کاتار انسان‌بودن مسیح را و مرگ او را بر صلیب جزو محالات می‌دانست. بنابراین، کار مسیح این بود که راه را تعلیم می‌داد و از این حیث، بیشتر به بودا شباهت داشت تا خدا-انسانی که در اعتقادنامه‌های مسیحی تصویر شده است.

روشن است که بدعت کاتارها از نوع بدعت آرنولد اهل برشّا و پیتر والدو نبود. آرنولد و والدو حاضر به تبعیت از مقامات کلیسایی نشدند، ولی کاتارها نه فقط پاپ و اسقفان، بلکه اصول مسیحیت را نیز نفی می‌کردند. آنها کوشیدند تا از شرارت بگریزند، ولی نه از راه توبه و ایمان بلکه از طریق به‌اصطلاح کشف و رهانیدن نَفْس پاک خود.

کاتارها خطر بسیار بزرگی برای کلیسای رُم بودند. آنها نه فقط بدعتِ دوگانه‌انگارانهٔ کهن را احیا کرده بودند، بلکه در سال ۱۲۰۰ از حمایت شاهزادگان تولوز، ناحیه‌ای فرهنگی در جنوب فرانسه برخوردار شده و با سرعت هشداردهنده‌ای در حال رشد بودند. برای مقابله با آنها، کلیسای کاتولیک سه سلاح در اختیار داشت: موعظه به‌هدف بازگرداندن آنها به مسیر حقیقت، جنگ صلیبی برای درهم‌کوبیدن هرگونه مقاومت سرسختانهٔ این گروه، و تفتیش عقاید به‌هدف ریشه‌کنی کامل این بدعت.

---

1. Cathari; 2. Albigenses; 3. Charles Williams; 4. Bogomiles

ظهور فرقهٔ دومینیکی

پاپ‌ها واعظانی به میان کاتارها فرستادند، ولی همه‌شان دست از پا درازتر بازگشتند تا اینکه یک اسپانیایی به نام دومینیک گوشْمان[1] (۱۱۷۰–۱۲۲۱) دلیل این ناکامی را پیدا کرد. در سال ۱۲۰۶ دومینیک هنگامی که با کلیسا در زمینهٔ هدایت آلبیگایی‌ها به ایمان صحیح مسیحی همکاری می‌کرد، متوجه شد واعظانی که از سوی پاپ تعیین شده بودند به مقام و منزلت کلیسایی‌شان تکیه می‌کردند، و آلبیگایی‌ها همین قدرت‌نمایی را برهانی قاطع بر دیانت کاذب آنها می‌دانستند. دومینیک باور داشت که اگر خود این واعظان هم زندگی فقیرانه در پیش می‌گرفتند، بدعت‌کاران به سخنان‌شان توجه می‌کردند. به این ترتیب، دومینیک برای آنکه بدعت‌کاران را تحت تأثیر قرار دهد، در هیأت مردی فقیر به میان‌شان رفت در حالی که پابرهنه بود و گدایی می‌کرد.

خدمت صلح‌جویانهٔ دومینیک در جنوب فرانسه فقط دو سال طول کشید و سیاست اِعمال قدرت اینوسنت سوم آن را به حاشیه راند. با این حال، این اسپانیاییِ غیور اعتقاد راسخ داشت که فقر و موعظه لازم و ملزومِ یکدیگرند. او گروهی از افرادِ هم‌اندیش را گرد آورد و در جاهای دیگر به کار خود در میان بدعَت‌کاران ادامه داد. در سال ۱۲۲۰ نوع فعالیت و سبک زندگی دومینیکی‌ها مورد تأیید رسمی کلیسا قرار گرفت. این فرقهٔ جدید که به موعظه می‌پرداخت و نزد ما به دومینیکی‌ها معروف است، Mendicant یعنی گدایان، خوانده می‌شد و عنوانی که برای اعضای آن به‌کار می‌رفت Friar (یا برادر) بود که آنها را از راهبان متمایز می‌ساخت، زیرا برخلاف راهبان، آنها بین مردم زندگی می‌کردند تا به آنها موعظه کنند و تعلیم بدهند. همان‌گونه که در گذشته، سراهای راهبان به منظور خدمت در بین مردم حومهٔ شهر ایجاد شده بود، در این مقطع، فرقهٔ برادران فقیر سعی داشت پاسخگوی نیازهای روحانی مردم شهر باشد.

در این میان، اینوسنت سوم عزم خود را برای برچیدن بساط آلبیگایی‌ها جزم کرده بود. فرانسهٔ شمالی سخت مترصد فرصتی بود تا فرانسهٔ جنوبی را که در آن زمان کشوری مستقل بود، فرو ببلعد. هنگامی که اینوسنت فرمان جنگ صلیبی را صادر کرد – جنگی که نه بر ضد ترکان مسلمان، بلکه بدعت‌کاران مسیحی انجام می‌گرفت – فرانسهٔ شمالی بنای قتل و غارت نهاد. مسیحی خوب کسی نیست که به‌موازات تلاش برای رستگاری روحش، قلمرو پادشاهی خود را با سلاخی بی‌ایمانان گسترش دهد. حتی اینوسنت هم از دیدن این‌همه قساوت جا خورده بود. در هر حال، این جنگ بسیار موفقیت‌آمیز بود. در سال ۱۲۱۵ ریشهٔ آلبیگایی‌ها از تولوز کنده شد و فرانسهٔ شمالی مدعی مناطقِ چپاول‌شدهٔ جنوب گردید.

مفتش وارد می‌شود

بدعت‌کارانِ پراکنده را می‌بایست از مخفیگاه بیرون کشید. دستگاه تفتیش عقاید یا باوَرکاوی همین هدف را دنبال می‌کرد. بدنامی این دستگاه در همه جا رد و اثر خود را بر

1. Dominic Guzman

ذهنیات و زبان مردم بر جا گذاشـــته است و برای ما قساوت و تحقق‌نیافتن عدالت را تداعی می‌کند.

شـــکل اولیهٔ تفتیش عقاید در سال ۱۱۸۴ رخ نمود، یعنی زمانی که پاپ لوکیوس سوم از اسقفان خواست تا عقاید تابعان خود را «بررسی» کنند. خلاصه اینکه، آنها جلسات تحقیق و تفحص در باورهای افراد ترتیب دادند. ایجاد بدعت یا پناه‌دادن به بدعت‌کار بلافاصله حکم تکفیر در پی داشت.

گســترش نهضت آلبیگایی‌ها و خشونت خود آنها در قبال کاتولیک‌های وفادار، اقدامات ســخت‌تری اقتضا می‌کرد. در سال ۱۲۱۵، شــورای چهارم لاترن با ریاست اینوسنت سوم، برای بدعت‌کاران، مجازات و توقیف اموال، برای کســانی که از اقدام علیه بدعت‌کار امتناع می‌کردند، حکم تکفیر، و برای کســانی که همکاری نشان می‌دادند، برخورداری از آمرزش کامل گناهان، مقرر داشت.

در سال ۱۲۲۰ پاپ اجازهٔ تفتیش عقاید را از اسقفان گرفت و به فرقهٔ تازه‌تأسیس دومینیکن ســپرد. نُه سال بعد، شورای تولوز با تدوین سیاست‌های دســتگاه تفتیش عقاید، تقریباً هیچ حقوقی برای فردِ متهم به بدعت قائل نشــد. به این ترتیب، بــرای بازجو هیچ‌گونه الزامات قانونی وجود نداشــت و او فقط به شــخص پاپ جوابگو بود. بازجو هم دادستان بود و هم حکم صادر می‌کرد. «جلســهٔ دادرسی» در خفا برگزار می‌شد و متهم مسئول اثبات بی‌گناهی خود بود، و به روال تمام دادگاه‌هایی که از قانون روم تبعیت می‌کردند، از حق داشــتن وکیل و دانستن هویت شاکیان محروم بود.

آخرین گام مهم در ســال ۱۲۵۲ برداشــته شد. پاپ اینوســنت چهارم مجوز استفاده از شکنجه را برای تخلیهٔ اطلاعاتی متهمان و کسب اقرار از آنها، صادر کرد. در گذشته، پاپ‌ها، مقدســین، و الاهیدانان با چنین پیشــنهادی با ترس و لرز مخالفت کرده بودند. لیکن پس از نشستن اینوسنت سوم بر مسند پاپی و رسیدن کلیسای کاتولیک به اتحادِ باشکوه و قدرتمند خود، کلیسا دیگر اِبایی از توسل به چنین ابزاری نداشت.

درست است که قانون کلیسایی به روحانیون اجازهٔ خون‌ریزی نمی‌داد. کسی که به مذبحِ «یگانه قربانی» خدمت می‌کرد، نمی‌توانست انسان‌ها را قربانی کند. فقط می‌توانست زندانی را تعقیب و بازجویی و شکنجه کند و اگر اتهام بدعت در مورد این نگون‌بخت اثبات شد، او را به دست مقامات قضائی دهد تا به آتش مجازات سپرده شود.

اینها اقدامات زشــتی بود، ولی تقریباً همه پس از آگوستین اعتقاد داشتند که به حکم عقل باید برای نجات بدن، عضو فاســد آن را قطع کرد. در این تمثیل، روشن است که کلیسای رُم حکم بدن را داشت و بدعت‌کار حکم عضو فاسد را.

در تولــوز، ترکیبی از تفتیش عقاید و جنگ علیه بدعت، قبل از پایان قرن ســیزدهم، به کاتاریســم خاتمه داد. به این ترتیب، این تعلیم که مــادّه نمی‌تواند نجات پیدا کند به بایگانی تاریخ سپرده شد تا اینکه خانم مِری بِیکرِ اِدی[1] آمد و پروندهٔ آن را دوباره به جریان انداخت.

1. Mary Baker Eddy

والدنسی‌ها که بیشتر اوقات دستگاه تفتیش عقاید یقه‌شان را می‌گرفت، در کوهستان ایتالیا دوام آوردند و زمانی که جنبش اصلاحات سراسر اروپا را در قرن شانزدهم فرا گرفت، با آغوش باز به استقبال آن شتافتند.

دَم و دستگاه تفتیش عقاید نیز با وجود ضعف جدی‌اش باقی ماند. این دستگاه، اعضای فاسد را قطع کرد، ولی نتوانست شفا دهد. لیکن خدمت شفا در روستایی آغاز شد که در هشتادوپنج مایلیِ شمال رُم قرار داشت و دور تا دورش تاکستان بود. آسّیز، زادگاهِ جووانّی بِرناردون[1] بود که ما او را به نام سَن فرانسیس آسّیزی می‌شناسیم. فرانسیس (۱۱۸۲-۱۲۲۶) پسر تاجرِ ایتالیایی ثروتمندی بود که به تجارت لباس اشتغال داشت. پدر فرانسیس آرزو داشت پسرش شوالیه شود. فرانسیس به خدمت پراُبهت ارتش پیوست، ولی اسارت و بیماری و مجموعه‌ای از رویاها سبب شد تا به آرزوهای پدر پشت کند. روگردانی فرانسیس از زندگی سابق بسیار چشمگیر بود. پیش از آنکه به زندگی سابق خود پشت کند، ثروتمند و جویای نام بود و از بیماریِ جذام می‌گریخت. از زمانی که مسیح را الگوی خود قرار داد، امنیّت ثروت را کنار گذاشت، زندگی ساده‌ای در پیش گرفت که وقف خدمت به دیگران بود، و جذامیان را پذیرا شد. فرانسیس با لباده‌ای مندرس و کمربندی که از یک مترسک برداشته بود، با پیروان معدودش، در حومهٔ شهر می‌گشت و از ثروتمندان گدایی می‌کرد و به فقرا می‌بخشید و دربارهٔ خوشی‌های زندگی فقیرانه مطابق الگوی رسولان، موعظه می‌کرد.

تأسیس فرقهٔ فرانسیسی‌ها[2]

در ۱۲۰۹ فرانسیس برای حلقهٔ کوچک یاران خود آیین‌نامهٔ ساده‌ای تهیه کرد که عمدتاً شامل دعوت مسیح به برداشتن صلیب، توصیهٔ او به حاکم جوان ثروتمند، و رهنمودهای او در خصوص فرستادن رسولان بود. فرانسیس و یارانش با همین آیین‌نامه به حضور پاپ اینوسنت سوم رفتند تا تأیید او را دریافت کنند. این صحنه بسیار شبیه رفتن والدو به حضور آلکساندر سوم در ۱۱۷۹ بود، ولی زمانه تغییر کرده بود. اینوسنت چون نمی‌خواست اشتباهی را که دیگران کرده بودند تکرار کند، فعالیت این گروه کوچک واعظان را تأیید کرد. فرانسیس گروه کوچک خود را «برادران بی‌قدر و اهمیت»[3] نامید، ولی ما به آنها می‌گوییم فرانسیسی‌ها یا فرانچسکوئیان.

تقریباً از همان آغاز، فرانسیس می‌خواست نهضت خود را در تمام جهان گسترش دهد. او خواست به سوریه و مراکش برود، ولی بخت با او یار نبود. سپس در ۱۲۱۹ لشکرکشیِ جنگجویان صلیبی به مصر، فرصتی را که می‌خواست، در اختیارش گذاشت. فرانسیس و یازده نفر از یارانش همراه با لشکریان صلیبی به خاورمیانه رفتند، و در آنجا او تلاش بیهوده‌ای به‌عمل آورد تا سلطان مصر را به آیین خود درآوَرَد. از مصر به دیدن مکان‌های مقدس در فلسطین رفت و بیش از یک سال طول کشید تا دوباره چشمش به ایتالیا افتاد.

---

1. Giovanni Bernardone; 2. Franciscans; 3. Friars Minor (Lesser Brothers)

در زمـــان غیبت او، اختلافاتی بین برادران فرقه بروز کرد. برخی احســـاس می‌کردند که رشد پرشـــتاب آنها اقتضا می‌کند که فرقه از سازمان‌دهی قوی‌تر، قوانین مفصل‌تر، و نظارت بیشتر برخوردار شود. برخی دیگر سعی داشتند از اصول اولیهٔ زندگی فقیرانه به‌شیوهٔ مسیح، فاصله نگیرند.

فرانسیس پس از بازگشت به ایتالیا دریافت که مشکلات بیش از آن است که حریف‌شان شـــود. او الگوی معنوی بود، نه مدیر. به همین ســـبب، از پاپ درخواســـت کرد تا کاردینال اوگولینو[1] را به سِمَتِ مشاور او منصوب کند و بعد از مدتی، مدیریت فرقه را به همکار خود، پیتِر دو کاتانئو[2] ســـپرد. فرانسیس چنین دعا کرد: «ای خداوند ما عیسی، این خانواده‌ای را که به من سپردی، اکنون به تو بازمی‌گردانم. تو خود می‌دانی که دیگر توش و توانی برای مراقبت از آن ندارم.» این صحنه‌ای آشنا در سازمان‌های مسیحی است. یکی می‌آید و سازمان را بنیاد می‌گذارد؛ دیگری آن را اداره می‌کند.

اوگولینو که بعدها پاپ گرِگوری نهم[3] شـــد، فرانســـیس را بســـیار تحسین می‌کرد، ولی موقعیت او در رأس کلیسای کاتولیک، بر هر موضوع دیگری می‌چربید. به همین سبب، او از ظرفیت‌هایی که در نهضت فرانسیسی‌ها وجود داشت برای ارتقای کلیسای رُم و به‌خصوص جبران لطمه‌هایی که آرنولد، والدو، و کاتارها به مرجعیت آن زده بودند، استفاده کرد. او برای اصلاح کلیســـا به فرانسیسی‌ها اقتدار بخشید. خود فرانســـیس می‌خواست دنیا را با موعظه دربارهٔ لزوم فروتن‌شدن مانند مسیح، اصلاح کند.

در ســـال ۱۲۲۳ پاپ هونوریوس[4] ســـوم آیین‌نامهٔ جدیدی برای فرانسیسی‌ها تصویب کرد که به آنها اجازهٔ توسعه ســـازمانی داد و دریوزگی را به خصیصهٔ بنیادین این فرقه تبدیل ساخت. به این ترتیب، فرانسیسی‌ها در ضدحملهٔ فقرطلبانهٔ سهمگینی [علیه دنیادوستی] که در عرصـــهٔ موعظه و آموزه و وقف صورت می‌گرفت، به صفوف دومینیکی‌ها پیوســـتند. در حالی که فرانسیس به پایان زندگانی نزدیک می‌شـــد، او را به آسّیز بازگرداندند، جایی‌که در سوم اوت ۱۲۲۶، در کمال فقر، که سرود او بود، و فروتنی، رخ در نقاب خاک کشید.

فرانسیس محصولِ عصرِ خود بود، دوستدارِ بانوی فقر، ولی او به مسیحیانِ تمامی اعصار تعلق دارد. هِرْبِرت وُرکمَن[5] می‌نویسد: «چند سالی موعظهٔ بالای کوه به واقعیتی عینی تبدیل شد. ولی این رویا سپری گشت» و تنها برای جمعی معدود باقی ماند.

یک قرن بعد، فرانسیســـی‌ها به دو گروه تقسیم شدند: شاخهٔ ملقب به صومعه‌نشینان[6] که مالکیّت را برای کلیسا به هدف بهره‌برداری فرانسیسی‌ها مجاز می‌شمردند و روحانی‌ها[7] که استدلال می‌کردند فقرِ کامل بخشی جدایی‌ناپذیر از هُویَّت کلیسای حقیقی است.

بنابراین، بانوی فقر به‌صورت چالشـــی برای کلیسای جویای ثروت و قدرت باقی ماند، لیکن درســـت همانند رویای اینوسنت سوم برای استیلای جهانی کلیسا، بر همگان ثابت شد که کل کلیسا نمی‌تواند همواره و در همه حال چنین آرمانی را دنبال کند.

---

1. Ugolino; 2. Peter de Cataneo; 3. Pope Gregory IX; 4. Pope Honorius III; 5. Herbert Workman; 6. Conventuals; 7. Spirituals

پیشنهادهایی برای مطالعهٔ بیشتر

Baldwin, Marshall W. *The Mediaeval Church*. Ithaca, NY: Cornell University Press, 1953.
Gobry, Ivan. *St. Francis Assisi*. San Francisco: Ignatius, 2006.
Lambert, Malcolm. *Medieval Heresy*. New York: Holmes & Meier, 1976.
Runciman, Steven. *The Medieval Manichee*. London: Cambridge University Press, 1955.
Thompson, Augustine. *Francis of Assisi: A New Biography*. New York: Cornell University Press, 2012.
Turberville, A. S. *Medieval Heresy and the Inquisition*. London: Archon, 1964.
Westin, Gunnar. *The Free Church through the Ages*. Nashville: Broadman, 1958.
Workman, Herbert B. *The Evolution of the Monastic Ideal*. Boston: Beacon Press, 1962.

فصل بیست‌ودوم

خوابیدگان و قانون ضرورت

افول قدرت پاپ

چنین می‌نمود که قرن چهاردهم، آغازی قدرتمند در اروپا داشـــت. در ۲۲ فوریهٔ ۱۳۰۰، پاپ بونیفِس هشـــتم[1] برای جشن آغاز قرن جدید میلادی، سال نو را یوبیل - سال مقدس - اعلام کرد که در نوع خود بی‌نظیر بود. بر طبق فرمان رســـمی پاپ، «آمرزش کامل و بی‌دریغِ تمام گناهان» مشـــمول کســـانی می‌شد که در این ســـالِ مقدس با احترام کامل از کلیساهای حضرت پطرس و حضرت پولس بازدید می‌کردند. جمعیت شاد به کوچه و خیابان‌های شهر مقدس ریختند.

پس از ششـــصد و هفتادوپنج سال، پاپ پُل ششـــم[2] با تکرار کلمات بونیفس و افزودن عبارتِ «هدیهٔ عفو کامل مجازات موقت»، ۱۹۷۵ را سال مقدس جدید اعلام کرد. این بار نیز، رُم پذیرای جمعیتی شد که از خوشحالی سر از پا نمی‌شناخت.

بونیفس هشـــتم (۱۲۹۴-۱۳۰۳) که اعلام سال مقدس را او باب کرد، استعدادی ذاتی در مورد تشریفات داشـــت. مثلاً، چندین بار با ردای امپراتوری مقابل زائران قرار گرفته و بانگ کشـــیده بود: «من قیصر هستم. من امپراتورم.» نقل است که تاج پاپی او چهل‌وهشت یاقوت، هفتادودو یاقوت کبود، چهل‌وپنج زُمُرُّد، و شصت‌وشش مروارید درشت داشت. در این سال مقدس، بونیفس به برکت ســـخاوتی که زائران نشـــان داده بودند، پشت سر هم بخشش‌نامه

1. Pope Boniface VIII; 2. Pope Paul VI

صادر می‌کرد. در گزارش یکی از وقایع‌نگاران این دوره آمده اســت که در کلیسای حضرت پولس مردم چنان دست‌به‌جیب شده بودند که دو کشیش از بام تا شام یکسر «پول‌ها را جمع می‌کردند.»

بونیفس دهه‌های درخشانی پیشِ رو می‌دید، زیرا به‌مدت دو قرن، پاپ به چنان قدرتی در حوزهٔ دینی و سیاسی دست یافته بود که کسی به گرد پایش نمی‌رسید. پاپ الگوی درخشانِ اینوسنت سوم را در برابر خود داشت که امپراتوران و پادشاهان نمی‌توانستند سخنی برخلاف او بگویند. بونیفس تصور می‌کرد که اکنون نوبت اوست.

با این همه، سه سال پس از یوبیل، بونیفس بر اثر ضربهٔ روحی ناشی از بدترین توهینی که تا آن زمان به یک پاپ شــده بود، جان داد. درست همان‌موقع که مردم سرگرم شادی بودند، نیروهایی در کار بود که سرآغازِ افول برتری پاپ را در قرون وسطیٰ رقم می‌زد.

چگونه چنین چیزی اتفــاق افتاد؟ چرا افراد و ملّت‌هایی برخاســتند و با قدرت دنیوی پاپ‌ها به مقابله پرداختند؟

خواب و تغییر در پادشاهی خدا

عیســی مَثَلی دربارهٔ مردی گفت که بذر بر زمین پاشید (مرقس ۴:۲۶-۲۹). بذرها شب و روز، چه مرد خواب بود چه بیدار، رشــد می‌کردند و می‌روئیدند و مرد تا به خود بیاید، گیاه جوانه زد. ساقه خودش از خاک درآمد، بعد سنبله نمایان شد و آخرسر دانه درون سنبله شکل گرفت. عیسی پادشاهی آسمان را به رشد این بذر تشبیه کرد.

تغییرات مهم در کلیســا و جهان اغلب در حالی اتفاق می‌افتد که مردم روح‌شان هم خبر ندارد. قرن چهاردهم چنین زمانی بود. در این میان، به‌خصوص دستگاه پاپ همچنان‌که کار خود را به روال معمول انجام می‌داد، افکار مهم و نیروهای اجتماعی چهرهٔ مسیحیت را تغییر می‌دادند. ما دورهٔ فاصل بین ۱۳۰۰ و ۱۵۰۰ را عصر «افولِ قرون وسطیٰ» می‌خوانیم، زیرا ایدهٔ جهان مسیحیت که هزار سال، از قرن چهارم تا چهاردهم، موجب وحدت شده بود، به‌شدت زیر حمله قرار داشت.

دنیای مســیحیت محصول هماهنگی بین دو ایده بود: امپراتوری مســیحی و کلیســای کاتولیک. تصویر امپراتوری مسیحی که در قرون هفتم و هشتم توانست اروپایی واحد ایجاد کند، در قرون دوازدهم و ســیزدهم، همگام با گسترش نفوذ پاپ، رفته‌رفته اهمیت خود را از دســت داد. اینوسنت سوم ثابت کرد که پاپ در بسیج شاهزادگان برای جنگ صلیبی یا دفاع از ایمان علیه بدعت‌کاران، از همه پیش است.

قــرون چهاردهم و پانزدهم نه فقط از این منظر مهم‌اند که قدرت امپراتوری بیش از پیش رو به افول نهاد، بلکه حنای پاپ هم بی‌رنگ شد.

در قرن چهاردهم هنوز نمی‌شــد در مورد ملّت به معنای امروزی این کلمه سخن گفت، ولی عدهٔ بیشــتری از مردم هرگاه به فراتر از محدودهٔ شهر یا دین خود فکر می‌کردند، به این

ایده خو می‌گرفتند که مثلاً انگلیسی یا فرانسوی هستند. شاید مهم‌تر از این، مردم دریافتند که «دولت» آنها بدون هدایت مستقیم پاپ هم می‌تواند امور خود را بچرخاند. به زبان امروزی، آنها امور دینی را از امور سکولار یا دنیوی تفکیک کردند و برای کلیسا و دولت حوزه‌های مستقلی قائل شدند. این نگاه جدید به جهان، به‌خصوص در آنچه بر پاپ‌ها گذشت، نمایان است.

اروپا رفته‌رفته از نظام فئودالی سابق فاصله می‌گرفت. زمین دیگر اهمیت گذشته را نداشت و اکنون پول نقد اهمیت پیدا کرده بود. هرچه جلوتر می‌رفت، کسانی که در رأس ساختار قدرت قرون وسطی بودند، درمی‌یافتند که باید منابع بزرگ‌تر درآمد را در دست خود بگیرند. لازمهٔ این کار، افزایش درآمد مالیاتی بود. مجادله میان کلیسا و فرمانروایان جسورِ انگلستان و فرانسه، ماشهٔ ناآرامی‌های قرن چهاردهم را کشید.

ادوارد اول[1] در انگلستان و فیلیپ خوش‌چهره[2] در فرانسه حکم می‌راندْند. هر دو قوی و برخوردار از اعتمادبه‌نَفْس بودند و با هم بر سر بخش‌هایی از خاک فرانسه که هنوز در تسلط انگلستان بود، اختلاف داشتند. ادوارد و فیلیپ هر دو برای تأمین هزینه‌های سنگین لشکرکشی‌های خود، به راه‌حل واحدی رسیدند، اینکه از روحانیون در سرزمین‌های خود مالیات بگیرند. ولی از نظر پاپ، عایدات کلیسا مشمول تعیین مالیات اجباری نمی‌شد و فقط کلیسا حق وضع مالیات بر درآمدهای خود داشت.

در ۱۲۹۶ بونیفس هشتم فرمانی تحت عنوان *Clericis Laicos* صادر کرد که به موجب آن، اگر حاکمی اقدام به تعیین مالیات برای روحانیون می‌کرد، هم او و هم روحانی‌ای که بدون اجازهٔ پاپ آن را پرداخت می‌کرد، هر دو تکفیر می‌شدند. اما ادوارد و فیلیپ نسل جدیدی از فرمانروایان غیرمذهبی بودند که تهدیدهای رُم را به پشیزی نمی‌گرفتند. ادوارد در واکنش به پاپ فرمان داد که اگر روحانیون مالیات خود را نپردازند، از تمام حمایت‌های قانونی محروم خواهند شد و داروغه‌های شاه اقدام به مصادرهٔ املاک وسیع آنها خواهند کرد. پاسخ فیلیپ هم تحریم کامل صدور طلا، نقره و جواهرات از سرزمین‌های خود بود تا به این ترتیب خزانهٔ پاپ را از مهم‌ترین منبع درآمدی که از محل عواید کلیسا در فرانسه داشت، محروم کند.

در مقابل این واکنش شدید، بونیفس کوتاه آمد و توضیح داد که منظور او این نبوده که اگر نیاز مبرمی پیش آمد، روحانیون از تأمین هزینه‌های دفاع از کشور معاف‌اند. از آنجا که تشخیص «نیاز مبرم» و «لزوم دفاع» با فرمانروایان بود، پیروزی ادوارد و فیلیپ در این موضوع محرز شد.

صدایی جدید در دنیای مسیحیت

اما این قصه سر دراز داشت و پیروزی فرمانروایان هنوز خیلی مانده بود کامل شود. بونیفس چنان از موفقیت بزرگ سال یوبیل سرمست بود که تصور کرد رشتهٔ این احترامی که

1. Edward I; 2. Philip the Fair

از هر گوشهٔ دنیای مسیحیت نثار او می‌شد، لابد تا عالم سیاست هم گسترده است. این بود که نیم‌تاج دومی هم به نشانهٔ قدرت دنیوی، به تاج خود افزود و در حالی که آتش خشم خود را روی فیلیپ متمرکز کرده بود، تصمیم گرفت تا درسی به این شاه فرانسه بدهد. از آن طرف، فیلیپ نمایندهٔ صدای جدید گوشخراشی در دنیای مسیحیت بود. او باور داشت که عیسای مسیح به کلیسا قدرت دنیوی نداده است.

در ۱۳۰۱ فیلیپ یک اسقف فرانسوی را به جرم خیانت گرفت و به زندان انداخت. بونیفس دستور داد که او را آزاد کنند و موافقت قبلی خود را با پرداخت مالیات برای اراضی کلیسا لغو کرد. در پاسخ به این اقدام، فیلیپ یک سال بعد، نمایندگانی از طبقهٔ اشراف، روحانیون و بورژوازی فرانسه گرد آورد (که مقدمهٔ تشکیل مجمع ملّی او، اِتا ژِنرو یا مجلس عمومی طبقاتی بود). فیلیپ توانست حمایت کامل آنها را در منازعهٔ خود با پاپ جلب کند. یکی از وزرای فیلیپ نه گذاشت نه برداشت، گفت: «شمشیر ارباب من از آهن است؛ شمشیر پاپ از جنس کلمات.»

چند ماه بعد، بونیفس فتوای موسوم به *Unam sanctam* را صادر کرد که قوی‌ترین بیانیه در مورد حدود قدرت پاپ در تمام تاریخ کلیساست. این بار بونیفس سخن خود را به صریح‌ترین شکل ممکن گفت. او اعلام داشت: «بر تمام انسان‌ها واجب است که مطیع پاپِ کلیسای رُم باشند.» واکنش شاه هم دست‌کمی نداشت، چون می‌خواست ترتیبی بدهد تا بونیفس بر این اساس که انتخاب او مشروع نبوده، کنار گذاشته شود. برای عملی‌کردن این نقشه، شاه ویلیام نوگاره[1] را انتخاب کرد. او وکیل کارکاشته‌ای بود که به فیلیپ در گذاشتن پایه‌های حیات ملّت خود کمک می‌کرد.

جناب نوگاره در عین حال استاد جعل اتهامات واهی بود. ضمناً، روش مورد تأیید ایشان برای اخذ اقرارِ به‌اصطلاح «داوطلبانه» از شاهد عبارت بود از برهنه‌کردن و آغشتن بدن شاهد به عسل و سپس آویزان‌کردن آن بیچاره بالای کندوی عسل. پرونده‌ای که نوگاره برای بونیفس دست‌وپا کرد نه فقط شامل عدم مشروعیت انتخاب او بود، بلکه در آن او به بدعت‌گذاری، فروش مناصب کلیسایی، و بی‌بندوباری اخلاقی متهم شده بود. نوگاره با مجوزِ انجمنی متشکل از مقامات کلیسایی و اشراف فرانسوی، خود را شتابان به ایتالیا رساند تا یقهٔ پاپ را بگیرد و او را برای محاکمه درحضور شورای کلیسایی ویژه‌ای به فرانسه بیاورد.

در این زمان، بونیفسِ هشتادوشش‌ساله برای فرار از گرمای رُم به نواحی کوهستانی آپنن[2] در محل زادگاه خود، یعنی آنان‌یی[3] رفته بود. نوگاره و سربازانِ تحت امر او به‌زور وارد اتاق‌خواب بونیفس شدند. در اینکه واقعاً روی او دست بلند کرده باشند تردید وجود دارد، ولی تا توانستند با او بدرفتاری کردند. سربازان چندین روز او را محبوس ساختند، و وقتی خبر به گوش مردم محل رسید، همه جمع شدند و بونیفس را نجات دادند. پاپِ سالخوردهٔ بی‌رمق و تحقیر شده، چند هفته بعد از این اتفاق، از دنیا رفت. معاصرانش دربارهٔ او گفتند: «او مثل روباه به درون خزید، مثل شیر فرمان راند، و مثل سگ هم مرد.»

1. William of Nogaret; 2. Apennine; 3. Anagni

اتفاقی که در آنانِیی افتاد از چه نظر اهمیت داشت؟ از این نظر که نشان می‌داد مسیحیان اروپا دیگر حاضر نبودند دخالت پاپ را در اموری که به‌زعم آنها صرفاً سیاسی بود، بپذیرند. البته، کسی نمی‌توانست به‌طور یقین بگوید چه امری صرفاً سیاسی است، ولی اینکه شاه در کشور خودش صاحب اختیار باشد، واقعیتی مورد قبول عموم بود. در همان حال، اکثر مردم بی‌حرمتی به پاپ، حتی پاپی نامحبوب را، ناروا می‌شمردند. بونیفس جایی در دل مردم نداشت و هدف انتقادهای گسترده‌ای بود. دانته[۱] نویسندهٔ نابغهٔ ایتالیایی و خالق اثر *کُمدی الاهی*[۲] جای بونیفس را در جهنم تعیین کرد! ولی بونیفس هرچه بود، نایب مسیح شمرده می‌شد و در آن زمان، کمتر کسانی می‌توانستند مسیحیت را بدون پدر مقدس کلیسا تصور کنند.

بنا بر آنچه گفته شد، مردم از آغاز قرن چهاردهم، حتی زمانی که هنوز کلمه‌ای برای بیان این مفهوم سیاسی نداشتند، کم کم بین مرجعیت دینی و غیردینی فرق می‌گذاشتند و حقوق هریک را از هم تفکیک می‌کردند. این تازگی داشت.

آنانِیی به نماد افول قدرت پاپ تبدیل شد، همچنان‌که حدود دو قرن پیش، کانوسّا نماد صعود آن شده بود. هنگامی که جانشین بونیفس در رُم پس از زعامتی کوتاه و بی‌نتیجه بر کلیسا درگذشت، کودتای جسورانهٔ فیلیپ به ثمر نشست. در ۱۳۰۵، مجمع کاردینال‌ها اسقف اعظم بوردو را که فرانسوی بود به مقام پاپی برگزید و او پاپ کِلِمِنْتِ پنجم[۳] نامیده شد. کلمنت حتی یک بار هم پایش را در رُم نگذاشت. ترجیح می‌داد به خانه‌اش نزدیک باشد. در آنجا همیشه برای اجرای اوامر همایونی در دسترس اعلی‌حضرت بود.

اسارتِ پدر مقدس

انتخاب کلمنت به مقام پاپی، سرآغازِ یک دورهٔ هفتادوساله از تاریخ کلیسا بود که به پیروی از تبعید طولانی یهودیان کهن در بابل، به دورهٔ اسارت بابلیِ پاپ معروف شد. شش پاپِ متوالی بعد از کلمنت که فرانسوی بودند، به‌جای رُم ترجیح دادند در شهر کوچکی که آوینیون[۴] نامیده می‌شد، سکونت کنند. آوینیون بر کنارهٔ رود رُن، درست روبه‌روی قلمرو فیلیپ واقع بود. سکونت پاپ‌ها در این شهر موجب رونق آن شد به‌طوری که جمعیت آن به هشتاد هزار نفر رسید، دستگاه عریض و طویل کلیسایی برقرار شد، و کاخ باشکوه پاپ در آن خودنمایی می‌کرد.

انتقال مقر پاپ به آوینیون یک تغییر جغرافیایی صرف نبود. در اندیشهٔ مردم اروپا، رُم، شهر ابدی، نه فقط یادآور این دیدگاه بود که اسقفان رُم جانشینان پطرس هستند که کلیسا بر او بنا شده، بلکه سیطرهٔ جهانی غرب یا به‌عبارتی، *قدرت مطلق* رُم را به ذهن القا می‌کرد.

---

1. Dante

۲. The Divine Comedy. از این اثر بزرگ چند ترجمهٔ فارسی وجود دارد. (مترجم)

3. Pope Clement V; 4. Avignon

از طرف دیگر، آوینیون از هر ســو در احاطهٔ پادشاهی فرانسه قرار داشت و ابزاری صرف در دست یک ملت، یعنی فرانسهٔ تشنهٔ قدرت بود.

آلمانی‌ها هیچ میانهٔ خوبی با پاپ مســتقر در آوینیون نداشــتند. در ۱۳۲۴ امپراتور لوئیِ باواریایی[۱] (۱۳۱۴-۱۳۴۷) علیه پاپ ژانِ بیســت‌ودوم[۲] در یک شورای عمومی اقامهٔ دعوی کرد. یکی از دانشمندانی که از این اقدام حمایت کرد، مارسیلیوس اهل پادوئا[۳] نام داشت که از دانشــگاه پاریس گریخته بود. در ۱۳۲۶ مارسیلیوس و همکارش، ژان اهل ژاندان[۴] نوشتهٔ خود را به نام *مدافع صلح* در اختیار لوئی قرار دادند. این نوشــته ریاست پاپ را بر کلیسا به پرسش می‌گرفت و خواهان ادارهٔ کلیسا به‌شکل دموکراتیک بود. *مدافع صلح* اذعان می‌داشت که کلیســا جامعهٔ تمام ایمانداران است و کشیشان بالاتر از غیرکشیشان نیستند. نه پاپ‌ها، نه اســقفان، و نه کشیشان، هیچ‌یک برای عملکرد خاصی از طرف مسیح انتخاب نشده‌اند؛ بلکه صرفاً کارگزاران جامعهٔ ایمانداران هســتند که شورای عمومی به نمایندگی از سوی آن عمل می‌کند.

این دیدگاهِ رادیکال و انقلابی دربارهٔ کلیسا، پاپ را به دبیر اجرایی شورا تبدیل می‌کرد و او را تابع اقتدار آن می‌ســاخت. نظریه‌ای که به «مرجعیت شورا»[۵] موسوم شد، طولی نکشید که از مرحلهٔ نظر، به ساحت عمل درآمد.

بخش وسیعی از خصومتی که علیه دستگاه پاپ در آوینیون جریان داشت، شامل اعتراض به سوءاســتفاده از منابع مالی بــود. کاهش درآمدها از ایالات پاپــی در ایتالیا، دربار پاپ را به ورشکســتگی کشــانده بود. پاپ‌های آوینیون برای جایگزین‌کــردن این مداخل و ایجاد درآمدهای جدید، روش‌هــای مختلفی به‌کار گرفتند که برخی جدید و برخی قدیمی بودند. برای فلان امتیاز هزینه منظور کردند و به فلان مورد مالیات بســتند. مثلاً، پاپ مقرر کرد که هرگاه اســقفی برای جایی تعیین می‌شد، درآمد ســال اول که *آنات*[۶] یعنی «درآمد یک سال» خوانده می‌شد، به پاپ تعلق یابد. به این ترتیب، اگر جایی اسقف نداشت، پاپ ترتیب انتقال اســقف جدید را از شهر دیگر به آنجا می‌داد تا پول بیشــتری گیرش بیاید. بعضی مواقع هم پاپ در انتصاب اسقف جدید دست‌دست می‌کرد و درآمد یک سال را علی‌الحساب دریافت می‌نمود. به این وجه می‌گفتند *رِزِرواسیون*.[۷]

لیکن از همهٔ اینها ســودآورتر درآمد حاصل از فروش بخشش‌نامه بود که به هر مناسبت جزئی، از احداث پل گرفته تا اعلام جنگ، صادر می‌شــد، و هرچه هم می‌گذشــت، دربارهٔ مزایای روحانی‌اش بیشــتر غلو می‌شــد. به‌مرور، دلزدگی از دســتگاه پاپ افزایش یافت، به‌خصوص هنگامی که پدر مقدس خط و نشــان کشید که اگر فلان مالیات یا هزینه پرداخت نشود، دست به تکفیر خواهد زد.

در ۱۳۶۰، بلوایی که در ایتالیا بر ســر ایالات پاپی راه افتاده بود به‌علاوهٔ اعتراض به تسلّط فرانســویان بر دستگاه پاپ، روشن ساخت که استقرار پاپ در آوینیون ادامه نخواهد داشت.

1. Louis the Bavarian; 2. Pope John XXII; 3. Marsilius of Padua; 4. John of Jandun; 5. Conciliarism; 6. Annat; 7. Reservation

با این حال، به مخیلهٔ کسی خطور نمی‌کرد که بازگشت مقر پاپ به رُم چه حوادث شومی رقم خواهد زد.

در ۱۳۷۷، پاپ گرِگوری یازدهم[1] که سنی از او گذشته بود، رسماً وارد رُم شد. ولی شوقِ بازگشت مقر پاپ به شهر مقدس، چندان نپایید. یک سال بعد، گرگوری دار فانی را وداع گفت و لزوم انتخاب پاپ جدید مطرح شد. مجمع کاردینال‌ها که هنوز زیر نفوذ فرانسویان بود، تسلیم هیاهوی جماعت معترضی از مردم رُم شد و فردی ایتالیایی را برای تصدی مقام پاپی انتخاب کرد. در ۱۸ آوریل، یکشنبهٔ عید قیام، پاپ جدید یعنی اوربان ششم[2] تاجگذاری شد. در این مراسم همهٔ کاردینال‌ها حضور داشتند. با این همه، ماه‌های تابستان از یک طرف و روش‌های دیکتاتورمآبانهٔ حضرت اوربان از طرف دیگر، در مورد انتخاب او و به این مقام تردید ایجاد کرد. در ماه اوت، کاردینال‌ها ناگهان به تمام اروپا اعلام کردند که مردم رُم به‌زور فردی مرتد را بر کرسی پطرس نشانده‌اند و بنابراین، انتصاب او به این مقام فاقد وجاهت قانونی است.

یک ماه بعد، جناب «مرتد» در واکنش به این اقدام، عملاً مجمع کاردینال‌های جدیدی تشکیل داد. کاردینال‌های فرانسوی نیز از میان خود پاپ جدیدی، یعنی کلمنت هفتم[3] را انتخاب کردند و این امر را به اطلاع مقامات گوناگون کشوری و کلیسایی رساندند. کلمنت هفتم چرخی در ایتالیا زد و سرانجام با کشتی عازم فرانسه و آوینیون شد.

شقاق بزرگ در نظام پاپی

به این ترتیب با حکومت اوربان در رُم و کلمنت در آوینیون، فصل تیره‌ای در تاریخ زعامت پاپ‌ها آغاز شد که به شقاق بزرگ در نظام پاپی موسوم است. این دوره سی‌ونه سال ادامه داشت. هریک از دو پاپ، مجمع کاردینال‌های خود را داشت که جانشین او را تعیین می‌کرد. هریک نیز ادعا داشت که نایب برحق مسیح و صاحب قدرت برای تکفیر کسانی است که او را به‌رسمیت نمی‌شناسند.

چنین شکاف‌هایی در گذشته نیز رخ داده بود. چه قبل و چه بعد از این شقاق، انسان‌های درستکاری بوده‌اند که زیر بار ادعاهای رُم نرفته‌اند. ولی در این زمان، کسی ادعاهای کلیسای رُم را نقض نمی‌کرد - به‌جز خود کلیسای رُم. کلیسا از یک طرف پیشوای روحانی خود را نصب و از طرف دیگر، او را عزل می‌کرد.

این موضوع که پاپ حقیقی کدام است برای دنیای مسیحیت کمال اهمیت را داشت. متأسفانه یگانه شاهدانی که می‌توانستند به روشن‌شدن این مسئله کمک کنند، یعنی کاردینال‌ها، آنچه در این باره می‌گفتند یکسر ضد و نقیض بود. اگر آنچه در ماه آوریل گفته بودند درست بود، پس آنچه در ماه سپتامبر گفتند نادرست بود؛ و اگر آنچه در سپتامبر گفتند عین واقع بود، پس آنچه در آوریل گفته بودند خلاف واقع بود. این مسئله، پای دانشگاه‌ها، شاهان، اسقفان، دوک‌ها، و کلاً همه را به موضوع تعیین نایب برحق مسیح بازکرد.

---

1. Pope Gregory XI; 2. Urban VI; 3. Clement VII

فرانسه از کلمنت اعلام حمایت کرد؛ ایتالیا از اوربان. امپراتوری به طرفداری از اوربان برخاست؛ انگلستان نیز همین‌طور. اسکاتلند طرف کلمنت را گرفت. ولی در هر کشوری اقلیتی بود که ساز مخالف می‌زد. التهاب و ناآرامی بروز کرد. اموال به آتش کشیده می‌شد و برخی دربارهٔ لزوم جنگ صلیبی موعظه می‌کردند. همان‌گونه که می‌دانیم، خانه‌ای که در آن اختلاف افتاد، برقرار نمی‌ماند.

در ۱۳۹۵ استادان برجستهٔ دانشگاه پاریس پیشنهاد کردند که یک شورای عمومی به نمایندگی از کلیساهای جهان، برای رفع این شقاق، تشکیل شود؛ ولی هیچ نشده مشکلات شروع شد. قانون کلیسایی صراحت داشت که تشکیل شورای عمومی فقط به‌دستور پاپ صورت می‌گیرد؛ تصمیم‌های شورا نیز باید به تأیید پاپ می‌رسید. اکنون این حقوق متعلق به کدام پاپ بود؟ در واقع، خود قانون کلیسا مانعی در راه اتحاد دوبارهٔ دنیای مسیحیت بود! در این وضع، آیا "ضرورت" به قانونی مهم‌تر از قانون کلیسایی تبدیل نشده بود؟

انتخاب پاپ جدید

در ۱۴۰۹ اکثریت کاردینال‌ها از هر دو اردوگاه در مورد پاسخ مثبت به سؤال بالا همداستان بودند. آنها در شورای عمومی که در شهر پیسا[1] واقع در ساحل غربی ایتالیا برگزار شد، حضور به‌هم رساندند و هر دو مدعیِ مقام پاپی را عزل کردند و نفر سومی را به این مقام برگزیدند. این فرد آلکساندر پنجم[2] بود. با این همه، هیچ‌یک از دو پاپ معزول، به تصمیم شورا تمکین نکرد. به این ترتیب، کلیسا اکنون به‌جای دو، سه مدعی برای کرسی پطرس داشت.

با هر میزان و معیاری، سه پاپ برای کلیسا زیاد است، به‌خصوص که یکی علیه دیگری اعلام جهاد کند و برای تأمین هزینه‌های جنگ، بخشش‌نامه بفروشد. این اتفاقات عجیب‌وغریب مردم اروپا را بر آن داشت تا رهبران خود را به عمل وادارند. در سال ۱۴۱۴ امپراتور روم مقدس، چشمگیرترین گردهم‌آیی کلیسایی آن زمان را در شهر آلمانیِ کانستَنْس ترتیب داد. حتی کلیسای ارتودوکس یونانی نیز نمایندگانی به این گردهم‌آیی فرستاد.

برای نخستین بار، رأی‌گیری در سطح کاملاً ملّی انجام شد. به‌جای مجمع سنتی اسقفان، این شورا از نمایندگان غیرروحانی تشکیل شده و به‌صورت کنوانسیونِ «ملل» (متشکل از آلمان، ایتالیا، فرانسه، انگلستان، و اسپانیا که بعدها به جلسه پیوست) سازمان‌دهی شده بود. هریک از این ملل یک رأی داشت. ساختار ملّی این شورا بسیار مهم بود؛ زیرا نشان می‌داد که کلیسا با همهٔ بی‌میلی‌اش، به صف‌آرایی جدید قدرت پی برده است.

عاقبت در ۱۴۱۷، شورا پاپ وقت را برکنار و دو مدعی دیگر را عزل کرد و حکم به انتصاب نایب جدید مسیح، یعنی مارتین پنجم[3] داد. یکی از پاپ‌های معزول، یعنی بندیکت سیزدهم[4] اهل آوینیون، حاضر به تمکین نشد، ولی شورای کانستَنْس، در عمل، به این شقاق بزرگ پایان داد.

1. Pisa; 2. Alexander V; 3. Martin V; 4. Benedict XIII

افول قرون وسطی[1]

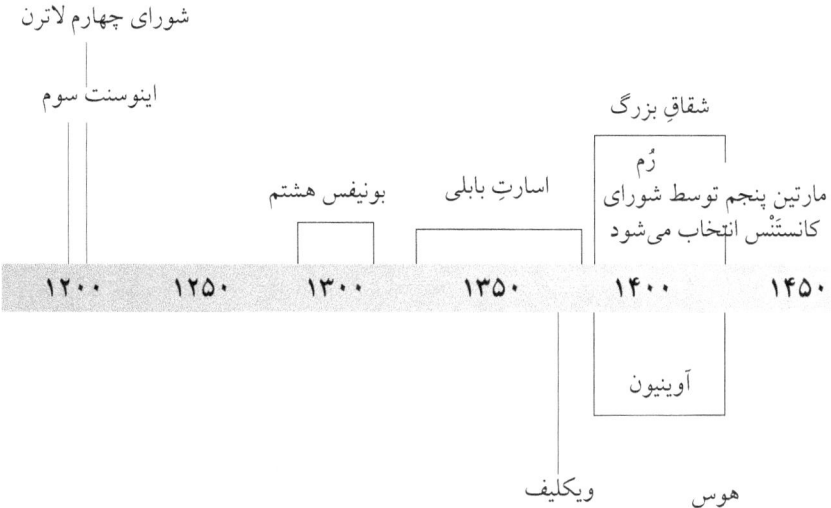

به این ترتیب، حکم ضرورت پیروز شده بود؛ امّا دیری نگذشت که نفی شد. مارتین به لطف اقدام شورا، بر مسند پاپی نشسته بود، ولی به مجردی که پاپ شد، تمام مصوبات شورا را غیر از حکم آن دربارهٔ انتصاب او، لغو کرد. کلیسای رُم در حوزهٔ قوانین کلیسایی هرگز با چنین تناقض بزرگی مواجه نشده بود، تناقضی نه در عرصهٔ نظر، بلکه در ساحت عمل.

مارتین دلیل خوبی برای مخالفت با مصوبات شورا داشت، زیرا وجود شورا سؤال مهمی پیش می‌کشید و آن اینکه: چه کسی بالاتر است؟ شورای عمومی که پاپ را منصوب می‌کند یا پاپ که سخن خود را بالاتر از مصوبات شوراها می‌داند؟

نهضتی که مرجعیّت را به شورا می‌داد، می‌خواست مقام پاپ را به چیزی در حد سلطنت با شرایط محدود تقلیل دهد. کانستَنْس در کمال جدّیّت حکم کرد که شوراهای عمومی بر پاپ برتری دارند و باید در آینده در فواصل منظم تشکیل جلسه دهند. پاپ این را بدعت می‌دانست. بازگشت پاپ به قدرت به‌علاوهٔ ناتوانی شوراهای عمومی بعدی در ایجاد اصلاحاتی که بسیار نیاز بود، در ۱۴۵۰ دست پاپ‌ها را برای برچیدن نهضت مرجعیّت شورا بازکرد. پاپ‌ها سر خود را نه به اصلاحات دینی، بلکه به امور سیاسی ایتالیا و حمایت از هنر گرم می‌کردند. به این ترتیب، پاپ دودل بود که خوشتر می‌دارد جانشین پطرس باشد یا قیصر. فساد سیاسی و فساد اخلاقیِ واتیکان در زمان رودریگو بورجا[1] که با نام آلکساندر ششم[2] حکم می‌راند (۱۴۹۲–۱۵۰۳) به اوج خود رسید. این شخص بسیار بی‌اخلاق بود و فکری جز این نداشت که فرزندانش را از زر و زور بهره‌مند کند.

1. Roderigo Borgia; 2. Alexander VI

به این ترتیب، کانسـتَنْس را می‌شـد نفی کرد، ولی فراموش نه. بیگانگی با پاپ در حال گسترش بود. مردم کم‌کم به فکر تشکیل «کلیساهای ملّی» و ادارهٔ کلیسا توسط نمایندگانِ منصوب مردم می‌افتادند. شرایط برای ظهور اصلاحات پروتستان مهیا بود.

پیشنهادهایی برای مطالعهٔ بیشتر

Baldwin, Marshall W. *The Mediaeval Church.* Ithaca, NY: Cornell University Press, 1953.

Deanesly, Margaret. *A History of the Medieval Church 590-1500.* London: Methuen, 1969.

Heinze, Rudolph W. *Reform and Conflict: From the Medieval World to the Wars of Religion, AD 1350-1648, Baker History of the Church.* Vol. 4. Grand Rapids: Baker, 2004.

Hollis, Christopher, ed., *The Papacy.* New York: Macmillan, 1964.

*Logan, F. Donald. *A History of the Church in the Middle Ages.* New York: Routledge, 2013.

Schaff, Philip. *History of the Christian Church, Volume V, The Middle Ages (Part I), AD 1049-1294.* Grand Rapids: Eerdmans, 1957.

*Southern , R. W. *Western Society and the Church in the Middle Ages.* The Penguin History of the Church. Vol. 2. New York: Penguin, 1990.

فصل بیست‌وسوم

قضاوتِ زمان

ویکلیف و هوس

هربرت باترفیلد[1] در کتاب کوچکِ آموزندهٔ خود به نام مسیحیت *و تاریخ*، این نکته را بیان می‌کند که نظام‌های انسانی، ایجاد و شکوفا و سرانجام ساقط می‌شوند، چون روند گذر زمان «قضاوت» خاص خود را دارد. نهادهایی که در نگاه اول هیچ کم‌وکسری ندارند، در نهایت از هم می‌پاشند، زیرا سده‌هایی که بر آنها می‌گذرد، عیوب آنها را آشکار می‌کند.

اسارت بابلی در آوینیون و شقاق بزرگی که در نتیجهٔ آن دامنگیر نظام پاپی شد، پرده از عیوبی بنیادی برداشت. زمان اصلاحات اساسی رسیده بود، لیکن پس از شکست نهضتی که مرجعیت را برای شورای کلیسایی قائل بود، اصلاحات دندان‌گیری در داخل کلیسای رُم صورت نگرفت و به‌مرور، این فکر که خدا اراده‌اش را از طریق پاپ آشکار می‌کند، رنگ باخت. مردم بر این عقیده بودند که خدمت پاپ نه فقط برای حیات دینی مردم ضرورت دارد، بلکه ابزاری برای تأیید حاکمیت سیاسی است. پاپ در کانون جامعهٔ مسیحی بر زمین قرار داشت.

دو مرد شجاع – یکی جان ویکلیف انگلیسی و دیگری جان هوسِ چک – جرأت این فکر را به خود راه دادند که شاید کلیسای مسیحی چیزی بیش از سازمانی مرئی بر زمین است که پاپ بر آن ریاست می‌کند. حتی طرح این احتمال، بهای گزافی برای آنها در پی داشت، لیکن این دو به‌روشنی دریافته بودند که زمانِ نزول داوری بر خانهٔ خدا فرا رسیده است. ولی آنها کِه بودند؟ و چگونه راه آینده را نمایان ساختند؟

1. Herbert Butterfield

ویکلیف، مسیحی غیور انگلیسی

جان ویکلیف مسیحی غیوری بود. او نیز مانند اکثر غیرتمندان، از اینکه بنشیند و کاری نکند بیزار بود و با هر دستی که داد با همان دست هم گرفت. از زمان حیاتش تا امروز، برخی جای او را در بهشت برین دانسته‌اند و برخی در دوزخ فرودین.

سردرگمی دربارهٔ چهرهٔ واقعی ویکلیف، دور از انتظار نیست. دربارهٔ این مرد واقعاً کم می‌دانیم. او این عادت ناراحت‌کننده را داشت که شخصیت خود را زیر صفحات آثار عالمانه‌اش دفن می‌کرد و با آنکه مورخان درک خوبی از استدلال‌های او دارند، فقط انگشت‌شماری از آنها مدعی شناخت *اوصاف شخصی* او هستند.

سال‌های آغازین زندگی ویکلیف به اندازهٔ شخصیت او پوشیده از ابهام است. حتی نمی‌دانیم در چه تاریخی به دنیا آمد. او در شمال انگلستان پرورش یافت و همچنان‌که از فضای مِه‌گرفتهٔ قرون وسطیٰ به‌در می‌آید، او را می‌بینیم که دانشجوی آکسفورد است. ویکلیف در سال ۱۳۷۲ مدرک دکتری گرفت و بی‌درنگ آوازهٔ او که استادی برجسته بود در دانشگاه پیچید.

مهم‌ترین موضوع روز در آن زمان عبارت از *تسلّط* یا *حاکمیت* بر انسان‌ها بود. همهٔ متفکّران همداستان بودند که حاکمیت از خدا سرچشمه می‌گیرد. ولی سؤال این بود که این حق حاکمیت بر مردم چگونه از خدا به حاکمان زمینی انتقال می‌یابد؟ یکی از دیدگاه‌های رایج این بود که اعتبار حاکمیت به تفویض آن از سوی کلیسای رُم بستگی دارد. خدا پاپ را بر کلیهٔ امور دنیوی و انسان‌ها مسلط گردانده بود و هرگونه اِعمال اقتدار از سوی حاکمان گناهکار، نامشروع بود.

معلمان دیگر تأکید داشتند که حاکمیت بیش از آنکه به حکم کلیسا اعتبار یابد، ناشی از این واقعیت است که حاکم در وضعیت فیض، یعنی دوری از گناه، قرار دارد، به این معنی که مرتکب گناه کبیره نشده است. یکی از استادان ویکلیف به نامِ ریچارد فیتس‌رالف[1] چنین استدلال کرده بود که «چرا فقط برای حاکم دنیوی شرطِ دوری از گناه تعیین شده است؟ آیا مقامات کلیسایی چنانچه در گناه مهلک زندگی کردند، اجازهٔ حکمرانی دارند؟» فیتس‌رالف می‌گفت که اگر دوری از گناه برای حاکم دنیوی ضرورت دارد، به همان اندازه هم برای مقامات کلیسا ضروری است.

ویکلیف که بدون شک از استاد خود متأثر شده بود، وارد این بحث شد و نظر مهمی به آن افزود. او استدلال کرد که هیأت حاکمهٔ انگلیس دارای این وظیفهٔ الاهی است که در قلمرو خود، خرابکاری‌های کلیسا را اصلاح و روحانیونی را که اصرار بر گناه دارند، از مقام‌شان برکنار کند. دولت حتی مجاز به مصادرهٔ اموال مقامات فاسد کلیسایی است.

تعجبی ندارد که پاپ در ۱۳۷۷ تعلیمات استاد اصلاحگرِ دانشگاه آکسفورد را محکوم کرد. امکان داشت کلیسا در آن موقع علیه ویکلیف دست به اقدام بزند، لیکن دوستان صاحب نفوذ او در انگلستان، ترتیبی دادند تا تهدیدات کلیسا جامهٔ عمل نپوشند.

---

1. Richard FitzRalph

اهمیت بلندمدت تعلیم ویکلیف در مورد حاکمیت، به ارتباط آن با اصلاحات برمی‌گردد. اصلاحگر انگلیسی به این شیوه خواسته بود تا بر آزادی روحانی انسانِ پارسا تأکید کند. چنین شـــخصی صاحب «حاکمیتی بر مبنای فیض اســـت»: «خدا به خادمانش آنگاه حق حاکمیت می‌بخشد که ابتدا خودش را به آنها بخشـــیده باشد.» بنابراین، همهٔ انسان‌ها، چه کشیش چه غیرکشـــیش، از نگاه خدا برابرند. این رابطهٔ شخصی بین خدا و انسان همه‌چیز است؛ سیرت فرد، یگانه پایه و اســـاس برای احراز مقام کلیســـایی اســـت. خدمت میانجی‌گرانهٔ کشیش و قربانی‌های مقدس کلیسای قرون وسطیٰ دیگر ضرورتی ندارند. به این ترتیب، ویکلیف زمینه را برای تعلیم لوتر دایر بر پارساشـــمردگی فقط از راه ایمان، مهیا کرد. هر دو نفر حصاری را که کلیسای قرون وسطیٰ میان خدا و قومش کشیده بود، در هم کوبیدند.

این آموزهٔ «حاکمیتِ بناشده بر فیض»، تازه اولین تیر از تیرهای آتشین ویکلیف بود. سالی که او رسماً عزم خود را به اصلاح کلیسا جزم کرد، یعنی ۱۳۷۸، درست همان تاریخی بود که شقاق بزرگ در دستگاه پاپ رخ داد. آنچه موضع ویکلیف را در ارزیابی خود از کلیسا و نیاز آن به اصلاح، قوی‌تر کـــرد، برخورد با این واقعیت مضحک و در عین حال تلخ بود که پاپِ مستقر در رُم پاپِ مستقر در آوینیون را تکفیر می‌کرد.

دیدگاه‌های اولیهٔ ویکلیف دربارهٔ خدمت پاپ، از تأکید او بر الگوی زندگی فقیرانهٔ رسولان شکل یافته بود. او تأکید داشت کسانی که در جایگاه پطرس نشسته‌اند باید درست مانند پطرس، نقره یا طلا نداشـــته باشند. از نظر ویکلیف، «پاپ‌بودن مطابق کتاب‌مقدس» شامل زندگی ساده و فقیرانه و وقف‌شـــده به خدمت کلیســـا بود که الگوی مهر و محبت مسیحی را به مردم نشان می‌داد. پاپ باید شبان گلّه و واعظی باشد که انسان‌ها را به‌سوی مسیح هدایت می‌کند.

در این دیدگاه، جایی برای قدرت دنیوی پـــاپ نمی‌ماند. از نظر ویکلیف، اینکه منصب پاپ قدرت سیاســـی انگاشته شود، حکم لعنت را داشـــت. او از جلوه‌ها و نشانه‌های قدرت بیزار بود و دنیوی‌بودن و زندگی تجمّلی پاپ‌ها را محکوم می‌کرد.

از یک نظر، ویکلیف اختلاف بزرگی را که بین دو پاپ افتاده بود، به فال نیک می‌گرفت؛ چون خود همین صحنه که دو پاپ رقیب، همدیگر را تکفیر می‌کردند، نشان از ورشکستگیِ روحانی این مقام و لزوم یافتن جایگزینی برای آن داشـــت. لیکن با ادامهٔ این شـــقاق، موضع ویکلیف تندتر شـــد و او به این نتیجه رســـید که پاپ خود دَجّال یا ضد مسیح است. وجود دو پاپ که ســـخت متعرض یکدیگر بودند، خیلی ساده به این معنی بود که هر دو آنها لقبی نامقدس را یدک می‌کشیدند.

در زنجیره‌ای از اتهامات، ویکلیف نشـــان داد که پاپ تا چه اندازه از زندگی و ایمان سادهٔ مسیح و رسولانش دور شده است. او نوشت: «مسیح حقیقت است»، «پاپ همانا اصل کذب و دروغ اســـت. مسیح در فقر زیست، لیکن پاپ در تقلای رسیدن به شکوه و عظمت دنیوی است. مسیح حاکمیت دنیوی را نپذیرفت، پاپ جویای آن است.»

اصلاحگر آکســـفوردی به تمسخر این نظر پرداخت که چون پطرس در رُم به‌درودِ جهان گفت، پس اسقف رُم بر تمام اسقفان دیگر در جهان مسیحیت برتری دارد. اگر این استدلال را

دنبال کنیم، آن‌وقت حکمران مسلمان هم باید بگوید که «اسقف اورشلیم» در قلمرو او بالاتر از پاپ است، چون مسیح در اورشلیم از جهان رفت. ویکلیف اظهار داشت که فقط مسیح سَر کلیساست و دم و دستگاه پاپ "پر از زهر" و اصلاً خود دَجّال و تجسم آن گناهکاری است که خود را برتر از خدا می‌شمارد. پس بادا که داوری الاهی بر آن فرود آید!

از اصلاحگر تا پروتستان

به این ترتیب، اصلاحگر ما گام بزرگ زندگی‌اش را برداشت. او که واعظی با اعتقادات درست مسیحی بود و می‌خواست کلیسای جهانی رُم اصلاح شود، به یک پروتستان، به تعبیری که بعدها استفاده شد، تبدیل گردید.

روگردانی عالِم آکسفوردی از نظام پاپی، بخشی از دیدگاه جدید او دربارهٔ کلیسا بود. او تقسیم‌بندی قدیمیِ کلیسا را به این سه بخش قبول داشت: «بخش فاتح در آسمان»، «بخش مبارز بر زمین»، و سومی، «بخش آرمیده در برزخ.» لیکن کلیسای [حقیقی] روی زمین را او متشکل از برگزیدگان می‌دانست، یعنی «فقط کسانی که نجات خواهند یافت.» دیدگاه او دربارهٔ ازپیش‌تعیین‌شدگی[1] به درجه‌ای انعطاف‌ناپذیر است که می‌افزاید هیچ‌کس، حتی پاپ، نمی‌داند آیا به کلیسا تعلق دارد یا «عضوی از اهریمن» است. ویکلیف برای حفظ تعلیم خود از برخی خطرات آن، اضافه می‌کند: «همچنان‌که هر کس باید به سعادت ابدی خود امیدوار باشد، همچنان نیز باید فرض را بر این بگذارد که عضوی از کلیسای مقدس است.» ویکلیف حتی تأکید می‌کند: «کسی که به مجازات ابدی محکوم می‌شود به‌خاطر گناهان خودش است، و کسی که نجات می‌یابد به‌خاطر شایستگی‌اش است.»

از این آموزه دربارهٔ کلیسای نامرئی که متشکل از برگزیدگان است، ویکلیف به نتایجی عملی می‌رسد. کلیسا یک بدن واحد است که در آن، اولویت پاپ و سلسله‌مراتب کلیسایی و «فرقه‌های» راهبان و برادران و کشیشان و چه و چه، بی‌معنی است. در ضمن، نجات برگزیدگان در گرو قربانی مقدس و بخشش‌نامه و تنبیه‌کردن خود و سایر تمهیداتی که کشیش به‌کار می‌گیرد، نیست.

رفته‌رفته، ویکلیف طیف کامل اعمال و اعتقادات کلیسای قرون وسطیٰ را به پرسش گرفت که از آن جمله بود: بخشش‌نامه، بخشش مجازات برزخ، آمرزش کلیسایی، زیارت مکان‌های مقدس، عبادت شمایل، تکریم قدیسان، گنجینهٔ اعمال نیک[2] قدیسان که در اختیار پاپ است، و دسته‌بندی گناهان به بخشودنی[3] و نابخشودنی.[4] ویکلیف اعتقاد به برزخ و تدهین محتضران را حفظ کرد، هرچند اذعان داشت که تلاش او برای یافتن دلیلی از کتاب‌مقدس در توجیه مورد اخیر، بیهوده بود. او می‌گفت که تمثال‌ها اگر به عبادت کمک می‌کنند نباید کنار گذاشته شوند و دعا به مقدسین الزاماً نادرست نیست. از نظر او، اعتراف مفید بود، مشروط بر اینکه شنوندهٔ آن فرد مناسبی باشد، و از همه بهتر این است که اعتراف

---

1. Predestinarianism; 2. The Treasury of Merits; 3. Venial; 4. Mortal

در حضور عموم صورت گیرد. اعترافِ اجباری را ویکلیف «یوغ بندگی دَجّال» می‌دانست. روحی که بر عصیان ویکلیف حاکم بود به بهترین نحو در این بیان او نمود می‌یابد که «ارزش هیچ آیین کلیسایی به پای موعظه نمی‌رسد.»

معیاری که ویکلیف برای قضاوت دربارهٔ کلیسای کاتولیک رُم به‌کار برد، همانا تعلیمات کتاب‌مقدس بود. در این باره گفته است: «گواهی آگوستین، جروم، و هیچ قدیس دیگری، اگر بر پایهٔ کتاب‌مقدس نیست، نباید پذیرفته شود.» ویکلیف همچنین بیان داشت: «قانون مسیح، بهترین و کامل‌ترین است. اعتبار قوانین دیگر به این است که از قانون الاهی برگرفته شده باشند.»

جان ویکلیف (۱۳۰۰-۱۳۸۴) اصلاحگر انگلیسی، دنیادوستیِ پاپ‌ها را محکوم کرد و بر آزادی روحانی انسان پارسا تأکید ورزید.

جان یا یان هوس (۱۳۶۹-۱۴۱۵)، اصلاحگر چک، مسیح و نه پاپ را سر کلیسا دانست.

اصلاحگر آکسفوردی در مورد اینکه هرکس حق دارد کتاب‌مقدس را برای خود بررسی کند، قدم فراتر نهاد و گفت: «عهدجدید از اقتدار کامل برخوردار است و انسان‌های عادی قادر

به درک آن، به‌خصوص نکات مربوط به نجات، هستند ... کسی که فروتنی و نیکوکاری پیشه می‌کند، از درک حقیقی کل کتاب‌مقدس و کمال مذکور در آن برخوردار است.» چراکه «مسیح قوانین خود را نه بر لوح‌های سنگی نوشت و نه بر پوست حیوانات، بلکه بر قلب آدمیان.»

اعتراض زاهدانهٔ ویکلیف زمانی که متوجهٔ آموزهٔ سنتی تغییر جوهری شد، خصومتی بی‌سابقه علیه او به راه انداخت. در تابستان ۱۳۸۰ او بر ضد این عقیده که در آیین عشا، نان و شراب به بدن و خون مسیح تبدیل می‌شوند، دوازده دلیل ذکر کرد. ویکلیف تأکید داشت که کلیسای اولیه، نان و شراب تقدیس‌شده را نمادهای مؤثرِ بدن و خون مسیح می‌دانست. بنابراین، مسیح به معنای آیینی و نه مادّی کلمه، در عناصر عشا حاضر است. غایت آیین، حضور مسیح در روح است.

ویکلیف با انکار تغییر جوهری، بهانهٔ لازم را به دست مخالفانش داد. به این ترتیب، حامیان او به گروهی کوچک در آکسفورد تقلیل یافتند. ابتدا رئیس دانشگاه و شورایی کوچک آموزه‌های او را محکوم و او را از تدریس منع کردند. سپس، اسقف اعظم کانتربری، ویلیام کورتنی[1] شورای دیگری تشکیل داد که ده مورد از آموزه‌های ویکلیف را بدعت‌کارانه دانست و محکوم کرد. در ۱۳۸۲ کاری کردند که دیگر صدای ویکلیف در آکسفورد شنیده نشود.

با این حال، ویکلیف پیش از ناکامی‌اش در دانشگاه، صدای خود را به گوش کلبه‌نشینان و مردم شهر رسانده بود. او برای عمل به رسالت خود می‌بایست کتاب‌مقدس را به زبانی قابل‌فهم در اختیار پیشه‌وران و روستائیان قرار می‌داد. این بود که گروهی از پژوهشگران آکسفورد را در ترجمهٔ کتاب‌مقدس از زبان لاتین به انگلیسی هدایت کرد و از روش‌های فرانسیس مقدس و برادران فرقهٔ او استفاده کرد.

ویکلیف همانند آنچه دو قرن پیش در آسّیزی روی داده بود، «کشیشان تهی‌دست» را از آکسفورد روانهٔ کوره‌راه‌ها و مراتع روستاها، و گاه حتی کلیساها، کرد تا انسان‌های فراموش‌شده را با خود همگام سازند. کشیشان تهی‌دستِ ویکلیف، ردای زبرِ پشمین در بر، بدون صندل و خورجین یا توشه‌دان، در حالی که چوب‌دستی بلندی در دست داشتند و برای غذا و سرپناه امید به همت همسایگان بسته بودند، طولی نکشید که به قدرتی بزرگ در آن سامان تبدیل شدند. دشمنان به آنها *لولارد*[2] می‌گفتند که به معنی کسانی است که مِن و مِن می‌کنند. آنها صفحاتی از کتاب‌مقدس ویکلیف و جزوه‌ها و موعظه‌هایش را زمانی که به دور و اطراف شهر می‌رفتند، با خود می‌بردند. ناظرِ وحشت‌زده‌ای ادعا کرده بود که «از هر دو نفر که دیده است، یکی لولارد بوده. با آنکه ویکلیف در دانشگاه تدریس کرده بود، میراث او را عمدتاً غیرروحانیونی ادامه دادند که تلاش داشتند به‌سادگی مطابق کتاب‌مقدس زندگی کنند و همین را هم تعلیم می‌دادند. تأثیر این پیغام نمونه‌ای است از قدرت کتاب‌مقدس که هرگاه مردم آن را به زبان خود می‌خوانند، آنها را لمس می‌کند.

ویکلیف چنان جایی در دل مردم بازکرده بود که مقامات کلیسایی اقدام علیه او را به مصلحت نمی‌دانستند. پیروان او دستگیر و از آکسفورد اخراج و یا به ترک عقاید خود وادار

1. William Courtenay; 2. Lollard

شـــدند، ولی ویکلیف با آنکه از دانشگاه اخراج شده بود، اجازه یافت تا روزهای آخر زندگی را با آرامش در کنار اعضای کلیسای خود در لاترُوُرت[1] بگذراند. او در ۱۳۸۴ چشم از جهان فروبست.

نهضت به بوهم می‌رسد

نهضتی که ویکلیف به راه انداخت در انگلســتان زیر فشار محدودیت‌ها ادامه یافت، ولی در بوهم فرصت بزرگ‌تری برای گسترش یافت. ازدواج ریچارد دوم، پادشاه انگلستان، با آنا از ســرزمین بوهم در سال ۱۳۸۳، موجب پیوند دو ملت شده بود. به همین دلیل، دانشجویان دو کشور بین آکسفورد و پراگ در تردد بودند.

عصیان ویکلیف در بوهم با موفقیت بزرگ‌تری روبه‌رو شد، زیرا به حزب ملّی نیرومندی پیوســت که رهبری آن را جان هوس به عهده داشــت. این اصلاحگــرِ چک به خانواده‌ای روستایی در جنوب بوهم، شــهری کوچک به نام هوسینتس[2] تعلق داشت. او الاهیات را در دانشــگاه پراگ آموخت و در ۱۳۹۴ موفق به دریافت لیســانس و در ۱۳۹۶ موفق به دریافت فوق لیســانس شد. سپس به تدریس در دانشگاه پرداخت و درگیر موضوع اصلاحات کلیسا گردید.

هوس در ایّام دانشــجویی با نوشته‌های فلسفی ویکلیف آشــنا شد، ولی زمانی به سراغ نوشــته‌های دینی ویکلیف رفت که دستگذاری و به‌عنوان مسئول و واعظ کلیسای موسوم به «عبادتگاه بیت‌لحم»[3] تعیین شــده بود. هوس بلافاصله دیدگاه اصلاحگر انگلیسی را در این باب که کلیسا متشکل از برگزیدگان و سر حقیقی آن مسیح و نه پاپ است، پذیرفت.

این کلیســا فرصت بی‌نظیری در اختیار هوس گذاشــت تا تعلیمات ویکلیف، از جمله نقدهای او را بر سوءاســتفاده از قدرت در دســتگاه پاپ، اشاعه دهد. روی دیوار تصاویری از تضاد رفتار پاپ‌ها و مســیح وجود داشــت. مثلاً، پاپ سوار اسب بود؛ ولی مسیح پابرهنه راه می‌پیمود. عیســی پاهای شاگردان را می‌شســت؛ پاپ ترجیح می‌داد که بر پاهایش بوسه زنند. این عبادتگاه در ســال ۱۳۹۱ به این هدف ساخته شده بود تا مایهٔ تقویت ایمان ملّی در بوهم شــود. به‌همین سبب، خطابه‌های آتشین هوس به زبان بوهمی، طرفداران پرشماری به او بخشــید. طولی نکشید که دانشــجویان در طرفداری از ویکلیف یا در ضدیت با او سر به شــورش نهادند، درســت مانند امروز که جمعی هوادار و جمعی مخالف یک چهرهٔ انقلابی هستند.

اســقف اعظم پراگ کاسهٔ صبرش لبریز شــد و در مورد گسترش آموزه‌های ویکلیف، به پاپ شکایت کرد. پاپ هم در پاسخ گفت که شر این بدعت را بکنید. این بود که عالی‌جناب اِزْبینِک[4] هوس را تکفیر کرد. این اقدام موجی از ناآرامی به راه انداخت. هوس با حملهٔ علنی به پاپ که برای تأمین هزینه‌های جنگ با ناپل، بخشــش‌نامه می‌فروخت، کار را از آنچه بود

1. Lutterworth; 2. Husinetz; 3. Bethlehem Chapel; 4. Zbynek

بدتر ساخت. این حرکت، هوس را از حمایت شاه خود، یعنی وِنْسِسْلاس[1] محروم کرد و زمانی که پراگ به‌خاطر هوس مورد تحریم پاپ قرار گرفت، او به جنوب بوهم تبعید شد. در این دورهٔ انفصال از خدمت، هوس با بهره‌گیری از دیدگاه‌های ویکلیف، کتاب بسیار مهم خود را به نام *دربارهٔ کلیسا* به نگارش درآورد.

چیزی به تشکیل شورای کانستَنْس نمانده بود و هوس به توصیهٔ امپراتور زیگیسمونت[2] تصمیم به حضور در این شورا گرفت. او امیدوار بود که دیدگاه‌هایش را با مقامات کلیسایی در میان بگذارد، ولی هنگامی که به مقصد رسید، خود را در دادگاه تفتیش عقاید یافت.

دادگاه تفتیش عقاید

تفتیش عقاید یا باورکاوی یکی از روش‌های قانون قدیمی رومی و شامل محاکمه در حضور هیأتی از قُضات بود. در جلسهٔ دادرسی، یکی از قضات شواهد را ارائه می‌کرد و تک‌تک قضات با بازجویی از شاهدان، احتمال دریافت شهادت کذب را کاهش می‌دادند. در مورد جرایم عمده، رومیان صدور حکم را به اعتراف متهم یا شهادت دو شاهد عینی، موکول می‌کردند. گاهی اوقات در صورت فقدان شهود یا اعتراف، اگر مجموع شرایط دال بر وقوع جرم بود، با ضرب و زور از متهم اعتراف گرفته می‌شد.

قاعدهٔ تفتیش عقاید ساده بود: در صورت کفایت عدهٔ شهود که بر جرم متهم شهادت می‌دادند، متهم می‌بایست به جرائم خود اقرار و از آنها برائت جوید و یا به شعله‌های آتش سپرده شود. پاداش اعتراف هم زندان ابد به‌جای چوبهٔ دار بود. بر حسب این قاعده، هیأت قضاتی که شورا تعیین کرده بود، با پذیرش گواهی شهود، هوس را برخلاف واقع، متهم به نشر تعلیمات بدعت‌کارانه دانست.

شر بدعت‌کاران را بکنید

هوس مشکلی با پذیرفتن تعلیم کلیسا نداشت، منتها باید به او ثابت می‌شد که کجای تعلیم او بر اساس کتاب‌مقدس نادرست بود. او نمی‌توانست به تعلیم‌دادن بدعت‌هایی که اتفاقاً همیشه آنها را نفی کرده بود، اذعان کند. برای هوس، حقیقت بر هر چیزی برتری داشت، چنان‌که می‌گفت: «من گفته‌ام و بازهم می‌گویم که حقیقت را با عبادتگاهی پر از طلا عوض نمی‌کنم.» او در سال ۱۴۱۲ نوشت: «من می‌دانم که حقیقت قدرتمند است و همواره پابرجا می‌ماند و تا ابد نزد کسانی است که محض رضای افراد، آن را زیر پا نمی‌گذارند.» در تمام نامه‌هایی که از کانستَنْس نوشت، بزرگ‌ترین نگرانی‌اش این بود که «مبادا دروغگویان بگویند که من از حقیقتی که موعظه کرده‌ام، عقب نشستم.» در تاریخ کلیسا، کمتر صحنه‌هایی

1. Wenceslas; 2. Sigismund

به‌اندازهٔ این صحنه تأثیرگذارند که هوس پای حقیقت مطلق می‌ایستد و حتی به بهای جان خود، کوتاه نمی‌آید.

او هشت ماه را در زندان کانستَنْس گذراند. نامه‌هایش در ماه آخر زندان، از ارزشمندترین آثار در ادبیات مسیحی است. اصلاحگر چک، حتی اگر چیزی به میراث فکری ما نمی‌افزود، بازنگاه اخلاقی ما را اعتلا بخشیده بود.

هوس چنین دعا کرد: «ای مسیح مقدس!

> منِ ضعیف را به دنبال خود بکش، چه، اگر تو ما را نکشی، هرگز از پِی تو نتوانیم آمد. روحم را تقویت کن تا خواهان پیروی از تو باشد. اگر جسم ما ضعیف است، بگذار فیض تو از ما جلو افتد، به میان بیاید و ما را از پیِ تو روانه سازد، زیرا بدون تو، نمی‌توانیم برای تو، به قتل‌گاهی برویم که در آن از رحم و شفقت خبری نیست. مرا دلی نترس، ایمانی درست، امیدی استوار، و محبتی کامل اعطا کن تا برای تو، زندگی‌ام را با صبر و خوشی، فدا سازم؛ آمین.»

سرانجام در شانزدهم ژوئیهٔ ۱۴۱۵، روز سوزاندن او فرا رسید. در مسیر محل اعدام، از حیاط یک کلیسا گذشت و پشتهٔ کتاب‌هایش را دید که در آتش می‌سوخت. خنده‌ای کرد و به ناظران گفت دروغ‌هایی را که دربارهٔ او سر زبان‌ها انداخته‌اند، باور نکنند. هنگامی که به محل اعدام رسیدند، همان‌جایی که به «مکان شیطان» معروف بود، هوس زانو زد و دعا کرد. مأمور قضایی امپراتوری برای آخرین بار از او پرسید که آیا حاضر است دست از عقایدش بردارد و زندگی‌اش را نجات دهد. هوس پاسخ داد: «خدا شاهد است اتهاماتی که به من بسته‌اند حقیقت ندارد. من هرگز نه در اندیشه‌ها و نه در موعظه‌های خود نیتی مگر این نداشته‌ام که اگر توانستم انسان‌ها را از گناهان‌شان روگردان سازم. هرچه نوشته و تعلیم داده و موعظه کرده‌ام، سازگار با حقیقت انجیل بوده است و امروز، شادمانه پذیرای مرگ هستم.»

مرگ هوس نتوانست شورشیان بوهم را متوقف سازد. آنها شاخه‌ای میانه‌رو و شاخه‌ای نظامی ایجاد کردند. میانه‌روها *وتراکوئیست*[1] نامیده می‌شدند. ریشهٔ لاتین این کلمه به معنی «هر دو» است؛ زیرا اعتراض آنها در درجهٔ اول برای این بود که آزادی برخورداری از هر دو عنصر عشا، یعنی نان و شراب را داشته باشند.

شاخهٔ نظامی نیز به تبعیت از نام شهری که مهم‌ترین سنگر آنها بود، *تابوری‌ها* نامیده می‌شد. این پیروان هوس به مقابله با کلیسای رُم و امپراتوری آلمان برخاستند، تا اینکه به‌سبب درگیری در چند نبرد، از شمار و تأثیر آنها کاسته شد. با وجود کوشش‌های دستگاه پاپ برای پایان‌دادن به بدعت بوهمی، کلیسایی مستقل پا گرفت که به *اونیتاس فراتروم*[2] یا اتحاد برادران معروف شد. تا آمدن لوتر، این کلیسا همچون ریشه‌ای در زمین خشک باقی ماند.

اگر کلیسای رُم از درون اصلاح‌پذیر بود، برای این منظور فرصت‌های متعددی در قرون چهاردهم و پانزدهم در اختیار داشت. در پایان قرن پانزدهم، رویاهای مارسیلیوس اهل پادوئا

1. Utraquist; 2. Unitas Fratrum

نقش بر آب شــده بود، رهبران جنبشی که می‌خواست کلیسا را از طریق شوراها اصلاح کند، ســرخورده و کنار گذاشته شده بودند، و شــورش‌های ویکلیف و هوس در هم کوبیده شده بود. ارزش این دوره به این بود که ثابت کرد اصلاح کلیســای تحت ســیطرهٔ پاپ، از درون ممکن نیســت. زمان داوری رسیده بود. کلیســای «اتحاد برادران» شاهدی بر این واقعیت و وعدهٔ اتفاقات آینده بود.

پایان ترجمهٔ جلد اوّل
۱۲ فوریه

پیشنهادهایی برای مطالعهٔ بیشتر

*Evans, G. R. *John Wyclif: Myth and Reality*. Downers Grove, IL: IVP, 2006.
*Fudge, Thomas A. *The Magnificent Ride: The First Reformation in Hussite Bohemia*,
 St. Andrews Studies in Reformation History. Aldershot, Vermont: Ashgate, 2008.
Heinze, Rudolph W. *Reform and Conflict: From the Medieval World to the Wars of Religion, AD 1350-1648*, Baker History of the Church. Vol. 4. Grand Rapids: Baker, 2004.
McFarlane, John. *Wycliffe and the Beginnings of English Nonconformity*. London: English University Press, 1952.
Spinka, Matthew, ed. *Advocates of Reform*. Philadelphia: Westminster, 1953.
-------------. *John Hus: A Biography*. Princeton, NJ: Princeton University Press, 1968.
Workman, Herbert B. *The Dawn of the Reformation: The Age of Hus*. London: Epworth, 1933.
-------------. *The Dawn of the Reformation: The Age of Wyclif*. London: Epworth, 1933.

یادداشت‌ها

فصل اول

توضیحات ابتدای فصل دربارهٔ صلیب از منبع زیر است:

Bamber Gascoigne, The Christians (New York: Morrow, 1977), 17.

نقل‌قول‌های این فصل و بسیاری از جزئیات روشن و زنده، برگرفته از توضیحات منبع زیر دربارهٔ روزگار عیسی است:

Great people of the Bible and How They Lived (Pleasantville: Reader's Digest Association. 1968), 308, 338, 370, 379-81.

فصل دوم

توصیف انطاکیه و نقل‌قول دربارهٔ اورشلیم و سقوط آن از منبع زیر است:

Great People of the Bible407 ,406 ,, and 390.

فصل سوم

برای متن درون کادر، نگاه کنید به منبع زیر:

Rodney Stark, The Rise of Christianity: A Sociologist Reconsiders History. (Princeton: Princeton University Press, 1996).

داستان مربوط به آبگار شاه در کتاب زیر از یوسِبیوس آمده است:

Ecclesiastical History, book I, section XIII.

مقدمهٔ پروفسور وارْد گاسک دربارهٔ ایرنایوس و ترتولیان در منبع زیر آمده است. این مجلد که توسط تیم داولی ویرایش شده، یکی از بهترین مقدمه‌ها بر تاریخ کلیساست.

Handbook to the History of Christianity (Grand Rapids: Eerdmans, 1977), 75-77.

انتقاد کِلْسوس از مسیحیان برگرفته از اثر اُریگن به‌شرح زیر است:

Against Celsus, book III, section 44.

دیدگاه‌های یولیان دربارهٔ رفتار مسیحیان در نامه‌ای به آرساکیوس، کاهن اعظم غلاطیه بیان شده که در منبع زیر آمده است:

Sozomen, Ecclesiastical History V. 16.

فصل چهارم

شهادت پولیکارپ یکی از داستان‌های معروف کلیسای اولیه است که روایت آن را در منبع زیر می‌توان یافت:

Early Christian Fathers, edited by Cyril C. Richardson (Philadelphia: Westminster, 1953), 141-58.

تضادی را که بین روش یهودیان و مسیحیان در دعوت دیگران به دین خود وجود دارد، از منبع زیر استخراج کرده‌ام:

Paul Hutchinson and Winfred E. Garrison, *20* Centuries of Christianity (New York: Harcourt, Brace and Co., 1959), 30-31.

نامهٔ پلینی به تراژان در منبع زیر آمده است:

A New Eusebius, edited by J. Stevenson (London: S.P.C.K., 1960), 13-14.

در بحث «دلایل گسترش انجیل» از مطالب مفید منبع زیر استفاده کرده‌ام:

The Early Church by Henry Chadwick (Middlesex: Penguin, 1967), 54-60.

فصل پنجم

نقل‌قول از مهاتما گاندی در منبع زیر انعکاس یافته است:

The Meaning of Christ (Philadelphia: Westminster, 1958), 63.

مبحث «ایمان و الاهیات» بینش‌های جِی. وَند را در منبع زیر انعکاس می‌دهد:

J. W. C. Wand, The Four Great Heresies (London: A. R. Mowbray, 1955), chapter 1.

نقل‌قول از چارلز بیگ را می‌توان در منبع زیر یافت:

Charles Williams, Descent of the Dove (New York: Meridian Books, 1956), 23.

اعتقادنامهٔ کهن رومی در منبع زیر آمده است:

Documents of the Christian Church, edited by Henry Bettenson (London: Oxford University Press, 1963), 23-24.

نقل‌قول از سی. اس. لوئیس از منبع زیر است [که به فارسی نیز ترجمه شده]:

Mere Christianity (New York: Macmillan, 1952), book 2, chapter 5.

توضیحات مربوط به درست‌باوری ذیل بحث «ایمان و تاریخ»، و مقایسهٔ مربوط به *باکره و زاده*، برگرفته از منبع زیر است:

William Hordern, A Layman's Guide to Protestant Theology (New York: Macmillan, 1974), 1, 13.

توضیحات داخل کادر تحت عنوان «اعتقاد گنوسی‌ها» از منبع زیر اقتباس شده است:

J.N.D. Kelley, Early Christian Doctrines, 26.

توضیحات داخل کادر تحت عنوان «انجیل توما» از منبع زیر اقتباس شده است:

Craig Evans, Fabricating Jesus (Downers Grove, IL: InterVarsity Press, 2006), 71.

تشبیهات داخل کادر با عنوان «درک آیین گنوسی امروز» برگرفته از منبع زیر است: سخنرانی سیمون گَترکول تحت عنوان «آیا مقصود عیسی را درست فهمیده‌ایم؟ عیسی در اناجیل رسمی و اناجیل آپوکریفا» و پاسخ دیوید چِپْمَن در انجمن غیرانتفاعی بررسی‌های الاهیاتی لانیر در تاریخ هشتم سپتامبر ۲۰۱۲.

فصل ششم

شرحی که دربارهٔ این فرد مسیحی در سیسیل آمده، برگرفته از منبع زیر است:

Herbert B. Workman, Persecution in the Early Church (London: Charles H. Kelly, 1906), 275-76.

دیدگاه‌های اُریگن دربارهٔ معنی کتاب‌مقدس برگرفته از کتاب اوست به‌شرح زیر:

On First Principles, Book IV, sections 7-8.

«مسئلهٔ آپوکریفا» بازتابی از بحث روشن فلوید فیلسن در منبع زیر است:

Floyd Filson, Which Books Belong in the Bible? (Philadelphia: Westminster, 1957).

فصل هفتم

نقل‌قول‌های مربوط به «یکی از مسیحیان اولیه» و آتِناگوراس در منبع زیر آمده‌اند:

Adolph Harnack, Mission and Expansion of Early Christianity (New York: Harper, 1962), 207-9.

در این فصل، از مبحث «آمرزش گناهان» در کتاب رولند بِینتن در منبع زیر استفاده شده است. من توضیحات سودمند بینتن را دربارهٔ نگرش سیپریان بازنویسی کرده‌ام.

Roland H. Bainton, Christendom, vol. 1 (New York: Harper & Row, 1964, 1966).

اقتباس‌شده از منبع زیر:

Everett Ferguson, Church History, Volume One: From Christ to the Pre-Reformation (Grand Rapids: Zondervan Press, 2005), 114-119.

فصل هشتم

سخنان تند ترتولیان علیه فلسفه و نقل‌قول اریگن دربارهٔ هدف خلقت به ترتیب در آثار آنها به‌شرح زیر آمده است:

Prescriptions Against the Heretics, section 7.

On First Principles, book II, section II, 4.

نقل‌قول از کلمنت دربارهٔ حکمت برگرفته از منبع زیر است:

A History of the Church by August Franzen (New York: Herder and Herder, 1969), 37.

فصل نهم

توضیح مربوط به دیوکلتیان و گالریوس بازنویسی شرحی است که در منبع زیر آمده است:

Hutchinson and Garrison, *20* Centuries of Christianity, 44-48.

نقل‌قول‌ها از منبع فوق هستند.

نامهٔ آمبروز به تئودوسیوس، نامهٔ پنجاه‌ویکم، در منبع زیر نقل شده است:

Robert Payne, Fathers of the Western Church (New York: Viking Press, 1951), 78-79.

نقل‌قولِ بامبِر گَسْکوین از صفحات ۴۴-۴۵ کتاب او به نام The Christians است.

فصل دهم

نقل‌قول از اسقف، نقل‌قول از گرِگوری نوسایی است و در منبع زیر ذکر شده است:

W. H. C. Frend, The Early Church (Philadelphia: Lippincott, 1966), 186-87.

اعتقادنامهٔ نیقیه در منابع متعددی از جمله منبع زیر آمده است:

Philip Schaff, Creeds of Christendom, vol. 2 (New York: Harper, 1919), 58-59.

اظهارنظرهای پرشور یوسبیوس اهل قیصریه از کتاب زیر است که به او تعلق دارد:

Life of Constantine, III, 15.

حکایت ویلیام هوردِرن در صفحات ۱۵-۱۶ از کتاب او به نام *راهنمای الاهیات پروتستان* آمده است. [این کتاب به فارسی نیز ترجمه شده است].

در بحث تثلیث، از منابع زیر بهره برده‌ام:

Fisher Humphrey, The Almighty (Elgin, IL: David C. Cook, 1976)

به‌خصوص صفحات ۱۰۲-۷ منبع فوق؛ مقایسه شود با منبع زیر:

Roger Olson, The Story of Christian Theology: Twenty Centuries of Tradition & Reform (Downers Grove, IL: InterVarsity Press, 1999).

همچنین نک. به منبع زیر:

Justo Gonzalez, A Concise History of Christian Doctrine (Nashville, TN: Abingdon, 2006).

فصل یازدهم

نکته‌ای که پروفسور وال در کمبریج به آن اشاره کرده، در این کتاب او نقل شده است:

J. S. Whale, Christian Doctrine (London: Fontana Books, 1957), 102.

بحث دیوید رایت دربارهٔ مسیح‌شناسی در منبع زیر آمده است. نقل‌قول مربوط به صفحهٔ ۱۷۱ است.

Eerdmans' Handbook to the History of Christianity, 156ff.

تعریف مربوط به شورای خالکدون را می‌توان در منبع زیر یافت:

Documents of the Christian Church51-52 ,.

این جدول اقتباسی از کتاب‌های درسی متعدد دربارۀ آموزۀ مورد بحث است. در آن، عناصر و تأثیراتی از این منابع که به‌شرح زیرند می‌توان دید:

Strong, Gonzalez, and Coppedge. Allen Coppedge, The God Who is Triune: Revisioning the Christian Doctrine of God, (Downers Grove, IL: InterVarsity, 2007); Justo Gonzalez, A Concise History of Christian Doctrine (Nashville, TN: Abingdon, 2006); and A. H. Strong's, Systematic Theology.

برای نقل‌قولی که به‌شکل خلاصه آمده، نک. به:

Tony Lane, A Concise History of Christian Thought. Revised. (Grand Rapids: Baker, 2006), 61.

فصل دوازدهم

برای شرح تجربۀ آنتونی مقدس در بیابان رجوع شود به منبع زیر:

Anne Fremantle, Treasury of Early Christianity (New York: Mentor, 1960), 400.

نقل‌قولی که در توصیف جروم آمده از کتاب رولند بینتن به نام *دنیای مسیحیت*، ص ۱۳۵، جلد اوّل، است.

در بخش «نابغۀ غرب»، اقتباسی آزاد از شرح ویلیستون واکِر دربارۀ بندیکت صورت گرفته که در این کتاب او آمده است:

Great Men of the Christian Church (Chicago: Chicago University Press, 1908), 103-14.

نقل‌قول‌های این بخش تماماً از کتاب اوست.

فصل سیزدهم

نقل‌قول‌های مربوط به آگوستین دربارۀ دورۀ نخستین زندگی‌اش برگرفته از اثر او، یعنی *اعترافات* است [این کتاب به فارسی نیز ترجمه شده است]. تضاد بین دیدگاه‌های پلاگیوس و آگوستین دربارۀ گناه و فیض، منعکس‌کنندۀ تقریر روشن ویلیستون واکر از این موضوع در صفحات ۷۶-۷۹ کتاب *مردان بزرگ کلیسای مسیحی* است.

آنچه آگوستین دربارۀ شهر زمینی بیان می‌کند برگرفته از کتاب او به نام *شهر خدا*، به‌خصوص بند ۲۸ از کتاب چهاردهم و بند ۱۹ از کتاب پنجم است. [کتاب «شهر خدا» به فارسی نیز ترجمه شده است].

در مورد پذیرش افکار آگوستین در کلیسا نگاه کنید به نسخۀ بازبینی و روزآمدشدۀ منبع زیر:

The Story of Christianity :Volume One :The Early Church to the Dawn of the Reformation (New York: HarperCollins, 2010), 250.

فصل چهاردهم

حکم والِنتینیان و نقل‌قول مربوط به لئو را می‌توان در منبع زیر یافت:

Friedrich Gontard, The Chair of Peter (New York: Holt, Rinehart, and Winston, 1964), 138; 142-43.

فصل پانزدهم

صحنۀ آغازین برگرفته از کتاب زیر، نوشتۀ کالیستوس تیموتی وئر است:
The Orthodox Church (Middlesex, Eng.: Penguin, 1964), 51.

توضیحات مفید هارلی کِی گلاتین دربارۀ شمایل برگرفته از منبع زیر است:
Eerdman's Handbook, 247-48.

سخنان فرستادگان روس در منبع زیر آمده است:
Stephen Neill, Christian Missions (Middlesex: Penguin, 1964), 89.

فصل شانزدهم

داستان دعا و تعمید کِلوویس در منبع زیر آمده است:
Roland Bainton, Christendom, vol. 1, 145-46.

فصل هفدهم

برای نقل‌قول‌های مربوط به گرِگوری کبیر در این فصل نک. به منبع زیر:
Philip Schaff, History of the Christian Church, vol. 4 (Grand Rapids: Eerdmans, 1950), 212-15, 228.

برخی از جزئیات مربوط به زندگی‌نامه برگرفته از منبع زیر است:
Robert Payne, The Fathers of the Western Church (New York: Viking, 1951).

داستان مربوط به کوپیوسوسِ راهب در منبع زیر نقل شده است:
Odo J. Zimmerman, Saint Gregory: The Great Dialogues (New York: Fathers of the Church, 1959), 266-70.

فصل هجدهم

برای شرح رویدادی که در آغاز این فصل آمده، روایت منبع زیر بازنویسی شده است:
Friedrich Gontard, The Chair of Peter, 180-81.

سیاست‌های امپراتوری روم مقدس شاید خوانندۀ معمولی را گیج کند. در شرح موضوع، من بیشتر به منابع متعارف تاریخی استناد کرده‌ام. در بخش‌های «افکار به این زودی‌ها نمی‌میرند» و «معمار یک امپراتوری»، شرح به‌قدرت‌رسیدن شارلمانی را بر اساس آنچه در منبع زیر آمده، تلخیص کرده‌ام:
T. Walter Wallbank, Alastair M. Taylor, and Nels M. Bailkey, Civilization Past and Present (Glenview, IL: Scott, Foresman, 1975), 190-93.

شرح فئودالیسم خلاصه‌ای از صفحات ۱۹۷-۹۸ منبع فوق و پاراگراف‌های مربوط به منازعات پادشاهی‌های ژرمن، خلاصه‌ای از صفحات ۲۴۳-۴۵ منبع فوق است.
David Bentley Hart, The Story of Christianity (London, Quercus: 2007), pp. 116-117.

فصل نوزدهم

بیانات سوژه دربارهٔ سبک گوتیک در منبع زیر آمده است:

Anne Fremantle, Age of Faith (New York: Time-Life, 1965), 124.

فراخوان پاپ اوربان به جنگ صلیبی و شعار جنگجویان صلیبی در منبع زیر آمده:

Civilization: Past and Present, 209-210.

برای وضعیت مسیحیان در حکومت مسلمین، نگاه کنید به صفحهٔ ۲۸۸ و ادامهٔ آن در منبع زیر:

Robert Wilken, The First One Thousand Years, (New Haven, CT: Yale, 2012).

فصل بیستم

عطش اُلبرتِ دانشمند برای آموختن در منبع زیر توصیف شده است:

Civilization: Past and Present, 250.

توضیح «جاذبهٔ معلمی توانا» برگرفته از منبع زیر است:

Age of Faith, 94-96.

نقل‌قول‌های این بخش برگرفته از این کتاب خوش‌خوان هستند.

فصل بیست‌ویکم

برای توضیح مربوط به جنگ علیه آلبیگایی‌ها نگاه کنید به منبع زیر:

David Bentley Hart, The Story of Christianity (London: Quercus, 2007), 141.

فصل بیست‌وسوم

دعای جان هوس در منبع زیر نقل شده است:

Herbert B. Workman, Dawn of the Reformation, vol. 2 (London: Epworth, 1953), 325.

توضیح مربوط به تفتیش عقاید در منبع زیر آمده است:

Glenn Sunshine, The Reformation for Armchair Theologians (Louisville: Westminster John Knox Press, 2005), 96-99.